『哲學硏究』 제 63 집의 별책

성과 철학

철학과현실사

『哲學研究』 제 63 집의 별책

성과 철학

필 자

이한구 신옥희 최재천 최영진

김혜숙 김혜련 윤혜린 김미영

이종관 이창재 홍준기 심세광

논평자

장대익 이주향 임일환 이정은

김선희 이 권 신인섭 조두영

신명아 윤평중

철학과현실사

책을 펴내면서

이 책은 2003년 봄 철학연구회 학술대회의 결산물이다. 발표 후 부분적으로 수정·보완되었지만 전체적인 구조에는 큰 변함이 없다.

성의 문제를 철학적 주제로 계획하면서, 우리는 성을 크게 두 영역으로 나누었다. 하나는 생물학적 성이고 다른 하나는 사회문화적 성이다. 이 두 영역은 밀접하게 연관되어 있고, 서로 완전히 구분될 수 없는 부분도 있지만 편의상 구분해서 논의를 전개했다.

우리는 세부 주제들에 관해 동서양의 견해들을 특색 있게 드러내고자 했고, 동시에 여성과 남성의 시각차를 있는 그대로 보여주고자 했다. 오히려 페미니즘적 관점에서 여성들의 시각에 초점을 맞춘 소주제들도 있다. 뿐만 아니라 이 주제를 다루면서 우리는 주제와 연관된 생물학자, 심리학자, 역사학자들을 발표와 논의에 적극적으로 참여시켰다. 철학자들만의 논의로는 지나치게 추상적으로 흐를 위험이 있다고 보았기 때문이다.

생물학적 성(sex)은 기본적으로 남녀의 유전적·신체적·생리적 특징을 가리키며, 동시에 생식 본능과 그 실현인 짝짓기를 의미한다. 생물학자들은 대체로 성염색체나 성호르몬, 생식세포나 생식기의 차이에 근거해서 성을 남성과 여성으로 구분한다.

사회적 성(gender)은 사회적으로 규정된 남녀의 정체성이라 할 수 있다. 대다수의 사회가 남성의 역할과 여성의 역할에 대한 규정을 갖고 있고, 이런 역할을 기초로 남성다움과 여성다움의 특성을 만들어낸다. 그렇지만 이런 특성은 생물학적 기반에 의해서라기보다는 사회문화적 구조에 의해 형성된 것이다. 모계사회에서의 여성상이 부계사회에서의 여성상과 다른 것은 이런 이유에서이다.

사회문화적 성이 사회구조에 의해 생산되고, 재생산되는 것이라면, 우리는 성(gender)을 지금과는 다르게 재구성할 수도 있으며, 혹은 성을 해체해 버릴 수도 있을 것이다. 어떤 페미니스트들은 현재 남성중심으로 구성되어 있는 성을 남녀평등의 기반 위에서 재구성할 것을 주장한다. 물론 이때도 남성과 여성이 갖는 성차는 존재하지만, 권리의 평등이 이루어진다면, 성차는 문제시될 것이 없는 것으로 간주된다. 오히려 여성이 자율성을 가지고 자신의 삶을 창조할 수 있는 행위의 주체가 된다면, 여성 고유의 '차이'와 '다름'은 적극적으로 긍정된다.

반면에 보다 더 과격한 페미니스트들은 성차의 해체를 통해 억압으로부터의 완전한 해방을 주장한다. 이들은 성의 구성이 오늘날에도 여전히 미디어, 학교, 법정, 가족 안에서 진행되고 있다고 강조하면서, 주체성을 존재로서가 아니라 과정으로 정의하고 그러한 주체의 형성과정에 개입하는 지식체계와 담론의 재구성을 통해 성차가 해체된 새로운 주체의 재구성이 가능하다고 본다.

성욕(sexuality)의 문제 역시 우리가 외면할 수 없는 근본적인 문제이다. 그것은 일상적 경험의 구석구석에 녹아 있고 또 수많은 문제를 야기하기 때문이다.

성욕과 성행위에 관한 한 절대주의가 우세하던 시대에는 '정상'과 '비정상'의 구획 기준이 논의의 대상이었다고 할 수 있다. 자유주의 시대에는 논의의 패러다임이 '무해'와 '유해'로 바뀌었다. 어떤 자발적인 성적 행위가 제 3 자나 사회에 유해한 것인지, 아니면 무해한 것인지를 따지는 논의가 성 자유주의의 주된 관심사였기 때문이다. 그러다가 성 해방주의가 주도하는 현대는 '지배'와 '예속'이 담론의 핵심으로 등장하게 되었다.

성담론의 패러다임을 정당화하는 일은 철학적 논의의 일차적 주제가 될 것이다. 말하자면 '정상'과 '비정상', '무해'와 '유해', '지배'와 '예속'의 패러다임에 대한 분석과 그것의 정당화 작업은 성에 관한 여러 논의의 기초를 제공할 것이다.

1부는 「성과 젠더의 생물학」, 「젠더에 대한 동양의 담론」, 「여성/남성: 단절과 연속」, 「한국 페미니즘 미술, 누구의 이야기인가?」, 「현대 과학기술 문명에 대한 여성학적 반성」 등으로 구성되어 있으며 성을 여러 다른 각도에서 조명하고 있다.

2부는 '섹슈얼리티'의 문제에 초점이 맞추어져 있다. 「성리학의 '섹슈얼리티' 구성방식에 나타난 성별정체성」, 「성애의 현상학」, 「성욕동 '발달'과 문화적 성숙 사이의 관계」, 「충동, 성, 오이디푸스 콤플렉스, 여성의 성욕」, 「미셸 푸코를 통해 본 성과 권력」 등의 주제들이 문제의 성격을 잘 대변해 주고 있다.

이 책은 여러 사람들의 연구 발표의 결과를 한데 모은 것이기 때문에 어떤 하나의 결론에 초점이 맞추어져 있다고 하기는 어려울 것이다. 오히려 다양한 주장들의 공존이 이 책의 특성이기도 하다. 그리고 여러 주장에 대해 어떤 반론이 가능한가를 보여주기 위해 논평들도 함께 모아서 실었다. 이런 논평들도 독자들에는 도움이 될 것이다.

2003년 11월
철학연구회 회장
이 한 구

차 례

제 1 부 젠더와 철학

제 2 부 섹슈얼리티와 철학

성에 관한 철학적 담론의 세 유형

| 이 한 구 | 성균관대 철학과 |

1. 성의 두 가지 의미: 생물학적 성(sex)과 사회문화적 성(gender)

성과 관련해서 볼 때 우리의 현실은 몹시 혼란스럽다. 2003년 2월 여성부가 발표한 '성매매 실태 및 경제규모에 관한 전국조사' 자료에 의하면, 한국에서 성매매에 종사하는 여성인구가 최소한 33만 명 규모이고 시장 규모는 24조 원으로, 이는 2002년 국내 총생산의 4.1%를 차지하며 농림어업의 비중과 맞먹는 것으로 되어 있다. 그렇지만 매매춘은 그 성격상 잘 드러나지 않기 때문에 전문가들은 그 규모가 그보다 훨씬 클 것으로 보고, 최소한 매매춘 종사자가 100만 명은 넘을 것으로 추산한다. 매매춘 종사 여성의 90% 이상이 20대, 30대 임을 감안하면, 우리나라 전체 20대, 30대 여성 800만 명 중에서 최소 8분의 1이 매춘에 종사하고 있는 셈이 되며, 국민 총생산에서 차지하는 비중도 엄청나게 커질 것으로 보인다. 이 자료가 발표된 후 여러 신문들은 「한국은 매매춘 공화국」이라고 개탄하는 사설을 실었다.

이런 현실에도 불구하고 어떤 사람들은 성의 해방을 곧 인간의 해방으로 간주하고 성에 대한 어떠한 규제도 불필요하다는 주장을 펴거나, 그 책임이 성을 파는 쪽이 아니라 성을 사는 쪽에만 있다고 주장하기도 한다.

동성애나 외설의 문제도 심각한 사회문제가 되고 있다. 동성애에 관한 서적들이 계속해서 쏟아지고 있고, 동성애자들도 우리 사회에서 공개적으로 등장하려 하고 있다. 디지털시대와 더불어 온갖 음란물이 사이버 현실에서 난무하면서 예술과 외설, 정상과 도착을 구별하기가 어렵게 되어가고 있다. 성 해방주의자들은 인권의 명분으로, 그리고 억압 없는 문명이라는 이상 하에 자신들의 주장을 정당화하고 있다.

여권 해방론자들의 주장도 더욱 거세지고 있다. 이들은 인간평등의 이념을 기본 신조로 표방하지만, 어떤 과격한 여권 해방론의 주장은 가족을 중심으로 하는 전통 문명의 파괴로 비쳐지기도 한다. 여권 해방론이 성 해방론과 손을 잡았을 때 그 파괴력은 더욱 커 보인다.

이런 문제들에 대한 정치한 논의를 위해 우리는 성을 우선 생물학적 성(sex)과 사회문화적 성(gender)으로 구분할 필요가 있다. 생물학적 성은 기본적으로 남녀의 유전적·신체적·생리적 특징을 가리키며 동시에 생식본능과 그 실현인 짝짓기를 의미한다. 생물학자들은 대체로 성 염색체나 성 호르몬, 생식세포나 생식기의 차이에 근거해서 성을 남성과 여성으로 구분한다. 양성간의 구분에 사용되던 sex는 성의 해방이 논의되면서 주로 생리적 성 본능과 그 실현인 성 행위를 의미하게 되었다.[1]

사회적 성은 사회적으로 규정된 남녀의 정체성이라고 할 수 있다.

---

1) 생물학적 성과 사회적 성의 구분은 실제로는 엄격하지 않을 수 있다. 왜냐하면 생물학적 성도 유전과 환경의 복합적 산물이기 때문이다.

생물학적 성과 사회적 성의 구분은 사회문화의 구조가 생물학적 기반과는 완전히 다르게 전개될 수 있다는 관점에서 논의된다.[2] 말하자면 남자의 특징인 남성다움과 여성의 특징인 여성다움은 생물학적 차이에 의해 결정되기보다는, 사회문화적 구조에 의해 구성된다는 것이다. 예컨대 우리가 강건하고 적극적인 태도를 '남성답다'고 하고 부드럽고 소극적인 태도를 '여성답다'고 할 때나, 혹은 음양이원론에서 여성을 음으로 하고 남성을 양으로 규정할 때, 이런 구분은 전적으로 남성지배사회의 구조에 의해 이루어졌다는 것이다. 이러한 논의는 결국 생물학적 성(sex)과는 완전히 다른 차원의 사회적 성(gender)에 관해 관심을 불러일으켰고, 동성애자들이나 여권 해방론자들에게 이론적 근거를 제공했다.

한편, sexuality라는 말은 보통 육체적 욕구와 심리적 욕구가 결합된 넓은 의미의 인간의 성적 욕구와 그 대상들이 갖는 성질을 의미한다. 인간의 성욕은 다른 동물들과 비교해서 다음과 같은 특성을 갖는다: 첫째로, 다른 동물들의 성욕은 대체로 종족을 보존하려는 욕망, 즉 자손의 생식과 관련된 욕망인 반면, 인간의 성욕은 생식에 국한되어 있지 않다. 대다수 동물들의 성욕은 전적으로 종족 보존을 위한 것이다. 발정기라는 특별한 시기가 정해져 있고, 이때만 성욕이 발동한다는 사실이 이를 뒷받침한다. 인간의 경우 자손의 번식이라는 생물학적 기능을 충족시키는 일 이외에도, 성적인 활동을 통해 즐거움과 추구하고 상호간의 유대감을 확인한다. 성욕이 발동되는 시기가 특별히 정해져 있지도 않다. 이것은 인간의 성욕이 생물학적 기능에만 봉사하지 않는다는 것을 의미한다. 둘째로 다른 동물의 경우 성욕

2) 참조, Margaet L. Anderson, *Thinking About Women*, Macmillan Publishing Co. Inc., 1938; 이동원 · 김미숙 역, 『성의 사회학』, 이화여대 출판부, 1987, 49쪽; Inge Stephan, Christina von Braun, *Gender-Studien*, Stattgart: J.B. Metzler, 2000;『젠더연구』, 나남출판, 2002, 1장

은 생리적 기제에 의해서만 작동되지만, 인간의 경우 생리적 측면 이외에 심리적 기제가 성욕의 작동에 깊은 영향을 미친다. 이것은 성욕도 문화에 의해 영향을 받는다는 의미를 함축한다. 이런 현상은 침팬지나 오랑우탄 같은 다른 영장류에서도 부분적으로 나타나고 있지만, 인간에게서 가장 명료하게 나타난다. 인간의 이런 복합적인 성적 욕망과 작동기제를 나타내는 말이 sexuality이다.

2. 성욕(sexuality)에 대한 기본적인 두 태도

성에 대한 가장 고전적인 태도는 성욕은 근본적으로 위험하고, 적절한 통로를 통해서 충족될 때만 용납될 수 있다는 태도이다. 여기에서 성욕은 이성애적 · 생식적일 때만 정상적이라는 하나의 보편적 모델이 수립되었고, 그 이외의 것들은 모두 도착이거나 비정상적인 일탈이 되었다. 제프리 윅스(Jeffery Weeks)의 제안에 따라 우리는 이를 절대주의적 입장(absolutist position)이라 부르고자 한다.[3)

절대주의자들은 성욕을 위험스럽고 파괴적일 뿐만 아니라 근본적으로 반사회적인 것이라 여기면서 성욕의 엄격한 규제를 강조한다. 성욕은 왜 위험한가? 그것은 우리의 이성을 마비시켜, 우리가 스스로를 통제할 수 없도록 만들기 때문이다. 성욕은 왜 반 사회적인가? 그것은 오직 자신의 쾌락만을 추구하는 이기적 속성을 본질로 하기 때문이다. 그러므로 이들은 성을 정상적인 것과 비정상적인 것으로 분명히 구분하고자 한다. 예컨대 이성애, 일부일처제의 결혼, 가족 생활은 정상적인 것이고, 동성애, 소년애, 외설, 매음 등은 비정상적인 것이다. 이들은 동성애, 물신주의, 관음증, 절도광 사디즘과 마조히즘,

---

3) 제프리 윅스, 『섹슈얼리티 : 성의 정치』, 현실문화연구, 1994, 146쪽.

프로타주 등을 모두 포괄하여 성 도착이라 규정하고, 성 도착의 병리적 성격을 강조한다.

절대주의는 또한 성을 수단적 가치의 측면에서 바라본다. 우리가 만약 성을 수단적 가치의 측면에서 바라본다면, 성은 본래적 가치를 가진 보다 더 고상한 어떤 목적에 봉사할 때만 가치가 있고, 성적 행위는 그런 한에서만 정당화된다. 예컨대 생식이 신의 계속되는 창조적 행위에 봉사하는 행위라면, 성은 엄격한 윤리에 의해서 보호되지 않으면 안 된다. 그리고 성에 관한 교육이 성품의 형성에 영향을 미친다면, 즉 성적 쾌락의 추구에 대한 통제능력과 덕성의 발휘가 깊은 연관을 갖고 있다면, 성에 대한 자기 제어 교육은 매우 중시되지 않을 수 없다.

대다수의 종교 이론가들이 성에 대해 적대적 시각을 취한 것은 성은 그 자체 목적으로서의 가치를 갖는다기보다는 수단으로서의 가치를 갖고 있을 뿐만 아니라 성적 쾌락의 무절제한 추구가 자칫하면 인격의 파탄을 가져올 수 있다는 두려움 때문이었다. 아우구스티누스나 토마스 아퀴나스 같은 기독교 철학자들은 말할 것도 없고, 같은 맥락에서 플라톤, 칸트와 같은 철학자들도 성에 대해 극히 보수적인 태도를 취했다. 칸트는 다음과 같이 말하기도 한다. "성적 충동에 의하지 않고 인간이 다른 사람의 탐닉의 대상이 될 수 있는 방법은 없다. 성적 사랑은 상대방을 욕구의 대상으로 취급한다. … 그 자체로 보면 그것은 인간성의 타락이다. 다른 사람의 욕구의 대상이 됨으로써 사람은 사물이 되고, 모든 사람들에 의해 사물로서 취급되고 사용될 수 있다. 이것이 자연에 의해 인간이 다른 사람의 즐거움의 대상으로 설계된 유일한 경우이다."[4]

---

4) I. Kant, *Lectures on Ethics*, trans. L. Infield, New York; Hayper & Row, 1963, 163쪽.

칸트는 그의 『실천 이성 비판』에서 실천이성의 절대명령을 "다른 사람을 목적으로서 대하고 한낱 수단으로서 대우하지 말라"는 도덕률로 정식화했다. 이런 관점에서 보면 쾌락을 추구하는 성행위는 일단 실천 이성의 도덕률을 어긴 것이 된다. 그것은 상대방을 자신의 쾌락을 위한 도구로 사용하기 때문이다. 동성애나 자위행위에 대해서도 칸트는 부정적이다. "자위행위는 자신을 동물의 수준 이해로 타락시키는 행위이며, 동성간의 섹스 역시 인류의 목적에 위배된다. 성에 관련된 인류의 목적은 사람의 품위를 떨어뜨리지 않으면서 종을 보존하는 것이기 때문이다."

플라톤도 성적 충동은 이성을 방해하고 우리자신을 제어할 수 없게 하여 혼란에 빠트린다고 본다. 그래서 그는 진정한 사랑은 육체에 대한 사랑이 아니라 진리와 미에 대한 사랑임을 강조한다.

성의 개념을 유아기까지 확대하여 해석한 프로이트의 경우 『성욕에 관한 세 논문』에서 성 도착은 질병이나 부도덕한 소수 집단의 독특한 속성이 아니라 우리 모두의 공통된 속성으로 이해되었다. 따라서 동성애도 질병이 아니었다. 그것은 치료가 필요한 것은 아니었다. 그렇지만 동성애를 포함하는 성 도착 현상들은 성 발달의 저지로 인해 생겨난 변종들이었다.[5] 이때 '발달'이라는 용어는 적절한 목적을 결과로 가정하고, '저지'라는 용어는 인위적인 장애물을 가정한다. 그러므로 도착이란 성이 이성애라는 성숙한 성으로 발전하는 과정에서 어떤 요인들에 의해 좌절되어 고착될 때 나타나는 현상이라는 것이다.

도착을 질병이나 부도덕한 것으로 규정하지 않은 점에서 프로이트는 절대주의자라고 하기는 어렵지만, 성의 정형적 모델을 여전히 고수하고 있다는 점에서는 절대주의자라고 할 수도 있다.

---

5) Ernest Freud(ed.), *Letters of Sigmund Freud 1873-1939*, London: Hogarth Press 1861, 277쪽.

반면에, 성 자유주의자들은 성이 사람들로 하여금 이기주의와 자선 사이의 심리적 · 도덕적 긴장을 극복할 수 있도록 해주는 유익한 접착적 기제라고 본다. 말하자면 성적 행위는 자신과 다른 사람을 동시에 즐겁게 한다. 그리고 이런 쾌락의 교환은 감사하는 마음과 애정을 불러일으킨다. 그렇기 때문에 성적 쾌락은 그 자체가 의미있는 것이며, 쾌락을 추구하는 성적 행위는 비 성적인 기준에 의해 정당화될 필요가 없다.

성 자유주의자들은 성 보수주의자들의 주장 중에서 성의 상대를 도구화해서는 안 된다는 칸트의 주장은 받아들인다. 이것은 근대 이후 특히 인권의 신장과 맞물려 무시할 수 없는 측면이 되었다. 그렇지만 성이 본래적으로 자손의 번식에 봉사해야 한다는 주장은 거부한다. 이리하여 성 자유주의자들은 상대방에게 어떤 위해도 끼침이 없이 상대방을 한갓 자신의 쾌락만을 위한 도구로 사용하지 않고 상호 자발적으로 이루어지는 섹스는 모두 허용되어야 한다는 주장을 하기에 이른다. 이런 관점에서 보면 잘못된 섹스의 대명사는 성 보수주의자들이 비난해 마지않던 성 도착이 아니라, 상대방의 자발적인 동의 없이 강제로, 폭력적으로 이루어지는 강간이 된다. 강간은 이제 부부 사이에서도 문제가 되기에 이르렀다.

존 스튜어드 밀(John. S. Mill)은 공리주의적 입장에서 성 자유주의를 지지했다. 그는 상대방의 동의만 있으면 섹스는 도덕적으로 아무런 문제가 없다고 보았다. 그는 물론 "그런 섹스가 제 3자나 사회에 어떤 위해를 끼치지 않는다면"이라는 단서를 달았다. 칸트주의자들은 두 사람이 완전한 동의 하에 상호 존중의 상황에서 섹스를 한다 해도, 섹스는 다른 제 3자나 사회에 부정적인 영향을 미칠 수 있다고 본다. 자유주의자들도 대체로 섹스를 전적으로 사적인 일로만 간주하지는 않는다. 그렇지만 섹스에서 어디까지가 사적이고 어디부터가 공적인가 하는 구분은 언제나 논쟁적인 문제이다.

3. 성 해방주의와 성 거품현상

성에 대한 자유주의적 태도를 더욱 급진화시킨 입장이 성 해방주의이다. 이것은 어떤 형태의 정형화된 성도, 어떤 형태의 성에 대한 규제도 거부하고자 한다. 완전한 성 해방이다.

성 해방주의는 성 과학과 성 정치학이라는 두 영역에서 토대를 마련했다. 1930년대 하브록 엘리스는 '도착'이라는 용어는 완전히 거부되어야만 한다고 주장한다. 대신 '성적 일탈'(sexual deviations)이라는 용어를 제안한다. 알프레드 킨제이(Alfred Kinsey)는 섹스는 그것이 설령 어떤 형태를 취한다고 해도 인정될 수 있는 정상적인 생물의 기능이라고 주장한다. 이런 주장의 배경에는 생물학적으로는 옳은 것과 그른 것은 존재하지 않는다는 이론이 깔려 있다. 동성애의 인정은 이런 논의에서의 자연스러운 결론이라 할 수 있다. 그리고 여기서 끝나지 않고 수간에서 소년애, 사도마조히즘에서 집단섹스, 포르노그라피 편집광에 이르기까지 모두 자연스러운 것으로 인정되지 않을 수 없게 된다.

일부의 여성 여권 해방주의자들은 오히려 이성간의 섹스를 남성지배를 영구화한다는 이유로 거부하기도 한다.6) 이들은 섹스 자체를 지배와 예속관계를 영구화하는 수단으로 인식한다. 또한 소년애는 그리스식 사랑(the Greek love)이라는 이름으로 후견인의 성적·도덕적 가르침이라는 교육적 측면에서 찬양되기도 한다. 이런 관점에서 보면 소위 원조교제도 비난받을 이유가 없을 것으로 보인다.

성 과학은 성의 가치를 종교적 가치로부터 분리시켰다. 성의 세속화가 이루어진 것이다. 이제 성에 대한 판결의 주도권은 성 과학을

---

6) 참조, Shulamith Fireston, *The Dialectic of Sex*; 김애숙 옮김, 『성의 변증법』, 풀빛, 1983.

비롯한 정신위생학의 대리인들이 쥐게 되었다. 성의 세속화는 성이 상품화되는 자본주의 시장체제에 의해 더욱 촉진된다. 영상매체시대와 함께 포르노그라피 시장은 폭발적으로 성장하고 있으며, 이제 성은 간단한 음료수에서 자동차, 컴퓨터에 이르기까지 모든 상품의 판매광고에서 필수불가결한 요소가 되었다.

성 다원주의와 성 편재주의의 현실 속에서 성적 소수집단들은 자신들의 성 정체성을 공공연하게 주장하기 시작한다. 말하자면 성을 정치권력의 관점에서 보고 자신의 욕구를 정치적 투쟁을 통해 성취하려고 한다. 성과 정치권력을 연결하는 성 정치(sexual politics)라는 개념은 1930년대 빌헬름 라이히(Wihelm Reich) 같은 사람들을 통해 제기되었지만,7) 본격적인 논의는 1960년대 이후부터라고 할 수 있다. 허버트 마르쿠제(Herbert Marcuse), 미셸 푸코(Michel Foucallt)8) 등이 권력과 예속의 관점에서 성을 설명하고자 하는 대표적 인물들이다.

이들은 프로이트가 문명을 설명하기 위해 창안한 '억압가설'을 비판한다. 프로이트의 억압가설은 다음과 같이 설명된다: 만약 성 본능이 억압되지 않고 완전히 자유방임으로 허용된다면 모든 에너지가 쾌락의 추구로 소진될 것이고 그렇다면 노동으로 전환될 에너지가 없어지므로 문명은 건설되거나 유지될 수 없다. 그러므로 성 본능의 억압은 문명을 위해서는 불가피하다.

마르쿠제는 프로이트의 억압가설을 부분적으로 수용하면서도 기본억압과 과잉억압을 구분하고자 한다. 그는 『에로스와 문명』에서 과잉억압을 사회적인 지배를 위해 필요한 억제라고 규정하면서,9) 기술의

---

7) 참조, Wilhelm Reich, *Die sexuelle Revolution*, Fischer Taschenbuch Verlag, 1966; 윤종수 옮김, 『성혁명』, 새길, 2000.

8) 참조, 미셸 푸코 외 지음, 황정미 편역, 『미셸 푸코, 섹슈얼리티의 정치와 페미니즘』, 새물결, 1995.

9) H. Marcuse, *Eros and Civilizaion*, New York; Vintage Books, 1962; 김인

발달에 의해 기계가 인간의 노동을 대신할 수 있기 때문에 인간은 성을 즐길 수 있는 여유가 옛날보다 훨씬 많아졌는데도, 노동에만 몰두하도록 하는 것은 자본주의 체제의 착취적 과잉억압이라고 비판한다. 이러한 입장에 동조하는 자들은 성 해방이 사회 해방으로 향하는 첩경이고, 현존 질서를 붕괴시킬 유용한 잠재력을 내장하고 있다고 믿는다. 푸코도『성의 역사』에서 성의 억압은 기존의 권력자들이 자신의 권력을 유지시키기 위해 자행하는 폭력으로 규정한다.

사회문화적 성(gender)과 관련시켜 본다면, 성 해방주의는 인권의 신장을 가져왔다. 그러나 성욕 해방주의는 상업주의와 결합하여 성을 과잉으로 확대 재생산하고 있다. 말하자면 성의 거품을 과잉으로 발생시키고 있는 실정이다. 성적 쾌락의 상업화, 불륜과 성폭력의 미화, 매매춘 시장의 편재화는 청소년의 성적 비행의 증가는 말할 것도 없고 급기야는 가족의 존속까지도 위협하기에 이르렀다.

4. 무엇이 문제인가

성의 문제에 대해 우리는 외면할 수 없다. 성은 일상적 경험의 구석구석에 녹아 있고 또 문제를 야기하고 있기 때문이다. 그리고 성을 둘러싼 사회적 제도들과 권력의 쟁투나, 자아의 정체성에 관한 논의는 우리의 생존과 직결된 문제가 되었다.

절대주의가 우세하던 시대에는 '정상과 비정상'의 구획 기준이 논의의 대상이었다고 할 수 있다. 자유주의 시대에는 논의의 패러다임이 '무해와 유해'로 바뀌었다. 어떤 자발적인 성적 행위가 제 3자나 사회에 유해할 것인지, 아니면 무해할 것인지를 따지는 논의가 성자

환 역, 『에로스와 문명』, 나남, 1989, 45쪽.

유주의의 주된 관심사였기 때문이다. 그러다가 해방주의가 주도하는 현재는 '지배와 예속'이 담론의 핵심으로 등장하게 되었다. 지배와 예속의 담론 하에서는 정상이냐 비정상이냐, 무해냐 유해냐 하는 논의 자체가 무의미하다. 그것은 사소한 일이기도 하고 자명한 일이기도 하기 때문이다.

성 담론의 패러다임을 정당화하는 일은 철학적 논의의 일차적 주제가 될 것이다. 말하자면, '정상과 비정상', '무해와 유해', '지배와 예속'의 패러다임들에 대한 분석과 그것의 정당화 작업은 성에 관한 여러 논의의 기초를 제공할 것이다. 이에 근거해서 성에 대한 여러 입장들이 검토될 수 있을 것이다.

우선 성의 해방이 곧 인간해방이라는 논제는 정당화되기 어려울 것으로 판단된다. 그것은 후진 독재체제가 체제에 대한 국민적 저항의 에너지를 다른 곳으로 돌리기 위해 성의 해방을 전폭적으로 허용하는 현실을 설명해 주지 못한다. 성의 해방은 오히려 인간의 예속을 가속화시킬 수 있다. 뿐만 아니라 완전한 성의 해방은 문명의 붕괴를 초래할 수도 있다. 문명의 몰락기마다 무절제한 성의 해방이 이루어졌다는 사실은 프로이트의 억압가설을 지지해 주는 사례라고 할 수도 있다. 우리는 억압가설에 대해 다시 한번 관심을 돌릴 필요가 있을 것으로 생각된다. 우리가 성적인 것에 대한 해석과 성 행위의 다양성을 인정한다고 할지라도 모두를 똑같은 위치에 있는 것으로 취급할 수는 없으며, 또한 모든 다양성을 그대로 용인할 수도 없다. 어떤 문화도 성에 대해 전권적 자유를 허용할 수는 없을 것이다.

그렇다면 허용의 기준은 무엇인가? 이런 문제들은 기본적으로는 성에 관한 윤리적 물음이 될 것이다. 우리가 성에 관해 유형화시켜 본 세 입장, 절대주의적 입장, 자유주의적 입장, 해방주의적 입장은 모두 윤리적 논의의 대상이 될 수 있다.

그렇지만 성에 관한 철학적 물음에는 개념적인 문제도 있고, 형이상학적인 물음도 있다. 좀더 깊은 논의를 위해서는 '성적 욕망'(sexual desire), '성적 행위'(sexual activity), '성적 쾌락'(sexual pleasure)의 개념들에 대해 명료하게 해명하는 개념적 작업이 필요하다. 한 행위를 성적인 행위로 만드는 것은 무엇인가? 성적 행위와 성적 쾌락은 어떤 연관이 있는가? 강간이나 간통이나 일탈은 어떻게 정의되는가? 개념적 논의에서 결정적인 물음은 성적인 것(the sexual)의 의미를 어떻게 규정할 것인가 하는 점이다. 이것에는 어떤 본질이 있는가? 아니면 이것은 오히려 사회문화적으로 구성된 것인가? 구성주의적 태도에서 보면, 성욕 자체도 문화적으로 형성된 것이며, 어느 것이든 성적 자극이나 쾌락과 연결될 수 있다.

성이 우리의 삶에서 어떤 위치를 차지하는가 하는 물음은 성의 형이상학적 물음이 될 것이다. 성 해방주의의 시대에 살면서 우리는 성과 쾌락에 너무 과도한 비중을 두고 있는 것은 아닌가? 그리스, 로마인들이 쾌락이라는 목표를 무시하지도 않으면서, 그렇다고 그 유해한 힘에 굴복하지도 않는 나름대로의 쾌락의 활용을 추구한 것은 우리에게 무언가를 시사해 주는 것은 아닌가?

성과 젠더, 그리고 페미니즘

성과 젠더에 대한 현대 여성주의 철학의 논의들

| 신 옥 희 | 한국여성철학회 |

1. 들어가는 말

여성주의 철학의 역사적 발전과정을 살펴보면 시대마다 여성주의 철학이론은 그 시대의 철학사상과의 긴밀한 관계를 맺고 있음을 알 수 있다. 여성주의 철학은 여성해방이론의 철학적 기초가 될 수 있는 이론들을 정립하는 데 필요한 철학적 개념들과 원리들과 관점들을 철학에서 빌려 쓰게 된다. 물론 철학의 이론들과 방법론이 여성주의 철학의 의도와 목표에 항상 들어맞는 것은 아니기 때문에 여성주의 철학은 항상 철학과의 관계에 있어서 제휴와 동시에 비판적 대결의 관계를 피할 수 없었다. 그러나 제휴의 관계이든 대결의 관계이든 간에 페미니즘 철학의 이론적 작업은 철학과의 긴밀한 관계 맺음 속에서 이루어진다는 사실이 중요하다. 또한 철학에 대한 페미니스트적 비판과 도전은 철학적 사고의 깊이와 폭을 증대시키고 철학의 완성과 성숙을 증진시키는 데 도움이 될 수 있을 것이라 생각된다.

그러한 의미에서 철학연구회의 춘계학술발표회에서 여성철학에 관여하고 있는 필자가 성(sex)과 젠더에 대한 철학자들의 전문적 관점들에 접하게 된 것을 매우 귀중한 기회로 여기며, 미력하나마 성과 젠더에 대한 페미니즘적 입장들을 보태게 된 것을 기쁘게 생각한다. 앞으로도 한국의 철학계에서 페미니즘과 철학 간의 활발한 상호교류와 지속적인 학문적 대화가 가능할 수 있기를 바라며 이제부터 성과 젠더에 관한 페미니즘 철학의 중요한 이론들을 간단히 소개하고자 한다.

2. 성과 젠더

루소(Jean-Jacque Rousseau, 1712-1778)의 다음과 같은 언명에서 우리는 성(sex)과 젠더에 대한 그의 입장을 읽을 수 있다.

> "성(sex)을 제외하고는 여성도 남성과 다름없는 인간이다. 그러나 그의 성에서 다른 모든 것이 따라온다. 다른 도덕, 다른 교육, 지식과 진리에 이르는 다른 차원, 그리고 남성에게 주어진 것과는 다른 사회정치적 기능 등등 …"1)

여성도 남성과 똑같은 인간인 것은 사실이지만 여성은 그가 타고나는 여성적 체질과 기질들, 그리고 종(種)의 재생산과 관련된 여성의 몸의 생물학적 기능 등, 남성과는 다른 여성 고유의 성별적 특성들 및 기능들의 특수성 때문에 여성에게 남성과는 다른 교육, 다른 도덕, 다른 지식 그리고 남성과는 다른 사회적 기능을 부여받는 것은 아주 '자연스러운' 귀결이라는 것이다.

---

1) Jean-Jacque Rousseau, *Emile*, London: Dent and Sons, 1972, p.356.

생물학적 성(sex)을 토대로 하여 남성(male)과 여성(female) 사이의 다름 또는 차이를 규정하는 범주들을 젠더(gender)라고 칭한다. 페미니즘의 입장에서는 젠더의 개념은 단순히 성들간의 차이를 규정하는 인식의 범주로서 이해하고 넘어가기에는 너무나도 중요한 것이다. 왜냐하면 앞에 인용한 루소의 언명에서 나타나고 있는 바와 같은 젠더적 성별관은 여성이 남성과 다르다는 것을 말하고 있을 뿐만 아니라, 여성은 그가 타고나는 성(sex) 때문에 남성과는 다른 삶의 방식과 삶의 목표, 그리고 남성과는 다른 권리와 의무의 체계를 부여받는 것이 '마땅하고 자연스러운 것임'을 주장하게 하는 함의를 가지기 때문이다.

다시 말하면, 공적 영역에서의 사회적 삶과 함께 가족의 일원으로서의 사적 삶의 두 영역을 자연스럽게 넘나들 수 있는 남성의 경우와는 달리 여성의 경우는 어린 시절부터 그리고 성인이 된 이후까지도 공적 영역으로부터 배제되고 차단된 채 '가정'이라는 사적 영역에서 밖에는 살 수 없게 하는 철저한 성별 분업과 공사영역 분리의 정치적 제도화가 생물학적 결정론적 젠더관에 의해 지지되고 정당화되기 때문이다.

철저한 성별분업과 공사영역의 엄격한 분리라는 지배 체제와 사회적 관습은 동서양을 막론하고 루소 이전의 전통적 전근대적 사회 안에서도 이미 장구한 세월 동안 아무런 문제없이 보편적으로 지속되어 왔다. 그러나 젠더의 문제가 철학적 담론의 차원에서 공론화되기 시작한 것은 18세기 서양에서 근대시민사회가 발달하면서부터라는 사실은 매우 주목할 만한 것이다. 서양의 근대시민사회는 합리적 이성과 인권존중의 이념을 토대로 하고 만인의 보편적인 자유를 상정하는 소위 '사회계약론'에 의해 민주적 사회질서를 수립해 가고 있었다. 그러나 이와 같은 근대시민사회의 사상적 토대로 표방된 합리적 이성과 만인의 평등 및 인권존중의 이념이 그 시대의 여성들에게도 파급되고 영향을 미친 결과 루소 당시의 여성들 중에 많은 수가 여성의 삶의 고유한 영역으로 여겨져 오던 가정의 울타리를 벗어나 남성들에게만 허락되었던 공적·문화적인 삶에 참여하게 되고, 그에 따라, 주부, 아내, 모성으로서의 역할에 소홀하게 되는 문제적인 사회적 현상이 일어나게 되었다.

루소는 그 당시의 그와 같은 '문제적'인 사회적 현상에 대해서, 즉 성별 정체성(sex-identity)에 있어서의 혼란에 대해서 근대 철학에게 큰 책임이 있다고 보았다. 그는 특히 당시의 프랑스 사회에서 일기 시작한 성적 차이의 붕괴 현상, 여성이 남성화되고 남성이 여성화되는 두 성의 '부자연스러운' 혼합의 현상에 대해서 근심하면서, 그의 저서의 도처에서 교육, 정치, 도덕의 영역에서 남녀 양성의 '엄격한' 구별을 제도화할 것을 촉구했다. 루소는 무엇이 여성의 기능과 영역이 되어야 하는가에 대한 철저하고 수미일관된 논의들을 전개함에 의해서 당시의 여성들의 '타락'(?)을 방지하고 문화의 퇴폐현상을 바로 잡고자 했다.[2]

루소는 남녀 양성의 엄격한 구별과 공사영역 안에서의 성별 분업의 제도화를 역설하는 그의 입장의 정당성을 논증하기 위해서 남자는 남성의 생물학적 기능에만 매어 있지 않고 추상적인 진리들과 원리들의 탐구에 있어서는 시간과 공간, 그리고 생물학적 성에 관련된 모든 것을 초월할 수 있으며, 그 이유는 남성으로서의 그의 몸과 생물학적 기능이 그 이외의 다른 인간적 능력들의 발휘에 지장을 주지 않기 때문이라고 주장했다. 이에 반하여 남성의 몸과 다른 여성적 몸을 가지고 태어나는 여성은 그의 생물학적 정서적 특성들과 그의 몸의 기능들에 항상 매여 있으며 따라서 그밖의 다른 인간적 능력들 즉 이성적·지적 진리의 탐구, 사회문화적인 공적 활동에 적합하지 않게 된

---

2) Moira Gatens, *Philosophy and Feminism*, p.10.

다고 주장했다. 루소의 표현을 빌리면 "남자는 가끔씩만 남성(male)이다." 이에 반해서 "여자는 항상 여성(female)이다."[3] 이것이 바로 공사영역을 넘나들 수 있는 남성의 자격을 입증하는 것이고, 여성의 삶이 종의 생산과 유지라는 사적 영역에 한정되어야 하는 이유라는 것이다.

또한 성별분업의 바탕 위에 세워졌던 근대시민사회의 사회계약 사상에서 자유로운 시민주체로서 이해되었던 개인, 대문자 인간(Man)은 그 실질적 내용에 있어서는 여성을 배제한 남성이었으며 자유로운 (남성적) 시민주체에게 국가 권력이 보장해 주는 인권은 여성에게는 해당되는 것이 아니었다는 사실이 성별분업을 정당화하는 루소의 젠더 담론에서 분명해진다.

루소의 시대에 페미니즘 담론을 출발시킨 사람으로 일컬어지는 메리 월스턴크래프트(Mary Wollstonecraft, 1757-1797)는 젠더 체계에 기초한 성별분업의 이상적인 실현을 위해서 교육, 도덕, 지식, 정치적 기능에 있어서의 남녀의 차이를 둘 수밖에 없고 공적 영역에서의 여성의 참여와 권리를 제한할 수밖에 없다고 주장하는 루소의 입장은 성차별적 · 성억압적인 것이며, 근대시민사회가 표방하는 만인 평등, 인권존중의 이념과 모순되는 비합리적인 것이라고 맹렬하게 공격했다. 또한 그녀는 여성을 가사와 출산기능의 차원에 가두고 이성적인 진리탐구의 활동과 가정 밖의 공적 활동으로부터 배제하고 차단하는 것은 여성을 무지와 예속의 상태에 머무르게 함으로써 여성의 도덕적 실수와 타락을 더욱 가중시키게 될 것이라고 경고하면서 여성들도 남성들과 함께 동등한 교육을 받게 해야 된다고 주장했다.

루소는 페미니즘 철학의 영역에서 불균형하고 비대칭적인 젠더체계에 기초하여 여성을 사적 영역에 한정시키고 남성을 인간일반

---

3) Jean-Jacques Rousseau, *Emile*, p.324.

(Man) 즉 보편적 주관의 위치에 자리매김하고자 한 성차별적(sexist) 정치철학의 대표자라는 악명을 얻고 있다. 그러나 루소는 젠더담론을 철학 담론의 공간에 진입시키고 정치적 영역에서 이슈화될 수 있게 한 최초의 철학자이다. 그는 만민평등의 인권과 합리적 이성을 표방하면서도 보편적 주관으로서의 인간의 개념에서 여성을 배제시킨 근대 정치철학의 모순과 또한 이와 같은 비합리성에 기대어 존립했던 근대시민사회의 모순을 철학적 담론 속에서 가시화시켰고 그에 따라 월스턴크래프트를 비롯한 페미니스트들이 그들의 페미니스트적 의식과 여성해방사상을 철학적·정치적 담론의 차원에서 공표하고 공론화할 수 있는 공간을 마련했다는 점은 매우 큰 의의를 지닌다. 그리고 이러한 의미에서 루소는 페미니스트 철학의 역사에서 가장 오래 기억될 인물이라고 생각된다.

루소와 월스턴크래프트의 시대 이후, 생물학적 성별(sex)에 기초를 두는 생물학적·본질주의적 젠더의 규정은 생물학, 정신분석학, 구조주의 인류학 등의 발전에 의하여 더 이상 그대로 존속할 수 없게 되었고, 이러한 젠더개념의 위기는 페미니스트 철학의 전환점으로 간주되는 시몬 드 보부아르(Simone de Beauvoir, 1908-1986)의 페미니스트적 여성철학을 통해서 구체적으로 드러났다. 보부아르는 그의 저서 『제 2의 성』에서 두 개의 의미심장한 질문을 제기하고 있다. 그 하나는 "여자란 무엇인가?"라는 질문이고 또 하나는 "여자는 왜 영원한 타자인가?"라는 질문이다. 이 두 가지 질문과의 관련에서 그녀는 그의 페미니즘 사상의 근본테제, "여자는 태어나는 것이 아니라 만들어지는 것이다"[4]라는 명제를 선언하고 그 명제가 참임을 증명하기 위한 생물학적·정신분석학적·구조주의적(인류학적) 분석을 전개했다.

보부아르의 이와 같은 여성연구는 남성과 여성의 성차를 규정하는

---

4) 시몬 드 보부아르, 조홍식 역, 『제 2의 성』(상), 을유문화사, 1997, p.392.

젠더(gender) 이해의 새로운 지평을 열어주었다. 보부아르는 여성 존재의 여성적 특성들, 즉 소위 여성의 여성성(femininity)은 그녀의 생물학적 성(female)의 본질적 속성들에 귀속하는 것이 아니라, 여성이 태어난 후의 삶의 후천적 과정 속에서 복합적인 상황들의 영향에 의하여 '만들어진다'는 것을 증명하고자 했다. 보부아르의 이와 같은 입장은 남성과 다른 여성의 여성성을 규정하는 젠더체계를 남녀 양성 사이의 생물학적 성차로 환원시키고자 하는 생물학적 본질주의적(결정론적) 젠더관을 전복시켰다. 그리고 더 나아가서 여성이 태어난 후 여러 가지 요인들에 의해 여성에게 각인되는 여성적인 특성들의 담지자로서의 소위 '대문자 여성'(Woman)은 여성 존재의 모든 것일 수 없다고 주장한다. 여성의 존재는 문화 사회적으로 그의 존재 속에 각인되는 여성성의 차원 즉 젠더적 여성의 차원과 함께 또 하나의 존재차원, 즉 자기 자신의 의지와 결단에 의해 독자적인 삶을 창조하고자 노력하는 실존적 존재의 가능성을 지닌다는 것이다. 보부아르는 여성의 존재 속에 실존주의 사상으로부터 두 개의 기본적 존재 범주를 도입하여 여성 존재의 사실성(구성되어진 여성성)과 실존으로서의 여성의 '자유'라는 상호대립하는 요소들을 여성의 존재 속에 포함시키고 있다.

요약한다면 보부아르의 여성철학에서 여자(woman)는 그가 가지고 태어나는 생물학적 성(sex)으로서의 여성(female)과 후천적으로 습득되는 젠더적 특성들의 집합으로서의 여성성(femininity)을 지니고 있으면서, 또한 그 양자를 넘어서는 자유로운 존재기투의 주체로서의 실존적 삶의 가능성을 지니고 있는 존재라는 것이 제시되고 있다. 이것은 그가 제기한 첫 번째의 질문, 여자란 무엇인가에 대한 보부아르의 해답이었다.

보부아르의 두 번째 질문은 "왜 여자는 영원한 타자인가?"라는 질문이다. 즉 여자는 왜 모든 역사, 모든 문화 전통 안에서 항상 일관되게 예속적인 타자의 위치에 처해 있었고 단 한번도 남성들이 누리는 주관의 위치를 차지해 본 적이 없느냐, 왜 여성은 '제 1의 성'인 남성 밑에서 항상 '제 2의 성'으로서 남성에게 예속되고 지배되는 위치에 머무를 수밖에 없었느냐 하는 것이다.

여성은 그가 여성적 몸을 가지고 태어났기 때문에 남성은 겪지 않는 신체적인 불편이 따르고 더욱이 그의 결혼과 성생활(sexuality)이 임신과 출산, 육아의 힘겨운 노동으로 이어지는 결과 여성의 신체적·정신적 에너지를 소모하지 않으면 안 되며 그의 일생 중 중요한 기간을 종의 재생산과 그에 수반되는 과업에 헌신해야 한다. 보부아르는 여성적 삶의 이와 같은 조건들 때문에 여성들은 사회 문화적인 활동의 영역에서 남성들과 대등한 지위를 얻지 못하고 제 2의 성의 지위에로 밀려날 수밖에 없었던 것이라고 주장한다. 보부아르에 의하면 남성의 경우에는 남성(male)으로서의 생물학적 성생활과 그의 인간으로서의 사명 사이에는 갈등이나 모순이 없다. 이와는 대조적으로 젊은 여성의 경우에는 여성으로서의 그의 삶과 인간으로서의 사명 사이에는 갈등이 존재한다. 그러므로 보부아르는 여성의 인간적 자기실현에 장애가 되는 여성적 몸의 극복 및 여성성의 초월을 통해서만 여성이 문화에 참여하는 일, 남성과 동등한 자격으로 일하고 창조하는 일이 가능할 수 있다고 주장했다.

보부아르는 일반적으로 남성을 대문자 인간으로 받아들이면서 남성의 몸을 규범적 기준으로 하여 여성의 몸을 '타자화'하고 폄하하는 남성의 관점으로 여성의 몸을 보았다는 비판을 받는다. 그러나 그의 여성관의 의의는 그로 인해 본질론적 젠더이론이 더 이상 효과적 설득력을 행사할 수 없게 되었다는 것이다.

보부아르 이후 메리 데일리(Mary Daly), 스펜더(Dale Spender) 등의 급진주의 페미니스트들은 보부아르 사상의 인본주의적·실존주의적 측면의 맥을 이어 여성의 타자화를 거부하고 여성의 주체적인 삶을 회복하기 위한 전략으로서 여성중심적인 견해를 확립하고자 했고 또한 여성 본래의 창조적 에너지의 창출을 위한 여성들의 결속체로서의 자매단의 분리주의적 연대의 구축을 촉구하였다.

프랑스의 구조주의적 정신분석적 페미니스트들은 알튀세의 수정마르크스주의, 소쉬르의 구조주의적 언어학, 프로이트의 정신분석학 등의 이론에 기초하여 여성의 젠더적 특성들 즉 여성성의 형성에 영향을 주는 구조적인 요인들에 대한 보부아르의 분석을 심화하여 발전시키는 작업을 전개했다.

보부아르 사상의 양극적인 두 측면을 각각 계승한 페미니즘의 이 두 조류 사이에는 우호적 교류보다는 상호적인 비난과 비판만이 무성하다. 실존주의적 페미니스트 진영에서는 정신분석과 구조주의 이론가들은 가부장제적 지배체제에 적응하도록 여성을 세뇌하고 여성을 제2의 성의 지위에 머무르게 하기 위한 남성중심적 가부장적 이데올로기 장치의 일종에 지나지 않는 정신분석 이론과 구조주의 사상의 그물 안에 들어앉아서 구조로부터의 탈출을 꾀하고 있다고 비난한다. 구조주의 페미니스트들은 여성 존재의 물적 환경으로서의 가부장적 사회 및 그 문화적인 구조가 여성의 무의식에 작동하는 방식들에 대해 맹목인 채 가부장적 세계로부터의 탈출을 논하는 급진적 분리주의적 페미니즘의 해방이론과 전략은 비현실적이고 부적합한 것일 뿐만 아니라 공허하기 짝이 없는 것이라고 비판한다.

그러나 두 조류간의 이와 같은 비타협적인 대립과 맹렬한 상호적 비난에도 불구하고 이 두 진영의 페미니스트들은 여성폄하적인 젠더적 여성규정의 극복과 주체로서의 여성 존재의 확립을 지향하는 현대 페미니즘의 형성을 예비한 선구자들로서 중요한 의의를 지닌다고 보겠다.

3. 젠더에서 주체에로: 젠더의 해체와 여성적 주체성의 재구성

젠더가 구성되는 것이라면 즉, 구조에 의해 생산되고 재생산되는 것이라면 그 구성의 방법을 바꾸는 것에 의해 젠더를 다르게 재구성할 수도 있고 또한 구성의 장치들을 해체함에 의해 젠더를 해체할 수도 있으며 따라서 여성은 구성되는 여성의 위치에서 스스로를 구성하는 주체로서의 여성으로 변화될 수 있다고 하는 것이 현대의 탈구조주의적·해체주의적 여성주의 철학자들의 공통된 신념이다.

1970년대의 탈구조주의 페미니즘과 80년대의 해체론적 탈젠더적 페미니즘에서는 보부아르가 제기한 '차이'의 문제를 중심논제로 계승하지만 보부아르적 '차이'의 개념5)을 수정한다.

초기의 자유주의 페미니즘은 여성도 인간이라는 휴머니즘에 입각하여 보편적 주관으로서의 인간의 범주에서 여성을 배제하는 젠더적 차이규정에 도전했고 1960년대의 급진주의 페미니스트들은 가부장적 지배체제와 관습을 통해 생산되는 여성폄하적 성차별적 '차이'의 이데올로기를 재생산하고 영속화시키는 학문, 종교 및 정치제도의 남성중심적 견해들을 전복시키기 위한 여성중심적 견해(woman-centered views)들의 창출을 촉구했다.

그러나 1980년대 탈구조주의적 해체주의적 페미니즘에서는 남성의 관점에서 규정된 부정적 여성폄하적 차이가 아니라 여성 자신의 주체적인 체험에 기초한 긍정적이고 적극적인 가치로서의 '차이'를 새롭게 구성하고 확산시키는 작업이 시작되었다. 이와 같은 '차이'의 새로운 구성은 남성중심적 관점에서 구성된 '제 2의 성'으로서의 여성의

---

5) 보부아르는 기존의 젠더 체계 속에 함의된 '차이'를 여성의 결핍성, 여성의 타자성을 지시하는 여성폄하적 '차이'로 이해하였고 이와 같은 여성폄하적인 차이의 '극복과 초월'을 통해서만 여성은 타자의 지위에서 벗어나 남성과 평등한 삶의 주체로 될 수 있다고 주장했다.

성정체성과는 다른 여성 주체의 새로운 이미지를 제시하는 것이다. 따라서 탈젠더적 주체적 여성 존재의 새로운 이미지를 제시하는 작업은 남성에 의해 규정되고 폄하된 부정적 의미의 성차가 아닌 여성의 탈젠더적 주체성에 대한 논의로 전개된다.

그러나 똑같이 탈젠더적 주체적 여성의 이미지를 형상화하려고 하면서도 1980년대의 후기구조주의 페미니즘은 '차이'의 체현을 통해 여성의 주체성을 확립하려는 프랑스의 '여성적 글쓰기' 운동과 '젠더의 해체'를 통해 여성의 '탈젠더적' 주체성을 형상화하고자 하는 영미 계통의 젠더 페미니즘의 두 진영으로 양분되었고 이 두 진영들은 본질주의에 관한 논쟁에 휘말리게 되었다.

영미 계통의 소위 젠더 페미니즘은 푸코의 탈구조주의적 담론철학의 강한 영향 밑에서 체현과 지식체계의 재구성을 통해 전통적인 "젠더 이원론에서 해방된 탈젠더적 페미니스트적 여성 주체를 형상화하려는 시도"[6]라고 볼 수 있다. 이와 같은 구성론적 비본질주의적 입장을 전개한 대표적 사상가로서 테레사 로레티스(Teresa de Lauretis), 도나 해러웨이(Donna Haraway), 주디스 버틀러(Judith Butler) 등이 두각을 나타내고 있다.

로레티스는 성의 테크놀로지로서의 성애(sexuality)를 말한 푸코의 이론의 연장선에서 성(sex)뿐만 아니라 젠더도 역시 영화, 제도적 담론들, 인식론들, 일상의 관습적 실천 등의 사회적 테크놀로지에 의해 구성되는 산물이라고 본다.[7] 그에 의하면 젠더도 역시 성애와 마찬가지로 성별화된 신체의 속성으로서 인간 존재 안에 주어져 있는 것이 아니라 "복잡한 정치적 기술 장치의 작동에 의해서 신체 안에, 행위

---

6) 노승희, 「페미니즘 이론의 실천적 지평: 젠더와 성정치」, 『비평과 이론』 제4권 제2호, p.159.

7) Teresa de Lauretis, *Technologies of Gender*, London: MacMillan Press Ltd., 1989, p.2.

안에, 사회적 관계 안에 체현되어 있는 일련의 특성들인 것이다."8) 다시 말하면 젠더는 구성되는 것이다. 그리고 젠더의 구성은 빅토리아 시대에 그랬던 것처럼 오늘날에도 여전히 미디어와 학교, 법정, 가족 등의 안에서 진행되고 있다. 이와 같이 젠더는 구성되는 것이므로, 그것을 이데올로기적 오류-표상으로서 폐기하는 담화들에 의해 해체될 수 있다고 로레티스는 주장한다.

로레티스는 영화, 특히 영화 카메라는 기존의 성차별적 젠더 체계를 붕괴시키는 데 있어서 효과적인 기술장치의 기능을 할 수 있다고 보며, 페미니즘 영화는 그의 관객들을 페미니스트적 주체로 구성하는 기능을 효과적으로 발휘할 수 있다고 본다. 여기서 로레티스가 말하는 페미니즘의 주체(subject of feminism)는 모든 여성 안에 내재하는 것으로 상정된 보편적 본질의 표상으로서의 대문자 여성(Woman)과도 다르고, 젠더의 기술장치에 의해 실제로 사회적 관계 안에 체현되어 있는 주관으로서의 여성들(women)과도 구별되는 여성적 주체이며, "젠더 이데올로기 안에 있으면서 동시에 그의 밖에 있고 그것을 의식하며 분열과 이중적 비전을 의식하는 주체이다.9)

로레티스에 의하면 의미화 기호들의 배치양식을 바꿈으로써, 다시 말하면 여성이 사회 역사적 현실 속에서 겪는 경험을 지배담론과 다르게 해석하고 정치화함으로써 성별화된 주체가 새롭게 구성될 수 있다. 좀더 구체적으로 표현한다면 "일상적인 삶의 미시적 실천을 통해 젠더의 재현 이데올로기 장치에 저항하고 다른 한편으로는 헤게모니 담론의 틀을 벗어나 이질적인 차이들을 새롭게 재현할 수 있는 담론 밖의 담론 공간을 모색하는 '과정' 속에서 탈젠더적 여성적 주체의 새로운 구성이 가능할 수 있다"고 하는 것이다.10)

---

8) *Ibid.*, p.3.

9) *Ibid.*, p.10.

도나 해러웨이도 테크놀로지 시대의 용어를 사용하고 있는 「사이보그를 위한 선언문」(1985)에서 백인/남성 중심적 지배체제의 실천적 체계였던 인간/동물, 인간/기계, 정신/몸, 유물론/관념론의 이분법을 무효화하는 이론 및 실천의 가능성을 제시하고 있다. 해러웨이는 탈젠더적 페미니스트 주체를 '사이보그'로 형상화하고 있는데 그것은 해체와 재배치에 의해 구성되는 '탈근대적 자아'의 코드로 설계된 주체이다. 해러웨이의 사이보그적 페미니스트 주체는 "인종, 젠더, 섹슈얼리티, 자본, 문화의 경계들을 위반하고 넘나들면서 차이의 다중성을 긍정하고 이질적인 것들간의 연결망을 구축하는 데 유효하다."[11] 해러웨이의 사이보그적 페미니즘은 탈젠더적 다중적 주체성과 네트워킹의 전략을 가지고 남근중심주의에 도전하고 남성중심적으로 성별화된 권력체계를 전복하려는 시도라고 볼 수 있다.

영미의 젠더 페미니스트들은 주체성을 존재(being)로서가 아니라 과정으로서 정의하고 그러한 주체의 형성과정에 개입하는 지식체계와 담론의 재구성을 통하여 성별화된 주체의 새로운 구성이 가능하다고 본다. 더 나아가서 영미의 젠더 페미니즘은 남녀의 젠더적 성별구분, 젠더화된 성정체성을 해체하는 데서 한 걸음 더 나아가서 주디스 버틀러 등의 사상에 나타나는 바와 같이 섹스/젠더 구분의 해체를 논하는 단계에 이르렀다.

주디스 버틀러(Judith Butler)에 의하면, 성(sex)의 불변적 성격이 주장되는 경우 성이 자연적이고 불변하는 것이라는 관념도 젠더와 마찬가지로 구성된 것이다.[12] 더 나아가서 젠더는 단지 주어진 성(sex)에 대한 의미부여로서 이해되어서는 안 되고, 오히려 젠더가 성을 정립

---

10) 노승희, 앞의 글, p.160.

11) *Ibid.*, p.160.

12) Judith Butler, *Gender Trouble*, Routledge, Chapman & Hall, Inc., 1990, p.7.

하는 생산의 기술장치로서 이해되어야 한다고 버틀러는 주장한다. 다시 말하면 젠더는 "성별을 가진 자연(sexed nature)이 그에 의해 생산되고, 전문화적(precultural), 중립적인 것으로 확립되는 담화적/문화적 장치이다. 젠더는 성을 전혀 구성되지 않은 것으로 구성되는 것이다."13)

질료적, 또는 신체적 기반으로 그리고 실제적·사실적인 것으로 상정된 성은 '환상적 구성물'이며, '실체의 환상'들임을 폭로하는 철저한 비판이 필요하다고 버틀러는 주장한다. 그리고 더 나아가서 그는 젠더, 욕망의 다양한 형태를 생산하는 실천적 수행을 통해 실체화된 성과 젠더의 체계를 붕괴시키는 새로운 페미니즘적 정치학의 전략을 추구한다.14)

그렇다면 탈젠더화되고 탈섹스화된 주체성이 과연 어떤 것인지에 관하여 묻지 않을 수 없게 된다. 인간이기도 하고 기계이기도 한, 그리고 젠더적 성정체성에서도 해방된 사이보그적 다중적 주체성에게 '여성적'이라는 칭호를 붙일 수 있을까? 젠더 페미니스트들이 제시하는 탈젠더적 탈섹스적 주체 또는 자아는 누구이며 누구와 싸워야 하는 것인가가 불확실해지는 것 같다. 버틀러는 동원을 필요로 하는 정치적 시급성이 있을 때에는 '정체성'의 범주들을 '필요한 오류들'로서 수용하는 유연성을 발휘할 수 있다고 말한다.15) 그러나 탈본질주의적 주체 구성을 지향하는 젠더 페미니스트들은 젠더의 해체에서 한 걸음 더 나아가 성(sex)/젠더의 구분까지 해체시킴으로써 페미니스트 운동이 해방하고자 하는 여성존재의 해체에 이른다는 난점에 봉착한다.

젠더의 속박으로부터 해방된 여성적 주체의 새로운 구성을 위해 젠더의 해체 및 재정의에 관심을 집중시켰던 영미의 젠더 페미니스트들

---

13) *Ibid.*
14) *Ibid.*, pp.145-146.
15) 노승희, 앞의 글, p.165.

과는 달리 프랑스의 '여성적 글쓰기' 페미니스트들은 주체로서의 여성의 새로운 이미지를 창출하고자 여성 고유의 '비대칭적' 차이를 여성 자신의 체험적 언어로 표출하는 '성차'의 페미니즘을 전개했다. 프랑스의 '여성적 글쓰기'는 영미의 젠더 페미니스트들과 마찬가지로 남성중심적·가부장제적 문화의 해체와 재구성을 지향하고 있었다. 그러나 성별화된 남성중심적 지배체제에 도전하고 그를 전복시키는 그들의 해체 전략은 '성차'를 적극적·긍정적으로 새롭게 의미화하는 '여성적 글쓰기'의 전략이었다. 프랑스의 탈구조주의 페미니즘은 라캉의 정신분석이론 및 데리다의 해체 철학을 이론적 도구로 하여 여성을 열등한 제 2의 성, 또는 '타자'의 위치에 고정시키고자 하는 남성중심적 주체 개념을 비판하고 해체시키는 글쓰기 작업을 해왔다.

주체, 성, 언어를 근본주제로 하는 라캉의 정신분석학은 이리가라이, 크리스테바 등 프랑스 탈구조주의 페미니스트들의 관심을 끌었고 라캉의 정신분학 이론은 그들의 이론이 "형이상학적이고 남성적인 주체 개념에서 벗어나게 하는 데 많은 도움을 주었다."16) 특히 라캉의 주체이론은 주체가 소위 상징계에서 성별화된 자아로 구성되는 과정에서 전오이디푸스기의 거울 단계의 여자아이가 가지는 상상계의 경험(상징계에서 무의식 속에 억눌리고 차단되어 버린) 즉, 능동적 주체적인 여성적 욕망과 쾌락의 경험에 대해서 알게 해주었다. 그리고 보부아르의『제 2의 성』에서 중심주제를 이루었던 타자성이 상징계의 언어와 지식체계에 의해 구성된 사회 문화적 구성물임을 추론할 수 있게 해주었다.

프랑스의 탈구조주의 페미니스트들은 여성들로 하여금 남근 중심의 역사와 문화가 그들에게 덮어씌운 타자의 지위에 얽매여 순응하는

---

16) 강선미, 「프랑스 탈구조주의 페미니즘: 가부장제 문화의 해체와 재구성」, 『가족철학: 남성 철학과 여성 경험의 만남』, 이화여대 출판부, 1997, p.336.

대신, 자율성을 가지고 자신의 삶을 창조할 수 있는 책임적 행위의 주체가 되게 하기 위하여, 여성들의 무의식 속에 억눌려 있는 상상계의 경험, 즉 능동적인 성적 욕망과 쾌락을 그들의 여성적 글쓰기에 의해 회귀시키고자 한다. 여성 고유의 여성적인 것을 여성적 글쓰기 속에 체현시킴으로써 여성들로 하여금 여성 자신의 무의식 속에 억눌려 숨겨져 있는 여성 고유의 '다름'을 체험하게 하고자 하는 것이다. 그들은 이러한 작업의 의미를 "여성에게 어머니를 준다"(시쑤) 또는 "여성에게 여성을 준다"(이리가라이)는 말로 표현하고 있다. 주체로서의 여성의 이미지를 창출하기 위해 여성 고유의 '차이'와 '다름'을 적극적으로 긍정하고 체현시키고자 하는 프랑스의 여성적 글쓰기는 본질주의에 귀착한다는 비난의 표적이 되고 있다.

탈구조주의적·탈현대주의적 페미니즘의 두 조류의 영향에 노출되어 있는 20세기의 페미니즘은 젠더의 해체에 의한 성차별의 제거인가? 성차의 적극적인 재해석에 의한 여성의 주체성의 확립인가: 평등인가, 차이인가 하는 어려운 난제에 직면하게 되었다. 20세기의 페미니스트 부라이도티의 다음과 같은 말은 이와 같은 난제에 대한 하나의 해법을 시사하고 있는 것이다.

> " '평등'을 위한 투쟁을 '차이'의 긍정과 분리시키기보다는 이들을 지속적인 역사적 진화의 보충물이자 일부라고 본다. '여성운동'은 남성의 동지적 유대에 의해 지배되는 문화·경제적 질서 속에서 성들 간의 평등을 통해 '성차'가 작동하게끔 되어 있는 공간이다."[17]

---

17) 로지 브라이도티, 박미선 역, 「유목적 정치 기획으로서의 성차」, 『여/성이론』 통권 5호, p.209; Rosi Braidotti, *Nomadic Subjects: Embodiment in Contemporary Feminist Theory*(New York: Columbia Univ. Press, 1994)에 있는 8장 "Sexual Difference as a Nomadic Political Project"의 완역.

부라이도티를 비롯한 유럽과 미국의 페미니스트들은 프랑스의 여성적 글쓰기의 성차 페미니즘과 영미의 탈젠더 페미니즘의 양극적인 사상을 종합하여 차이의 페미니즘을 전개하고 있다. 탈본질화, 탈젠더화의 전략을 통해 탈젠더적·탈본질적 주체의 재구성을 여성해방의 전략으로 삼았던 영미의 젠더 페미니즘은 여성의 성정체성을 중화 해체시키는 한계에 이르렀고, 여성 고유의 성차를 극단적으로 긍정하는 성차의 존재론을 기초로 하는 여성적 글쓰기의 전략은 결국 본질주의를 피할 수 없다는 한계에 부딪치게 되었다. 부라이도티, 벤하비브, 위띠끄, 스피박 등의 탈현대적 페미니즘의 이론들은 영미 페미니즘과 프랑스 페미니즘의 이와 같은 한계들을 극복하고자 하는 제3의 전략으로 전개된 차이의 페미니즘의 모델들로 간주할 수 있다. 차이의 페미니즘을 주장하는 사람들은 차이의 개념을 남녀 사이의 성차의 개념에 한정시키지 않고 여성 주체들 사이의 차이들, 여성 내부에 존재하는 차이들까지 포용하는 더 넓은 차이의 개념으로 확장시키고 있다. 그리고 그와 같은 확장된 차이의 개념에 기초하여 여성의 고유한 주체성을 주장하면서도 여성적 글쓰기의 본질주의를 피하고, 위계적인 젠더이원론을 극복하면서도 성차를 중화시키는 탈젠더적 페미니즘의 한계를 피해 가려고 한다. 차이의 페미니즘이 제시하는 여성적 주체성의 모델은 "체현된, 몸을 가진, 성별화된 복수적이고 관계적인 주체성"[18]이다. 차이의 페미니즘이 제시하는 이와 같은 여성적 주체성은 제2의 성으로서 여성억압적 현실 속에 처하고 있다는 사실을 공유하면서도 각자의 처해 있는 구체적 상황들이 서로 같지 않기 때문에 서로 만날 수 없는 여성들의 연대를 위한 공간을 마련하고자 하는 시도의 한 모델이라고 볼 수 있다.

---

18) 박미선, 「로지 브라이도티의 존재론적 차이의 정치학과 유목적 페미니즘」, 『여/성이론』 통권 5호, p.180.

앞으로 전개될 페미니즘 이론이 감당해야 할 가장 중요하면서도 가장 어려운 난제는 본질주의와 비본질주의 사이의 좁고 험한 골짜기를 뚫고 지나가는 일, 다시 말하면, 본질주의와 비본질주의의 딜레마를 합리적으로 그리고 효과적으로 해결할 수 있는 이론과 전략을 마련하는 일이라고 생각한다.

4. 맺는 말

성과 젠더의 문제를 둘러싼 현대 페미니즘 이론의 쟁점을 '차이'의 제거인가, '차이'의 강조인가 라는 두 개의 극단으로 요약할 수 있다. 부라이도티 등의 페미니즘에서는 차이의 개념을 남성과 여성 사이의 차이 뿐 아니라, 여성들 사이의 차이, 개인적 자아의 내면에 존재하는 차이들까지도 포괄하는 개념으로 확대함으로써 현대 페미니즘의 양 극단을 포용할 수 있는 제 3의 노선을 모색하였다. 그러나 차이의 개념의 내포를 확대함으로써 차이의 문제가 해결되는 것도, 차이의 모든 차원들이 통일되는 것도 아니다.

매리 데일리(Mary Daly)는 그의 최근의 저서, *Quintessence ⋯ Realizing Archaic Future*(1998)에서 그의 초기의 분리주의적 급진주의 페미니즘을 보편적 우주적 조화와 통일의 페미니즘으로 발전시켜 전개하고 있다. 그의 이 같은 발전된 페미니즘 철학에서 보편적 우주적 조화와 통일을 가능케 하는 것은 그가 말하는 소위 'Quintessence'에의 의식적 참여이다.[19] 여기서 데일리가 소개하고 있는 소위 우주적 포괄적 존재로서의 '퀸트에센스'란, 피지스(physis)로서의 그리스의

---

[19] Mary Daly, *Quintessence ⋯ Realizing Archaic Fufture*, Boston: Beacon Press, 1998, p.186.

자연개념에서 보는 바와 같은 다차원적 현전으로서 모든 차이를 포괄하고 통일하는 보편적 우주적 역동적 힘이다.

여성들이, 이와 같은 보편적 우주적 조화와 통일의 힘에 눈뜨게 되는 정신적 영적 혁명을 통하여 그들의 눈과 귀와 입이 열리게 될 때 여성들은 시간과 공간의 한계를 넘어서 모든 존재들간의 연결(connectedness)과 결속(bonding)을 실현할 수 있다고 데일리는 주장한다.[20] 그리고 더 나아가서 이와 같은 우주적 포괄적 결속 안에서 여성들은 이 세상 안에서 일어나고 있는 생명파괴적 성차별적 폭력들과 잔혹성이 제거된 새로운 세계를 창조할 수 있게 될 것이라고 주장한다.[21]

데일리의 우주적 원소적 페미니즘이 주장하는 퀸트에센스에의 눈뜸과 우주적 보편적 결속의 사상은 다분히 중세적인 존재신비주의의 틀 속에서 전개되고 있다는 한계를 나타낸다. 그러나 데일리의 우주적 조화의 페미니즘은 성과 젠더, 차이와 차별의 문제를 해결하는 길로서 사회정치적·과학기술적 차원이 아니면, 정신분석적·구조주의적 맥락만을 중시하여 온 페미니즘적 사고의 방향을 여성 자신의 영적 혁명과 여성들간의 정신적 영적 결속가능성의 차원에로 심화하고 있다는 점, 그리고 차이의 지평을 단순한 남녀간, 여성간의 차이의 지평에서 우주적 보편적 차원에로 확장시키는 것을 통해 지금까지의 페미니즘 이론의 한계를 극복하고자 했다는 점이 주목할 만한 것으로 생각된다. 그리고 바로 이러한 특성에서 데일리의 퀸트에센스적 조화의 페미니즘이론은 20세기의 탈현대적 탈구조주의적 페미니즘의 딜레마를 넘어설 수 있는 한 방향을 제시하고 있는 것처럼 보인다.

---

20) *Ibid.*, p.103.
21) *Ibid.*, p.230.

제 1 부

젠더와 철학

성과 젠더의 생물학

| 최 재 천 | 서울대 생명과학부 |

자연과학에는 때로 문제를 문제로 의식하는 눈을 얻기 전까지는 전혀 문제가 되지 않는 문제들이 있다. 성의 문제가 그 대표적인 예이다. 1960년대에 이르러 몇몇 생물학자들이 새삼스레 성, 더 정확히 말하면 양성이 왜 진화했는가에 대한 근원적인 물음을 던지기 전에는 성이란 '종족 보전을 위하여' 너무나 당연하고 자연스런 진화적 적응 현상으로 간주되었다. 하지만 나는 아내와 성관계를 가지며 단 한번도 "종족 보전을 위하여!"를 부르짖어 본 일이 없다. 성은 이처럼 지극히 개체중심적인(individualistic) 행위이다. 최소한 의식 수준에서는 말이다.

성의 적응성이 문제로 의식되는 과정은 자연선택의 단위(unit of evolution) 또는 수준(level of selection)에 대한 논쟁과 때를 같이 한다. '종족 보전을 위하여' 식의 논리는 이른바 집단선택적 사고(group selectionist thinking)[1)]에서 나온다. 집단선택적 사고는 1950년대 말에서 1960년대 중반에 걸쳐 개체 또는 유전자가 보다 더 보편적인 진화의 단위일 수밖에 없다는 주장들이 쏟아져 나오면서 논리적으로 심각한 타격을 입게 된다.2) 종(species)을 포함한 집단이 자연선택의 수준이 될 수 있는 특수한 상황을 상상할 수 없는 것은 아니지만, 현대생물학은 이제 유전자가 선택의 단위라는 이른바 '이기적 유전자'의 관점3)을 대체로 수용한 셈이다.

오랫동안 성의 진화가 문제가 되지 않았던 이유 중의 하나는 우리 인간이 지닌 종 수준의 편협함(provincialism)일 것이다. 인간 종이 속해 있는 포유류는 전부 유성생식(sexual reproduction)을 하는 동물들로 구성되어 있다. 인간의 경우 기독교의 마리아와 같은 종교설화나 박혁거세를 비롯한 건국설화 등을 제외하고는 과학적으로 증명된 단위생식(parthenogenesis)의 경우도 없다. 헤르메스(Hermes)와 아프로디테(Aphrodite) 사이에서 태어난 헤르마프로디토스(Hermaphroditos)와 같은 신화적 존재가 아닌 암수한몸(hermaphrodite: 남녀추니 또는 어지자지라고도 부른다)의 경우도 밝혀진 바 없다. 우리 주변에서 우리와 늘 함께 살고 있는 대부분의 생물들이 다 유성생식을 한다는 사실도 우리의 무지를 부추긴 것으로 보인다.

하지만 성의 진화가 궁극적으로 풀어야 할 문제로 떠오른 배경에는

---

1) 집단선택설은 집단이 자연선택의 수준이 될 수 있다고 주장하는 학설로서 Allee et al.(1949), Wynne-Edwards(1962), Lorenz(1966) 등에 상세히 설명되어 있다.
2) 집단선택설의 이론적 모순을 본격적으로 지적한 연구로는 Hamilton(1964), Williams(1966), Lack(1966, 1968) 등이 있다. 이보다 앞서 Williams(1957), Maynard Smith(1959, 1962) 등의 노화에 관한 진화생물학적 연구가 종(species) 또는 집단 수준의 선택에 이론적인 문제가 있음을 드러낸 것도 주목할 만한 일이다.
3) '이기적 유전자'의 개념은 Hamilton(1964)의 이론을 Dawkins(1976)가 확대 보완하여 널리 알린 개념이다.

이처럼 온 세상에 성이 화려하게 꽃 피운 것은 사실이나 무성생식(asexual reproduction: 단성생식이라고도 한다)에 비해 유성생식(양성생식)이 갖고 있는 근본적인 불리함에 대한 인식이 있었다. 1957년 미국의 두 유머작가 써버(Thurber)와 화이트(White)가 던진 '성이 과연 필요한가?'(Is sex necessary?)[4]를 시작으로 지난 40여 년간 마치 진화생물학자라면 누구나 성의 진화와 유지에 관한 논문을 발표해야만 하는 것처럼 수많은 저서와 논문들이 쏟아져 나왔다.[5] 성의 문제는 이제 생물학에서 가장 중요한 화두가 되었다.

이에 나는 이 짧은 논문에서 성의 진화에 관하여 현재까지 제안된 이론들을 소개하고 그 이론들에 기본적인 논리를 제공한 다윈의 성선택론(the theory of sexual selection)을 설명한 다음, 성과 사회의 관계에 대하여 논하고자 한다. 이 논문의 상당 부분은 내가 최근에 출간한 저서 『여성시대에는 남자도 화장을 한다』[6]에서 발췌한 것임을 미리 밝혀둔다.

1. Why Sex?

무성생식 또는 단위생식은 유성생식에 비해 유전자의 관점에서 두 배의 이득을 얻는다. 가상의 두 가족을 비교해 보자. 한 가족은 인간

---

4) Thurber, J. and E. B. White. 1957. *Is Sex Necessary? Or, Why You Feel the Way You Do.* New York: Harper & Row.
5) 대표적인 저술로 Ghiselin(1974), Williams(1975), Maynard Smith(1978), Bell(1982), Thornhill and Alcock(1983), Michod and Levin(1988), Ridley (1993), Choe & Crespi(1997), Low(2000) 등이 있다.
6) 좀더 다양한 주제에 대한 폭넓은 논의를 원하면 최재천의 『여성시대에는 남자도 화장을 한다』(궁리, 2003)를 참조하기 바란다.

사회의 거의 대부분이 그렇듯이 부부가 유성생식을 통해 가정을 이룬다. 만일 자식을 둘만 낳는다고 하면 평균적으로 그 중 하나는 딸일 것이고 다른 하나는 아들일 것이다. 딸과 아들에 각각 어머니의 유전자가 1/2씩 전달된다. 그들이 각자 결혼하여 딸과 아들을 하나씩 낳는다면 그 손녀와 손자의 유전자의 1/4이 할머니의 유전자일 것이다.

이제 '돌연변이 가족'을 상상해 보자. 아내에게 단위생식 돌연변이가 발생했다고 가정하자. 남편의 유전자와 결합하지 않고 오로지 자신의 유전자만으로 자식을 만들게 된다는 말이다. 그렇다면 그 여인이 낳는 두 자식은 모두 딸일 것이다. 또 그들이 결혼하여 각각 딸 둘씩을 낳을 것이다. 매 세대마다 여인의 유전자는 유성생식을 하는 여인에 비해 각 개체마다 두 배의 증가를 보인다. 처음에는 아주 희귀하게 시작한 이 돌연변이 유전자는 세대를 거듭하며 급속도로 증가할 것이다. 애써 수컷을 낳아야 하는 부담이 없어지면, 적어도 양적으로는 실로 엄청난 유전적 이득을 얻는다.

유성생식을 하는 생물들은 유전자가 재조합(genetic recombination)되는 과정에서 성공적인 유전자 조합이 해체되는 피해를 겪기도 한다. 유전자 재조합은 성공적인 유전자 조합을 해체하는 피해만 주는 것은 아니다. 새롭게 만들어내는 조합들 가운데 새로운 환경에 상대적으로 유리한 유전자 조합이 나타날 확률도 분명히 있다. 그래서 이 점은 부담인 동시에 이득이 될 수도 있다. 부담이 더 클지 이득이 더 클지는 각 생물의 속성과 그 생물이 처한 환경의 특성에 따라 다를 것이다.

유성생식을 하는 생물들은 암수가 다른 몸으로 태어난 관계로 서로 마음에 맞는 상대를 찾는 데 엄청난 비용을 들인다. 유성생식을 하는 동물들은 특수한 화학물질(페로몬)을 생산하여 분비하기도 하고, 수컷의 경우 암컷의 호감을 사기 위하여 온갖 화려한 색과 형태를 갖춰야 한다. 날기조차 불편할 만큼 거추장스러운, 그러나 기가 막히게 화려한 깃털들을 가지고 있는 공작새 수컷을 보면 이 비용이 얼마나 엄청난가 이해가 갈 것이다. 번식의 이득을 얻기 위해 개발한 형질들은 흔히 생존에 위협이 되기도 한다. 화려한 형질은 암컷뿐 아니라 포식 동물들의 눈에도 잘 띄기 때문이다. 마음에 맞는 짝을 찾기 위해 소비하는 시간과 에너지가 얼마나 소모적인가는 사랑을 해본 사람이라면 누구나 잘 알 것이다.

하지만 이 같은 비용에도 불구하고 오늘날 자연계에서 유성생식을 하는 생물들이 버젓이 잘 살고 있다는 사실은 유성생식에 결정적인 진화적 이득이 있음을 의미한다. 유성생식이 주는 이득으로 제일 먼저 제안된 가설은 진화의 속도에 관한 것이었다(Fisher, 1930). 무성생식에 비해 유성생식이 유리한 돌연변이 조합을 더 용이하게 만들어낼 수 있기 때문에 유성생식 개체군은 무성생식 개체군보다 훨씬 빠른 속도로 진화할 수 있다. 따라서 유전적으로 다분히 경직되어 있는 무성생식 개체군은 환경의 변화에 적절히 적응하지 못하여 절멸할 가능성이 높다. 또한 무성생식을 하는 생물들은 일단 만들어진 불리한 돌연변이를 제거할 능력이 없는 반면 유성생식을 하는 생물은 유전자의 결함을 수정할 수 있는 능력을 갖고 있어 환경 변화에 보다 강력한 저항력을 지닌다(Muller, 1932; Bernstein, 1983; Bernstein et al., 1984). 이 같은 '유전자 다양성'(genetic diversity) 가설들은 처음에는 다분히 집단선택설에 그 기반을 두고 개발되었지만 차츰 개체 수준의 설명으로 다듬어졌다. 유전적으로 다양한 자손을 만들어내면 그만큼 오랜 기간 진화의 역사에서 살아남을 수 있다는 '시간적인' 가설들과 유전적으로 다양한 자손이 생태적으로 다양한 환경(niche)에 보다 잘 적응할 수 있다는 '공간적인' 가설들이 제기되었다(Ghiselin, 1974; Williams, 1975; Bell, 1982).

성의 진화에 가장 구체적인 메커니즘을 제공한 것은 흥미롭게도 '기생충(또는 병원균)-숙주 공진화 가설'(Hamilton, 1980; Hamilton et al., 1981)인데, 이 가설이 현재 가장 보편적으로 받아들여지고 있다. 대부분의 기생생물들은 무성생식을 하기 때문에 매우 빠른 속도로 새로운 '공격무기'를 개발할 수 있다. 유성생식을 하는 숙주생물이 이에 맞서는 방법으로 진화한 것이 바로 성이라는 설명이다. 유전자 재조합을 통해 유전적으로 다양한 자손을 생산하면 기생생물의 공격무기를 무력화할 수 있다. 기생생물과 숙주생물은 이른바 '진화적 군비경쟁'(evolutionary arms race)을 벌여왔다는 것이다. 이를 두고 진화생물학자들은 '붉은 여왕 가설'(The Red Queen hypothesis)라고 부른다 (Van Valen, 1973; Ridley, 1993). 루이스 캐럴의 소설 『이상한 나라의 앨리스』에 보면 앨리스가 거울 속의 나라에 들어가 서양 장기의 '붉은 여왕'에게 손목을 붙들려 뛰는 장면이 나온다. 아무리 달려도 주위 배경이 변하지 않자 앨리스는 주위의 모든 것들이 우리와 함께 움직이는 것 같다고 의아해 한다. 생물은 진공 상태에서 혼자 진화하는 것이 아니다. 생물이란 모름지기 항상 다른 생물들과 상호작용을 하며 공진화(coevolution)하는 것이다(Thomson, 1982; 1994; Futuyma and Slatkin, 1983). 이제 우리는 성관계를 가질 때 "종족 보전을 위하여!"를 부르짖지는 않아도 "기생충을 타도하자!"라는 구호는 외칠 수 있을지도 모른다.

2. 성간 갈등과 성선택론(Sexual Conflict and Sexual Selection)

　　"유전자의 50%를 공유하는 부모와 자식간에도 이해가 엇갈리는데 하물며 서로 혈연관계가 없는 배우자간의 다툼은 얼마나 격렬하겠는가?"(Richard Dawkins, 1976)

세상일 중에서 가장 어려운 것은 인간관계라고 한다. 그리고 그 중에서도 으뜸은 단연 남녀 관계일 것이다. 프로이트는 일찍이 "나는 30년 동안이나 여성의 영혼에 관하여 연구를 했지만, 아직도 해답을 찾지 못한 질문이 있다. 도대체 여자들은 뭘 원하는 것인가?"라고 말한 바 있다. 우리는 가끔 평생토록 부부싸움을 단 한번도 하지 않았다고 자랑스럽게 말하는 노부부들을 본다. 그 분들은 필경 부부싸움의 정의를 달리 내리거나, 아니면 서로 사랑하지 않는 것이리라. 여자와 남자 간의 갈등은 필연적인 것이다. 유전자를 공유하지 않은 상태에서 이해관계가 엇갈릴 것은 너무도 당연하기 때문이다. 그래서 미국의 여류작가이자 언론인이었던 딕스(Dorothy Dix)는 "남편과 아내가 서로를 이해하지 못하는 까닭은 그들이 서로 다른 성에 속해 있기 때문이다"라고 잘라 말했다. 그러나 궁극적으로는 갈등을 넘어 협력해야만 번식을 할 수 있다는 데에 유성생식을 하는 생물의 고민이 있다.

남성들 중에는 자신의 화려한 여성편력을 자랑삼아 떠벌리는 이들이 많은 데 비해 여성들은 대체로 자신들의 남성편력을 숨기려 한다. 화려한 여성편력을 훈장처럼 자랑하는 몇몇 운동선수나 연예인들이 아니더라도 여러 여성들과 성관계를 맺었음을 아무런 거리낌없이 밝히거나 실제로는 그렇지 않았음에도 그랬던 것처럼 꾸며대는 남성들이 우리 주변에는 얼마든지 있다. 성상납을 받는 남성들의 얘기는 많아도 그 반대는 거의 없다. 우리 사회 어디를 둘러봐도 추근대는 쪽은 거의 언제나 남성이지 여성이 아니다. 이 같은 경우는 인간에만 국한된 것은 아니다. 성을 대하는 암수의 태도는 난자와 정자를 만드는 과정에서부터 차이가 난다. 난자와 정자는 에너지 투자량에서 엄청난 차이를 보인다. 수컷은 단 한번 사정에도 천문학적인 숫자의 정자를 쏟아낸다. 이를테면 값싼 주식을 여러 개 구입한 다음 그 중에서 몇 개라도 운 좋게 성공하기를 바라는 전략을 택하는 것이다. 이에 비하면 암컷은 소수의 '황금주'에 집중적으로 투자한다. 투자를 더 많이 하는 쪽이 선택권을 행사할 것은 너무나 당연한 일이다. 투자할 곳을 신중하고 고를 것 역시 너무나 당연하다. 다윈은 이 같은 현상을 가리켜 암컷선택(female choice) 또는 성간선택(intersexual selection)이라 일컬었다(Darwin, 1871).

다윈에게는 두 가지 풀기 어려운 고민이 있었다(Cronin, 1991). 그중 하나는 사회성 곤충들이 보이는 이타적인 행동(altruism)이고 다른 하나는 성간 차이(sexual difference)였다.[7] 다윈은 이타주의의 진화에 대해서는 끝내 이렇다 할 답을 제시하지 못한 채 세상을 떠났다. 하지만 성간 차이에 관해서는 『종의 기원』(1859)을 출간한 지 12년 후에 펴낸 『인간의 유래』(1871)에서 자연선택론에 덧붙여 성선택론을 제안했다. 성선택론은 더 널리 알려진 다윈의 다른 이론인 자연선택론과는 사뭇 다른 역사를 지니고 있다. 1859년 『종의 기원』의 출간과 함께 등장한 자연선택론은 엄청난 사회적 충격을 몰고 왔다. 인간이 신에 의해 창조된 것이 아니라 침팬지와 흡사한 영장류 조상으로부터 진화한 것이라는 주장은 기존의 세계관과 윤리관을 송두리째 뒤엎는 혁명적인 사건이었다. 그럼에도 불구하고 다윈의 자연선택론에 대한 과학적 검증은 전 세계 많은 학자들에 의해 지체 없이 추진되었다. 종교계도 처음에는 신성을 모독하는 이론이라며 배척했지만 다윈이 사망했을 때에는 그의 주검을 웨스트민스터 사원에 안장하는 데 주저하지 않았다. 물론 이 같은 영국 종교계의 결정은 자연선택론에 대한 약간의 몰이해와 부적절한 타협에 의한 것이었지만, 어쨌든 자연선택론은 흔히 생각하는 것처럼 무지몽매한 사회적 탄압을 받은 것은 아니었다. 그에 비하면 성선택론은 이렇다 할 탐구의 기회조차 얻지 못했다. 당시 빅토리아시대의 영국 남성들은 차라리 우리 인류가 침팬

---

7) Helena Cronin은 그의 저서 *The Ant and the Peacock*(1991)에서 다윈의 두 고민거리를 상징적으로 '개미'와 '공작'으로 표현했다.

지와 공동조상을 지녔다는 이론은 참을 수 있어도 이를테면 잠자리의 주도권이 여성에게 있다는 주장은 도저히 받아들일 수 없었다. 무시와 무관심은 비난과 공격보다 훨씬 더 잔인한 형벌이다.

성선택론은 크게 두 부분으로 나뉜다. 번식에 관한 한 궁극적인 결정권이 암컷에게 있다는 암컷선택과 암컷의 선택을 받기 위해 수컷들은 경쟁할 수밖에 없다는 이른바 수컷경쟁(male-male competition) 또는 성내선택(intrasexual selection)이 그것이다. 다윈의 성선택론은 등장하자마자 뒤주에 갇히고 말았다. 아예 없었던 일로 쉬쉬하고 말자는 전략이었다. 이후 성선택론은 거의 한 세기에 걸친 긴 동면기를 거친다. 지금은 행동생태학과 사회생물학 분야의 저명한 국제학술지에 게재되는 논문의 거의 70-80%가 다 성선택론에 관련된 것들이지만, 이 같은 추세는 1960년대 말에서 1970년대를 거치며 비로소 시작된 것이었다. 우리는 여기에서 이때가 바로 본격적으로 여권이 신장하기 시작했던 시기였음에 주목할 필요가 있다. 이 점에 대해서는 앞으로 사회학자와 과학사학자들의 본격적인 분석이 있어야 할 것으로 생각한다.

사회생물학과 페미니즘의 화해는 1990년대 중반 일군의 여성 사회생물학자들에 의해 조심스럽게 시작되었다(Gowaty, 1997). 1990년대 초반부터 이미 암컷의 관점에서 성선택론을 재분석하자는 논문을 발표하고 있던 나는 그들의 이 같은 노력이 좀 늦은 감은 있지만 화해를 향한 첫걸음으로는 매우 의미 있는 일이라고 생각했다. 서양의 경우에도 남성 사회생물학자들은 아직 이 움직임에 본격적으로 뛰어들지 않고 있다. 20여 년에 걸쳐 패인 골을 메우기는 쉽지 않을 것이다. 그러나 이제는 화해의 손을 마주잡을 때가 되었다고 생각한다.

사회적으로는 여성의 정체성이 늘 문제가 되어왔지만 생물학에서는 사실 남성의 정체성이 늘 위협을 받아왔다. 수정과 발생의 과정에서 남성이 주도권을 쥐어야 한다는 강박관념 때문에 17-18세기 생물학자들은 사뭇 억지스러운 이론을 내세웠다. DNA의 존재를 모르던 시절이긴 하지만 당시 생물학자들은 정자 안에 이미 작은 인간이 들어앉아 있다고 주장했다. 씨는 이미 남성에 의해 결정되어 있고 이름하여 '씨받이'로 간주된 여성은 그저 영양분을 제공하여 씨를 싹 틔우는 밭에 불과하다는 설명이었다. 정자 속에 이미 작은 사람이 들어 있다는 이론을 받아들이면 실로 어처구니없는 모순에 빠져든다. 마치 러시아의 전통 인형처럼 그 작은 사람의 정자 속에는 더 작은 사람이 웅크리고 있어야 하고, 또 그 사람의 정자 속에는 더 작은 사람이 있어야 하고, 그 사람의 정자 속에 또 더 작은 사람이 들어 있어야 하고 하는 식의 무한 퇴행에 빠질 수밖에 없다. 실제로 정자가 처음 관찰된 것은 17세기 초반이었다. 정액 속에서 올챙이처럼 꼬물거리는 정자들을 처음으로 관찰한 생물학자는 그들을 기생충으로 생각했다. 그 작은 '동물'들이 남성의 몸에서 유전물질을 안고 여성에게 전달한다는 사실은 그 당시로는 상상하기조차 어려운 일이었을 것이다. 정자에 비하면 엄청나게 크긴 해도 난자가 밝혀진 것은 이보다 훨씬 후인 19세기 초반이었다. 그리고 난자와 정자가 결합하여 새로운 생명체를 생성한다는 인간의 수정과정이 밝혀진 것은 19세기 후반이었다.

여성이 하나의 생명체를 만들어내는 밭의 역할을 한다는 주장은 원칙적으로 맞는 말이다. 암컷이 일정 기간 태아를 자궁 안에서 키워내는 포유류의 경우뿐만 아니라 수정과정부터 암수의 역할은 다분히 비대칭적이다. 정자는 수컷의 유전물질을 난자에 전달하고 나면 그 소임을 다한다. 그에 비하면 난자는 암컷의 유전물질은 물론 생명체의 초기 발생에 필요한 온갖 영양분을 다 갖추고 있어야 한다. 이 세상에 정자만큼 간단하고 효율적인 기계가 또 있을까 싶다. 정자는 머리 부분에 수컷의 유전물질을 담고 있는 핵을 가지고 있고 그 유전물질을 운반하기 위해 긴 꼬리를 갖고 있다. 꼬리라는 운동기관에 에너지를 공급하기 위해 목 부위에는 미토콘드리아들이 잔뜩 포진해 있고 머리 앞 부분에는 난자에 진입할 때 난자의 벽을 녹이는 데 쓸 효소가 장전되어 있다. 다분히 경박스러운 비유이긴 하지만 그야말로 요즘 유행하는 '퀵서비스'와 크게 다를 바 없다. 하나의 생명체를 만들어내기 위해 온갖 영양분을 고루 갖춘 소수의 난자를 생산하는 속 깊은 암컷과는 달리 자연계의 수컷들은 자신들의 유전물질을 다량 제작하여 가장 저렴하게 포장한 다음 참으로 경박스럽게 배달한다.

새끼를 낳기 위해서 암컷과 수컷은 궁극적으로 협력해야 하지만 누가 더 투자를 많이 할 것인가를 놓고 늘 저울질을 하며 산다. 그 결과 대체로 암컷들은 질을 중시하는 방향으로 진화한 반면 수컷들은 질보다는 우선 양으로 승부를 보려고 한다. 기네스북에는 평생 69명의 자식을 낳은 어느 러시아 여인이 세상에서 가장 아이를 많이 낳은 여자로 기록되어 있다. 전부 13번의 임신에 두 쌍둥이, 세 쌍둥이, 네 쌍둥이를 섞어 낳아 무려 69명이나 낳은 것이다. 상상을 초월하는 엄청난 숫자이다. 그러나 이 엄청난 기록도 남자의 기록에 비하면 아무것도 아니다. 기네스북이 선정한 역대 최고로 많은 자식을 낳은 남자는 '피에 굶주린'(The Bloodthirsty)라는 별명을 가진 모로코의 황제 이스마일(Moulay Ismail, 1672-1727)이다. 1703년까지 아들 525명과 딸 342명을 합쳐 무려 867명의 자식을 낳았고 1721년에 이르면 700번째 아들을 얻은 걸로 알려져 있다.

암수가 번식에 쏟아 붓는 투자는 배우자 수준에서 끝나는 것이 아니다. 사회성의 진화에 여러 훌륭한 이론들을 제시한 미국의 진화생물학자 트리버즈(Robert Trivers)는 배우자를 만드는 것에서부터 상대를 고르는 과정을 거쳐 자식을 낳아 기르는 과정 전체에 드는 투자 전부를 고려해야 한다고 주장한다(Trivers, 1972). 만일 배우자 수준의 투자 차이를 가지고 암수의 투자 전략을 판단한다면 이 세상 모든 생물에서 암컷의 투자가 언제나 훨씬 크고, 따라서 번식의 선택권은 언제나 암컷에게만 있어야 한다. 이 세상 그 어느 생물에서도 난자보다 큰 정자를 생산하는 예는 없기 때문이다. 난자보다 큰 정자를 생산하는 수컷이 있다면 그 수컷은 더 이상 수컷이 아니라 암컷이다.

트리버즈의 이론(parental investment theory)을 뒷받침해 주는 완벽한 예가 모르몬귀뚜라미에서 관찰되었다(Gwynne, 1981). 귀뚜라미나 메뚜기 같은 곤충들은 짝짓기를 할 때 수컷이 암컷의 질 속으로 직접 정자를 액체 상태로 사정하는 것이 아니라 정자들을 정낭(spermato-phore)이라 부르는 주머니 속에 담아 전달하는 방법을 사용한다. 이들 수컷들은 종종 정낭에 정자뿐 아니라 영양분도 한 덩어리 매달아 선사하기 때문에 암컷들은 되도록 커다란 정낭을 선사하는 수컷을 선호한다. 짝짓기가 끝나면 암컷은 곧바로 몸을 구부려 질 바깥으로 튀어나와 있는 영양분 부분을 갉아먹기 시작한다. 정낭의 영양분 부분이 크면 클수록 암컷이 그걸 갉아먹는 데 걸리는 시간이 길어질 것이고, 그만큼 정낭 속의 정자들이 난자에 도달할 수 있는 시간도 길어진다. 그래서 수컷들은 점점 더 커다란 정낭을 만들도록 진화했다. 모르몬 귀뚜라미 수컷은 정낭 한 개를 만드는 데 자신의 체중의 무려 27%를 투자한다. 그래서 모르몬귀뚜라미의 세계에서는 수컷들이 번식의 선택권을 쥐고 있다.

암컷이 수컷보다 신중한 것은 배우자를 만드는 과정에서도 여실히 드러난다. 인간의 경우 남자들은 건강만 유지하면 나이가 많이 들어서도 정자를 생산할 수 있다. 그래서 노년에 자식을 얻은 남자들의 얘기가 우리 주변에는 심심찮게 떠돈다. 그러나 여성들의 경우는 다르다. 완경8)이 되고 나면 여성들은 수정란을 이식받지 않는 한 더 이상 자식을 낳을 수 없다. 난자가 바닥났기 때문이다. 여성은 태어날 때 두 난소 속에 약 200만 개의 난자를 갖고 있다. 사춘기에 이르면

---

8) 예전에는 '폐경'이라 불렀지만 가지고 태어난 난모세포의 사용을 완성했다는 의미에서 '폐경'보다는 훨씬 어감이 좋은 '완경'이라 부를 것을 제안한다.

그 수가 약 40만 개로 줄고, 그 중에서도 평생 실제로 사용하는 성숙한 난자의 수는 500개도 채 되지 않는다. 약 4주를 주기로 난자 하나씩 배란하는 걸 35년 동안 반복한다 해도 전부 455개에 지나지 않는다. 그리고 그 중 다만 몇 개를 사용할 뿐이다.

정자와 난자는 모두 두 번의 세포분열을 거쳐 만들어진다. 수컷의 경우에는 하나의 정원세포가 두 번의 분열과정을 거치면 4개의 정자로 분화한다. 그와 달리 난원세포는 첫 세포분열을 거치고 나면 하나의 난자와 퇴화되어 사용할 수 없는 극체로 분화한다. 극체는 두 번째 분열을 통해 두 개의 극체를 만들 뿐이고, 난자는 역시 또 하나의 난자와 극체로 분화한다. 하나의 난원세포에서 단 하나의 난자와 세 개의 극체가 만들어진다. 한정된 숫자의 난원세포를 갖고 태어났으면서도 그들로부터 성숙한 난자를 만들어내는 과정은 이처럼 또 철저하다.

수컷들은 암컷들과 짝짓기를 할 기회가 많으면 많을수록 번식성공도(reproductive success)를 높일 수 있다. 그러나 암컷의 경우는 다르다. 아무리 여러 수컷들과 짝짓기를 한다 해도 한번에 낳을 수 있는 자식의 수에는 한계가 있다. 암컷에게는 상대하는 수컷의 수보다는 자식을 얼마나 잘 낳아 기를 수 있는가를 결정하는 영양 상태가 훨씬 더 중요하다. 그렇다고 해서 수컷에게는 바람을 피울 확실한 이유가 있고 암컷들은 근본적으로 바람을 피우려 하지 않는다는 뜻은 아니다. 초창기의 사회생물학자들은 바로 이 점을 경솔하게 부각시켜 페미니스트들로부터 공격을 받았다. 새를 연구하는 생물학자들은 오랫동안 새들의 거의 95%가 다 일부일처제를 유지하며 부부가 함께 새끼들을 기른다고 믿어왔다. 그러나 최근 유전자 감식법을 사용하여 한 둥지에서 자라는 새끼들의 유전자를 조사해 보았더니 평균 30% 이상, 심한 경우에는 70%에 이르는 새끼들이 그 둥지에 함께 사는 수컷의 자식이 아니라는 사실이 밝혀졌다.[9] 암수가 성실하게 함께 자식을 기른다고 믿었던 동물들의 대부분이 알고 보니 외도를 즐기고 있다는 사실이 속속 밝혀지고 있다. 오래 전 보스턴의 한 병원에서 실시한 조사에서도 비슷한 결과가 나왔다. 그 해 그 병원에서 출생한 아이들의 약 30%가 법적인 아빠의 자식이 아니라는 사실이 드러났다. 그래서 미국의 여러 주에서는 병원 당국이 부모에게 아이의 혈액형을 알려주지 않아도 된다는 법이 통과되기도 했다.

그 동안 우리는 수컷만 여러 암컷들과 짝짓기를 하고 암컷은 한 마리의 훌륭한 수컷으로 만족한다는 어설픈 고정관념을 갖고 있었다. 짝짓기란 암수가 한데 어우를 수 있어야 가능한 법인데 어찌 수컷들이 많은 암컷들을 상대하는 동안 암컷은 제가끔 한 수컷에만 수절을 할 수 있단 말인가? 도무지 계산이 맞지 않는 억지일 뿐이다. 암컷이 여러 수컷들과 짝짓기를 해서 얻을 수 있는 이득은 줄잡아 11가지나 된다(Choe and Crespi, 1997). 대부분의 경우 충분한 숫자의 정자를 확보하기 위해 암컷이 여러 수컷들과 짝짓기를 하는 것은 아닌 듯싶다. 한번 사정에 쏟아내는 정자의 수가 이미 천문학적인 것만 봐도 쉽게 짐작할 수 있다. 여러 수컷을 상대해야 할 가장 명백한 이유 중의 하나는 불임성 수컷에게 묶일 위험을 벗어나기 위함이다. 불임으로 병원을 찾는 부부들 중 남편에게 책임이 있는 경우가 그 반대보다 오히려 많은 것으로 판명되고 있다. 성이 진화한 까닭 자체가 그렇지만 암컷이 여러 수컷과 짝짓기를 하는 가장 근본적인 이유는 유전적으로 다양한 자식들을 낳기 위함이다. 미래의 환경을 정확하게 예측할 수 없는 상황에서 암컷이 취할 수 있는 가장 안전한 전략은 다양한 조합의 유전자들을 가진 자식들을 낳는 것이다.

---

9) 이 같은 연구 결과들은 Birkhead, Tim. 2000. *Promiscuity: An Evolutionary History of Sperm Competition.* Cambridge, Massachusetts: Harvard University Press(『정자들의 유전자 전쟁』, 한국동물학회 옮김, 2003)에서 자세히 찾아볼 수 있다.

우리는 흔히 질투란 여자들이나 부리는 것으로 생각한다. 하지만 질투는 사실 수컷의 속성이다(Buss et al., 1999; Buss, 2000). 암컷은 자식의 정체성을 의심할 이유가 없다. 자기 몸으로 직접 낳았기 때문이다. 그러나 수컷에게는 자기 자식이 진정 자신의 유전자를 물려받은 자식인지에 대한 의구심이 있을 수 있다. 이 때문에 수컷들은 진화의 역사를 통해 다른 수컷들로부터 암컷을 보호하는 온갖 방법들을 개발했다. 또한 그러한 방법들이 실패했다고 판단될 경우 남성들은 가정 폭력, 다른 남성들과의 성적 분쟁, 그리고 살인을 저지르기도 한다. 나는 지난 2년간 내 연구실의 대학원생들과 함께 서울대학교 국사학과의 한영우 교수와 서울대학교 규장각의 김호 연구원과 한국학 연구를 수행해 왔다. 서울대학교 규장각에 소장되어 있는 우리나라 19세기 말에서 20세기 초에 발생한 살인 사건들에 관한 검안 문서들을 바탕으로 하여 조사해 보았더니 조선시대의 문화권에서도 인간의 종보편적인(species-typical) 갈등 양상이 벌어지는 것을 발견했다.[10]

잠자리와 실잠자리들은 짝짓기를 마친 다음에도 암컷을 놓아주지 않고 달고 다닌다. 일부다처제를 유지하는 동물의 수컷들은 암컷들을 지키느라 번식기 내내 거의 식음을 전폐한다. 줄무늬다람쥐 수컷은 번식기 동안 거의 쉼 없이 암컷의 꽁무니만 따라다닌다. 어떤 수컷은 아예 자기의 암컷이 다른 수컷들과 만나지도 못하도록 굴 속에 암컷을 몰아넣곤 입구를 엉덩이로 막고 앉아 있기도 한다. 설치류 동물의 수컷은 점도가 특별히 높은 정액을 분비하여 짝짓기가 끝난 다음 암컷의 생식기를 틀어막기까지 한다. 중세의 남성들이 전쟁을 떠나며 아내들에게 정조대를 채운 것과 그리 다르지 않다.

여성들은 여성들 나름대로 남성들의 눈을 피해 바람을 피우는 방법

---

10) 연구결과는 최재천, 한영우, 김호, 황희선, 홍승효, 장대익 저, 『살인의 진화심리학: 조선 후기의 가족 살해와 배우자 살해』라는 제목의 모노그래프로 서울대학교 출판부에서 출간될 예정이다.

들을 개발했다. 그 중에서 가장 절묘한 방법은 배란을 드러나지 않게 하는 것이다.[11] 다른 영장류의 암컷들은 대체로 배란 시기를 온 세상에 광고하는 방향으로 진화했다. 배란기가 가까워지면 대부분의 영장류 암컷들은 주체할 수 없을 정도로 발갛게 부풀어오른 엉덩이를 흔들며 수컷들을 끌어 모은다. 그러나 인간 여성들은 배란기를 절대로 알리지 않게끔 진화했다. 여성 자신도 배란을 느끼지 못한다. 만일 남자들이 여자들의 배란 시기를 정확하게 알 수 있다면 그때에만 잠자리를 함께 하고 나머지 시간에는 사냥을 가거나 다른 여자를 찾아 나설 수도 있을 것이다. 그러나 이처럼 배란이 은폐된 상황에서 남자들이 취할 수 있는 가장 안전한 전략은 한 여자라도 확실하게 보호하며 자주 성관계를 갖는 방법뿐이다. 인간도 다른 모든 포유동물들과 마찬가지로 일부다처제의 성향을 다분히 지니고 있다. 그러나 이 은폐된 배란은 인간 남성들로 하여금 일부일처제를 고려하지 않을 수 없게끔 만들었다. 우리 주변에는 종종 가정에 묶여 마음껏 뜻을 펼 수 없다고 투덜대는 남성들이 있다. 하지만 결혼은 원래 남자가 원해 생겨난 제도일 것이다.

3. 생물학적 전환(Biological Turn)

우리 인간의 남녀 차이는 일단 근본적으로 유전적인 것이지만 성장 과정에 받는 환경의 영향도 무시할 수 없다. 성격이나 행동의 차이를 보고 그것이 과연 유전자의 차이에 의해 나타난 것인가를 밝히려면

---

11) Alexander, R. F. and Noonan, K. M. 1979. Concealment of ovulation, parental care, and human social evolution. In: N. A. Chagnon and W. Irons(eds.), *Evolutionary Biology and Human Social Behavior*, pp.402-435. North Scituate, Massachusetts: Duxbury Press.

몇 단계의 검증이 필요하다. 물론 행동도 유전한다. 사람들은 부모 자식 간에 몸의 구조 즉 형태나 모습이 닮은 것에 대해서는 주저함 없이 유전자를 운운한다. 유전자라는 용어나 그 개념을 명확하게 들먹이지 않더라도 그런 의미를 담고 있는 표현들은 너무도 많다. 김동인의 소설『발가락이 닮았다』에 의문을 제기하는 사람은 별로 없다. 그러나 이효석의『메밀꽃 필 무렵』의 마지막 장면에 동이의 왼손에 채찍이 들려 있는 걸 지긋이 바라보는 허생원의 얘기를 놓고는 왼손잡이가 유전하는가 아닌가를 두고 의견이 분분하다.

유전자란 단백질을 만드는 정보를 지닌 화학물질에 불과하다. 우리 몸의 구조가 닮는다는 것은 무엇을 의미하는가? 부모와 동일한 유전자를 가졌기 때문에 동일한 단백질들이 합성되었고 그 결과 비슷한 몸의 구조를 지니게 된 것이다. 물론 발생 과정에서 환경의 차이 때문에 아무리 똑 같은 유전자를 지녔다 하더라도 완벽하게 똑같은 구조를 갖게 되는 것은 아니지만 동일한 유전자를 물려받지 않은 사람의 몸 구조와는 비교가 되지 않을 정도로 닮게 되는 것이다. 그렇다면 유전자가 단백질을 만들고, 그 단백질이 구조를 만들고, 그 구조에 의해 행동이 나타난다는 인과관계를 이해하면 행동 역시 대체로 유전자에 의해 결정된다는 사실을 받아들이지 않을 수 없다.[12]

유전자들의 행동에 일관성이 없다는 데에도 문제가 있다. 예전의 생물학자들은 한 몸을 이루고 있는 유전자들은 모두 한 마음으로 행동하리라고 생각했었다. 그러나 우리에게 유전자의 관점에서 사물을 볼 수 있는 눈을 선사한 해밀튼(1996)은 이렇게 말했다. "유전자들이

---

12) 좀더 포괄적인 논의를 위해서 Dawkins, Richard. 1982. *The Extended Phenotype: The Long Reach of the Gene*. Oxford: Oxford University Press 와 Lewontin, Richard. 2000. Gene, organism and environment. In: D. S. Bendall(ed.), *Evolution from Molecules to Men*, pp.273-285. Cambridge: Cambridge University Press를 참조하기 바란다.

란 단순한 자료은행과 한 프로젝트에 헌신하는 경영진과 같은 존재가 아니라는 걸 알게 되었다. 그들은 차라리 이기주의와 파벌 싸움이 난무하는 이사들의 회의실처럼 보이기 시작했다." 우리 몸을 이루고 있는 유전자들의 총합 즉 유전체는 하나의 목적을 위해 늘 협동하는 공동체가 아니라, 어머니의 유전자들과 아버지의 유전자들 사이에서 늘 서로 견제하며 끊임없는 갈등 속에서 때로 협력하는 혼합체이다. 그래서 하나의 유전체를 이루는 유전자들의 활동을 진화생물학자들은 때로 국회 의원들의 의정활동에 비유한다. 자기를 뽑아준 지역구의 이익을 위해 눈을 밝히며 싸워야 하지만 모두가 다 그러다 보면 나라가 망할지도 모르기 때문에 때로는 전체를 위한 일도 해야 하는 의원들의 갈등과 유전자들간의 갈등이 크게 다르지 않아 보이기 때문이다.

유전자에서 단백질, 단백질에서 구조, 그리고 구조에서 행동으로 이어지는 단계가 축적됨에 따라 변이의 폭은 점점 더 커질 것은 너무도 당연하지만 그 연결고리 자체를 부인할 수는 없다. 도킨스(1982)는 이 같은 행동과 행동의 결과로 나타나는 문명과 문화 모두를 가리켜 '확장된 표현형'(extended phenotype)이라 부른다. 인간의 경우에는 발생 과정의 엄청난 유연성 때문에 표현형의 확장 정도 또한 엄청나다. 여성과 남성의 차이도 많은 부분 유전형 자체의 차이가 아니라 확장된 표현형의 차이일 가능성이 크다. 유전자의 눈높이에서 바라본 여성과 남성 사이에는 분명한 차이가 있다. 그렇지만 어떤 의미에서는 그 유전자가 어떻게 표현되는가에 따라 더 큰 차이가 발생할 수도 있다. 그래서 영화 『아프리카의 여왕』에서 캐서린 헵번은 험프리 보가트에게 다음과 같은 말을 했는지도 모른다. "본성이란 우리가 그보다 더 나아지기 위해 있는 것이에요."

크리스티나 폰 브라운(Christina von Braun)은 성과 젠더 연구에는 몇 가지 중요한 개념의 전환이 있었다고 설명한다(von Braun and

Stephan, 2000). 1953년 언어학자 버그만(Gustav Bergmann)이 처음 도입했고, 또 1967년 철학자 로티(Richard Rorty)가 다시 한번 끌어안았던 개념인 '언어적 전환'(linguistic turn)은 언어문제에 대한 천착이 없이는 철학적 사유가 불가능하다는 사실을 일깨워주었다. 언어가 인식의 수단인 동시에 인식 가능성의 방향을 결정짓는 수단이기도 하기 때문이다. 언어가 우리의 사유에 족쇄를 채울 수 있다는 걸 인식시켜 준 언어적 전환은 1980년대에 이르러 예술사가인 미첼(W. J. T. Mitchell)이 도입한 '그림으로의 전환'(pictorial turn)과 맞물려 급기야는 '유전적 전환'(genetic turn)에 이른다. 유전적 전환은 앞의 두 개념에 유전자에 의한 세대간의 연속성을 부여한다. 그러나 나는 개인적으로 유전적 전환이 품고 있는 결정론적 위험성을 적잖게 우려한다.

내가 미국 미시건 대학에서 교편을 잡고 있던 1990년대 초반 미국 사회에서는 갑자기 참으로 어처구니없는 사건이 벌어졌다. 경제적으로 어려웠던 젊은 시절에 아이를 남에게 입양시켰던 아버지가 훗날 생활여건이 좀 좋아지자 아이를 도로 찾겠다며 법원에 소송을 제기한 사건이었다. 아이의 친아버지와 양부모 사이의 끝도 없어 보이는 법정 투쟁이 진행되는 동안 전국민이 TV 뉴스에서 눈을 떼지 못했다. 그런데 당시 미국 언론이 사용한 용어에 개념적인 문제가 있었다. 언론은 한결같이 친아버지를 '생물학적 아버지'(biological father)라고 불렀다. 이는 결코 정확한 표현이 아니다. '유전적 아버지'(genetic father)라고 불렀어야 옳았다. 친아버지는 유전자를 제공했을 뿐 양육에는 전혀 기여하지 않았다는 점을 간과해서는 안 된다. 생물학은 유전학이 아니다. 모든 생명체는 유전자와 환경의 합작품이다. 생물학에는 유전학과 생태학(ecology) 또는 사회학(sociology)이 함께 들어 있다. 유전자의 발현을 조정할 수 있는 환경의 영향을 함께 고려해야 한다.

이런 관점에서 나는 성의 문제를 분석할 때 유전적 전환에서 멈출 것이 아니라 '생물학적 전환'(biological turn)의 개념을 포용해야 한다고 제안한다. "여성은 태어나는 것이 아니라 만들어지는 것"이라 했던 시몬 드 보부아르의 주장에서 생물학은 유전과 환경 모두를 읽는다. 여성이 진정 '만들어진 성'이라면 유전자가 펴놓은 멍석 위에서 과연 어느 장단에 맞춰 춤을 추는지 살펴야 한다. 만들어지는 과정은 우리의 지성과 이성으로 충분히 바꿀 수 있다. 성은 정해졌어도 젠더는 열려 있다.

4. 여성시대에는 남자도 화장을 한다

1968년 시카고 미술회관에서 피카소의 그림들을 전시하려고 할 때였다. 한 여인이 아이를 안고 바닷가에 앉아 있는 그림이었다. 피카소로부터 홀연 원래 그 그림에는 남자가 함께 있었다는 통보가 날아들었다. 알고 보니 피카소는 아이의 아버지로 보이는 남자를 그렸다가 도려내 버리고 남자의 팔 부분은 배경색으로 덧칠을 한 것으로 드러났다. 엑스레이 투시법을 사용하여 덧칠한 부분을 들여다보니 남자는 손에 생선 한 마리를 쥐고 있었다. 흥미로운 것은 아이와 여인의 시선이 전혀 다른 곳을 향하고 있다는 점이다. 아이는 그 생선을 쳐다보며 관심을 보이는 반면 여인은 전혀 아랑곳하지 않는 표정이었다. 피카소의 원래 의도가 어떤 것이었는지는 확실하지 않지만, 적어도 내 눈에는 "당신이 도와주지 않아도 나 혼자서 충분히 아이를 기를 수 있다"는 현대 여성들의 태도를 상징적으로 잘 표현한 그림처럼 보인다.

나는 2년 전 TV에서 '여성 강연'을 한 후로 여성단체나 여성학회에 심심찮게 불려 다닌다. 그런 곳에서 내가 가장 자주 받는 질문 중의 하나가 바로 이 여성의 경제권 향상에 대한 것이다. 여성들의 사회

진출이 활발해지면서 경제력이 느는 것은 사실이나 어느 세월에 남성들보다 더 막강한 경제력을 확보할 수 있겠느냐는 질문이다. 그리고 남성들이 그렇게 되도록 가만히 지켜보겠느냐는 것이다. 나는 한번도 여성들의 경제력이 남성들을 능가해야 한다고 말한 적은 없다. 능가할 수 있다면 여성들에게 더욱 좋겠지만 그럴 필요가 없기 때문이다. 혼자서 아이를 기를 수 있고 어느 정도의 문화생활을 영위할 수 있는 수준의 경제력만 확보하면 금세 남성의 필요성을 가늠해 볼 수 있는 위치에 놓이게 된다. 아일랜드 태생의 극작가 파커(George Farquhar)가 말한 대로 "여자란 돈이 없으면 아름다움을 유지할 수도 없는" 게 사실이지만, 최소한의 고상함을 유지할 수 있을 만큼의 경제력만 갖추면, 그 순간부터 남자들은 화장을 시작해야 한다.

그 동안 기득권층으로서 별 불편함을 느끼지 못했던 남성들에게는 여성시대의 도래가 자못 부담스러울 수도 있으리라 믿는다. 하지만 나는 여성의 세기가 도래했을 때 진정으로 해방되는 것은 바로 우리 남성들이라고 생각한다. 연세대학교 조한혜정 교수가 늘 주장해 왔듯이 여성성의 회복이 남성을 구원할 것이다. 우리 사회를 가리켜 흔히 남성중심사회라고 하지만, 그리고 현대 남성들이 남성우월주의에 젖어 있다고는 하지만, 오늘날 진정으로 가부장적 권한을 휘두를 수 있는 남자들이 얼마나 있을까 의심스럽다.

몇 년 전 우리 사회는 국제통화기금(IMF) 시대를 겪으며 엄청나게 많은 노숙자들을 만들어냈다. 가계가 무너지면 왜 남자만 집을 나가야 하는가. 가장의 멍에를 어쩌지 못하기 때문이 아니던가. 가정이란 부부가 함께 꾸려가는 것이라는 인식이 있으면 그런 어려움을 당했을 때 면목이 없다며 혼자 가출을 할 것이 아니라 아내와 함께 머리를 맞대고 새로운 길을 찾아야 할 것이다. 여성들은 백지장을 맞들려 하고 있고 또 맞들 능력도 갖추고 있다. 이 나라의 남성들만 공연히 그 무거운 짐을 혼자 짊어지려 한다.

여성들의 수명이 남성들의 수명보다 긴 것은 거의 어느 나라든 마찬가지이다. 대부분의 다른 동물들의 사회도 예외가 아니다. 번식의 기회를 얻기 위하여 암컷에게 잘 보여야 하는 수컷들은 번식기 내내 변변히 먹지도 못하며 오로지 성애에 탐닉한다. 여러 암컷들을 거느리기 위해 미리 수컷들끼리 권력다툼을 벌여야 하는 동물의 경우에도 수컷들의 삶이 처절하기는 마찬가지다. 으뜸수컷이 되려면 항상 위험한 격투를 겪어야 하고 그런 몸싸움에서 언제나 성한 몸으로 걸어 나온다는 보장이 없다. 운이 좋았건 힘이 셌건 일단 으뜸수컷이 되고 나면 또 그 자리를 지키기 위해 밤낮 없이 경계를 게을리 하지 못한다. 자기가 거느리는 후궁들을 늘 즐겁게 해야 함은 말할 나위도 없다. 수컷이란 워낙 '짧고 굵게' 살다 가게끔 진화한 동물이다.

　세계보건기구(WHO) 홈페이지에 들어가 보면 세계 여러 국가들의 연령별 남녀 사망률을 한데 모아놓은 그래프가 있다. 세계 어느 나라든 남성의 사망률이 여성의 사망률보다 훨씬 높다. 특히 번식적령기인 20대와 30대에서는 남성 사망률이 여성 사망률의 무려 세 배에 달한다. 번식기의 다른 동물들과 다를 바 없다. 약한 자여, 그대 이름은 남성이니라! 세계보건기구에 통계자료를 제공한 모든 나라가 한결같이 똑같은 현상을 보인다. 어느 나라든 남녀의 사망률은 서로 비슷하게 시작하여 20대와 30대에 엄청난 차이를 보이다가 40대로 접어들며 점차 비슷해진다. 그런데 그곳에 요즘 젊은이들의 표현을 빌리면 실로 '엽기적인' 사실이 우리를 기다리고 있다. 그 그래프에서 유일하게 40대, 50대로 들어서며 남성의 사망률이 하늘 높은 줄 모르고 치솟는 나라가 하나 있다. 바로 대한민국이다. 전 세계를 통틀어 우리나라 40대와 50대 남성들의 목숨이 가장 파리목숨에 가깝다.

　나는 대한민국을 '소모품인간사회'라 정의한다(Choe, 2001). 외환위기를 겪으며 나라꼴이 엉망이 되었지만, 나는 우리나라가 또다시 후진국으로 전락할 위험은 없다고 본다. 적어도 경제적인 면에서는 말이다. 그렇게 되도록 가만히 놔둘 우리들이 아니다. 무슨 짓이든 악착같이 할 것이다. 하다 못해 껌을 팔아서라도 어떠한 난국이든 반드시 극복하고야 말 것이다. 역사가 이를 증명하고 있고 우리 스스로가 우리의 근성을 믿는다. 그래서 바로 '은근과 끈기의 민족'이라고 하지 않았던가? 그러나 이 같은 고난과 극복의 역사는 국가 전체의 수준에서 분석하고 자위할 수 있을 뿐이다. 국민 각자의 입장에서 이 현상을 다시 한번 분석해 보면 엄청나게 다른 모습이 드러난다. 대한민국이라는 집단이 세계 10위권 경제대국의 위치를 지키기 위해 그야말로 '발악'을 하는 동안 그 성원들의 삶의 질은 목적 달성을 위한 소모품 신세를 면하지 못한다. 근대화의 급물살 속에 우리 사회는 어느새 성원 한 사람 한 사람의 삶이 중요한 것이 아니라, 한 동안 써먹다가 효용가치가 떨어지면 가차없이 버리고 새로 만들어 쓰는 부분품들의 사회가 돼버렸다. 우리나라는 큰 일이 없는 한 계속 이 정도 수준을 유지하며 갈 것이다. 하지만 그 국가라는 괴물 속에 살아야 하는 국민은 천하디 천한 존재를 면하기 어렵다. 대량으로 잔뜩 만들었다 값싸게 죽이고 또 만들고 하면서 그냥 그렇게 오랫동안 질퍽질퍽 살아갈 것이다. 국가의 야심을 충족시키기 위해 '나'는 일찍 죽어줘야 하는 그런 국가가 살고 있다.

실질적인 이득도 별로 없는 허울뿐인 가부장 계급장을 떼어내면 정말 편해지는 건 남성들이다. 우선 사망률부터 정상으로 회복될 것이다. 남성도 자본주의와 가부장제 속에서 결코 자유로울 수 없는 것은 사실이지만 여성과 달리 남성은 엄연히 피해자이기 이전에 가해자이며 어떤 의미로는 제도의 수혜자였음을 인정해야 한다. 하지만 여성의 세기가 오면 여성만 해방되는 것이 아니다. 남성도 함께 해방된다. 남성 스스로가 적극적으로 변화를 모색해야 한다. 남성이 책임을 벗는다는 뜻은 아니다. 여성과 남성이 함께 짐을 나눠진다는 뜻이다.

근대 학문은 맹목적인 지식만 축적할 줄 알았지 그를 통해 깨달음을 얻는 감동을 잃었다고 개탄해 하는 이들이 적지 않다. 나는 내가 선택한 학문을 통해 이를테면 '거듭나는' 경험을 한 더할 수 없이 행복한 사람이다. 미국에 유학하여 1980년대 초에 처음으로 맞이한 진화생물학, 그 중에서도 특히 유전자의 관점에서 세상만물을 바라보는 개념을 접한 순간 나는 거의 완벽하게 다른 사람으로 거듭났다. 유전자의 눈높이에서 바라보는 세상은 자칫 지극히 무의미하고 허무하다. 그러나 그 허무를 넘어서면 한없는 겸허함이 나를 다스린다. 때로 징그러우리 만치 건조한 다윈의 이론이 그를 온전히 이해하고 가슴에 품고 나면 믿지 못할 만큼 따뜻한 평온으로 다가온다. 일단 거듭나고 난 다음부터는 성(sex)의 문제 즉 남녀관계 역시 내게는 너무도 또렷하게 보이기 시작했다. 남성중심의 사회는 전혀 자연적이지도 합리적이기도 않다. 모름지기 번식을 하기 위해 태어난 것이 생물이라면 그 번식의 주체인 암컷이 어떤 형태로든 삶의 중심이어야 할 것은 너무나 당연하다. 적어도 생물학자에게는 말이다.

참고문헌

최재천, 2003, 『여성시대에는 남자도 화장을 한다 — 한 사회생물학자가 바라본 여자와 남자』, 서울: 궁리.

최재천·한영우·김호·황희선·홍승효·장대익, 2003(출간 예정), 『살인의 진화심리학: 조선 후기의 가족 살해와 배우자 살해』, 서울: 서울대학교 출판부.

Alexander, R. F. and Noonan, K. M. 1979, Concealment of ovulation, parental care, and human social evolution. In: N. A. Chagnon and W. Irons(eds.), *Evolutionary Biology and Human Social Behavior*, pp.402-435, North Scituate, Massachusetts: Duxbury Press.

Allee, W. C., A. E. Emerson, O. Park, T. Park, and K. P. Schmidt. 1949, *Principles of Animal Ecology*. Philadelphia: Saunders.

Bell, G. 1982, *The Masterpiece of Nature: The Evolution and Genetics of Sexuality*. Berkeley: University of California Press.

Bernstein, H. 1983, Recombinational repair may be an important function of sexual reproduction. *BioScience* 33:326-331.

Bernstein, H., H. C. Byerly, F. A. Hopf, and R. E. Michod. 1984. Origin of sex. *Journal of Theoretical Biology* 110:323-351.

Birkhead, T. 2000, *Promiscuity: An Evolutionary History of Sperm Competition*. Cambridge, Massachusetts: Harvard University Press (『정자들의 유전자 전쟁』, 한국동물학회 옮김, 전파과학사, 2003).

Buss, D. M. 2000, *The Dangerous Passion: Why Jealousy is as Necessary as Love and Sex*. New York: The Free Press(『오셀로를 닮은 남자, 헤라를 닮은 여자』, 이상원 옮김, 청림출판, 2003).

Buss, D. M., T. K. Shackelford, L. A. Kirkpatrick, J. C. Choe, H. K. Lim, M. Hasegawa, T. Hasegawa, and K. Bennett. 1999. Jealousy and the nature of beliefs about infidelity: Tests of competing hypotheses about sex differences in the United States, Korea, and Japan. *Personal Relationships* 6:125-150.

Choe, J. C. 2001, A society built for human consumption, *Korea Focus* 9:44-46.

Choe, J. C. and B. J. Crespi(eds.), 1997, *The Evolution of Mating System in Insects and Arachnids*. Cambridge: Cambridge University Press.

Cronin, H. 1991, *The Ant and the Peacock*. Cambridge: Cambridge University Press.

Darwin, C. 1871, *The Descent of Man, and Selection in Relation to Sex*. London: John Murray.

Dawkins, R. 1976, *The Selfish Gene*. New York: Oxford University Press

(『이기적 유전자』 개정판, 홍영남 옮김, 을유문화사, 2002).

Dawkins, R. 1982, *The Extended Phenotype: The Gene as the Unit of Selection.* Oxford: Oxford University Press.

Fisher, R. A. 1930, *The Genetical Theory of Natural Selection.* Oxford: Clarendon Press.

Futuyma, D. J. and M. Slatkin(eds.). 1983, *Coevolution.* Sunderland, Massachusetts: Sinauer Associates.

Ghiselin, M. T. 1974, *The Economy of Nature and the Evolution of Sex.* Berkeley: University of California Press.

Gowaty, P. A.(ed.) 1997, *Feminism and Evolutionary Biology.* New York: Chapman & Hall.

Hamilton, W. D. 1964, The genetical evolution of social behaviour. I, II. *Journal of Theoretical Biology* 7:1-52.

Hamilton, W. D. 1980, Sex versus non-sex versus parasite. *Oikos* 35:282-290.

Hamilton, W. D. 1996, *Narrow Roads to Gene Land: The Collected Papers of W. D. Hamilton, Vol. 1, Evolution of Social Behaviour.* Oxford: W. H. Freeman.

Hamilton, W. D., P. A. Henderson, and N. A. Moran. 1981, Fluctuation of environment and coevolved antagonist polymorphism as factors in the maintenance of sex. In: R. D. Alexander and D. W. Tinkle (eds.), *Natural Selection and Social Behavior.* New York: Chiron Press.

Lack, D. 1966, *Population Studies of Birds.* Oxford: Clarendon Press.

Lack, D. 1968, *Ecological Adaptations for Breeding in Birds.* London: Methuen.

Lewontin, R. C. 2000, Gene, organism and environment. In: D. S. Bendall(ed.), *Evolution from Molecules to Men,* pp.273-285.

Cambridge: Cambridge University Press.

Lorenz, K. Z. 1962, *On Aggression*. New York: Harcourt, Brace & World.

Low, B. S. 2000, *Why Sex Matters*. Princeton: Princeton University Press.

Maynard Smith, J. 1959, A theory of ageing. *Nature* 184:956-958.

Maynard Smith, J. 1962, The causes of ageing. *Proceedings of the Royal Society of London, Series B* 157:115-127.

Maynard Smith, J. 1978, *The Evolution of Sex*. Cambridge: Cambridge University Press.

Michod, R. E. and B. R. Levin(eds.). 1988, *The Evolution of Sex*. Sunderland, Massachusetts: Sinauer Associates.

Muller, H. J. 1932, Some genetic aspects of sex. *American Naturalist* 66:118-138.

Ridley, M. 1993, *The Red Queen: Sex and the Evolution of Human Nature*. New York: Viking(『붉은 여왕』, 김윤택 옮김, 김영사, 2002).

Thomson, J. N. 1982, *Interaction and Coevolution*. New York: Wiley.

Thomson, J. N. 1994, *Coevolutionary Process*. Chicago: University of Chicago Press.

Thornhill, R. and J. Alcock. 1983, *The Evolution of Insect Mating Systems*. Cambridge, Massachusetts: Harvard University Press.

Thurber, J. and E. B. White. 1957, *Is Sex Necessary? Or, Why You Feel the Way You Do*. New York: Harper & Row.

Trivers, R. L. 1972, Parental investment and sexual selection. In: B. Campbell(ed.). *Sexual Selection and the Descent of Man 1871-1971*. Chicago: Aldine.

Van Valen, L. 1973, A new evolutionary law. *Evolutionary Theory* 1:1-30.

von Braun, C. and I. Stephan(eds.), 2000, *Gender-Studien*. Stuttgart: Verlag J. B. Metzler(『젠더 연구』, 탁선미 · 김륜옥 · 장춘익 · 장미영 옮김, 나남출판, 2002).

Williams, G. C. 1957, Pleiotropy, natural selection and the evolution of senescence. *Evolution* 11:398-411.

Williams, G. C. 1966, *Adaptation and Natural Selection*. Princeton: Princeton University Press.

Williams, G. C. 1975, *Sex and Evolution*. Princeton: Princeton University Press.

Wynne-Edwards, V. C. 1962, *Animal Dispersion in Relation to Social Behaviour*. Edinburgh: Oliver & Boyd.

젠더에 대한 동양의 담론

유교사상을 중심으로

| 최 영 진 | 성균관대 유학 · 동양학부 |

1. 서론: 불평등론의 유교적 이해

大同 세계, 『예기』, 「예운편」에 그려져 있는 '크게 평등한 세계'는 우리가 지향하는 이상사회임에 틀림없다. 그러나 현실적으로 불평등한 위계적 질서로부터 벗어난 적은 없다. 불평등이란, 특정한 개인이나 집단이 다른 개인이나 집단보다 권리, 기회, 보상 등 바람직한 가치들을 다수 소유함으로써 발생하는 위계이다.[1] 불평등은 가치의 소유에 따르는 서열관계를 전제한 상대적 개념이며, 다른 개인, 집단과의 차별적 관계에 의하여 성립되는 상관적 개념이기 때문에 사회적·문화적 맥락에서 분석하지 않으면 안 된다.

유교는 사물의 불평등 질서를 토대로 현실적인 인간, 사회의 불평

---

1) 이영찬, 『유교사회학』, 예문서원, 2001, 273쪽.

등을 인정한다. 그러나 원론적인 차원에서 볼 때에는 절대 평등론을 주장하는 이중적 세계관을 갖고 있다.2) 이영찬은 유교가 인간이 선천적으로 부여받은 자질의 차이에 따르는 불평등을 인정하고 그것이 사회적 불평등의 출발점으로 삼고 있다는 점에서 보수적 이데올로기의 속성을 지녔으나 덕이라는 주관적 요소와 재능이라는 객관적인 기준에 의해 사회적 지위가 결정되어야 한다고 주장하는 것은 어느 정도 자유주의적 이데올로기를 지향한다고 평가한다.3) 특히 덕과 재능이 교육과 수양을 통하여 후천적으로 획득될 수 있음을 강조한다는 면에서 자유주의적 이데올로기가 더욱 뚜렷이 드러난다고 주장한다.4) 그의 주장은 다음과 같은 『중용』의 구절에서 그 타당성을 확인할 수 있다.

"어떤 자는 태어나면서 알고 어떤 자는 배워서 알고 어떤 자는 어렵게 노력해야 알지만 그 아는 데에 이르러서는 같다"5)

"배우지 않을지언정 배울 바에는 알 때까지 그만두지 않는다. … 다른 사람이 한 번 하면 나는 백 번 하고 다른 사람이 열 번 하면 나는 천 번 한다. 이렇게 할 수 있다면 비록 어리석으나 반드시 명석해지고 유약할지라도 반드시 강하게 될 것이다."6)

---

2) 其論萬物之性 謂萬物之性皆同者 專言理也 謂人物之性 偏全不同 而其性皆善者 各指其形氣所之不同 而亦不離乎其氣而言也 謂人人物物之性 剛柔善惡 各各不同者 以理與氣雜而言之也 然其一性也(韓元震, 『朱子言論同異攷』, 「理氣」). 여기에서 '不同'은 단순히 차이를 말하는 것이 아니라 기의 통함과 막힘, 淸濁粹駁에 의한 차별의 의미를 내함한다.

3) 이영찬, 앞의 책, 303쪽.

4) 같은 책, 304쪽.

5) 或生而知之 或學而知之 或困而知之 及其知一也(『中庸』20章).

6) 有弗學 學之 弗能弗措也 … 人一能之 己百之 人十能之 己千之 果能此道 雖愚必明 雖柔必强(같은 곳).

인간이 선천적으로 평등한가 아니면 불평등한가라는 문제는 18세기 조선 학계의 최대 논쟁인 호락논변의 삼대 주제 가운데 하나이다. '聖凡心同不同論'이라고 불리는 이 논변은 본래적인 마음의 평등성과 차별성에 대한 논변이었다.[7] 이영찬과 호락논변자들은 유교 불평등론에 대한 정밀한 분석을 통하여 전통사회의 인간관과 사회관의 중요한 측면을 밝혀놓았다. 그러나 여성주의적 시각에 볼 때에는 핵심적인 사안이 간과되었다는 사실을 지적하지 않을 수 없다. 그것은 남녀의 성차에 의한 불평등 구조의 문제이다. "가르침에 부류의 차별이 없다"[8]라는 『논어』의 유명한 구절에서 남과 여라는 성의 구별도 없었는가, "평등한 교육 기회를 통해 덕과 재능을 닦았으며, 교육이 신분상승의 사다리가 되었다는 점에서 유교의 자유주의적 이데올로기를 엿볼 수 있다"라고 했을 때, 그 평등한 교육의 기회가 여성에게도 열려 있는 것인가라는 문제이다. 1세기 이상 치열한 논변을 벌였던 호락논쟁에서도 이 문제는 문제로서 의식되지 않았다.

평등은 우리가 지향해야 할 목표임에 틀림없다면 먼저 불평등의 요인을 제거해야 할 것이다. 그러므로 정치적·경제적·계층적 불평등과 아울러 지금까지 간과해 온 성적 불평등 문제에 대하여 주목하지 않을 수 없다. 한국사회의 성적 불평들의 요인 가운데 하나로, 전근대사회의 문화적 전통이 지적될 수 있다.[9] 기존의 연구물들이 밝힌 바와 같이, 한국사회가 1세기 동안 서구적 근대를 지향해 왔으나 우리

---

7) 홍정근, 「남당의 未發心性論 考察」, 『호락논변의 종합적 고찰』, 한국유교학회 춘계학술회의발표문, 2003, 50-57쪽 참조.
8) 有敎無類(『논어』, 「위령공」).
9) 불평등은 전근대사회에서만 나타나는 현상이 아니다. 자본주의도 불평등에 기초한 것이며, 근대사회에서 비록 법적으로는 누구나 평등한 권리를 갖는다고 하지만, 그 권리를 사용하는 힘은 평등하지 않다(리사 터틀, 유혜연 외 역, 『페미니즘사전』, 동문선, 1999, 151쪽).

의 의식에는 유교를 중심으로 한 전통적인 가치관과 문화가 공고하게 자리잡고 있다.[10] 일부 페미니스트 진영에서, 현재 한국사회에서 야기되는 다양한 성차별의 의식, 가치, 제도의 이념적 기제가 유교라고 규정하고 그 해체를 주장하는 것은 이와 같은 이유 때문이다.[11] 본 논문의 문제는 바로 이 지점에서 제기된다. 유교를 중심으로 한 동북아의 문화적 전통이라는 맥락에서 젠더 정체성은 어떻게 규정되어 왔는가, 그리고 우리가 추구하는 평등의 원리를 모색하는 데에 있어서 비판/계승해야 할 부분은 무엇인가.

2. 동양 젠더담론의 원형: 乾/坤

동북아 전통사회의 젠더에 대한 담론은 음양론을 중심으로 하여 진행되고 있다. 한자경은 최근에 발표한 논문 「인간과 성 — 음양논리의 한계를 생각하며」[12]에서 다음과 같이 주장하였다.

1. 인간 개체의 본질은 형이상의 리 또는 태극으로 이해되어야지 그로부터 분화되고 파생된 형이하의 음과 양, 천과 지 둘 중의 어느 하나로 간주되어서는 안 될 것이다. 남성을 양으로, 여성을 음으로 간주하는 것은 인간 본질의 형이상을 망각하고 인간을 형이하로 끌어내려 양분화하려는 폭력의 논리이다.[13]

2. 무엇인가를 이원화하여 분별할 때는 그 둘의 관계가 아무리 조

---

10) 졸저, 『유교사상의 본질과 현재성』, 성대 출판부, 2002, 197-218쪽, 『전통과 현대』 통권 21호, 106-108쪽 참조.

11) 강남순, 「유교와 페미니즘: 그 불가능한 만남에 대하여」, 『유교와 페미니즘』, 철학과현실사, 2001, 275-279쪽.

12) 『전통과 현대』 통권 21호, 2002 가을호.

13) 같은 책, 47쪽.

화나 상부상조 등으로 미화된다고 하여도 그 안에는 본과 말, 주와 종, 능과 소라는 권력적 상하, 우열 관계가 들어가지 않을 수 없다. '남자는 하늘, 여자는 땅', '남편은 머리, 아내는 몸' 등의 규정은 하늘과 땅, 머리와 몸이 아무리 유기적인 상호 의존관계에 있다 하더라도, 결국은 명령자와 복종자, 규정자와 피규정자라는 계층적 권력 구조임을 부정할 수 없는 것이다. 이러한 불평등한 권력 구조가 가정과 사회질서의 기반으로 자리잡게 되면, 인간 개체는 도저히 그 구조에 항거할 수 없는 집단 내의 한 점으로 환원될 뿐이다.[14]

1번은 유교사상사의 발전과정에 대한 인식의 결여에서 초래된 주장으로 보인다. 그러나 2번은 유교 음양론에 기초한 젠더담론의 핵심을 비판한 것이다. 물론 이러한 주장이 새로운 것은 아니다. 일찍이 김혜숙은 남/녀를 양/음으로 규정하는 음양의 논리가 결국 남존여비의 질서로 받아들여져 전통사회에서 거역할 수 없는 자연의 원리로 기능하였음을 지적하고 '음양의 질곡부터의 해방'을 주장하였다.[15] 이들의 견해에 의하면 음양론은 상호 대립적인 것들을 끌어안아 화해와 공존을 지향한다고 하지만, 실상은 음/양으로 분류되는 사물들의 불평등한의 위계질서를 합리화하는 수상적은 이론이라는 것이다.[16]

세계를 이분법적으로 파악하는 것은 동북아 이외의 문화권에서도 찾아볼 수 있다. 뒤르켐, 헤르츠 등 종교인류학자들은 원시사회에서 천/지 고/저/ 우/좌 등으로 자연을 분할하여 보는 사유방식이 발견되는데 후자가 전자보다 열등한 것으로 표상된다고 한다.[17] 이것은 원시인들이 가졌던 오른손의 우수성과 연관된 것으로 '오른손 = 聖 = 천 = 남, 왼손 = 俗 = 대지 = 여' 등으로 규정되어 사회적 지배관계로 정립

---

14) 같은 책, 40쪽.
15) 한국철학회,.『해방의 철학』, 철학과현실사, 1996, 143쪽.
16) 김종미, 「陽剛과 陰柔의 변주곡」,『유교와 페미니즘』, 196-198쪽 참조.
17) 이은봉,『중국고대사상의 원형을 찾아서』, 소나무, 2003, 52-53쪽.

젠더에 대한 동양의 담론 77

된다. 엘리아데도 신화연구를 통해 이분법적 조직이 광범위하게 퍼져 있다는 사실을 발견하고 그 상징적 의미를 파악하려고 하였다.[18] 이와 같이 이분법적 사유가 어느 특정한 사회의 소산이 아니라고 한다면, 음양론을 단순히 비판하는 데에 그쳐서는 안 되며, 그 성격을 면밀히 분석하여 본질을 추출하는 데에 초점을 맞추어야 할 것이다.

음양설이 오행설과 결합되어 사회 전반에 영향력을 발휘하는 것은 한대 초기이며, 『주역』에서 음양이라는 용어가 의미를 갖기 시작한 것도 전국 중기부터이다. 그 원형은 『주역』의 경문, 그 가운데에서도 양효 또는 음효만으로 구성된 乾/坤卦이다. 이 괘들은 순양/순음괘이기 때문에 음양의 속성이 가장 잘 드러난다.

건괘는 육십사괘 가운데 첫 번째 괘이다. 이것은 『주역』이 건괘를 가장 중시하며, 양 우위적 사고를 기반으로 하고 있음을 뜻한다. 『주례』의 기록에 의하면 하나라의 『連山易』은 산을 상징하는 艮卦가, 은나라의 『歸藏易』은 땅을 상징하는 坤卦가 맨 처음 나오는 것으로 전해진다. 『귀장역』과 대비시켜 볼 때에 은나라를 정벌한 주나라의 역, 곧 『주역』이 건괘를 제일 괘로 삼았다는 점은 시사하는 바가 크다고 할 것이다.

먼저 괘명인 '乾'의 의미를 분석해 보자. 허신(許愼)은 『설문해자』(說文解字)에서 건에 대하여 다음과 같이 설명한다.

"乾은 위로 올라간다는 뜻이다. 乙을 기본요소로 하는데, 을은 사물이 도달한다는 의미이다. 幹은 소리이다."[19]

이 설명에 의하면 건은 간과 을의 합성어인데, 을이 의미를 나타내고 간은 발음을 표기한 것에 불과하다. 『설문해자』에서 乙은 "봄에

---

18) 같은 책, 55쪽.
19) 『說文解字』, "乾上出也 從乙 乙物之達也 幹 聲也."

초목이 구부러져 나오는 모습을 그린 것이다. 음기가 아직 강하여 그 나오는 것이 乙乙하다"[20]라고 설명되어 있는데, '을을'은 '나오기가 어려운 모양'을 그린 문자이다.

허신은 '幹'을 단지 음만을 나타내는 것으로 보았지만, 段玉裁는 "간이란 태양이 처음 나와 빛나는 것"[21]이라는 허신의 말을 인용하면서 "形聲 가운데에 會意가 있다"라고 설명한다. 간에서는 旦이 의미를 나타나는데 이 글자는 지상에서 태양이 떠오르는 모습을 그린 것이다.[22]

이와 같은 설명을 토대로 하여 우리는 乾을 '아침에 태양이 처음 떠올라 빛나고 초봄에 초목의 싹이 겨울 동안 얼어붙었던 땅을 뚫고 힘겹게 돋아 오르는 모습'을 그린 글자라고 정리할 수 있을 것이다. 이것은 강한 생명력을 상징한다. 건괘의 속성을 '강건함(健)'이라고 규정한 이유가 여기에 있다. 양의 속성이 가장 강한 존재는 天・父・君이다. 『주역』에서 건괘는 이들을 상징하는 경우가 많다.

乾의 괘사는 '元亨利貞'이다. 이 구절에 대해서는 다양한 해석이 있는데, 정이천은 「文言傳」에서 "원은 모든 선의 으뜸이고 형은 아름다움이 집약된 것이며 이는 義와 화합하는 것이며 정은 일의 근간이 되는 것이다"[23]라는 해석에 토대를 두고 『역전』에서 "원은 만물의 시작이며 형은 만물이 성장하는 것이며 이는 만물이 여무는 것이며 정은 만물의 완성이다"[24]라고 주석했다. 이 구절을 점사로 보는 주자도

---

20) 『說文解字』, "象春草木 宛曲而出 陰氣尙疆 其出乙乙也."
21) 『說文解字』, "日始出 光幹幹也."
22) 이것과 다른 해석도 있다. 아까쓰까 기요시(赤塚忠)는 幹?을 '높이 나부끼는 커다란 깃발의 상형'이라고 주장한다(『書經・易經(抄)』, 中國古典文學大系 1, 平凡社, 昭和 47年, 379쪽).
23) 『周易本義』, "元者善之長也 亨者嘉之會也 利者義之和也 貞者事之幹也."
24) 『周易傳義』, "元者萬物之始 亨者萬物之長 利者萬物之遂 貞者萬物之

다음과 같이 해석한 바 있다.[25]

"元은 만물 낳는 것의 시작이니 천지의 덕이 이것보다 우선하는 것이 없음으로, 계절에 있어서는 봄이 되고 인간에게 있어서는 인이 되어 모든 선의 으뜸이 된다. 亨은 만물 낳는 것의 통함이니 만물이 여기에 이르러 아름답지 않음이 없으므로, 계절에 있어서는 여름이 되고 인간에게 있어서는 예가 되어 모든 아름다움의 모임이 되는 것이다. 利는 만물 낳는 것이 여무는 것이니 사물이 각각 마땅함을 얻어 서로 방해하지 않기 때문에, 계절에 있어서는 가을이 되고 인간에게 있어서는 의가 되어 그 분수의 조화를 얻게 된다. 貞은 만물 낳는 것의 완성이니 실리가 구비되어 있는 곳을 따라 각각 족하기 때문에, 계절에 있어서는 겨울이 되고 인간에게 있어서는 지혜가 되어 모든 일의 줄기가 된다. 줄기는 나무의 몸통이니 가지와 잎이 의지하여 서는 바이다."[26]

주자는 원형이정을 생명 생성의 네 단계로 설정하고, 이것을 자연과 인사에 적용시켜 춘하추동과 인예의지로 구체화시킨 것이다. 여기에서 자연과 인간, 사실과 가치를 통일적으로 파악하는 유교의 관점이 여실히 드러난다.

두 번째 괘인 坤은 『설문해자』에서 다음과 같이 설명된다.

成."
25) 주자의 견해에 대해서는 졸고, 「元亨利貞, 점과 철학의 이중성」, 『동아시아 문화와 사상』 제6호, 2001 참조.
26) 『周易本義』, "元者生物之始 天地之德 莫先於此 故於時爲春 於人則爲仁 而衆善之長也 亨者生物之通 物至於此 莫不嘉美 故於時則爲禮 而衆美之會也 利者生物之遂 物各得宜 不相妨害 故於時則爲秋 而得其分之和 貞者生物之成 實理具備 隨在各足 故於時則爲冬 於人則爲智 而衆事之幹 幹木之身 而枝葉所依而立也."

"곤은 땅이다. 『주역』의 괘이다. 土와 申으로 구성되었다. 토는 (12간지 가운데) 신에 위치한다."[27]

곤은 土와 申이 합하여 이루어진 會意문자이다. 따라서 이 두 글자의 의미를 먼저 검토해야 한다. 하지만 허신이 신을 서남을 가리키는 방위로 본 것은 문제가 있다. 『설문해자』에 나타난 土와 申 두 글자를 살펴보자.

"토는 땅이 만물을 토해 낳는 것이다. 二는 땅의 위와 땅의 가운데를 상징하며 │는 사물이 나오는 형상이다."[28]

"신은 고문 甲이다. 하나에서 시작되어 열에서 나타나니 1년이 나무에서 이루어지는 모습이다."[29]

甲은 만물이 껍질을 깨고 나오는 것을 뜻하는 글자이기 때문에,[30] 갑의 의미를 내함하고 있는 신은 봄에 땅껍질을 뚫고 나오는 모습을 그린 글자라고 할 수 있다. 따라서 토와 신을 의미소로 하는 곤자는 만물이 땅속에서부터 굳은 지표를 뚫고 나온다는 의미, 또는 땅이 만물을 낳아 지표를 뚫고 나오게 한다는 의미가 된다. 곤괘의 공덕을 「단전」에서 '낳음'(生)으로 규정한 것은 이와 같은 곤의 자의와 무관하지 않을 것이다. 곤의 덕을 '順'으로 보는 것은 그 본의가 아니라고 할 수 있다. 곤괘의 괘사는 다음과 같다.

"坤元亨 利牝馬之貞 君子有攸往 先迷後得 主利 西南得朋 東

---

27) 坤地也易之卦也 從土申 申位在申也.
28) 土地之吐生萬物者也 │物出形也.
29) 申古文甲 始於一 見於一歲成於木之象.
30) 甲者言萬物剖符甲而出也(『說文解字注』).

北喪朋 安貞 吉. 곤은 크게 형통하지만 암말처럼 곧아야 마땅하다. 군자가 가야 할 곳이 있을 적에 앞서면 미혹되고 뒤따르면 얻어서 이로움을 주관할 것이다. 서남쪽에서는 벗을 얻고 동북쪽에서는 벗을 잃을 것이니 곧은 것을 편안하게 여겨야 길하다."

곤을 '원형이정' 사덕으로 규정한 것은 건괘와 같다. 그러나 '貞'에 대하여 '암말'이라는 용어로 한정 지웠다는 점에서 다르다. 여기에서 암컷은 부드러움, 순응함 등 음의 덕목을 상징한다고 보는 것이 일반론이다. 그러나 곤의 본질이 '낳음'에 있다고 한다면 암컷만이 갖고 있는 출산의 기능도 상징하는 것으로 보아야 할 것이다. '말'은 건괘의 상징인 하늘을 나는 용과 대비되어 설정된 것으로 그 덕목은 강건함이다. 이 점에서 곤에게 '말'의 덕을 요구하는 것은 건괘와 같은 양의 덕목이 요구됨을 뜻한다. 「단전」에서 "암말은 땅에 속하는 부류인데 한없이 땅을 간다"라고 말한 것은 바로 곤의 강건함을 지적한 것이다. 역대의 주석에서 '牝馬'를 '유순하면서도 강건하게 간다'(柔順而健行)라고 설명한 것도 이 점을 밝힌 것이다. 공영달은 곤괘를 음의 속성이 강한 소로 비유하지 않고 양적 동물인 말로 비유한 이유를 다음과 같이 설명한다.

"소는 비록 유순하지만 한없이 땅을 갈 수 없어서 곤의 덕을 나타내지 못한다. 말은 비록 용에 비하여 둔하지만 멀리 갈 수 있기 때문에 땅이 널리 양육하는 것을 상징한다"[31]

이것은 곤이 건과 짝이 되기 위해서는 건과 대응되는 음의 덕을 갖추어야 함과 동시에 그와 동질인 양적 성격이 요구되기 때문이다. 유

---

31) 牛雖柔順 不能行地無疆 無以見坤之德 馬雖比龍鈍 而亦能遠 象地之廣育也(『주역절중』).

순하기만 한다면 일을 끝마칠 수가 없다. 유순하면서도 건과 같은 강건함이 있어야 한다.[32] 그러므로 주자는 「단전」의 "곤의 만물을 싣는 후덕함이 무한한 데에 합치한다"(坤厚載物 德合无疆)에 대하여 '건과 짝함'[33]이라고 설명한 것이다. 이것이 음 속에 양이 내재되어 있다고 하는 '陰中陽'의 논리이다. 이 논리는 「단전」에서 곤이 '넓고 빛나고 커다람을 머금고 있다'(含弘光大)라고 한 구절에서도 확인된다. 이 세 가지는 양적 덕목이다.

건괘가 '원형이정'으로 규정된 것에 비하여, 곤괘에 '빈마'라는 조건이 붙어 있는 것은 수컷인 건과의 대응관계 속에서 존재한다는 뜻을 내함한다.[34] 그런데 그 대응관계는 대등한 관계가 아니라 '따름'이라는 종속적 관계이다. 그 관계성을 규정한 구절이 '앞서면 미혹되고 뒤따르면 얻어서 이익을 주관하리라'(先迷後得 主利)이다.[35] 「단전」에서는 '곤(음)이 건(양)보다 앞서면 미혹되어 길을 잃고 뒤따르면 순응하여 항상됨을 얻으리니'라고 하여 구체적으로 설명한다. 곤이 건을 뒤따를 때 올바른 길로 가서 이익을 주관할 수 있게 된다는 것이다. 양이 의리를 주관한다면 음은 이익을 주관한다. 하늘을 받들어 구체적으로 만물을 이롭게 하는 것은 땅의 몫이다. 이것을 「문언전」은 군주에 대한 신하, 남편에 대한 아내의 길이라고 말한다.[36]

'서남쪽에서는 벗을 얻고 동북쪽에서는 벗을 잃을 것이니 곤은 것

---

32) 柔順者 多不能終 唯牝馬能終之(주자, 『주역전중』).
33) 德合无疆 謂配乾也(『周易本義』).
34) 坤乾之對也(伊川, 『易傳』).
35) 이 구절에 대해서는 다양한 해석이 있다. "앞서면 미혹되고 뒤따르면 주인을 얻을 것이니 서남에서 벗을 얻고 동북에서 벗을 잃는 것이 이롭다"(先迷後得主 利西南得朋 東北喪朋), "주인의 이로움을 얻을 것이니"(先迷後得主利) 등이 그것이다.
36) 地道也妻道也臣道也 地道无成而代有終.

을 편안하게 여겨야 길하다'(西南得朋 東北喪朋 安貞 吉)에 대해 「단전」에서는 다음과 같이 설명한다.

"서남쪽에서 벗을 얻는다는 것은 동류와 함께 가는 것이며, 동북쪽에서 벗을 잃는다는 것은 마침내 경사가 있다는 것이다."[37]

정이천은 다음과 같이 주석한다.

"서남은 음방이며 동북은 양방이다. 음은 반드시 양을 따르니 그 벗의 무리를 잃어버려야 화육의 공을 이루어 곧은 것에 편안한 길함이 있을 것이다."[38]

문왕 후천괘도에 의하면 곤은 서남, 巽은 동남, 離는 남, 兌는 서족에 있기 때문에 서쪽에서부터 남쪽까지는 음괘들이 배열되어 있다. 그리고 乾은 서북, 坎은 북, 艮은 동북, 震은 동쪽에 있기 때문에 동쪽에서 북쪽까지 양괘들이 배치되어 있다. 그러므로 서남을 음방, 동북을 양방이라고 한 것이다.

곤은 음이기 때문에 음방인 서남으로 가면 벗, 즉 동류를 얻지만 이를 떠나 양방인 동북으로 가서 양을 따라야 만물을 변화/양육하는 기능을 발휘할 수 있다. 그러므로 길하다는 것이다. 여기에는 '상반된 음과 양의 합덕에 의한 생명의 낳음'이라고 하는 역학의 원리가 기저를 이루고 있다.[39] 『주역』에서 '경사'는 혼인 곧 음양합덕을 가리킨

---

37) 西南得朋 乃與類行 東北喪朋 乃終有慶.
38) 西南陰方 東北陽方 陰必從陽 離喪其朋類 乃能成化育之功而安貞之吉.
39) 주자는 「단전」 주에서 "동북은 비록 벗을 잃지만 서남으로 돌아온다면 마침내 경사가 있을 것이다"라고 주석하여 정자와 반대되는 입장을 취하고 있는데, 스즈끼 유지로(鈴木由次郎)는 명백한 오류로 보고 있다(『易經』,

다. 비유하자면 '서남득붕'은 여자가 자기 집에서 성장하는 단계이고 '동북상붕'은 자기 집을 떠나 시댁으로 시집가는 것이다. 성장한 여자에게는 오히려 자기 집보다 남자의 집이 편안하다.

3. '生'의 주체, 그리고 玄牝

앞절에서 검토한 바와 같이, 乾/坤이라는 한자어 자체가 생명력을 핵으로 하여 구성되어 있다. 그리고 그 괘사들도 생명의 생성을 기본으로 한다. 「계사전」 하편 1장에서 '천지의 위대한 공덕은 生이다'(天地之大德曰生)라고 간파한 바와 같이 『주역』은 자연의 본질적 기능을 '생'으로 규정한다. 復卦 「단전」 "돌아오는 데에서 천지의 마음을 본다"(復見天地之心)라는 구절에 대하여 "천지는 만물을 낳는 것을 마음으로 삼는다",[40] "천지는 낳고 낳는 것을 덕으로 삼으니 원형이 정이 바로 만물을 낳는 마음이다"[41]라고 주석한 것은 이 점을 지적한 것이다. 그런데 여기에서 유의할 점은 '만물을 낳음'에는 반드시 하늘과 땅의 만남이 전제되어야 한다는 사실이다. 이 점은 泰/否괘 「단전」에서 확인될 수 있다.

"(泰는) 천지가 교합하여 만물이 소통하는 것이다."[42]

"(否는) 천지가 교합하지 않아 만물이 소통되지 못하는 것이다."[43]

集英社, 昭和 58, 106쪽).
40) 程子曰 復見天地之心 一言以蔽之曰 天地以生物爲心(『周易傳義大全』 小注).
41) 天地以生生爲德 元亨利貞 乃生物之心(같은 곳).
42) 是天地交而萬物通也.

태괘는 땅이 위에, 하늘이 아래에 있어 음기가 내려오고 양기가 올라가 두 기운이 만나는 상이며, 비괘는 그 반대이다. 정이천은 "천지의 기가 교합하지 않으면 만물이 생성될 이치가 없게 된다"[44]라고 설명한다.

『주역』의 사유방식을 규정하는 음양대대적 논리에 의하면 천/지, 남/녀 등 음양의 범주에 드는 개념들은 상관적 관계개념으로서 반대가 되는 상대방을 자신의 존재성을 확보하기 위하여 필수적인 전제로서 요구한다.[45] 그러므로 하늘·남자가 없으면 땅·여자가, 땅·여자가 없으면 하늘·남자라는 개념 자체가 성립되지 않는다.

이 두 가지 사실(천/지 남/녀의 합덕에 의하여 생성이 가능하며, 상대방이 없으면 그 개념 자체가 성립되지 않는다는 사실)은 유교적 전통에서 남/녀를 독립된 실체로 보지 않고 부부라는 '하나의 (生의)주체를 구성하는 두 요소'로 규정하는 이유, 그리고 혼인을 지극히 중시하는 이유를 해명하는 단서가 된다.

> "광형이 말했다. 배필의 관계는 백성을 낳는 시작이며 만복의 근원이다. 혼인의 예가 바르게 된 뒤에 각가지 사물이 이루어지고 천명이 온전하게 실현된다."[46]

> "부부는 천자로부터 선비에 이르기까지 한 가지이다. 천하에 어찌 홀로 존귀하여 배우자가 없는 경우가 있겠는가."[47]

---

43) 是天地不交而萬物不通也.

44) 夫天地之氣不交 則萬物无生成之理(『易傳』).

45) 졸고, 「역학사상의 철학적 탐구」, 성대 박사논문, 1989, 34쪽.

46) 匡衡曰 配匹之際 生民之始 萬福之原 婚姻之禮正以後 品物遂而天命全(栗谷, 『聖學輯要』, 「刑內」).

47) 蓋以人之夫婦 自天子至於士一也 天下豈有獨尊而無配偶者哉(같은 곳).

여기에서 남/녀는 생명을 낳는 데에 있어 서로 없어서는 안 될 두 계기로서 의미를 갖는다. 그리고 생명을 낳는다는 것은 최고의 가치를 창조하는 작업이다. 농경생활을 하부구조로 하여 형성된 역학적 사유에 있어서 생명을 낳고 기르는 것은 최고선이기 때문이다. 주자가 "인은 본래 生意이니 생의가 바로 측은지심이다. 이 생의가 상처를 받으면 곧 측은지심이 발동한다"[48]라고 하여 유교의 최고덕목인 仁을 '生意'로 규정한 이유가 여기에 있다. 그러나 남/녀 즉 하늘과 땅은 생명을 낳는 기능에 있어서 차이가 있다. 건/곤괘 「단전」은 다음과 같이 설명한다.

"위대하도다 乾元이여. 만물이 (하늘의 기운을) 받아 시작하니 이에 하늘을 統括한다."[49]

"지극하도다 坤元이여. 만물이 (땅의 기운을) 받아 생겨나니 이에 하늘을 순응하고 받든다."[50]

하늘은 생명을 시작하게 하고, 땅은 낳는다. 주자는 '始는 氣의 시작이고 生은 形의 시작'[51]이라고 구별한다. 비유하자면 아버지는 아이를 잉태시키고 어머니는 자궁에서 아이를 길러 출산하는 것과 같다.[52] 남녀의 기능상 차이는 大過卦에서 잘 드러난다.

---

48) 仁本生意 生意則惻隱之心也 苟傷著生意 則測隱之心便發(『주역절중』 권 9, 乾卦 「단전」 주).
49) 大哉乾元 萬物資始 乃統天.
50) 至哉坤元 萬物資生 乃順承天.
51) 始氣之始 生形之始(『주역본의』).
52) 本田濟는 건원을 '하늘이 만물을 낳으려는 무지각의 충동, 곧 生意라고 설명한다(『易』, 朝日選書, 1010, 43쪽).

"九二는 마른 버들이 뿌리를 낳고 늙은 남편이 여처를 얻으니 이롭지 않음이 없다."[53]

"九五는 마른 버들이 꽃을 피우고 늙은 부인이 젊은 남자를 얻으니 허물은 없으나 좋을 일도 없다."[54]

대과괘는 양이 과다한 상황을 상징한다. 2효와 5효는 모두 初六과 上六 두 음효와 比하기 때문에 교합하여 만물을 낳는 상이 된다. 그러나 두 효는 정반대이다. 2효는 양효가 음위에 있기 때문에 음양이 相濟하여 양이 지나친 상황에서도 음양이 균형을 이루고 있으며 아래의 초효와 교합하기 때문에 뿌리라는 새로운 생명력을 갖게 된다. 호병문은 다음과 같이 설명한다.

"구이는 비록 과다하지만 아래로 음에 比하니 마른 버들이 비록 늙음이 과하지만 아래에서 뿌리가 나오면 다시 위에서 생하는 것과 같다. 늙은 남편이 여처를 얻으니 비록 함께 하기에는 지나치지만 마침내 生育의 공을 이루는 것은 다른 것이 아니라 양으로써 음을 좇아 지나치지만 지나치지 않은 것이니 生道이다."[55]

5효는 양효로서 양위에 있기 때문에 양이 겹쳐서 지나치게 양강한 상이다. 또한 6효 過極한 陰과 比하기 때문에 相濟하기는 하지만 생명력은 없다. 이것은 마른버들이 헛되게 위에서 꽃을 피우는 것과 같으며 늙은 부인이 젊은 남자를 만나지만 생육을 할 수 없는 것과 같

---

53) 九二 枯楊生稊 老夫得女妻 无不利.
54) 九五 枯楊生華 老婦得士夫 无咎无譽.
55) 九二陽雖過 而下比於陰 如枯楊雖過於老 稊榮於下 則復生於上矣 老夫而得女 雖過以相與 終成生育之功 無他 以陽從陰 過而不過 生道也 (『주역절중』).

다. 이 상황을 하혜는 2효와 대비하여 다음과 같이 설명한다.

> "뿌리를 낳으면 生機가 方長하지만 꽃을 피우면 (생기가) 새고 고갈된다."[56]

대과괘는 남자는 생명을 시작만 시켜주면 되기 때문에 늙더라도 젊은 아내를 얻으면 생육할 수 있으나, 여자는 몸 속에서 아이를 길러야 하기 때문에 젊은 남자를 얻어도 잉태가 불가능하다는 생리적 차이를 상징적으로 표상한 것이다. 이러한 생리적 차이를 '사회적 관습의 의미있는 구별'[57]로 변용시킬 때 젠더라고 하는 성역할의 위계가 성립된다. 그 역할은 주자가 곤괘「단전」을 해석하면서 "하늘이 베풀어주는 것을 순응하고 받드는 것이 땅의 길이다"[58]라고 설명한 바와 같이 上(위에서 베풀어줌)/下(아래에서 받아들임), 적극/소극의 차별로 나타난다. 그러나 그 본질적인 측면은 蔡清이 "다만 곤도는 완성은 없고 마침만이 있다는 뜻을 볼 수 있을 뿐만 아니라 건곤이 합덕하여 생성의 공을 함께 이루는 것을 여기에서 볼 수 있다"[59]라고 간파한 바와 같이 건/곤이 생성의 두 주체임 강조하는 데에 있는 것이다.

음, 곧 여성이 갖고 있는 생성의 기능을 보다 더 적극적으로 표상하는 문헌은 『노자』이다.

> "谷神은 죽지 않으니 이것을 '玄牝'이라고 하며 현빈의 문, 이것을 천지의 뿌리라고 한다. 면면히 끊임없이 존재하는 듯하기도 하며

---

56) 生稊則生機方長 生華則洩且竭矣(같은 곳).
57) 『페미니즘사전』, 163쪽.
58) 順承天施 地之道也.
59) 非惟可以見坤道无成有終之義 而乾坤之合德 以共成生成之功 亦於此
   見之(『주역절중』 곤괘「단전」 주).

그 작용은 무궁하다."[60]

'곡신'은 모든 것을 수용하면서도 소유하지 않는 신비로운 여신을 의미하며,[61] '玄'은 깊고 그윽하여 헤아릴 수 없는 차원을 일컫는 말이다. 그리고 '牝'은 생식능력을 상징한다. 현빈은 암컷이 갖고 있는 신비로운 생식능력을 표상하는 용어이다. 이것은 『노자』1장에 나오는 "無名 天地之始 有名 萬物之母"의 그 '母'와 다름없다. 이 구절에서 주목되는 것은 『주역』에서 만물 생성의 두 주체로 나타나는 천/지의 뿌리로서 현빈을 제시한 점이다. 呂吉甫는 현빈을 다음과 같이 주석한다.

　　"죽지 않으면 태어나지도 않으니 태어나지 않는 자는 능히 낳고 낳을 수 있다. 이것을 현빈이라고 한다. 현은 유/무의 합이며 빈은 능히 낳을 수 있는 자이다. 그러므로 '곡신은 죽지 않는다'라고 말한 것이니 이것이 현빈이다. 도가 천지를 낳는 것이 이것으로부터 말미암기 때문에 '현빈의 문, 이것을 천지의 뿌리라고 한다'라고 말한 것이다."[62]

이 주석은 현빈을 도가 갖고 있는 근원적 생성력 곧 '천지를 낳는 능력'을 상징하는 용어로 보고 있다.[63] 『노자』에 있어서 도는 유와 무, 음과 양의 이분법적 사유를 넘어선 무규정적인 절대자이다. 천/지

---

60) 谷神不死 是謂玄牝 玄牝之門 是謂天地根 綿綿若存 用之不勤(『노자』 6장).

61) 김정희, 「생명여성주의의 단초를 찾아서」, 『동아시아 문화와 사상』 제5호, 2000, 170쪽 참조.

62) 不死則不生 不生者能生生 是之謂玄牝 玄者有無之合 牝者能生者也 故曰谷神不死 是謂玄牝 道之生天地 由此而已 故曰玄牝之門 是謂天地根(『老子翼』券1).

63) 여기에서 말한 '생성력'은 비유로서 물리적인 힘을 의미하지는 않는다.

는 양/음이며 현빈은 음적 존재이다. 『노자』에서는 음적 존재가 음/양을 넘어선 근원적 존재로서 자리매김되고 있는 것이다.

4. 여자와 소인, 그리고 열린 인간관

여성주의적 시각에서 볼 때에, 유교가 원죄처럼 떠 안고 있는 말이 『논어』에 기록되어 있다.

"여자와 소인은 상대하기(또는 기르기)가 어렵다. 가까이 하면 불손하고 멀리하면 원망한다."[64]

이 구절이 유교의 근본경전인 『논어』에 있는 한, 유교가 아무리 음양론을 동원하여 양성의 조화와 평등을 이야기해도 변명이나 수식으로밖에 비쳐지지 않는다. 이 글에 대한 주석들을 검토해 보면 젠더에 대한 유교담론의 반여성주의적 성향은 더욱 분명해진다.

1.1 여자와 소인은 모두 陰閉한 기운을 타고나는 경우가 많기 때문에 그 뜻이 천박하고 경박스럽다. 그래서 길러 세우기가 어렵다.[65] (梁. 皇侃)

1.2 이 장은 여자와 소인은 모든 올바른 성품(正性)이 없어서 기르기가 어려움을 말한 것이다. 기르기가 어려운 이유는 친근하게 대하면 대부분 불손하고 소원히 하면 원한을 갖기 때문이다. 이것은 여자들 대다수를 들어서 말한 것일 뿐이니, 만약 품성이 현명하여

---

64) 惟女子與小人 爲難養也 近之則不孫 遠之則怨(『論語』, 「陽貨」).
65) 女子小人 竝稟晉閉之氣多 故其意淺促 所以難可養立也(皇侃, 『論語集解義疏』).

문왕의 어머니 같은 부류는 논할 바가 아니다.66) (唐. 孔穎達).

2.1 여기에서 말하는 소인은 마부, 노예를 말한다. 군자가 신첩에게 장엄하게 임하고 자애로서 기르면 이 두 가지 병폐가 없어질 것이다.67) (宋. 朱子)

2.2 여자와 소인은 자기 분수에 만족할 줄 모르기 때문에 가까이 하면 불손하고 멀리하면 원망한다.68) (宋. 侯氏)

3. 『좌전』 僖公 24년조에 "여자의 덕성은 한이 없고 부인의 원망은 끝이 없다"라고 기록되었는데 杜預는 "부녀자의 뜻은 가까이 하면 止足할 줄 모르고 멀리 하면 忿怨이 그치지 않으니 이것이 기르기 어렵다는 뜻이다"하고 설명하였다.69) (淸. 劉寶楠)

4. (주자가 말한) '장엄하게 임하고'는 멀리하는 것이며 '자애로서 기르면'은 가까이 하는 것이다. 공자는 장엄함과 자애로움이 이 두 가지 병폐를 제거하기에 부족하다는 것을 알았기 때문에 기르기 어렵다고 경계한 것이다. 주자가 이것으로 병을 대하는 약으로 삼으려 하는 것은 아마 본지가 아닐 것이다.70) (朝鮮, 茶山)

---

66) 此章言女子與小人皆無正性 難畜養 所以難畜養者 以其親近之則多不遜 疎遠之則好生怨恨 此言女子舉其大率耳 若其稟性賢明 若文母之類 則非所論也(「論語正義」,『十三經注疏』).

67) 此小人 亦謂僕隷也 君子之於臣妾 莊以蒞之 慈以畜之 則無二者之患矣(주자,『논어집주』).

68) 女子小人 不安分 故近之則不遜 遠之則遠(송시열 편,『論語或問精義通攷』).

69) 左僖二十年傳 女德無極 婦怨無終 杜注婦女之志 近之則不止足 遠之則忿怨無已 此難養之矣(劉寶楠,『論語正義』).

70) 案莊以位之者遠也 慈以畜之者近之也 孔子知莊與慈 猶不足以去二者之患 故戒之以難養 朱子却以是對病之藥 恐非本旨(茶山,『論語古今注).

5. 오직 여자는 陰質이며 소인은 陰類이니 가까이 해서도 안 되고 멀리해서도 안 된다. 그 제어하는 방도를 잃어버리면 가도가 이로부터 무너지기 때문에 경계한 것이다.[71] (日本. 伊藤仁齋)

이 주석들에 나타나는 여성은 '음폐·음질', '올바른 성품의 결여', '만족할 줄 모르고 천박함' 등 부정적 존재로 그려지면서 소인과 등질화된다. 이것은 시대와 국가와 학파를 막론하고 동일하다. 특히 유보남의 주석을 보면 이와 같은 여성에 대한 인식은 공자이전부터 있어 왔다는 사실을 알 수 있다. 주자는 여자와 소인을 대하는 방법으로 장엄함과 자애로움을 제시한다. 그러나 다산은 이것이 이들의 병을 치료하는 약이 될 수 없을 것이라고 비판한다.

여기에서 주목할 것은 그 부정적 성질을 '음'으로 표현하고 있다는 점이다. 이것은 음/양이 결코 등가적 개념이 아니라는 사실을 방증한다. 이와 같은 관념은 『주역』의 剝卦/復卦, 夬卦/姤卦 등에 이미 나타나며,[72] 「계사전」에 명시적으로 드러난다.

> "양괘는 음효가 많고 음괘는 양효가 많다. … 양괘는 君이 하나이고 民이 둘이니 군자의 도이며, 음괘는 군이 둘이고 민이 하나이니 소인의 도이다."[73]

여기에서 양＝군자, 음＝소인이라는 등식이 나타난다. 공자가 "군자는 義에 밝고 소인은 利를 밝힌다"라고 갈파하였듯이 군자와 소인의 차이는 義를 추구하는가, 利를 추구하는가에 달려 있다. 음＝소인

---

71) 唯女子陰質 小人陰類 不可近之 不可遠之 苟失其所以御之之方 則家道或自此壞焉 故戒之(伊藤仁齋, 『論語古義』).

72) 김종미, 앞의 책, 208-211쪽 참조.

73) 陽卦多陰 陰卦多陽 … 陽一君而二民 君子之道也 陰二君而一民 小人之道也(『주역』, 「계사전」 하편 4장).

= 여자의 모델은 蒙괘 六三爻에 다음과 같이 그려지고 있다.

"여자를 취하지 말라. 돈 많은 사내(金夫)를 보고 몸을 지키지 못하니 이로울 것이 없다."[74)

몽괘는 사물이 태어나 몽매하여 밝지 못한 상황을 그리고 있는 괘이다. 삼효는 중용의 덕을 갖지도 못하고 음효로서 양위에 있으므로 不正하며 양효 위를 올라타고 있다. 또한 몽매함의 가운데에 처하여 그 정도가 매우 심한 단계이다. 상효와는 정응관계로서 올바른 짝이 되는데 멀리 떨어져 있고 이미 노쇠하여 실권을 상실한 상태다. 또한 사효와 오효가 같은 음효로서 방해하고 있다. 반면에 이효는 양효로서 삼효와 比의 관계에 있으며, 강한 힘과 황금을 갖고 있다. 삼효는 이효에게 마음이 끌려 서로 감응하여 자기 배필인 상효를 버리고 이효와 부정한 관계를 맺게 된다. 그러므로 이런 여자는 취하지 말라는 것이다. 여기에서 여자는 상효와의 義를 버리고 이효의 利를 쫓는 다는 점에서 소인과 등질적 존재가 된다. 여자의 부정적 이미지는 몽괘 이외에도 家人卦 삼효의 "부녀자가 방자하게 희희덕거리면 마침내 吝할 것이다",[75) 姤괘의 괘사 "여자가 健壯하니 취하지 말라"[76) 등에서도 나타난다.

그러나 여성에 대한 유교의 인식이 부정 일변도인 것만은 아니다. 율곡의 『성학집요』에 편집되어 있는 유교의 고전들 속에 등장하는 여성은 '본받아야 할 선/경계해야 할 악'이라는 두 얼굴을 갖고 있다. 이 점은 范祖禹의 다음과 같은 글에서 잘 나타난다.

---

74) 勿用取女 女見金夫 不有躬 无攸利.
75) 婦子嘻嘻 終吝.
76) 女壯勿用取女.

"이른바 '女德'이라는 것은 삼대가 일어날 때에는 賢妃가 있었으며 망할 때에는 嬖女(총애를 받는 요녀)가 있었다. 하나라가 일어난 것은 塗山 때문이요 망한 것은 妹喜 때문이며, 상나라가 일어난 것은 有娀 때문이며 망한 것은 妲己 때문이며 … 이것은 모두 성현이 기록한 것이며 『시경』, 『서경』에 기재된 것으로 후세에까지 드리워 오래 거울로 삼는 것이다. 정숙하고 착한 숙녀를 간택하여 온 천하의 어머니로 모범을 삼게 하여 六宮을 바르게 하는 것이니 덕이 없다면 누가 이것을 감당할 수 있겠는가."

이 글에 기재된 바와 같이 여성은 나라를 흥하게도 하며 망하게도 하는 존재이다. 광형의 글에 등장하는 문왕의 비 女姒는 '본받아야 할 선의 모델'이다.

"왕과 부인의 행실이 천지와 같지 않다면 신령의 종통을 받들어 만물을 마땅하게 다스릴 수 없다. 그러므로 『시경』에서 '요조숙녀는 군자의 좋은 짝'이라고 하였으니 정숙함을 다 이루고 지조를 한결같이 하여 정욕의 감정이 얼굴과 거동에 개입되지 않고 은밀히 사사로운 뜻이 행동에 나타나지 않은 뒤에 지존의 배필이 되고 종묘의 주인이 될 수 있음을 말한 것이다."77)

부부는 생명의 원천이다. 특히 왕/비의 경우는 신령을 받들어 만물을 다스리는 존재이기도 하다. 비는 왕의 배필로서 그리고 종묘의 주인78)으로서 그 중요성은 말할 필요도 없다. 여기에서 주목할 점은 여

---

77) 后夫人之行 不侔乎天地 則無以奉神靈之統 而理萬物之宜 故詩曰窈窕淑女君子之好逑 言能致其貞淑不貳 其操情欲之感 無介於容儀宴私之意 不形於動靜 夫然後可以配至尊 以爲宗廟之主(栗谷, 『聖學輯要』, 「刑內」).

78) 여성을 종묘의 주인이라고 말한 것은 다음의 주장과 연계된다. "婦는 빗자루를 든 여인이다. 이 경우 빗자루는 일상적인 청소의 도구가 아니고 宗廟

사가 문왕의 '좋은 짝'이 되는 근거가 '幽閒貞靜之德'79)이라는 점이다. 이것이 송범조가 왕비의 가장 중요한 조건으로 제시한 '女德'이다. 이 여덕이야말로 나라를 흥하게 만든 요인이며 '본받아야 할 선'의 핵심인 것이다.

율곡은 '경계해야 할 악'의 모델로『시경』의 다음 구절에 나타난 인물을 제시한다.

> "똑똑한 남편은 성을 이루고 똑똑한 부인은 성을 기울게 한다. 아름답고 똑똑한 부인은 올빼미가 되고 부엉이가 된다. 부인의 수다스러움은 재앙을 불러일으키는 계단이니 亂은 하늘이 내린 것이 아니라 부인으로부터 나오는 것이다."80)

이 시의 주석에서 악의 모델로 목강/남자 두 여인이 제시된다. 목강은 '원형이정'을 풀이하여 미래를 예측할 만큼 학적 재능이 뛰어난 여인인데, 손숙교와 간통하고 모반을 꾀하다가 죽었다. 南子 또한 수레 소리만 듣고도 거백옥의 현명함을 알아채는 매우 총명한 여인으로 묘사된다. 율곡은 이들처럼 재색을 겸비한 여인이 가장 위험한 존재라는 점을 매우 강조한다. 외모만 아름다운 여인은 재주없고 용렬한 군주만 미혹시키지만 미모와 아울러 지혜와 변론이 뛰어난 이들은 사람들을 감복시킬 수가 있기 때문에 가장 두려운 존재이다. 아무리 명석한 군주라도 '그 여색을 아끼고 재주를 기뻐하여 점점 마음이 혹하게

나 家廟의 제단을 청소하는 신성한 제사의 도구이다. 그러므로 婦는 신성한 직무를 집행하는 지위의 여성을 의미한다."(串田久治,『儒教의 지혜』, 中公新書, 1685, 2003, 52쪽.)

79) 文王生有聖德 又得聖女女姒氏 以爲之配 宮中之人 於其始至 見其有 幽閒貞靜之德 故作此詩(朱子,『詩經注』).

80) 哲夫成城 哲婦傾城 懿厥哲婦爲*爲鴟 夫有長舌 維厲之階 亂匪降自天 生 自婦人(율곡, 앞의 책).

되고 덕을 잃어버리게 된다'는 것이다. 그리하여 정사에 해를 끼치고 나라에 재앙을 불러오는 것이다.

율곡은 여성의 두 얼굴을 제시한 다음에 "아내를 바르게 하는 방도는 다른 것이 아니라 다만 修己일 따름이다"[81]라고 단언한다. 그리고 다음과 같이 설명한다.

> "수기가 지극해지면 심지가 안에서 한결같고 용모가 밖에서 장중하며 언어동작이 한결같이 예를 좇아 부부 사이에 서로 손님처럼 공경하여 이부자리에서도 지나치게 친하게 여기는 잘못이 없으며 어두운 가운데에서도 용모를 엄숙히 하면 후비도 감화되어 변화될 것이니 …."[82]

여기에서 여성은, 남성의 도덕적인 자기 수양(修己)에 의하여 감화시켜야 할(治人) 대상이다. 그러나 여성을 객체로서 대상화시키는 것만은 아니다. 그는 다음의 시를 인용하여 소극적이나마 여성의 주체적 역할에 대하여 언급한다.

> "닭이 울었어요. 조정에는 신하들이 가득해요. 닭의 울음이 아니라 청파리의 소리였다오."[83]

이 시는 옛날 현숙한 비가 군주를 모실 적에 날이 밝을 무렵, 청파리 소리를 닭이 우는 소리로 알고 군주를 깨우는 말이라고 한다. 그 賢妃의 대표적 인물이 주나라 선왕의 비 姜后이다. 그녀는 '현명하고

---

81) 刑內之道無他 只是修己而已.
82) 修己旣至 而心志一乎內 容貌莊乎外 言語動作 一順乎禮 夫婦之間 相敬如賓 衽席之上 無昵狎之失 幽暗之中 持靜肅之容 則后妃亦且感化變化.
83) 鷄旣鳴矣 朝旣盈矣 匪鷄則鳴 蒼蠅之聲.

덕이 있는'[84]) 여자로서 왕이 게으름을 피우자 비녀와 귀고리를 벗고 대죄하면서 왕이 색을 좋아하여 덕을 잃어버리고 사치를 좋아함을 비판하여 왕을 바로잡아 주나라 왕실을 일으킨 인물이다. 여기에서 주목되는 것은 강후를 '덕이 있다'라고 묘사한 점이다. 여사도 '幽閒貞靜之德'을 갖춘 인물이었으며 송범조는 '閨門之德'이라는 표현도 쓰고 있다. 이와 같은 '여덕'을 갖춘 여성은 남성을 감화/덕화시켜 나라를 일으키는 주체가 된다.

'여성의 주체화'는 昭惠王后의 『내훈』에서 적극적으로 주장된다. 그녀는 「內訓序」 첫머리를 다음과 같은 글로 시작한다.

> "인간이 태어날 적에 천지의 신령함을 부여받고 오상의 덕을 지니었으니 이치 상으로는 옥석과 다름이 없으나 난초와 쑥처럼 차이가 나는 것은 어째서인가. 수신의 도를 다했는가 다하지 못했는가에 있는 것이다."[85]

이 글은, 『중용』 1장 '天命之謂性'에 대한 주자의 주석 '人物之生 因各得其所賦之理 以爲健順五常之德 所謂性也'를 기반으로 인간의 본성에 대한 형이상학적 해석을 한 다음에 '修身'의 중요성을 주장한 것이다. 즉 인간은 누구나 천지의 신령함과 '仁義禮智信'의 도덕성을 본유한 존재이지만, 수신 여부에 따라 난초처럼 고귀한 인격을 갖추게 되기도 하고 쑥처럼 보잘것없는 존재가 되기도 한다는 것이다. 여기에서 인간은 옥석처럼 닫힌 존재가 아니라 열린 존재/주체적 존재라는 점이 강조되고 있다. 이 점은 남/녀 구분 없이 동일하다. 그녀는 이어서 "주나라의 교화는 태사의 총명함에 의하여 더욱 넓어졌고 초

---

84) 周宣姜后 賢而有德.

85) 凡人之生 稟天地之靈 含五常之德 理無玉石之殊 而有蘭艾之異何 則
在於修身之道 盡與未盡矣.

나라 莊王의 패권은 樊姬의 힘에 의해 커졌다"라고 하여 도덕적으로 성숙된 여성의 역할을 예시한다. 그리고 달기, 포사 등 악한 모델을 제시한 다음에 "이렇게 본다면 治/亂 興/亡이 비록 남편의 명석함과 어두움과 관계가 깊지만 부인의 선/악에 매어 있으니 가르치지 않으면 안 된다"라고 하여 여성 교육의 필요성을 역설한다. 뿐만 아니라, 남자들이 호연하게 큰 뜻을 품고 도덕적 자기완성을 지향하는 데에 비하여 여자는 길쌈과 같은 작은 일에만 매달리고 고원한 덕행에 무관심함을 한탄한다. 이어서 "인간이 본디 맑고 통해 있지만 聖學을 알지 못하고 하루아침에 갑자기 귀해진다면 이것은 원숭이가 갓을 쓴 꼴이며 담장과 마주하고 서 있는 꼴이다"라고 하여 聖學/聖訓을 공부할 것을 강조한다. 그리고 '修身의 길'은 맹자가 말한 바 '태산을 끼고 북해를 넘어가는 어려운 일'이 아니라 '어른이 나뭇가지를 꺾는 것 같은 쉬운 일'임을 강조한다.

율곡이 '刑內'의 방법으로 수신을 강조했다면, 소현왕후는 '刑外'[86]의 방법으로 역시 수신을 제시했다는 점에서 흥미롭다. 여성은 수신이라는 자기완성, 즉 '女德'을 바탕으로 '治人'해야 할 주체로서 정립되고 있는 것이다.[87]

---

86) 『內訓』, 「夫婦章」에서 "남편에게 잘못이 있으면 자세하게 간하여야 한나", "남자만 가르치고 여자를 가르치지 않았기 때문에 남녀의 격차가 생겨났다" 등의 구절에 나와 있는 바와 같이 여성을 교육시켜 남편의 잘못을 바로잡을 수 있는 어진 아내를 길러야 한다는 점이 적극적으로 주장되고 있다. 이런 의미에서 '刑外' 표현이 가능할 것이다.

87) 조선조의 여성은 '여덕' 뿐만이 아니라, 『주역』에서 '主利'라고 한 바와 같이 가정에서 요구되는 재화를 생산하고 관리하는, 즉 '治産'의 주체였다(김경미, 「선비, 그 이름의 허와 실」, 『전통과 현대』 제21호, 2002년 가을호, 26쪽-32쪽).

5. 결론: 음양론의 이중성과 지향점

젠더에 대한 동양의 담론은 음/양의 이미지를 성에 투사함으로서, 양적 존재(남)의 우월성과 음적 존재(여)의 종속성이라는 위계적 질서를 합리화시켜 왔다. 특히 여성＝利＝소인, 남성＝義＝군자라는 등식이 성립되면서 반여성주위적 성향은 더욱 심화되었다. 그러나 음양론에는 또 다른 측면이 내함되어 있다는 점을 간과해서는 안 된다. 다음 문장을 검토해 보자.

> "무릇 음양이란 조화의 근본이므로 서로 없을 수 없고(不能相无), 소멸과 성장에는 변하지 않는 질서가 있으니 인위적으로 더하거나 뺄 수 없다. 그러나 양은 '生'을 주로 하고 음은 '殺'을 주로 하니, 그 종류에 선악의 구분이 있다. 그러므로 성인이 易을 지으심에 그 '서로 없을 수 없음'에 대해서는 健/順 仁/義 등으로 밝히어 편벽되게 주장한 바가 없으며(无所偏主), 소멸과 성장의 실제와 선악의 구분에 이르러서는 일찍이 抑陰尊陽의 뜻을 이루지 않은 적이 없다. 그래서 만물의 변화와 양육을 도와 천지에 참여하는 것이니 그 뜻이 깊다."[88]

이 글에서 음과 양의 관계는 건/순 인/의와 같이 '서로 없을 수 없으며, 어느 한 편으로 치우치지 않는' 대대성과, 생/살, 선/악과 같이 '음적 것을 억누르고 양적인 것을 부양하는' 차등성을 동시에 갖는다. 그러나 유교는 음양의 형평성을 지향하는 데에 본질이 있다. 이 점은

---

88) 夫陰陽者 造化之本 不能相无 而消長有常 亦非人所能損益也 然陽主生陰主殺 則其類有淑慝之分焉 故聖人作易 於其不能相无者 旣以健順仁義之屬明之 而无所偏主 至其消長之際 淑慝之分 則未嘗不致其扶陽抑陰之意焉 蓋所以贊化育而參天地者 其旨深矣 (朱子, 『周易本義』, 坤卦 注).

무엇보다도 유교가 자기 정체성의 논거를 '中'에 두고 있다는 사실에서 확인될 수 있다.[89] 중은 일반적으로 '不偏不倚無過不及'이라고 정의되듯이 음과 양 어느 하나에 치우치지 않는 균형성을 그 본질로 한다. 이 중은 유교에 있어 최고의 덕목이며 실천윤리인 동시에 유교적 사유의 문법, 곧 논리이다. 특히 대립/대응하고 있는 두 항을 동시에 고려하여 그 균형성을 추구하는 중의 논리는 전형적인 대칭적 사고틀로서 유교 사상과 문화의 기저를 이루는 원형적 논리이다. 유교의 특징으로 일컬어지는 대자적인 자기완성(修己)과 대타적인 사회 교화(治人), 인식(知)과 실천(行), 경험적인 학습(學)과 주관적인 사유(思)의 통일은 바로 중의 논리를 기반으로 한 것이다. 다만, 시대적인 상황이 제기하는 문제에 따라 대응항 가운데 어느 한 쪽이 더 강조되면서 다양한 이론의 스펙트럼이 나타나는 것이다. 이것 또한 '時中'이라는 중의 논리를 벗어나지 않는다.

전근대 사회에서 정치, 경제, 문화 등 다양한 요인들에 의하여 양적 범주에 추가 기울어졌던 사실을 부정할 필요는 없다. 이것은 타문화권에서도 나타나는 현상이다. 그러나 자연이 균형성을 지향하면서 변화해 나가듯이 유교는 중을 지향한다. 유교의 역학사상에 연원을 둔 『正易』에서 '抑陰尊陽'의 질서에서부터 '調陽律陰'의 질서로 전환할 것을 주장하는 것은 이와 무관하지 않다.[90] 전통은 무시할 수 없는 위력으로 우리의 의식과 규범을 지배하고 있다면,[91] 성적 차이를 차

---

89) 졸고, 「중의논리」, 『유교사상의 본질과 현재성』 참조.
90) 유승국, 「한국역학사상의 특질과 그 문화적 영향」, 『주역과 한국역학』, 범양사 출판부, 1996, 216-217쪽 참조.
91) 김갑중은 한국유교의 수양론을 알코올중독치료에 적용하여 탁월한 임상적 효과를 거두었다고 발표하면서, 여기에서 '전통의 위력'을 확인할 수 있다고 주장하였다(김갑중, 「한국적 알콜중독치료 모델 개발을 위한 경험족 시도: 퇴계의 自己調節論과 율곡의 九容九思論을 중심으로」, 『2003년도 한국중독정신의학회 춘계학술대회 및 워크샵』, 2003, 47-59쪽).

등이 아니라 평등의 관계로 재정립해 나가는 데에 있어서 자생적인 이론적 기반을 유교의 음양론과 중의 논리에서 모색할 필요가 있다. 이와 같은 관점에서, 차이를 조화와 통일의 전제로서 요구하며[92) 상반적 타자를 자기의 존재 근거로 삼는 음양론과 유교의 '열린 인간관'은 재해석되어야 할 것이다.

---

92) 天地睽而其事同也 男女睽而其志通也 萬物睽而其事類也(睽卦「彖傳」).
   이 문제에 대해서는 졸고, 「유교, 하나와 여럿의 형이상학」, 『동양철학연구』 30집, 2002, 참조.

여성 / 남성: 단절과 연속[*]

| 김 혜 숙 | 이화여대 철학과 |

동서양을 막론하고 철학은 인간에 대한 관심에서 출발한다. 특히 인간 본성에 관한 논의는 인간을 이해하고 인간이 만들어내는 도덕적 삶과 정치적 삶을 이해하는 데 필수적인 것으로 생각되었다. 철학자들이 '인간'이라는 말을 사용할 때 그것은 일반적으로 여성과 남성 모두를 포함하는 의미로 받아들여진다. 인간 조건을 문제삼거나, 지식의 가능성과 도덕의 가능성을 문제삼을 때 그것은 보편적 인간과 관련하여 다루어졌다. 개별적이고 구체적인 맥락을 떠나서 보편적 철학적 진리에 이르고자 한다면 인종이나 성에 의해 범주화된 인간은 철학자들의 관심이 될 수 없었다.

그럼에도 불구하고 철학자들은 여성의 본성이나 여성의 덕에 관해

---

[*] 이 논문은 2003년 5월 31일 철학연구회에서 발표한 논문을 약간 수정한 것이다.

따로 이야기함으로써 인간 본성론은 대개의 경우 남성의 본성론이 되는 결과를 초래한다. 이러한 경향은 많은 철학자들이 인간을 합리적·이성적 존재로 규정하면서, 여성은 이성을 결여하거나 이성이 아닌 다른 기능(감성)이나 원리(아름다움의 원리)에 의해 움직이는 존재로 봄으로써 결과적으로 여성을 인간의 범주에서 제외시키고 있는 데서도 확인할 수 있다. 우리는 서양철학사 안에서 여성을 남성과 다르게 규정하는 것에 그치지 않고 여성을 비하시키고 여성의 열등성을 강변하는 다수의 철학자들과 만나게 된다. 이러한 철학자들의 논의는 그들의 철학 안에서 어떻게 이해되고 다루어져야 하는가? 예를 들어 칸트 철학은 칸트의 여성에 관한 철저하게 이분법적이고 성차별적인 사고와 관련하여 어떻게 이해되어야 할 것인가? 인간의 자유와 도덕적 책임을 다루는 칸트의 인간론을 도덕 능력을 결여하고 있다고 묘사되는 '여성' 철학자로서 어떻게 읽어내야 할 것인가?

이러한 상황은 동양철학의 경우에도 마찬가지이다. 도덕적 이상으로서의 군자는 남성이다. 뿐만 아니라 여성과 소인을 한편으로 묶고 있는 공자에 충실한다면 여성의 도덕적 완성은 애초 가망 없는 일로 된다. 옳고 그름에 대한 판단도 하지 말고 오직 술과 밥만을 의논하는 것이 여성의 도리라고 하는 선학의 주장을 거역하고 동양철학을 공부하는 여성은 여성으로서의 정체성을 버려야 한다는 실존적 강박증에 시달리게 될 것이다. 이것은 실존적 갈등 상황을 초래하는 데 머물지 않고 여성으로 하여금 자신의 철학적 능력에 대한 확신을 갖지 못하게 하고 자신의 생각에 대한 자신감을 갖지 못하도록 만든다. 여성을 주변으로 몰아내고 있는 철학 텍스트들을 여성 철학도들은 어떻게 읽어야 할 것인가? 여성을 소외시킬 뿐만 아니라 여성 자신을 혐오하고 부정할 것을 요구하는 철학 안에서 여성은 어떻게 자기소외와 자기분열을 극복할 것인가?

이 논문에서는 서양철학의 맥락 안에서 어떻게 이성중심주의가 여성을 철학으로부터 배제하고 있는지를 역사적으로 살피고 여성이 소외되지 않는 철학의 조건을 생각해 보고자 한다.

1. 서양철학의 이성중심주의와 철학으로부터의 여성의 소외

그리스 철학과 여성

여성에 관한 성차별적 주장을 하고 있는 철학자를 여성 철학자가 읽는 한 방법은 그의 철학과 여성관을 분리하는 것이다. 여성관은 그가 속한 시대의 가치관과 문화적 태도를 반영하는 것일 뿐 그 자체로 철학적 의미를 지니지 않는 것으로 보는 방법이다. 이것이 이제까지의 대체적인 철학자들(남성 철학자와 여성 철학자 모두)의 태도였다. 그러나 오늘날 일부 여성 철학자들의 연구들은 문제가 그렇게 단순하지만은 아님을 보여준다. 이들은 금욕주의적 순수성과 객관성의 탐구와 서양철학의 이성중심주의가 육체적이고 오염된 존재로 규정된 여성을 철학으로부터 배제시켜 온 역사와 밀접한 관계가 있다고 논한다. 이성중심주의와 여성의 소외는 서로가 서로를 보강해 주는 역할을 해왔던 것으로 보여진다. 이성중심주의는 권력자 남성들에 의해 비이성적 존재로 규정된 여성을 철학으로부터 효과적으로 배제시키며, 이성적 훈련을 받지 못한 여성들의 철학적 무능력은 이성중심주의의 정당성을 강화했다.

칸트적 패러다임에 대한 비판이라는 부제를 달고 있는『인식과 에로스』[1]에서 로빈 메이 쇼트(Robin May Schott)는 서구의 금욕주의적 종교와 철학의 전통이 영적 혹은 합리적 순수성의 추구라는 이상을

---

1) 로빈 메이 쇼트,『인식과 에로스』, 허라금 · 최성애 옮김, 이화여자대학교 출판부, 1999.

만들어내었고, 이성에 의한 감정, 욕망의 통제가 정신의 진보에 필수적인 것으로 받아들여짐에 따라서 권력자 남성에게는 자기통제력을 발휘할 조건이 필요하게 되었다고 본다. 그리고 그 조건은 여성의 성이 되었고 남성은 자신의 관점에서 여성의 육체와 섹슈얼리티를 하나의 위협으로, 넘어서고 초월해야 할 오염된 물질적 대상세계로 간주하게 되었다. 만일 여성이 지배계층이었고 이론의 생산자였다면 여성이 자기통제력을 발휘해야 하는 조건은 남성의 성이 되었을 것이다. 그러나 가부장적 체계 안에서 남성의 순수한 이성적 철학 활동을 위해 여성은 남성의 자기통제력을 확인시켜 주는 성적 대상으로 설정되어야 할 필요가 있었다.

플라톤은 『국가론』 454d-e에서 여성과 남성의 재생산 능력에 있어서의 차이는 대의원으로서의 그들의 임무 수행에 걸림돌이 되지 않는다고 주장하고 있다. 이러한 성적 차이의 무시는 플라톤이 육체를 영혼의 본성을 실현하는 데 방해가 되는 더러운 이물질로 보는 것에 기초한다: "우리가 살아 있는 한 우리는 절대적으로 필요한 경우 외에는 가능한 한 모든 육체적 접촉이나 관계를 피함으로써, 그리고 육체에 의해 스스로를 더럽히는 대신 신이 출산을 허락할 때까지 육체로부터 스스로를 순수하게 지킴으로써 지식에 좀더 가까워지도록 해야 할 것이다."(『파이드로스』, 67a)[2] 중요한 것은 영혼, 또는 정신적 능력이지 육신적 조건이 아니라는 생각은 여성 일반이 남성 일반에 비해 육체적으로나 지적으로 약하다는 플라톤의 생각 때문에 여성은 무성적인(asexual) 보편적 이성에 도달하는 일이 어렵게 된다. 쇼트에 따르면 "결국 육체적인 성이 영혼의 운명을 결정해 버리고 마는 것이다. 영혼의 무성성을 설명하려는 그의 노력에도 불구하고 오직 남성만이 무성적인 것으로 여겨진다."[3] 플라톤의 철학적 입장에서는 육체

---

2) 같은 책, 26-27쪽 재인용.

가, 혹은 육체적 성이 중요한 조건이 아님에도 여성의 영혼은 보편이성에 도달할 수 없기 때문에 육체적 조건이 영혼의 운명을 결정하는 역설에 빠지게 된다는 것이다.

그러나 철학의 대변자로 향연에서 강의를 한 디오티마 또한 여성이었지만 무성적 존재였다는 것을 생각해 보면 남성만이 무성적인 존재가 될 수 있는 것이라기보다는 무성화의 조건에 있어 남녀가 차이를 보이며 여성에게 있어 무성화의 조건은 성취하기가 거의 불가능한 것이라고 할 수 있겠다. 즉 남성의 무성화는 여성에 대한 욕망을 절제하고 여성을 부정하여 순수히 정신적 존재가 됨으로써 달성되지만, 여성은 자신의 욕망의 대상인 남성을 부정함으로써가 아니라 남성 욕망의 대상인 그녀 자신의 육체와 섹슈얼리티를 부정함으로써 달성된다. 남성들 간의 동성애가 그리스 사회에서 널리 받아들여진 것은 남성의 경우 순수한 정신이 되기 위해 자신의 육체 자체와 섹슈얼리티를 거부할 필요가 없었음을 말해 주는 것이기도 하다. 무성화 안에서 남성은 보존되지만 여성은 상실되어야 한다. 여성이 철학적 진리를 소유하기 위해 요구되는 조건은 육체와 섹슈얼리티를 초월하는 것인데, 그녀가 육체적인 성으로서 '여성'인 한 이것은 가능한 일이 아니기 때문이다.

플라톤과는 달리 형상과 질료의 결합을 제1실체로 보았던 아리스토텔레스도 여성을 질료적 원리로, 남성을 형상적 원리로 보면서(『동물의 발생』, 716b) 질료에 대한 형상의 지배, 정념에 대한 이성의 지배를 당연시하였다. "영혼이 육체를 지배하고 정신과 이성이 정념을 지배하는 것이 자연스럽고 유용하다는 것은 명백한 사실이다. 반면에 이 양자를 동등하게 다루는 것은 유해하다. 이는 인간과 동물의 관계와 마찬가지이다. … 다시 말해서 남성은 천성적으로 우월하며

---

3) 같은 책, 36쪽.

여성은 열등하다. 남성은 지배하고 여성은 지배받아야 한다."4) 아리
스토텔레스의 영혼은 주지하듯이 3부분(영양섭취적 기능, 감각적 기
능, 이성적 기능)5)으로 이루어져 있는데 여성의 영혼은 남성보다 정
도가 약하게 구성되어있다고 본다(『정치학』, 1260a). 여성도 감각적
영혼과 이성적 영혼을 가지지만 여성의 차가움 때문에 고차원적 형태
의 영혼을 자신의 체액 안으로 잘 수용할 수가 없다고 한다(『동물의
발생』, 736b). 심지어 여성은 아리스토텔레스에 의해 자연의 기형
(deformity)으로까지 묘사된다.6) 이성이 우리 속의 최선의 것으로서
이성에 의한 관조야말로 철학적 예지의 활동이며 이러한 활동은 그
순수성과 견실성에 있어서 가장 놀라운 쾌락을 제공해 준다7)는 아리
스토텔레스의 입장에서 여성은 철학적 예지를 가질 수 없으며 따라서
인간의 최고 행복을 누릴 수 없는 존재이다.

중세철학과 여성

정념의 지배를 받는 여성은 이성을 추구하는 철학적 사유의 주체로
서 부적합하다는 생각은 중세 기독교 종교와 철학 안에서도 유지되었
다. 아우구스티누스는 여성이 남성보다 불결한 육체와 더욱 깊은 관
련을 맺고 있다고 보고 여성의 남성에 대한 종속은 당연하고 바람직
한 것으로 보았다. 남성은 이성과 지혜의 힘을 지녔기 때문에 신의
모습을 본떠 창조되었다고 한다.

---

4) 같은 책, 38-39쪽 재인용.

5) Aristotle, *De Anima* II. 3(414a29-414b19) tr. R. McKeon, Random House, 1941.

6) Mary Anne Dickason, *Sophia Denied: Philosophy, Women, and Theories of Human Nature*, 콜로라도 대학원 박사학위 논문, 1977, 41-46쪽 참조.

7) 아리스토텔레스, 『니코마코스 윤리학』, 최명관 역주, 서광사, 1984, 300쪽 (1177a).

인간의 정신에는 두 가지 힘이 있는데, 하나는 이성적으로 사고하는 지배적인 힘이고 또 하나는 이성의 지배에 복종하는 힘이다. 같은 논리로 육체적인 측면을 고찰해 보면 여성은 남성을 위해 만들어졌다는 것을 알 수 있다. 정신과 이성적 지성의 측면에서 여성은 남성과 동등한 본성을 지니고 있다. 그러나 성교에서 여성은 육체적으로 남성에게 종속되는데, 이는 우리의 자연적 충동이 정신의 이성적 힘에 종속되어야 하는 것과 같은 이치이다. 이렇게 함으로써 자연적 충동이 유도하는 행위는 선행의 원리가 지배하게 될 것이다(『고백록』, 13.32.344).8)

여기서 흥미로운 것은 이성적 지성의 측면에서 본성적으로는 여성과 남성이 동등하다고 보는 점이다. 그럼에도 그는 "여성과 관계를 맺는 것 이외에 내가 회피하여야 할 것은 없다. … 여자를 끌어안고 그녀와 접촉하는 것 … 이상으로 남성의 높은 지성을 타락시키는 것은 없다"9)고 주장한다. 여성의 육체가 남성에게 종속되어야 하는 이유는 여성이 이성적 통제가 불가능한 월경이나 임신 등의 조건에 묶여 있는 존재이기 때문이다.10) 아우구스티누스의 낙원에서 인간은 육체적이면서 정신적인 존재이지만 여기서 육체는 모든 욕망이 제거된 깨끗한 몸으로서 영혼에 종속된 이상화된 몸이다. 부활한 여성의 몸은 여성의 기능이 모두 극복된 몸이다. 쇼트의 표현을 빌자면 "여성의 참된 본성의 부활은 그들의 창조된 목적이었던 바로 그 기능을 부정"11)함으로써 이루어진다. 순수한 영혼과 정신이 되기 위해 남성은 여성을 극복하면 되지만 여성은 자신의 구체적 실재를 극복해야 한다. 철학을 위해 치러야 하는 대가는 여성에게는 혹독한 것이며 현세

---

8) 로빈 메이 쇼트, 앞의 책, 91쪽 재인용.
9) Augustine, *Soliloquia* I.10.17. 로빈 메이 쇼트, 앞의 책, 90쪽 재인용.
10) 로빈 메이 쇼트, 앞의 책, 93쪽 참조.
11) 같은 책, 94쪽.

의 현실적 삶 안에서는 거의 불가능한 꿈에 불과한 것이다.

아퀴나스[12]는 아리스토텔레스의 '자연의 왜곡으로서의 여성'이라는 개념을 받아들여서 여성은 남성에게 지배되어야 하는 죄악의 원천이라고 생각했다. "하나님의 창조 행위가 완벽하게 선한 것이라 한다면 어떻게 여성과 같은 불완전한 존재가 최초의 창조 작업에서 만들어지게 되었을까?"[13]가 아퀴나스에게는 큰 의문이었다. 그것을 푸는 열쇠는 여성을 조력자로서 받아들이되, 남성은 남성에 의해서도 도움을 받을 수 있기 때문에 오로지 여성은 번식 작업에서만 남성의 조력자일 뿐이라는 생각이다(『신학』, 1.92.1).[14] 모든 동물에는 성적 차별이 있기 때문에 여성과 남성은 생식에서 능동적 힘과 수동적 힘(아리스토텔레스에게서 능동성 혹은 형상은 합리적 자기 결정을 통해 표현되고 수동성 혹은 질료는 정서를 통해서 표현된다)을 담당하도록 되어 있으며 이러한 힘의 배분은 남성이 '지성'이라는 숭고하고도 '지극히 중요한 작용'을 떠맡는 것을 가능하게 한다. 성적 차별이 없다면 생식의 문제가 인간 삶 전체를 지배하게 될 것이고 남성은 숭고한 일에 전력할 수가 없게 될 것이다. 오직 한 성만이 생식의 임무를 책임질 필요가 있으며 여성은 생식적 기능을 위해 창조되었기 때문에 여성은 생식행위와 동일시된다.

아퀴나스는 남성을 인간 존재의 원리라고 주장함으로써 남성을 이성의 작용체로 간주하고자 하였다: "하나님이 전체 우주의 원리인 것처럼 하나님과의 유사성이라는 점에서 최초의 남성은 전체 인간의 원리였다."(『신학』, 1.92.2) 이성은 인간 존재의 가장 숭고한 기능으로서 신과 유사한 남성은 여성보다 이성 능력을 더 많이 소유하고 있는 존

---

12) 이하 아퀴나스에 관한 설명은 로빈 메이 쇼트, 앞의 책, 107-121쪽을 참고로 하였다.

13) 같은 책, 107쪽.

14) 같은 책, 107쪽 재인용.

재가 된다. 아퀴나스는 아우구스티누스와 마찬가지로 여성에게도 이성 능력이 있다는 것을 인정("하나님의 형상이 뜻하는 가장 중요한 의미, 즉 지적 본성 그 자체는 성과 상관이 없다."『신학』, 1.93.4)하지만, 하나님의 형상은 남성에게서만 발견된다고 또 한편으로는 주장한다.

근대철학과 여성

근대철학은 데카르트 철학에서 보여지는 바와 같이 이성을 확실성을 얻기 위한 체계적인 방법으로 규정하였다. 이성의 특징적 역할은 확실한 지식의 획득으로 규정되었고(이성의 주된 기능은 사유), 그 이전 시대의 포괄적인 규정보다 훨씬 세밀한 사유 방법에 의해 설명되었다. 그 사유방법은 직관과 연역으로서 명석판명한 관념의 파악과 의심불가능한 제 1원리로부터의 추론이었다. 데카르트에게 모든 지식의 통일성은 사유 자체의 질서와 동일한 것이었고 이것은 사물의 질서를 투명하게 반영하는 것으로 생각되었다. 이 둘을 연결짓기 위해 신의 존재가 필요했지만, 이성은 신의 정신과 유사한 것으로서 이성에 의한 사물의 본래적 질서의 파악은 보장된 것이었다. 이성이 순수한 지성적 능력과 엄밀한 개념적 사유방법에 의해 규정됨으로써 감정, 감성, 정념, 상상 등의 것들과의 사이에는 그 어느 때보다도 명확한 선이 그어졌다. 여성과 관련하여 이것이 지니는 의미를 한 여성철학자는 다음과 같이 적고 있다.

'명석판명'한 것의 추구와 감정적인 것, 감성적인 것, 상상적인 것으로부터의 분리는 기존의 대비, 즉 지성 대 감정, 이성 대 상상력, 정신 대 물질의 대비들을 양극화하는 것을 가능하게 하였다. 여성이 어쨌건 합리성을 결여한다는 것, 남성보다 더 충동적이고 더 감정적이라는 주장은 17세기에 처음 만들어진 것이 아니라는 것을 우리는 이미 보았다. 그러나 이러한 대비들은 이전에는 합리적인 것 안에 있었다. 이성에 의해 지배되어야 하는 것이 이전에는 그렇게 선명하게 지성적인 것으로부터 경계선이 그어진 것은 아니었다. 데카르트적 관념의 분명한 성격을 확립하기 위해 심신 구분을 사용하면서 동시에 감성적인 것을 폄하한 것은 이전에는 없었던 양극화를 가능하게 하였다.15)

감정, 감성과 동일시되는 여성은 이제 이성의 영역 밖으로 쫓겨나 이성의 훈련으로부터 배제되었고 철학적 방법의 획득에 있어서도 배제되었다. 17세기 유럽은 대학 제도가 나름대로 정비되고 근대 전문적 학문과 교육의 형태가 정착되는 시기였고 기계론 철학의 발전과 더불어 근대 과학의 학문적 토대가 마련되는 시기였다. 이전에도 여성은 비이성적이라고 생각되었지만 17세기 과학적 · 이성적 방법론이 싹트는 시대에 이성과 방법의 훈련으로부터 여성들이 배제됨으로써 여성은 감정적이고 충동적인 삶의 양식 안에 남아 있도록 강요되었고 그렇게 하여 여성에 대한 통념은 사실로 만들어졌다.16) 이제 감정적

---

15) Genevieve Lloyd, "The Man of Reason", *Women, Konwledge, and Reality*, ed. Ann Garry & Marilyn Pearsall, Routledge, 1996, 154쪽.

16) 중세에는 볼로냐 대학에서 약간의 여성들이 수학했고 강의도 했었다. 17세기 초에는 우트레히트 대학에서 아나 마리아 반 슈어만이 커튼 뒤에서 신학을 수강했으나, 1678년에야 파두아 대학에서 여성 (베니스의 엘레나 코르나로 피스코피아)에게 처음으로 박사학위가 수여되었다. 이것은 엄청난 사건으로 받아들여졌고 2천 명이나 되는 사람들이 이 사건을 보기 위해 몰려들었다. 이 사건 직후부터 대학은 여성을 받아들이지 않았다. 1732년 로라 바씨는 볼로냐 대학의 5명의 교수들과 공개 논쟁을 통해 자연철학의 49개의 논제들을 변호했다. 이로 해서 상원은 그녀에게 대학의 자리를 허용했지만 '여성'이기 때문에 그녀의 상관이 명하는 때를 제외하고는 공립학교들에서 강의를 해서는 안 된다고 결정했다. 바씨는 엄청난 정치적 노력 끝에 유럽 대학에서 공식적인 교수직을 얻은 첫 번째 여성이 되었지만 그녀의 채용은 정원 외라는 조건으로였다. 이태리에서는 그나마 사정이 나

이고 감성적인 영역을 여성이 담당해야 한다는 데 대한 합리적인 근거가 마련되었다. 남성은 이성의 훈련을 통해 초월한 감성과 감각의 영역을 여성은 남성을 위해 보존해야 했다. 18세기 루소가 묘사하는 '우리 에밀의 소피'는 이러한 양상이 어떻게 고착화되었는지를 잘 보여준다.

직관과 연역에 의존하는 데카르트적 철학의 방법은 윤리적인 함축도 담고 있다. 그것은 정념에 대한 이성의 지배라는 것인데, 데카르트 자신이 이성에 의해 정념을 지배함으로써 선천적 마른 기침과 창백한 안색을 치료했으며 그의 꿈조차도 즐거운 것이 되었다고 주장하고 있다.17) 그러나 이성의 함양이 지니는 윤리적 함축이 가장 잘 드러나고 있는 근대 철학자는 스피노자이다. 몸과 마음이 한 실체의 다른 속성이라고 보는 스피노자는 마음은 몸의 관념이라고 한다. 이 둘 사이에는 인과관계가 없고 따라서 정신의 감각에 대한 인과적인 개입은 가능하지가 않게 된다. 감정은 이성에 의해 지배되는 것이라기보다 이성에 의해 이해됨으로써 우리가 다룰 수 있는 어떤 것이 된다. "정념인 감정은 우리가 그것에 대해 명석판명한 관념을 형성하는 한 정념이 아니게 된다."(『에티카』, 5부, 정리 3)18) 수동성으로부터 능동성으

은 편이었고 프랑스 대학은 여성들을 받아들이지 않았고 20세기 초 마리 퀴리가 소르본 대학에서 자리를 잡은 첫 여성으로 기록된다. 영국에서는 1667년 마가렛 카벤디쉬가 런던의 왕립협회(Royal Society of London)를 방문한 첫 여성이 되었지만 1945년이 되어서야 여성은 정식 회원이 될 수 있었다. 18세기 동안 영국과 프랑스에서는 여성에게 학위가 주어진 바가 없다. Eileen O'Neill, "Early Modern Women Philosophers", *Philosophy in a Feminist Voice*, ed. Janet A. Kourany, Princeton University Press, 1998, 18-19쪽 참조.

17) Genevieve Lloyd, 앞의 책, 155쪽 참조. 엘리자베스 공주에게 보내는 편지 중에서.

18) 같은 책, 156쪽 재인용. 강영계 번역판에 따르면 "수동적인 정서는 우리가 그것에 대해 명석 판명한 관념을 형성하는 순간 더 이상 수동적이지 않

로 전환된 명석판명한 관념이 형성되면 단순한 정념인 감정은 이성적 감정으로 된다. 스피노자에게 상상과 감각에 의한 지식은 부적합한 관념들을 산출하고 우리를 오류에 이르게 한다. 반면에 명석판명한 관념들은 우리 자신과 신, 사물을 영원한 필연성에 의해 인식하게 하고 우리는 그럼으로써 자유로워진다: "모든 것이 신적 본성의 필연성에서 따라나오며 자연의 영원한 법칙 규칙에 따라 일어나는 것임을 올바르게 깨닫는 사람은 그 어떤 것도 미워하고 조롱하거나 경멸할 만한 가치가 없다는 것을 알 것이며 어떤 것에 대한 동정도 하지 않게 될 것이다."(『에티카』, 4부, 정리 50)[19]

이성의 작용에 의해 직접 통제되건, 이성의 이해에 의해 합리적 감정으로 전환됨으로써 통제되건 이성은 정념을 다스려야 하고 정념의 구속으로부터 벗어남으로써 자유롭게 될 수 있다고 하는 생각은 이성을 남성적 능력으로 감성과 감정을 여성적 능력으로 보는 통념과 어울려서 남성의 여성의 지배를 더욱 견고하고 자연스러운 것으로 만들어놓았다. 남성＝이성, 여성＝감성의 이분법적 도식이 철학적 의미를 갖고 선명하게 드러나고 있는 것은 칸트에서이다. 칸트는 루소의 『에밀』을 읽은 뒤 1763년에 『아름다움과 숭고함의 느낌에 관한 관찰들』을 썼다. 이것은 전(前)비판기의 작품으로서 철학적인 글보다는 하나의 관찰로서 받아들여지지만 비판철학의 대가인 칸트가 여성과 남성에 관한 고정관념을 거의 무비판적으로 수용하고 있는 것은 흥미로운 일이다. 그러나 칸트는 성적 차이가 철학적으로 중요하다고 논의한 첫 번째 철학자라는 점에서 여성에 대한 철학적 태도의 역사 안에서 중요한 인물로 간주된다.[20]

다."

19) 같은 책, 158쪽 재인용. 여성스러운(womanish) 감정으로 일컬어지는 동정, 연민(『에티카』 4부, 정리 37, 주석 1)은 "이성의 지도에 따라서 생활하는 사람에게는 그 자체로 악이며 무용하다."

2. 철학적 능력으로서의 남성과 여성

칸트철학과 여성

칸트는 철저하게 지적·도덕적 능력에 있어서의 성적 차이와 분업의 합리성을 믿었으며 이러한 성적 차이는 자연적으로 주어진 것으로 보았다. 칸트에게 여성은 천성적으로 아름답고 우아한 것, 장식적인 것을 좋아하고 사소한 것들로 즐거워하는 존재이다. 여성적 성질은 아름다움으로 특징 지워지고 남성적 성질은 숭고함을 특징으로 갖는다. 여성과 남성은 이해력에 있어서도 차이를 지니는 것으로 보았다.

여성은 남성과 같은 이해능력을 갖지만 여성의 이해는 아름다운 이해이고 우리들의 것은 깊은 이해로서 숭고와 같은 것을 의미하는 표현이다. … 깊은 사색과 오래 지속되는 반성은 고귀하지만 어렵고 자유분방한 매력이 아름다운 본성만을 드러내보이는 사람에게는 잘 맞지 않는 일이다. 고된 배움의 노력이나 고통스러운 사색은 여성이 설사 그런 일에 성공한다고 해도 여성에게 적합한 가치들을 파괴하며 여성에게 이런 것들은 매우 희귀하기에 그것은 여성에게는 차가운 감탄의 대상이 될 수 있을 뿐이다.[21]

역학에 대해 논하고 머리가 그리스어로 꽉 찬 여성들은 전혀 여성에는 어울리지 않는 일을 하는 것이어서 차라리 그녀들이 추구하는 심오함을 나타내줄 턱수염을 기르는 편이 나을 것이라는 말로써 여성에 대한 시대적 편견의 한계 안에서 벗어나지 못하고 있다. 아름다운 이해란 세련된 느낌과 긴밀하게 관련된 모든 것들을 대상으로 삼는 것을 의미하는데, 칸트는 이것을 근본적이고 심오한 이해, 추상적인 사색, 유용하지만 메마른 지식의 분과에 매진하는 일과 대립시킴으로

---

20) M. A. Dickason, 앞의 책, 147쪽.

21) Kant, *Observations on the Feeling of the Beautiful and Sublime*, tr. John T. Goldthwait, University of California Press, 1960, 78쪽.

써 여성의 지적 활동이나 능력을 사소하고 비본질적이고 감각적 피상성에 종속되어 있는 것으로 폄하시키고 있다.

"여성의 철학은 이성적으로 사고하는 것이 아니라 감성으로 느끼는 것이다."(Her philosophy is not to reason, but to sense.)[22] 그래서 여성의 아름다운 본성을 교육하기 위해서는 많은 것들을 기억하게 하기보다는 도덕적 감정을 넓히는 데 초점을 맞추어서 보편적 격률보다는 구체적인 예들을 중심으로 해야 한다고 보았다. 보편성의 차원에 오르지 못하고 구체적이고 개별적인 차원에 머물러 있는 존재로서의 여성은 냉정하고 사색적인 가르침보다는 언제나 느낌에 의존한다. 여성의 덕은 아름다운 덕이고 남성의 덕은 고귀한 덕이다.

여성은 그것이 의롭지 않기 때문에 사악한 것을 피하는 것이 아니라 그것이 추하기 때문에 피한다. 덕행은 여성에게는 도덕적으로 아름다운 것을 의미한다. 의무니, 강제니, 책임이니 하는 것들은 그들 사전에는 없다! … 그들은 즐거움 때문에만 무엇인가를 행하고 그들을 즐겁게 하는 것을 선한 것으로 만드는 데 재주를 지니고 있다. 나는 여성이 원리를 따르는 능력을 지닌다고는 거의 믿지 않는다. 이것으로써 여성들이 불쾌해 하지 않기를 바란다. 왜냐하면 이는 남성에게도 지극히 드물기 때문이다.[23]

여성에 대한 칸트의 관찰은 수다스럽게 느껴질 정도로 비슷한 내용을 반복하고 있다. 이러한 칸트를 여성주의 시각에서 이해하는 방법은 무엇인가? 칸트가 철학적 성차별주의의 전형을 보여주고 있다는 데 대해 많은 여성주의자들은 공감한다. 그러나 칸트를 여성주의 시각에서 어떻게 읽어야 할 것인가에 대해서는 의견을 달리할 수가 있다. 칸트에 비판적인 여성주의자들은 칸트의 성차별주의가 그가 추구

---

22) 같은 책, 79쪽.
23) 같은 책, 81쪽.

하는 순수성의 추구, 구체적인 다양성을 사상하고 보편성과 객관성에 이르고자 하는 금욕주의적 철학적 열망과 맥을 같이 한다고 본다. 기존의 형이상학을 파괴시킨 칸트의 비판정신이 여성과 남성에 관한 성차별적이고 가부장적 고정관념에 대해서는 전혀 작동하지 않았던 것은 선천적(apriori)이고 보편적인 진리에 대한 집착과 이성(지성, 원리, 숭고, 의무) = 남성과 감성(느낌, 충동, 아름다움, 연민) = 여성이라는 등식이 결합한 때문이었다. 따라서 여성주의적 관점에서 칸트를 비판하는 방법은 칸트 선험철학의 목표와 의제 자체를 의문시하고 철학적 사유의 대상으로 포함되지 않았던 구체적 삶의 문제들(성과 육체, 감정의 문제를 포함하는)을 철학적 사유의 대상으로 포함시키는 것이다.

지식과 도덕, 또는 미적 판단의 형식적 조건에 관한 칸트의 탐구는 탈육화되고 무성적이며 일면 메마른 보편적 지식에 대한 추구라고 할 수 있다. 이러한 순수성의 추구를 쇼트는 "사유로부터 관능을 멀리할 것을 강조하는 금욕적인 실천에서 비롯된 것으로, 그것에 의해 인간은 변화무쌍한 현상 세계를 초월하고, 자연적인 생명의 순환이 의미하는 죽음이라는 필연적인 운명을 모면하고자"[24] 했던 것으로 본다. 현상 세계를 부정하는 이러한 금욕적 전통은 육체와 여성에 대한 적대감을 동반하고 있다. 금욕적 서양 철학의 전통 안에 자리잡고자 하는 여성은 따라서 자기분열적 상황에 놓이게 된다. 왜냐하면 여성은 여기서 자신을 경멸하고 성적·감정적 존재로서의 자신을 부정하고 포기해야 하기 때문이다. 남성도 물론 감성적 존재로서의 자신을 포기해야 하지만 자신의 존재 자체를 경멸하고 적대시할 필요는 없기 때문에 여성에서와 같은 파괴적 자기분열은 발생하지 않는다. 여성의 자기분열은 여성이 이성적이고 엄격한 철학의 이상을 전적으로 받아

---

24) 로빈 메이 쇼트, 앞의 책, 13쪽.

들인다고 해도 통상적으로 '여성적'이라고 규정되는 여러 특성들을 완전히 벗어버리는 것이 불가능하기 때문에(한 인간이 자신에 대한 성적 정체성을 완전히 버리고 살 수 있을지 아직은 미지수이다), 파괴적인 양상을 띠게 된다.25)

한편으로 칸트에 동정적인 여성주의자들은 칸트철학을 여성주의를 포괄할 수 있도록 확장해서 재해석하고자 한다. 예를 들어 여성주의적 관점에서 부각되어 온 감성, 느낌, 관계적 자아, 감정이입을 통한 소통의 가능성 등과 같은 주제들에 관한 긍정적인 논의들을 칸트의 철학에서 끌어내고자 하는 것이다. 감성은 제1 비판에서는 중립적으로, 제2 비판에서는 관능과 욕망의 형태로 폄하되지만, 제3 비판에서는 미적 쾌의 차원에서 인간 경험의 적극적인 요소로서 논의된다. 특히 미적 경험은 인간의 사회성과 유대 및 소통가능성을 확인시켜 주는 중요한 계기로 논의됨으로써 여성주의적 관점과 정합적인 것으로 파악된다.26)

칸트에 비판적이든 긍정적이든, 여성주의 철학자들이 공유하는 것이 있다면 그것은 철학적 담론을 추상적이고 보편적이며 초월적인 것으로부터 끌어내려 주변적인 것으로 간주되어 왔던 것들을 포함시키려는 노력이다. 이러한 노력은 칸트의 물음들을 성적·인종적·국가적·문화적 관계 속에 재맥락화시키는 작업으로 구체화되고 있다. 이러한 점에서 여성철학은 여성들의 철학이라기보다는 철학 안에서 새로운 방법론을 모색하는 하나의 대안적(alternative) 철학이라 할 수 있다.

---

25) 같은 책, 273-275쪽 참조.

26) Marcia Moen, "Feminist Themes in Unlikely Places", *Feminist Interpretations of Immanuel Kant*, ed. R. M. Schott, The Pennsylvania State University Press, 1997 참조.

3. 이분법의 극복과 연속적 스펙트럼으로서의 성(性)

19세기 낭만주의의 운동 안에서 정념과 상상력, 느낌과 같은 정신 능력에 대한 재평가가 이루어졌다. 여성과 동일시되었던 이러한 정신 능력이 높이 평가됨으로써 여성에 대한 재평가도 이루어졌던가? "그렇기는 했지만 성평등에는 재앙적인 것으로 드러난 것이었다. 즉 여성을 받들어 모시기, 로맨틱한 사랑의 부활"27)로서였다. 낭만주의 운동 안에서 이성으로서의 남성은 변치 않고 남아 있었다. 상상력의 역동성까지도 포섭한 이성은 더욱 강력한 힘으로 등장하였고 남성은 영웅적인 모습으로 부각되고 여성은 더욱 나약하고 보호받아야 할 종으로 되었다. 여기서 전통적으로 이성/감성의 이분법과 위계적 질서가 남성과 여성의 위계적 관계를 고착화시키는 데 절대적인 기여를 했지만 남녀 관계의 변화는 단지 철학의 변화만으로는 이루어질 수 없는 것임을 주목하게 된다. 사회적 실천과 제도의 변화가 수반되지 않는다면 이성/감성의 이분법적 질서의 변화만으로 남성/여성의 이분법적 질서의 변화가 일어나지는 않을 것이다.

임일환 교수는 이 논문에 대한 논평에서 감성/이성의 이분법이 여성/남성의 이분법, 더 나아가서 여성에 대한 쇼비니즘적 결론과 논리적으로 무관하며, 감성/이성의 이분법은 철학 안에서 여전히 유효한 개념구분임을 주장하였다. 임교수의 주장처럼 감성/이성의 이분법과 여성/남성의 이분법은 논리적 동치의 관계라기보다는 유비적 사고와 경험적 관찰 및 통념에 근거한 동일시이다.28) 따라서 논리적으로는,

---

27) Genevieve Lloyd, 앞의 책, 163쪽.
28) '남성은 여성보다 우월하다'의 명제와 '이성은 감성보다 우월하다'의 명제로부터 남성＝이성, 여성＝감성을 도출하는 것은 명백한 오류이다. 이것은 마치 'a는 b보다 크다'와 'c는 d보다 크다'로부터 'a＝c이고 b＝d'를 추리하는 것이 오류인 것과 같다. 대개의 철학자들의 추론은 '이성은 감성보다

이성/감성의 이분법을 유지하면서도 남성/여성 이분법적 질서 및 위계질서를 해체시키는 것이 가능할 수도 있을 것이다. 또 한편으로 이성/감성의 이분법이 해체된다고 해서 그것이 언제나 남성/여성의 이분법의 해체를 저절로 귀결시키는 것도 아닐 것이다. 그러나, 철학사를 통해 주목해 볼 것은 이성/감성의 이분법이 매우 강하게 남성/여성의 이분법과 연결되어 있다는 것이며 남성 = 이성, 여성 = 감성의 이데올로기적 도식의 견고함은 남성은 이성적이며 여성은 감성적이라는 통념을 재생산하고 여성과 남성의 삶을 그 틀 안에 가두는 데 결정적인 역할을 했다는 것이다. 논리적인 차원에서 이성중심주의가 남성중심주의를 귀결시키는 것은 아니라고 하더라도, 구체적인 역사 안에서 이성중심주의가 남성중심주의를 강화시키는 데 중요한 역할을 해왔다면 이성중심주의를 해체하는 것이 남성중심주의를 해체시키는 데 의미있는 역할을 할 수 있을 것이다.

철학 안에서 이성중심주의가 강력한 유비를 통해 가부장제의 가치

우월하다'의 명제와 경험적 관찰로서의 '남성은 이성적이고 여성은 감성적이다'는 명제로부터 '남성은 여성보다 우월하다'의 결론을 받아들이는 형식으로 이루어져 있다. 이성/감성의 개념구분이 만일 그렇게 강하게 이루어지지 않았었다면 그것은 남성과 여성을 구분하는 강력한 범주로도 기능하지 않았을 것으로 생각한다. 이성/감성의 이분법은 인간을 이분화하는 데 필요한 강력한 도구로 작동해 왔을 뿐 아니라, 이데올로기적 효과까지도 가짐으로써 남성을 비감성적 존재로, 여성을 비이성적 존재로 역사 안에서 재생산해 내었다. 이성/감성의 이분법이 생소한 동아시아의 문화 안에서 감성적 존재로서의 남성(예컨대 우는 남성)이나 이성적 존재로서의 여성(예컨대 현모양처로서의 여성)은 낯선 존재가 아니라는 것은 이성/감성의 이분법이 남성 = 이성, 여성 = 감성의 등식에 어떤 기여를 했는지를 간접적으로나마 보여준다. 음양 이분법 하에서 여성과 남성은 온순함/강건함과 같은 속성들의 차이로 구분될 뿐 인식능력이나 도덕능력(유교문화 안에서 여성의 도덕과 남성의 도덕이 다르기는 하지만 덕 있는 여성을 칭송하는 경우에서 보듯 여성의 도덕적 능력 자체를 부정하지는 않는다)에 있어서의 차이로 구분되지 않는다.

를 강화하는 데 기여를 해왔다면, 이성중심주의에 대한 비판은 그 가치를 붕괴시키거나 적어도 약화시키는 데 기여할 수 있을 것이다. 오늘날 인간성에 대한 위협은 비이성의 힘에 의해 야기되었다기보다는 이성의 진보 안에서 이루어진 문명에 의해 야기되었다는 점에서 더이상 이성에 대한 절대적 경배를 바칠 수가 없게 되었다. 그러나 이성비판이 곧바로 합리성의 포기로 이어지거나 느낌과 신체성, 감각적인 것의 일방적인 우월성에 대한 주장으로 이어지는 것은 아니다. 이것은 이성중심주의가 지니는 폭력성을 그대로 갖고 들어오는 자기논박적인 주장이 될 뿐이다. 이성중심주의에 대한 비판은 이성에 대한 낭만주의적 거부가 아니라 타자에 대한 포스트모던적 해석에 의해 이분법 자체를 무력화시킴으로써 효과적으로 달성될 수 있을 것으로 보인다.

모든 자기동일적 존재는 타자에 대한 지시를 필연적으로 포함한다는 점에서 완전한 자기동일성을 성취하려는 시도에 있어서 실패하게된다. 마찬가지로 이성중심주의는 이성에 의한 체계적 통일을 목표로삼지만 이는 필히 이성에 의해 배제되는 것들(비이성적인 것들)을 생기게 하고 이들은 언제나 이성중심주의의 성공적인 기획을 방해하는주변적인 것들로 남게 된다. 배제하고자 했던 것들은 새로운 형태로,즉 "규범적 이분법"29) 안에 타자로 자리잡게 된다. 이것은 어떤 종류의 통일성의 논리, 혹은 동일성의 논리를 구사하든 맞이하게 되는 상황이다. 이론화에는 항상 이론화의 특권적 위치가 존재하게 마련이고그런 한 위계적 이분법(이론과 이론적 통일 안에 포섭되지 않고 남아있게 되는 다양한 현실 사이의)은 피할 수 없게 된다. 그러나 자기동일적 존재와 타자와의 관계에서와 마찬가지로, 이성중심주의는 필연

---

29) Louise M. Antony, " 'Human Nature' in Feminist Theory", *Philosophy in a Feminist Voice*, ed. J. A. Kourany, Princeton University Press, 1998, 74쪽.

적으로 비이성적인 것들을 자신의 기획 안에 포함할 수밖에 없기 때문에 상호 독립적 범주로서의 이성/감성의 이분법적 구분은 무너질 수밖에 없다. 이 둘은 부정성에 의해 상호 매개된 것들이다. 이성과 감성은 상호적으로 침윤되어 있다. 마찬가지로 남성과 여성은 상호적으로 침윤되어 있다. 이들은 독립적인 성적 범주가 아니라, 이미 자신 안에 타자를 내포하고 있는 중첩적이며 연속적인 존재들이다.

이성/감성의 이분법의 붕괴는 음양 이분법의 붕괴와 유사하다. 필자는 이전 글에서 음양적 존재로서의 여성과 남성의 존재에 대해 논한 바가 있다.[30] 순수한 음과 순수한 양은 하나의 관념물일 뿐 음과 양은 상호 침윤되어 있으면서 연속적이다. 양중음, 음중양의 개념은 주역에 잘 나타나고 있다. 김종미는 이를 '상생하는 음양착종의 관계'라고 이름하고 있는데, 이러한 방식으로 이성/감성의 이분법이나 음양의 이분법은 무너지게 된다. 순수 남성과 순수 여성은 하나의 관념에 불과하다. 남성과 여성은 (음양의 연속성처럼) 연속적인 존재들로서 이들은 종류에 있어서의 차이가 아니라 정도에 있어서의 차이로 존재한다. 이성중심주의가 물러서고, 음양의 이분법이 물러선 자리에서 우리가 확인하게 되는 것은 남성성과 여성성이 다양한 농도와 채

---

30) 김혜숙, 「여자, 그 분열된 존재」, 『철학연구』 21집(고려대학교 철학연구소, 1998), 「음양 존재론과 여성주의 인식론적 함축」, 『한국여성학』 15권 2호, 1999. 이후 몇몇 여성학자들이 음양적 존재로서 여성과 남성을 규정했는데 이중 김종미의 글은 중국과 한국의 고전문학 맥락 안에서 보이는 양중유음, 음중유양의 문제를 다루고 있어서 흥미로운 시사점을 준다. [한자경, "인성: 여성과 남성," 『철학과 현실』 1999 겨울, 김종미, "양강과 음유의 변주: 규정(閨情)을 노래하는 남자와 제가(齊家)를 담당하는 여자의 이야기," 『유교와 페미니즘』 한국유교학회 편 (철학과현실사, 2001) 참조.] 우리의 전통 안에서 군주(혹은 국가)와 신하(혹은 국민)와의 관계는 남성과 여성 관계의 심리상태와 유사한 것을 반영하고 있다. 근세 초 한용운은 '님의 침묵'으로 이러한 심리상태를 시로 형상화시키고 있는데, 굴원의 시나 정철의 시들도 남성이 여성심리를 가장하고 있는 좋은 예가 된다.

도로 어우러진 인간들의 세계이다. 여성과 남성은 우리가 생각하는 것만큼 그렇게 분명하고 결정적인 범주가 아니다. 대개의 사람들은 '여성'과 '남성' 사이에 존재한다. 그것은 한 인간의 개인사 안에서도 그러하며 여러 인간들의 경우에서도 그러하다.

이 글의 처음에서 필자는 여성을 부정하고 있는 철학을 어떻게 읽을 것인가의 물음을 물었다. 여성이 소외되지 않는 철학은 여성의 배제를 정당화시키는 거짓된 유비의 논리를 깨고, 유비를 강화시켜 온 이분법을 해체함으로써 비로소 가능하게 될 것이다. 철저하게 세속화된 존재로서의 여성은 철학 자체를 맥락화시키고 세속화된 담론으로 만듦으로써 철학 안에 비로소 모습을 드러내는 존재가 될 수 있을 것이다. 초월적 철학 안에서 여성이 배제된다면 여성은 철학을 고통과 다양성이 내재하는 생생한 삶 안으로 끌어내릴 수밖에 없는 것이다.

한국 페미니즘 미술, 누구의 이야기인가?

| 김 혜 련 | 연세대 철학과 |

1. 들어가는 말

이 글의 목적은 한국 페미니즘의 흐름의 추이를 관찰하면서 페미니즘 미술 작품들이 수행하는 언술 행위의 내러티브적 구조를 분석하고 평가해 보려는 것에 있다. 좀더 구체적으로 말하면, 한국 현대 회화에서 여성이 재현되는 다양한 양태들을 살펴보고, 각 양태가 반영하고 있는 여성성의 이해와 그에 기초한 언술들을 이야기적 구조로 분석해 보려는 것이다. 그러한 목적을 위해 필자는 먼저 '페미니즘 미술'이라는 것이 무엇인지 생각해 보고, 페미니즘 미술이라는 이름 아래 관례적으로 포섭되는 여러 유형의 미술이 여성에 관해 어떤 종류의 이해나 이념을 제시하고 있는지 확인해 보고자 한다. 그 다음으로 작품의 전체적 대의를 결정하는 것으로 생각되는 작가의 의도를 의사소통적 언술 행위로 보고 그것이 어떤 내러티브적 구조를 갖는지 분석하려

한다. 이러한 분석은 작품의 안과 밖에서 동일시될 수 있는 화자, 청자, 전달하고자 하는 메시지, 그리고 메시지를 전달하는 방식으로서 택하게 되는 언술의 표현 형식들을 내러티브적 논픽션 또는 논픽션적 내러티브로 동일시하는 과정을 포함할 것이다. 그러므로 이 글은 페미니즘 미술 비평에서 이미지에 대한 기호학적 분석에 치우치는 경향을 보완할 수 있는 서사적 구조 분석이라는 특징을 갖는다.

이러한 분석과 검토를 통해 필자는 한국의 페미니즘 미술이 한편으로는 여성성에 관한 이데올로기를 반영하는 데에 머무름으로써 재현적 예술로서 정체 상태에 있고, 다른 한편으로는 급진적인 정치적 선회를 통해 직접적인 목적을 성취하려 함으로써 비미학적인 일탈 현상을 나타내고 있는 것으로 진단할 것이다. 그리하여 필자는 한국 페미니즘 미술이 예술적으로 보다 더 자유롭고도 풍요로운 방식으로 만개하기 위해서는, 재현 예술이 갖는 내러티브적 측면들, 즉 지향성과 표현 양식을 참신한 방식으로 조화시키는 노력을 기울여야 할 것을 제안해 볼 것이다.

2. 페미니즘 미술이란 무엇인가?

흔히 페미니즘 미술이라 하면 여성을 재현하는 미술이라든지 아니면 페미니즘 이론으로 무장된 비평가가 '페미니즘 미술'로 분류하고 감상과 비평의 대상으로 삼는 대상을 가리킨다는 생각을 떠올리게 된다. 그러한 생각이 완전히 그릇된 것이라고 볼 수는 없지만, 페미니즘 미술이 어떤 고유한 유형적 특징들을 갖는 것이어서 그에 따라 쉽게 분류할 수 있는 것인지, 아니면 전시기획자나 비평가에 의해 전적으로 자의적으로 구별되는 것인지는 그다지 분명하지 않다. 무엇보다도 가장 지난한 일은 페미니즘 미술을 특징짓는 정의적 요소들이 무엇인지 동일시하는 일이다. 우선 페미니즘 미술을 구별하는 일과 긴밀한 연관이 있다고 생각되는 '페미니즘 미학'의 정체 자체도 불분명하기 때문이다.

페미니즘 미술이란 무엇을 말하는가 하는 물음과 더불어, 페미니즘 미술에 관한 미학적 논의를 가능하게 하는 것이 무엇인지 생각해 볼 필요가 있다. 페미니즘 미학은 페미니즘 예술을 정의내릴 수 있는 조건들을 제시해야 하는가, 아니면 모든 작품들을 페미니즘적 시각에서 기술하고 평가할 수 있는 이론적 토대를 제공하는 것이 페미니즘 미학의 과제인가? 아마도 이보다 더 우리를 당혹스럽게 만드는 한층 더 근본적인 물음은 이것일 것이다. 즉 '페미니즘'과 '철학', 또는 '페미니즘'과 '미학'이 정합적으로 결합될 수 있는가 하는 것이다. 미국미학회에서, 공식적으로는 처음으로, 전통미학의 기초 개념들을 페미니즘 시각에서 검토하고 도전하는 작업을 시도했을 때,[1] 바로 이 물음이 우선적으로 철학자들을 당혹스럽게 만들었다. 왜냐하면 전통미학은 탈성별화된(desexualized) '예술' 개념에 기초하고 있고,[2] 여성 예술을 허용할 경우에도 직업적 분리주의(occupational segregation)나 소비적인 수사적 섹슈얼리티의 경계 내에서 여성 예술의 위치를 인정하는 형편이므로,[3] 반성적 성찰과 분석, 그리고 일반적인 이론을 구성하거나 평가하는 철학의 전형적인 방법을 과연 페미니즘이 수용할 수 있는가 하는 것은 근본적인 난제가 되기 때문이다. 이러한 문제는 페미

---

1) *Journal of Aesthetics and Art Critiscism* 48, No.4, 1990. 페미니즘과 전통 미학이라는 커다란 주제 아래 영미 미학계를 대표하는 필자들이 페미니즘 미학의 철학적 초석을 다져본 공식적인 최초의 시도였다.

2) 김주현, 「페미니즘 미학과 작품의 성별 정체성」, 『미학』 20집, 2000, 24쪽.

3) Val A. Walsh, "Eyewitness, not Spectator-Activitst, not Academics: Feminist Pedagogy and Women's Creativity", *New Feminist Art Criticism*, (ed.) Katy Deepwell, Manchester and New York: Manchester University Press, 1995, 52쪽.

니즘 예술가나 페미니즘 미학자가 어느 시점에서든지 반드시 한 번은 다루어야 할 문제이다. 그러나 이 글에서는 페미니즘 미술에 관한 논의의 장을 마련하기 위해 '페미니즘 미술'을 동일시할 수 있는 최소한의 요건들과 그 유의미성을 짚어보는 것으로 만족하고, 그보다는 한국 페미니즘 미술의 내러티브적 구조를 분석하는 일에 초점을 두고자 한다.

페미니즘 미술을 다른 종류의 미술들과 구별하려고 할 때 가장 쉽게 택할 수 있는 접근 방법은 페미니즘 미술을 구성하는 요소들을 식별하기 위해 소위 '여성적 특질'(feminine qualities)이 무엇인지 식별하고 그것들을 토대로 페미니즘 미술을 정의해 보는 것이다. 사실상 이러한 접근은 철학사에서 오랫동안 온당한 것으로 인정되어 온 정의 방식이다. 그러나 '여성적 특질' 자체가 이미 성차를 포함하는 문화·사회적 범주에 의거한 구성물이라고 볼 경우, 그런 것들이 정의적 속성으로 인가될 수 있는지 의심스럽게 된다. 어떤 것에 관한 이상적인 '정의'는 피정의항에 대한 비순환적 설명이 되어야 하기 때문이다. 예를 들면 '상품'이란 이미 자본주의라는 사회체제를 전제로 구분되는 개체들이며, 자본주의가 무엇인가 하는 설명 안에 상품이 이미 포함된다. 그러므로 상품은 비순환적으로 정의되기 어렵다. 동일한 논리에서, 페미니즘 미술이 여성적 특질을 보여준다든지 여성으로 동일시될 수 있는 인물을 재현한다든지, 또는 여성적 경험들을 내러티브화해서 들려주는 것 등의 특징을 갖는다고 해도 '페미니즘 미술'이 바로 그런 요소들 때문에 페미니즘 예술이라고 정의될 수 있는지는 분명하지 않다.4) 왜냐하면 여성적 특질이 페미니즘 미술의 정의적 속성이라

---

4) 김주현은 여성주의 예술 담론에서 작품의 성별 정체성의 문제를 검토하는 자리에서, 페미니즘 예술이 여성적 특질을 갖는다고 보는 두 가지 입장을 각각 비판한다. 여성성 이론은 여성 예술의 특징이 작가의 여성적 정체성에 근거한다고 보는 반면, 성차 이론은 여성 예술의 정체성이 작품 내부의

면, 그것은 기존의 페미니즘 미술 작품들에게서 쉽게 재인(再認)될 수 있겠지만, 새로 만들어지는 작품들이 페미니즘 미술의 사례가 되기 위해 반드시 그런 특질들을 가져야만 한다고 주장해야만 하기 때문이다. 이러한 방식으로 여성적 특질들의 집합을 닫힌 것으로 이해하고 있다는 점에서 특히 여성성에 관한 본질주의는 이론적으로나 경험적으로 옹호하기가 어렵다. 그러나 여성적 특질 또는 여성성을 역사적 지평 안에서 이해하면서 여성성을 사회·문화적 구성물로 보는 맥락주의나 구성주의를 택할 경우에도, 미술 작품의 참신한 어떤 특질이나 면모들을 어떤 근거에서 여성주의적인 것으로 식별할 수 있는가 하는 문제가 깊이 있게 다루어지고 있는 것 같지 않다.5)

'여성적 특질'이라는 문제는 차치해 둔다고 해도, 소위 그러한 여성적 특질을 보여주는 작품들 모두가 별안간 모두 페미니즘 미술로 불리게 된다는 것은 직관적으로나 관습적으로 수용하기 어렵다. 예컨대, 고인돌의 표면이 매끄럽고 부드럽다는 것을 새삼스럽게 발견한 사람

표현적 특질에 의해서라기보다는 문화 속에서의 여성의 역할에 의해 구성되는 것으로 본다. 전자는 여성성을 본질주의적으로 이해하고 후자는 그것을 문화·사회적 구성물로 보는 점에서 근본적으로 상이한 존재론적 입장을 취하지만, 양자 모두 여성적 특질에 의해 페미니즘 예술이 정의되고 식별될 수 있다고 본다는 점에서는 일치한다. 김주현은 정체성의 범주들이 단순히 기술적인(descriptive) 것이 아니라 규범적인 것이라는 점을 이 이론들이 간과하고 있다는 점을 지적한다. 김주현, 앞의 글, 28, 36쪽.

5) 이 문제는 '예술'의 역사적 맥락과 매체 의존성 등을 세심하게 고려하여 예술을 역사적으로 정의하는 레빈슨의 경우에도 해소되지 않은 채로 남는다. 예술을 역사적으로 정의할 때도 정의의 구조가 과거 예술들과의 유사성을 토대로 삼음으로써 근본적으로 재귀적(recursive)이기 때문이다. 따라서 시원적 예술을 정의할 수 없는 난점이 남게 된다. 근래에 제안된 수정된 예술 정의들에 내재하는 이 난점을 디키는 적시하고 있다. George Dickie, *The Art Circle*, New York: Haven Publications, 1984,『예술사회』, 김혜련 옮김, 문학과지성사, 1998, 54-56쪽 참조.

이 그것을 '여성적'이라고 부르고 이어서 그것을 '페미니즘 조각'이라고 부른다면, 그것은 '페미니즘'이라는 낱말을 오용하는 사례가 될 것이다. 정의적 요소를 찾는 것과는 다른 방식으로 페미니즘 미술을 구별해 낼 수도 있을 것이다. 특정 페미니즘 비평 이론이 인가하는 방식을 따라 작품의 주제나 시각을 택한다거나 그 이론이 대안적으로 제시하는 여성 이념을 가시화하는 방식으로 작품을 해석하고 재구성할 경우, 그러한 예술을 엄밀한 의미에서 페미니즘 예술이라고 부를 수 있을지도 모른다. 예를 들면, 많은 페미니즘 영화는 관습화된 여성 재현에 맞서서 대안적인 여성 이미지를 보여주는데, 그러한 새로운 여성 이미지들은 대부분의 경우 특정한 페미니즘 이론이나 비평 이론에 의거하고 있다.

한편 작가의 정체성과 작품을 서로 독립적으로 보는 신비평(New Criticism)은 강한 반(反)개인주의 비평(strong anti-personalism)으로 불리기도 한다. 그러나 작가의 정체성과 작품의 관계에 대해 강한 인과성을 주장하지 않으면서도 서로 완전히 독립적인 것으로 보지 않는 약한 반개인주의 비평론(a weaker anti-personalism)에 의하면,6) 여성 작가는 중대한 측면에서 여성주의적인 작품을 만들어낼 수 있고, 따라서 본질주의와는 달리 여성 작가의 정체성에 관한 지식은 비평에서 중요한 역할을 맡을 수도 있다. 그렇다고 해서 약한 반개인주의 비평이 여성 작가의 성정체성이 필연적으로 여성주의적인 작품을 낳는다고 보는 것은 아니다. 그리고 그것은 작품 제작에 관한 일반 이론이 아니라 비평에서 작가의 성정체성을 아는 지식과 개별 작품의 특질들에 관한 지식이 서로 연계될 수 있다는 가능성을 지적하고 있을 뿐이다. 일견 서로 유사한 듯이 보이지만, 이런 점에서 본질주의적 입장과

---

6) Colin Lyas, "Personal Qualities and the Intentional Fallacy", *Aesthetics*, Second Edition, (eds.) George Dickie et al., New York: St. Martin's Press, 1989, 441-445쪽.

약한 반개인주의 비평론은 섬세하게 구분할 필요가 있다.

여성 정체성과 여성적 특질간의 인과적·함축적 관계를 가정하는 본질주의적 입장의 핵심을 다시 정확히 짚어보면, 여성 작가는 여성 경험의 주체이므로 의식적으로나 무의식적으로 그러한 여성 경험이 작품에 반영될 것이라고 본다. 이런 방식으로 여성 작가의 작품을 페미니즘적이라고 보는 것은 작가의 해부학적 정체성이 곧 여성 주체의 모든 행위들을 여성적인 것으로 만들고 창작 행위의 산물인 작품까지도 여성적 특질을 갖게 된다고 보는 환원주의로 후퇴하게 된다. 물론 반드시 부정적인 의미에서 생물학적 환원주의로 귀착되지 않을 수도 있다. 생물학적 토대로서의 신체적 면모들이 성차적 차이를 결정짓는 방식을 어떻게 보는가에 따라서, 생물학적 토대와 사회적 성차 간의 관계를 결정(determination) 관계가 아닌 미흡결정(under-determination) 관계로 볼 수도 있기 때문이다. 이 경우, 여성 작가의 신체적 특성이나 여성적 경험은 전적으로 사회·문화적 구성물이 아니라, 모든 문화적 개체들이 갖는 최소한의 물리적 토대인 최저층 체계(zero ground system)로서 간주될 수 있다. 필자가 보기에 이러한 노선을 따르는 비평 이론이 바로 약한 형태의 반개인주의 비평이며,[7] 이 비평 이론에 의거할 때 여성 작가는 작품에서 자신의 여성적 경험을 완전히 제거할 수 없는 것으로 설명된다. 다른 식으로 말한다면, 여성 작가는 여성으로서 고유한 경험의 흔적을 작품에 남기게 될 가능성을 갖는다. 이것은 작품이 작가로부터 완전히 독립될 수 없다는 것을 함축한다. 물론 그러한 여성 경험의 흔적이 작품을 구성하는 측면들과 미적 적합성(aesthetic relevance)을 갖는 것인지는 개별 사례에 따라 상이하게 구별되어야 할 것이다. 따라서 작품을 해석하거나 평가할 때 작가의 성정체성에 대한 지식이 비평적으로 중요한 역할을 할 수

---

7) Colin Lyas, 앞의 글, 445쪽.

있고, 그렇다면 이러한 논리를 따라, 많은 경우에 여성 작가의 작품들을 페미니즘 예술이라고 부를 수 있을 것이다. 그렇지만 작가의 성정체성과 작품의 여성주의적 면모의 관계는 결정적인 것이 아니라 미흡결정적이기 때문에 남성 작가의 작품도 여성주의적일 수 있는 가능성은 열려 있다.

필자는 이 자리에서 '페미니즘 미술'의 정체성을 확정지으려는 의도는 없다. 필자가 제시하고자 하는 것은 '페미니즘 미술'은 고사하고 '페미니즘 예술'의 정체성에 관해서 이론적으로 통합된 기준이나 입장이 확립되어 있지 않다는 것이다. 어쩌면 예술 장르의 구별에 관해 이론적으로 확고한 근거를 발견하기 어려운 것과 마찬가지로, 페미니즘 미술이 무엇인가 하는 물음은 다양한 관심사와 목적에 따라 잠정적이면서도 비자의적으로 답변될 수 있는 것처럼 보인다. 필자의 입장에서는, '페미니즘 미술'이라고 불리는 작품들의 집단은 주로 페미니즘 비평가나 전시 기획자들이 여성주의적 쟁점을 부각시키거나 대안적인 여성관을 제시하려는 등의 목적을 위해 감상과 비평의 대상으로 삼는 작품들로 구분하는 것이 최선의 방책이라고 생각된다. 이것은 예술 작품의 해석과 비평에 있어서 화용론적 제한조건(pragmatic constraints)을 중요한 요소로서 첨가할 것을 제안할 때 뒤따르는 결과이다. 다시 말해서, 필자는 예술 창작 활동을 기본적으로 의사소통을 목적으로 하는 언술 행위로 보고, 작품이 갖는 내적 면모들과 작품이 처한 맥락적 상황은 작가가 작품에 부여하고자 하는 합목적성이나 지향성이라는 조망점에 의해 의미를 생성하고 그럼으로써 작품의 대의가 청자에게 전달되는 것으로 이해한다. 이러한 이해 방식은 의미론과 화용론을 융합하는 접근 방식으로서 예술 작품의 내적 면모들과 외적 배경들을 언술 행위 또는 일종의 내러티브의 구성요소로서 다루게 된다. 작가의 성정체성은 작품의 내적 요소는 아니지만 작가의 의도에 따라 유의미한 맥락적 요소로서 기능할 수 있는 것이다. 이렇게 볼 때 페미니즘 미술을 다른 양식의 미술들과 구별할 수 있는 근거는 전적으로 작가의 성정체성이나 작품의 여성적 특질에 있는 것이 아니라, 해석자나 비평가가 작가의 성정체성을 포함하는 작품의 내적·외적 구성요소들을 아우르면서 특정한 비평 이론이나 전략적인 목적에 의해 작품에 귀속시키는 합목적성이나 지향성에서 발견되는 것이다.

이와 같이 근본적으로 잠정적인, 그러나 완전히 자의적이지는 않은 '페미니즘 미술'의 정의에 의거하여, 제4절에서 한국 페미니즘 미술의 언술적 구조 또는 내러티브적 구조를 분석해 보고자 한다. 그에 앞서 제3절에서 먼저 한국 페미니즘 미술이 전개된 양태를 개략적으로 관찰해 보고 작품들의 내러티브 유형들을 간추려 보고자 한다.

3. 한국 페미니즘 미술의 전개

한국 페미니즘 미술의 전개에 대해 논의하려 할 때, '한국 페미니즘 미술'이란 무엇을 말하는지 구별할 수 있는 기준들이 너무 다양하거나 어쩌면 기준 자체가 정립되어 있지 않은 것 같은 상황에 처하기 때문에 위와 같은 예비적 설명이 필요해진다. 페미니즘 이론들은 본디 한국 예술계에서 자생적으로 성립된 것이 아니라 해외에서 수입된 이론들로서 기존의 한국 미술에 대한 비평적 담론의 토대로서 영입된 것이다. 그리고 페미니즘적이라고 불리는 한국의 현대 화가들이 모두 페미니즘 미학이나 비평 이론이라는 전문 영역에서 특정한 입론을 세우며 그에 의거하여 작품 활동을 시작한 것도 아니다. 더욱이 여성을 재현하는 작품들을 보여주는 상당수의 화가들은 여성 작가가 아닌 남성 작가들이다. 더 나아가서 한국 페미니즘 미술은 이론적 형태를 갖춘 페미니즘 미학과 더불어 출발했다기보다는 민중이 겪는 질곡을 공감하고 노정하려는 주제 의식과 함께 시작되었다고 보는 것이 더 정확하다.

한국 페미니즘 미술의 효시로 간주되는 작품들은 민중미술이라는 커다란 틀 안에서 둥지를 틀면서 나타난 것들이다. 필자가 한국 페미니즘 미술의 출발을 이런 식으로 구분하는 것은, 앞에서 언급한 것처럼, 일반적인 페미니즘 이론이나 여성운동에 의해 동기화된 작품들을 '페미니즘 미술'로서 다분히 자의적으로 구획짓는 것이다. 필자의 방식과는 달리, 한국 여성을 재현하고 있는 현대의 한국 미술을 사회사적 관점에서 조망해 보는 자리에서 강성원은 '한국의 여성미학'이라는 용어를 사용하고 있다.8) '여성미학'이 여성을 제재로 삼고 있는 작품들을 대상으로 삼는 미학을 가리키는 것이라면 그녀가 말하는 여성미학이란 전통미학의 대안적 이론인 '여성주의 미학'(feminist aesthetics)이라기보다는 여성 이미지에 관한 미학으로서의 '여성에 관한 미학'(female aesthetics)을 의미하는 것으로 생각된다. 그러나 앞의 논의에서 볼 수 있듯이, 이 글에서 필자는 여성을 주제로 하지 않은 작품이거나 남성 작가의 작품도 여성주의적으로 부를 수 있는 가능성을 열어두고 있으므로, 여성 이미지에 관한 미학보다는 여성주의적 미학의 관점과 방법을 따르기로 한다.

1960-70년대에 형식주의에 치중하는 모더니즘적 사조에 대항하여, 예술의 사회적 기능과 적극적인 사회 참여를 외치는 작가들이 주축이 되어 1970년대 후반에 '민중미술'이라는 신조어를 만들어냈는데, 이 시기에 민중미술의 한 양태로서 소외된 계층의 여성을 재현하는 작품들이 시도되었다.9) '한민족', '민중'이라는 개념들은 '우리'를 지칭하는 것으로 간주되지만, 사실상 여성은 '우리'에서 배제되었고 '민중'의 개념은 여성들을 억압하는 기능을 하고 있다고 진단한 것이다. 이 시기

---

8) 강성원, 『한국 여성미학의 사회사』, 사계절, 1998 참조.
9) 오진경, 「1980년대 한국 '여성미술'에 대한 여성주의적 성찰」, 『미술 속의 페미니즘』, 217-218쪽.

에 재현된 여성들의 이미지는 희생자의 이미지였고, 주로 매춘부나 성폭력의 희생자 계층이 작품의 제재들이었다.10) 이후에 민중미술과 차별화된 페미니즘 미술을 시도하는 작가들의 모임들이 결성되기 시작했다. '시월모임', '여성미술연구회' 같은 것이 그것인데, 이들의 작품들은 여전히 노동 문제가 계층 문제와 씨름하고 있었고, 사회주의 운동이 여성 문제들을 해결할 수 없다는 절망감을 표출하는 단계에 머무르고 있었다. 억압받는 민중의 모습을 비페미니즘적 시각에서 보여주는 '광주시각매체연구소'의 「광주민중항쟁」과는 대조적으로, 여성들 간의 연대, 여성적 경험, 그리고 여성들의 꿈을 공동작업을 통해 표현한 대표적인 작품으로 '둥지'의 「함께 사는 이 땅의 여성들」 (1987)이 있다.

민중예술이 한국의 페미니즘 미술을 태동하게 만들었던 공로는 인정되지만, 이 시기의 페미니즘 미술은 전체적으로 민중예술의 틀 안에 머무르고 있었던 터라 회화적 재현 방식도 민중운동의 대결적 구도를 나타내는 도식을 그대로 따르고 있었다. 지배자와 피지배자, 부르주아와 노동자라는 계층 구분은 곧 남성-부르주아와 여성-노동자라는 구분으로 그대로 이식되어 재현되었다. 따라서 여성이 처한 사회적 현실과 여성적 경험의 다면성을 담아낼 수 있는 창의적이고 자유로운 재현 방식이 개발되지 못한 채였다. 이것은 마르크시즘의 경직된 계층 구분, 여성의 삶과 경험에 대한 구조적 무관심이 반영된 결과이다. 따라서 사회주의가 인증하는 계층이나 범주에 속하지 않는 개인들, 특히 아동이나 여성은 타자로 밀려나게 되는 것이다. 이러한

---

10) 1980년대에 민중미술의 흐름 안에서 나타났던 대표적인 작품으로는 김용태의 「동두천 사진관의 기념사진들」, 둥지의 「제국의 발톱이 할퀴고 간 이 산하에」이다. 1980년대 후반에 여성주의적 의식이 더욱 강하게 부각시킨 작품들로는 김인순의 「현모양처」, 윤석남의 「손이 열개라도」, 김진숙의 「들국화」 등이 있다.

상태의 페미니즘 미술은 그 주제와 제재들의 명백한 한계 때문에 여성의 재현 방식 자체가 위축되었고, 따라서 페미니즘적 예술로서의 뚜렷한 면모들을 보여주지 못했다. 민중미술이 갖는 이러한 취약성으로부터 얻을 수 있는 한 가지 교훈은 페미니즘 미술이 건강하게 발전할 수 있기 위해서는 단순히 사회운동에 편승하는 페미니즘 운동이나 이론에 의존해서는 안 된다는 것이다. 페미니즘 철학, 페미니즘 미학, 페미니즘 비평가들과 함께 작가들은 페미니즘 예술의 주제, 여성 경험의 실재성, 재현 양식의 다양화 모색, 전략적 목표의 명료화 등의 이론적·실천적 과제들을 수행해 나가야 하는 것이다.

같은 1980년대에 민중미술과는 다른 모습으로 전개되었던 페미니즘 미술을 볼 수 있다. 그것은 전통적인 한국의 여성상을 재현하는 작품들이었는데, 이 작품들에서 볼 수 있는 것은 유교 문화와 가족 중심의 사회에서 살아가는 한국 재래의 여성의 모습들이었다. 전통 사회의 이데올로기에 의해 어머니와 아내로서의 정체성이 부과된 여성들을 재현하는 작품들은 가장을 보위하고 가족을 보살피며 자녀들을 양육하는 역할을 묵묵히 수행하는 모습을 보여준다. 윤석남의「손이 열개라도」(1986) 같은 작품은 가사노동을 비롯해 여성에게 부과된 과중한 책임들을 감내하는 여성의 모습을 보여준다. 노동민중미술과는 차별화된 이러한 방식의 여성 재현은 민중의 일부로서 계층 간의 갈등에 저항하고 투쟁하는 모습이 아니라 여성의 삶의 장소가 여전히 가정임을 재확인하고 있다. 재래적 한국 여성의 삶의 행로가 반복되고 있음을 보여준다는 점에서 이러한 작품들을 굳이 페미니즘 미술이라고 부를 수 있는지 의문을 느낄 수 있다. 그러나 윤석남의「의자」같은 작품에서 볼 수 있듯이, 적어도 여성 경험의 증상들을 솔직하게 토로하고 형상화하고 있다는 것, 그리고 날카로운 창살에 살이 찢기는 듯한 아픔을 가감 없이 가시화하고 있다는 점에서 페미니즘적 의식을 반영하고 있다고 말할 수 있다.

여성에게 있어서 가정과 가족 관계, 그리고 가사노동이 고통과 아픔의 원천으로 기능한다는 사실에 직면할 때, 여성이 처한 그러한 정황은 한국 사회의 표면적인 이데올로기와 가치관과는 대조되는 것이다. 사회 정의가 구현되어야 할 영역은 공적 사회에 국한되고 공동체적 유대가 가정 안에서 실현되지 못하는 상황을 타개하려는 적극적인 모습을 보여주기보다, 한국의 전통적인 여성의 삶을 답습하고 있는 어머니와 아내를 재현하는 작품들은 그 여성들이 아직 죽지 않고 살아 있어서 신음하고 있으며 때때로 비명을 질러보는 몸짓에 머물고 있다. 한 마디로 여성적 경험의 부정적인 측면들을 재현하는 것이 1980년대 한국 페미니즘 미술의 지배적인 한 면모이다. 그러한 작품들이 부정적인 여성상을 영속화시키고 여성의 고통을 '하나의 사실'로 인증해 버릴 위험이 있다고 말할 수도 있다. 더구나 인내와 배려의 덕을 전통적인 한국 여성의 덕목이라고 부르거나, 장성한 아들과 딸이 어머니를 회상할 때 느끼는 따뜻함과 자기희생적인 사랑에의 향수 같은 것은 여성적 경험에 내재하는 고통의 실재성을 위장하는 센티멘털리즘일 수 있다. 그렇기 때문에 전통적 여성상을 재현하고 여성적 경험의 암울한 음지(陰地), 고백하기조차 어렵게 느껴지는 내밀한 상처들을 내보이는 작품들을 볼 때 관람자들은 작가가 의도하지 않는 이중적 메시지까지 구성할 수 있는 것이다. 한국 페미니즘 미술의 이 단계에서는 여성의 삶에서 반복되고 강화되는 고통과 상처에 대한 재확인을 찾아볼 수 있지만, 관람자들로 하여금 관심과 공감을 넘어서 치유의 가능성을 엿볼 수 있게 하는 적극적이고 자유로운 재현 방식이 결여되어 있다.

1990년대에 한국 사회의 여러 영역에서 두드러지게 나타났던 포스트모더니즘의 영향 아래 페미니즘 미술은 다른 면모를 보여주기 시작했다. 순수 미술의 주요 매체들에 국한되지 않고 갤러리라는 전통적인 전시 장소를 떠나 페미니즘 미술가들은 대중매체를 적극적으로 활용하면서, 전통적인 이분법적 구별에 토대한 여성 개념을 탈피하는 재현들을 보여주었다. 서숙진과 조경숙 등의 작가들은 만화라는 대중 매체를 통해 이미지와 텍스트를 함께 사용하거나, 광고 사진을 소재로 만든 꼴라주 작품을 보여주기도 했다. 한국 페미니즘 2세대라고 불리는 이 시기의 여성 재현에서 나타나는 주제들은 대중매체를 통해 상품화된 여성 이미지들을 고발하는 것과 연관된 것들이었다. 이들 작가들의 언술 행위는 폭로나 고발 같은 것이었기 때문에 재현된 여성들의 모습은 노골적이고 대담했다. 특히 이 작품들은 여성의 몸이 사회에서 다루어지고 있는 방식들을 적나라하게 보여주고자 했다. 주디 시카고의 「디너 파티」나 린다 노클린의 「바나나 사세요」를 연상하게 하는 그러한 작품들은 전희적 도구나 먹을 것 같은 것으로 전락한 여성의 몸을 폭로했다. 이러한 경향은 아마도 포스트모더니즘의 영향을 받은 일부 여성이론들이 '여성의 몸'을 논의의 핵심 주제로 다루었던 흐름과 맥을 같이 하는 것 같다. 여성주의 철학자들도 여성성에 대한 본질주의적인 철학적 견해들을 분석하고 검토하는 작업의 한계를 넘어서, 여성의 몸에 관해 주어져 왔던 동서양의 철학적 성찰들을 평가하는 작업을 시도했다.[11] 그와 더불어 전통 사회와 현대 사회를 통틀어 여성의 섹슈얼리티 담론 형태가 어떤 방식으로 전개되었는지 검토해 보는 작업도 병행되었다.

여성의 몸을 주제로 논의할 때 여성철학이 단순히 전통 사회의 구조와 이데올로기, 사회적 실천들이 남성주의적이며 여성의 몸을 억압적으로 착취하고 있다는 것을 고발하고 그 착취 양태들을 헤집어내는 것으로 그칠 수 없는 것과 마찬가지로, 페미니즘 미술도 여성의 삶의 과거와 현재의 상태를 예술 형식을 빌어 단순히 이미지화하거나 재현

---

11) 여성의 몸을 주제로 한 한국여성철학회에서 발간한 연구논문집으로 『여성의 몸에 관한 철학적 성찰』(철학과현실사, 2000)이 있다.

하는 것으로 머물 수는 없다. 어느 시점에 서 있든 페미니즘 미술가는 '이 모든 것의 의미는 무엇인가?'라고 스스로에게 물어야 한다. 작품들은 직접적으로 메시지를 전달하지 않으며 또 직접적으로 언술 행위를 하는 것은 예술의 과제도 아니다. 직접적으로 메시지를 전달하려 한다면 예술이 아닌 다른 의사소통 도구를 사용해야 할 것이다. 상품화되고 전희적 도구로 전락한 여성의 몸, 여성의 몸을 도구화하고 비하시킴으로써 함께 타락하는 남성의 몸, 정당한 대가를 받지 못하는 끝없는 가사노동에 지친 아내의 몸의 현주소를 어떤 시학(詩學) 없이 직설적으로 고발하는 작품들은 과연 예술로서 어떻게 평가될 수 있는가? 예술이 정치적 선전 도구가 될 수 없는 것과 마찬가지의 논리에서, 예술은 작가의 의도를 직접 전달하는 도구가 될 수 없다. 같은 논리에서 페미니즘 미술이 여성의 몸에 대한 그릇된 사회 통념과 착취적 기제들에 대해 비판하는 것을 목적으로 삼는다고 해도, 비판하는 방식은 설교나 훈계 같은 방식을 취해서는 안 될 것이다. 왜 이것이 허용될 수 없는가라고 반문할 수도 있는데, 물론 모든 일이 가능하기는 하지만, 예술이 직접적인 요구나 비판의 형태를 띨 경우, 그것은 더 이상 예술은 아닌 것이다. 예술이 전적으로 자율적일 수 없고 정치와 권력 구조 위에 세워져 있다는 것을 인정한다 해도, 그것은 예술이 곧 도덕이라거나 정치라고 말하는 것과는 다르다.

예를 들면, 정치인들의 이중성이나 비도덕성을 비판하는 시나 문학, 풍자화 같은 것이 특정 시기와 특정 사회에서 비판적 효과를 거두는 것에 그치지 않고, 직접 관련되지 않는 감상자들에게도 예술로서 음미할 만한 가치를 갖는 것으로 평가될 수 있을 경우, 그러한 작품들이 갖는 예술적 가치는 그것이 사회 비판을 하고 있기 때문이 아니라 비판하는 방식이 예술적으로 탁월하기 때문이다. 예술적 탁월성은 주제의 장대함이나 도덕적으로 찬양할 만한 제작 의도 자체에 있는 것이 아니다. 감상자의 주목을 이끌어내는 적확한 기술을 통해 대상의 정체성을 동일시하게 만들 뿐만 아니라, 축약이나 암시, 과장 등을 통해 재현하는 대상에게 윤곽과 깊이, 정서적 색채를 각인시키고, 작품의 물리적 표면의 질적 특질이 정신적인 것으로 전이될 수 있도록 전체와 부분들 간의 상호작용을 촉진시켜야 한다. 더 나아가서 관람자로 하여금 적절한 미적 거리(aesthetic distance)를 유지하면서, 동시에 작품의 인물과 상황에 인지적으로나 정서적으로 개입하려는 자세 사이에서 동요하는 긴장 상태를 견지하게 만듦으로써 지적 성찰과 정서적 음미를 통해 적극적인 독해에 이르도록 이끌어야 한다.12) 이렇게 관람자를 예술적 경험의 과정 안으로 이끌기 위해서 작가는 단순히 목격자의 입장에 서서 보고하는 식으로 진술해서는 안 된다. 그럴 경우 작가는 더 이상 작가가 아니라 보고자나 고발자가 되는 것이다. 작품은 메시지나 정보를 전달하는 단순한 도구가 아니다.13)

---

12) 단토는 운동가의 예술(activist art)이 가질 수 있는 위험을 지적하면서, 예술이 예술로서 실패할 때 동시에 도덕적으로도 실패할 수 있으며, 그 경우 오직 예술가의 추정적인 선의의 의도에 의해 정상이 참작될 수 있을 뿐이라고 말한다. Arthur Danto, "Beauty and Morality", *Uncontrollable Beauty*, (eds.) Bill Beckley and David Shapiro, New York: Allworth Press, 1998, 35쪽; 이러한 주장을 뒷받침하는 이론적 근거로서 단토는 적어도 두 가지를 고려해 볼 수 있다고 말한다. 첫째, 운동가-예술가는 작품에서 재현된 대상과 실제 대상을 동일한 것으로 간주하는데, 양자간의 일치 여부는 항상 문제의 소지를 갖는다. 둘째로, 재현된 대상이 자신에 대해 갖는 관점이나 느낌에 대해 운동가-예술가는 모종의 권위를 주장하는 경향이 있다. 예술가의 그러한 인식적 · 미학적 특권이 어디에 근거하는지 입증하기는 어렵다. "The Naked Truth", *Aesthetics and Ethics*, (ed.) Jerrold Levinson, Cambridge: Cambridge University Press, 1998, 266-267쪽.

13) 스크러튼은 충실하게 대상을 복제한 사진은 재현으로서의 사진이 아닌 대상을 지시하기 때문에 재현적 예술이 아니라고 말한다. 그러한 사진은 지시체의 대리물인 셈이다. 단순히 복제한 사진이 지시체의 대리물인 까닭은 지시체와 사진 사이의 관계가 지향적이 아니라 인과적이기 때문이다. 반면에 재현적 예술로서 사진은 사진의 외관만으로는 투명하게 파악할 수 없

만일 페미니즘 미술이 작품의 표면을 '넘어' 다른 것 — 예컨대, 재현의 지시체, 작가의 의식, 감상을 경유하여 도달하게 만들려는 의도된 행동 같은 것 — 에 주목하게 만든다면, 그것은 예술의 이름을 차용하고 예술의 외양을 빌어서 숨은 행동 전략을 관철시키려 하는 키치의 사례가 되고 말 것이다.14) 그와 동시에 예술 작품이 감상의 대상이 되는 것이 아니라 감상이라는 위장 아래 작품 속에 숨은 '그림자 대상'(shadow object)을 찾는 게임이 되고 말 위험이 있다. 현실에 대한 진단이나 도덕적으로 부정의한 상황을 고발하려는 의도를 갖고 작업하는 페미니즘 작가가 주의해야 할 점은 바로 그것이다. 페미니즘 미술이 예술로서 성공적이기 위해서는 작가는 직접 목소리를 높이거나 의도를 관철시키려는 운동가가 아니라, 작품에 귀속시킨 지향성과 재현성을 통해 작품을 구성하는 매체의 표면을 두텁고도 불투명하게 만드는 예술가로서의 자신의 정체성을 일차적인 것으로 인식해야 한다.

기우에 가깝다고도 볼 수 있겠으나 필자가 예술로서의 페미니즘 미

는 지향적 속성을 가진다. 예술가가 대상을 보는 도덕적 관점, 대상에 대한 이해, 그리고 대상에 대한 정서적 반응 같은 것이 사진의 외관을 의미론적으로 불투명하고 두텁고 애매하게 만든다. 그러한 재현적 속성들은 즉각적으로 파악되는 것이 아니므로 감상자의 해석을 요청한다. 예술작품으로서의 사진은 외관을 감상하기 위해서 외관을 주목하는 것이 필요하지만, 이것은 외관을 사용하여 다른 목적을 성취하려는 키치와는 달리, 사진 감상은 외관의 형식적 면모들 자체에 대한 주목을 떠나서는 결코 이루어지지 않는다. Roger Scruton, "Photograph and Representation", *Arguing about Art*, Alex Neill & Aaron Ridley(eds.), New York: McGraw-Hill, Inc., 1995, 90쪽.

14) 예술의 외관을 빌어 비예술적 목적을 성취함으로써 예술의 지위를 도용하는 현상을 지적하면서 쿨카는 키치를 가리켜 예술을 허위화(falsification)하는 투명한 기호라고 부른다. Tomas Kulka, *Kitsch and Art*, University Park, Penn.: The Pennstate University Press, 1996, 79쪽.

술의 위상에 관해 키치화의 위험성까지 언급하면서 이렇게 부연하는 까닭은 페미니즘 자체가 유행이나 트렌드로서 다가왔다가 지나가고 있는 듯한 현상, 여성 유권자들을 유도하려는 목적에 따라 정치적 이슈로서 페미니즘이 이용되기도 하고 버려지기도 하는 현상 등을 흔히 목도하기 때문이다. 페미니즘 미술이 예술로서의 일차적 정체성을 견지하지 않는 한, 그럼으로써 관람자로 하여금 단순한 시각 작용(vision)이 아니라 시각적 의미화 작용(visuality)과 해석. 과정에 도달하도록 이끌지 않는 한, 상품화된 여성 이미지와 마찬가지로 비판과 고발을 위해 만들어지는 여성 이미지도 여성의 몸을 다루는 유해한 사회적 기제들과 본의 아니게 협력하는 입장에 놓이게 될 수 있다. 이러한 위험은 정신분석을 이론적 모델로 삼는 이미지 분석가들의 경우에도 관찰할 수 있다. 이미지의 유해성을 짚어내는 것은 필요한 작업이지만, 그 유해성은 바로 여성 이미지가 시각적 쾌를 산출하도록 만드는 관람자의 내면화된 심적 메커니즘과 연관되어 있다는 것을 숙지해야 한다. 정신분석은 남성주의적인 방식으로 산출되는 시각적 쾌의 구조를 밝혀줄 수 있고, 예술과 문화가 페티시로서 기능하는 방식을 설명해 줄 수는 있지만, 어떤 식으로 시각적 쾌와 심적 메커니즘 사이의 연결부를 깨뜨릴 수 있는가 하는 물음에 답을 주지 못한다. 오히려 정신분석은 예술과 문화현상을 헤도니즘적 전통에 더욱 공고하게 묶어두는 역효과를 초래할 수 있다. 이런 점에서 정신분석이론을 모델로 삼는 페미니즘 미학은 예술에 관한 미학 이론으로서도 중대한 약점을 갖는 동시에 예술의 기능에 관해서도 편협한 설명이 될 수밖에 없다.

한국의 초기 페미니즘 미술에서 볼 수 있었던 민중미술적 성격이나 전통적인 여성상의 재현의 반복과는 달리, 2세대 페미니즘 작가들이 여성의 몸에 관한 기존의 담론을 대담하고 도전적으로 비판한 것은 의미 있는 걸음을 내딛은 것이라고 평가된다. 그러나 여성의 몸이 안식을 누리고 행복을 느낄 수 있는 자세와 장소 같은 것들을 가시화해 낼 수 없는 상태는 여전히 계속되었고, 그리하여 한국의 페미니즘 미술은 여성의 몸을 위한 자리를 아직 마련해 주지 못한 채였다.

한편 현대적 테크놀로지를 이용하여 여성의 신체 경험을 재현하는 소위 신체 미술을 시도한 사례들이 등장하기 시작했다. 대표적인 작가는 이불인데, 그녀는 여성의 몸의 아름다움과 비천함을 동시에 표현하는 퍼포먼스를 시도했다. 「수난유감」, 「장엄한 광채」 등의 초기 작품들을 통해 여성의 몸에 대한 전통적 이미지를 깨뜨리기 위해 자연적인 몸과 사이보그적 부분들로 결합된 그로테스크한 이미지를 연출해냈다. 이 시기의 작품들에서는 자연적인 몸으로부터 좀처럼 떼어내기 어려운 젠더 자체를 해체하려는 것이 제작 의도라고 해석되는 경우가 많다. 과거의 페미니즘 미술가들이 여성성이나 양성성을 옹호하는 제스처를 보여주었을 때 그 작품들에서는 여성의 몸의 전체성이 여전히 유지되고 있고 기존의 약호들에 의한 해석을 완전히 탈피하기 어렵다는 난점이 있다. 따라서 여성의 몸 자체를 해체해 보려는 시도는 그 자체로 흥미로운 시도로 평가될 수 있다. 여성의 몸을 테크놀로지와 결합시킴으로써 몸의 유기체적 전체성에 도전하는 도나 해러웨이의 경우와는 달리, 이불은 「사이보그」 같은 후기 작품들에서 이상화된 여성적 이미지를 견지하고 있다는 것이 관람자를 혼란에 빠뜨리기도 한다. 하이 테크놀로지에 의해 만들어진 가상적 맥락만이 대체되었을 뿐, 여성의 사이보그 신체는 다시금 젠더 체계에 의해 재-약호화될 위험에 처하는 것이다.

지금까지 필자는 한국의 페미니즘 미술의 주요한 맥을 짚어보면서 여성이 어떤 방식으로 재현되었는지를 살펴보았다. 초기에는 민중미술의 틀 안에서 여성은 노동자나 농민 계층 속에 함몰되어 여성의 삶의 지평조차 명료화되지 못했다. 민중미술의 틀을 넘어서 여성의 삶을 진솔하게 표출하는 작가들도 있었는데, 다시 우리가 보게 되었던 것은 전통적인 이데올로기를 반영하는 향수 넘치는 여성상이었다. 이후에 해체 비평의 영향 아래서 여성의 몸이 대중매체에 의해 왜곡되고 파편화되며 상품화되는 상태를 노정하려는 대담한 작품들도 볼 수 있었다. 필자는 이러한 작품들이 예술로서 갖는 가치들에 대해 평가해 보면서, 여성주의적 의식과 문화 자본을 갖춘 준비된 관람자가 아닌 남성주의적 이데올로기를 답습하는 관람자들이나 새로운 약호 체계를 수용하려는 자세가 갖추어지지 않은 관람자에게 노출될 경우, 여성의 몸이 이중으로 비하되고 전락될 위험이 있음을 적시해 보았다. 한편 하이 테크놀로지에 의해 가능하게 된 매체들을 사용하여 여성의 몸의 유기적 전체성 자체를 해체하고 오염된 젠더 자체를 해체하려는 최근의 시도들을 관찰하면서, 필자는 인간적인 몸과 기계적인 부분들로 합성되고 신체의 '자연적인 형태'를 파괴함으로써 우리에게 익숙한 여성 이미지 자체를 혁신적으로 바꾸어보려는 경우에도, 새로운 독해를 가능하게 하는 약호들의 창안이 동반되지 않는다면 테크놀로지에 의해 이상화된 여성 이미지를 다시 마주하게 될 위험을 지적해 보았다.

예술가는 설교자도 아니고 운동가도 아니다. 물론 작가가 작품을 통해 어떤 메시지를 전달하려는 의도를 가질 수도 있고 사회 구성원들의 감수성과 가치 이념 같은 것을 혁신시키려는 야망을 품을 수도 있다. 그러나 작가는 매체와 씨름하고 매체를 통해 작업하면서 가시화시킨 이념들을 이념 자체로 전달하는 것이 아니라, 이념의 가시화된 질적 면모들을 관람자로 하여금 음미하고 정서적으로 반응하도록 만드는 시인일 수밖에 없다. 작가의 목소리는 색채와 형태와 선율을 통해 관람자의 피부와 마음 안으로 파고들어야 하는 것이다. 이제 필자는 한국의 페미니즘 미술이 들려주는 시적 메시지가 과연 누구의 이야기인지 살펴보고자 한다. 미술은 형식적으로는 시간적이 아니지만 미술 작품이 작가의 지향성을 반영하는 한, 미술 작품의 표면들은 눈과 뇌를 동시에 자극하면서 관람자로 하여금 이미지들을 시각적으로 읽어내는 과정으로 인도할 것이기 때문이다. 특히 페미니즘 미술의 독해에 있어서 작품 표면에 용해되어 있는 내러티브는 과연 누구의 목소리를 표상하는지 동일시할 필요가 있다. 어떤 이야기든지, 실제 나레이터이든 함축된 나레이터이든, 이야기를 들려주는 사람이 있고 그 이야기를 듣도록 의도된 청중이 있기 마련이기 때문이다.

4. 한국 페미니즘 미술의 내러티브들, 누구의 이야기인가?

필자는 여기서 페미니즘 미술을 제작하는 작가와 관람자 사이에 이루어지는 의사소통이 단순히 메시지의 이해를 넘어서 화자에 대해 가져야 할 도덕적 태도까지 포괄한다는 것을 주장하고자 한다. 특히 페미니즘 미술의 경우, 모든 작품에게 있어서 반드시 그러한 것은 아니지만, 작품을 통해 여성 경험의 내밀한 치부들을 드러내는 내러티브들을 듣게 될 경우 관람자는 그것이 누구의 이야기인지 식별해 내어야 하며, 또한 내밀한 고백을 듣게 된 사람으로서 취해야 하는 일종의 도덕적인 태도까지도 고려해야 한다고 생각한다. 문학과는 달리 미술은 이야기 방식 자체가 시각적 형상들에 의해 구성된다. 그렇기 때문에 작품의 이야기는 관념적이지 않고 삶이나 경험 자체의 일부분을 그대로 노정하는 경우에 해당된다. 마치 상처 자체를 드러내 보여주는 것처럼 보이기도 한다. 그리고 다른 여성의 삶의 진솔한 고백을 들을 때 우리는 고통을 초래한 정황들에 대해 얼마나 성실하게 분석하고 문제점들을 짚어내려 하는지 반성해 볼 필요가 있다. 단순한 동정심으로 반응하고 지나가 버리는 것은 내밀한 고백의 주체들을 모독하는 결과가 될 수 있다. 의도적으로 무심한 것은 아니라도 다른 사람의 고통스러운 삶의 고백을 들을 때, 아니면 우연히 어깨 너머로

듣게 된 남의 이야기 같을지라도, 그 이야기를 이해할 수 없거나 고통의 이야기와 직접 연관되지 않는 경우조차, 청자에게는 모종의 도덕적 태도가 요구되는 것이다.

작품 감상에서 나레이터의 정체성과 전달된 암묵적 메시지, 그리고 요구되는 도덕적 태도가 유의미한 요소로서 요구된다고 말하는 것은 작품의 제작행위를 일종의 언술 행위(utterance) 또는 이야기 들려주기(narration)에 속하는 것으로 볼 수 있기 때문이다. 작품의 내러티브는 작품 안에서 자동적으로 발견할 수 있는 것이 아니며 또한 작품을 구성하는 명시적 요소들의 단순한 함수도 아니다. 작품을 구성하는 명시적인 요소들은 해석자 편에서의 가상적 상상 활동(make-believe)에 의해 어떤 구심점을 갖는 하나의 전체로서 통합될 때 창발하는 내러티브의 적합성을 뒷받침하는 경험적 증거로서 기능한다. 그렇기 때문에 동일한 작품에 대해서 상이한 해석적 내러티브들이 만들어질 수 있는 것이다. 어떤 것을 내러티브로 식별할 수 있기 위한 조건으로 사건들의 발생, 시작과 종결, 흥미로운 변화 같은 것들이 거론되기도 하지만, 필자는 나레이터의 현전성에 초점을 두고 한국 페미니즘 미술의 내러티브들을 관찰해 보고자 한다.[15]

---

15) 내러티브가 나레이터를 함축하는가 하는 문제는 여기서 충분히 다루기가 어렵다. 이 물음과 아울러 실제의 나레이터(actual narrator)와 함축된 나레이터(implied narrator)를 둘러싼 논쟁도 용이하게 해결되지 않는 듯하다. 이 글에서 필자는 내러티브가 픽션인가 논픽션인가에 따라 실제의 나레이터와 함축된 나레이터를 느슨하게 구별지을 수 있을 뿐이라는 것을 언급할 수 있을 뿐이다. '느슨한 구별'이 가능하다는 것으로 만족할 수밖에 없는 것은 픽션과 논픽션의 구별 자체가 느슨한 규약에 의존하고 있을 뿐이며, 텍스트적 속성들을 토대로 철학적으로 타당한 논변을 구성하기가 용이하지 않기 때문이다. 커리는 픽션과 논픽션의 구별은 엄밀한 의미에서 작가의 '허구적 의도'(fictive intent)의 문제라고 본다. Gregory Currie, *The Nature of Fiction*, Cambridge: Cambridge University Press, 1990 참조. 리빙스턴은 내러티브의 정의적 특징들을 주장할 때 야기되는 문제점들의

먼저 민중미술의 틀 안에서 들려졌던 여성들의 이야기에 대해 생각해 보자. 노동자와 농민의 이름으로 불렸던 여성들의 닳고 지친 모습은 응분의 대가를 받지 못하는 경제적 착취의 악순환의 희생자의 모습이었다. 이들의 이야기를 구성하고 있는 목소리를 분석해 보자. 여성 노동자의 목소리는 남성 노동자들의 목소리와 함께 합창을 만들어낸 것인가? 또는 노동하는 그들의 몸이 남성 노동자들의 몸과 한데 얽혀 꼴라주를 만들어낸 것인가? 시각적으로 볼 때 이런 그림들은 일종의 꼴라주임이 틀림없다. 그러나 분명히 함께 목소리를 높이고 있었지만, 여성 노동자들의 목소리는 민중미술의 테두리 안에서 남성이 거세된 카운터 알토에 대응하는 역-카운터 알토의 목소리로 변환되었다. 다시 말해서, 여성은 자신의 목소리로 항변하고 요구사항을 전달할 수 없었다. 결국 여성 노동자가 만들어 전달하고자 했던 내러티브는 이중으로 차단당하고 변조되었다. 처음에는 부르주아 계층에게 목소리를 빼앗기고, 그 다음에는 남성 노동자들에게 목소리를 빌려주는 형국이 된 것이다. 그렇다면 민중미술에서 나레이터는 명시적으로는 작가이지만 암묵적으로는 노동자-남성이다. 작가가 여성이든 남성이든 실제로 남성 나레이터에 의해 수행되는 언술 행위에 '민중' 또는 '노동자'라는 가명을 부여하고 있는 것이다.

나레이터가 남성이라는 것은 남성주의적 관점과 목적의 견지에서 언술의 대의를 전달한다는 것을 의미한다. 일찍이 1934년에 소설가 강경애는 『인간문제』에서 식민지 시대의 소작농의 딸들이 지주와 고리대금업자에게 경제적으로 그리고 성적으로 수탈당하는 정황을 묘사하였다. 개인적으로 마르크시즘에서 여성 해방의 실마리를 찾으려 했던 그녀는 경제적 자주권을 갖지 않는 한 마르크시즘의 구호가 여

핵심을 요약하고 있다. Paisley Livingston, "Narrative", *Routledge Companion to Aesthetics*, (eds.) Bery Gaut and Dominic Mcliver, London: Routledge, 2001, 275-284쪽.

성에게는 한낱 관념적 구호에 지나지 않는다는 것을 토로한 적이 있다.16) 민중과 노동자 집단 안에서 여성 노동자가 전달하려 하는 메시지는 구조적으로 차단되어 버리는 것이다. 그런 점에서 민중미술은 여성의 내러티브를 갖고 있지 못하다.

다음으로, 여성 노동자의 목소리를 회복하려는 노력의 일환으로 여성들간의 연대를 구축하여 공동 제작한 작품이나 개인적인 여성 경험을 재현하는 미술의 경우는 어떠한가? 민중에 속한 하부 계층으로서 여성 노동자를 재현하는 그림들이 구성하고 있는 이야기의 나레이터는 누구인가? 그 나레이터는 여성 노동자 자신일 경우도 있고 정규 미술교육을 받은 작가에 의해 재구성된 나레이터일 수도 있다. 예외적인 경우가 아니라면, 미술교육이나 재현 기법은 노동자 계층이 획득하기 어려운 문화자본이다. 이들이 보여주는 그림은 그들 자신의 거울 이미지로 간주되기 쉽다. 그럴 경우, 거울 이미지 자체가 재현 예술을 산출하는 것이 아니므로 내러티브다운 내러티브가 구성되었다고 볼 수 없을 것이다. 그렇지만 '좋은' 내러티브의 기준은 내러티브를 정의내리는 것보다 더 어려운 일이다. 지루하고 재미없는 이야기라 할지라도 이야기가 아닌 것은 아니다. 이 경우, 문제는 나레이터의 비확정성이라든지 수준 높은 재현성을 성취하지 못할지도 모르는 개연성에 있는 것이 아니라, 여성 노동자들의 그림이 최소한의 정도라도 내러티브를 포함할 경우, 그것을 대상이나 사건의 거울 이미지로 동일시해서는 안 된다는 점에 있다. 만일 인지할 만한 최소한의 내러티브도 포함하지 않을 경우라면 그것은 재현적이지 않은 것이며

---

16) "사회적으로 완전한 경제적 개변을 보지 못하고는 완전한 여성의 해방도 볼 수 없습니다. 이대로는 해방을 고사하고 더욱 더욱 여성은 상품화하며 따라서 인간적 지위에서 점점 더 말살되고 말 것입니다."(강경애, 「송년사」, 『신가정』 1933. 12; 이상경, 『강경애』, 건국대학교 출판부, 1997, 100쪽 재인용.)

따라서 예술이 아니게 된다. 기껏해야 해석의 여지가 없는 단순한 신호에 불과한 것이다.

그렇다면 미술교육을 받은 민중미술 화가들이 캔버스와 붓 자국을 통해 들려주는 이야기는 어떤 이야기인가? 전문 화가의 이야기는 노동 현장을 목격한 목격자로서 들려주는 내러티브이지 자신의 직접적인 경험을 들려주는 이야기는 아니다. 이렇게 말한다고 해서 민중미술이 보여주는 사실성을 의심해야 한다는 것이 아니다. 포토 저널리즘의 경우에도 전달되는 것은 세계의 정확한 사진적 표상 뿐만 아니라 사진사가 사진에 귀속시키는 재현성이다. 사진에 비해 회화나 조각은 지대한 정도로 작가의 주관성에 의해 매개된다. 이 점을 생각해 볼 때 전문화가에 의해 만들어진 여성민중미술은 자신의 이야기를 직접 들려주는 1인칭 화자의 내러티브가 아니다. 작품의 관람자는 제3자가 대신 전해 주는 논픽션 이야기를 듣는 것이다. 따라서 민중미술의 이야기는 제3자가 실제 사건들을 재구성하여 전달하고 있는 논픽션이다. 논픽션 필자가 참여하는 언어게임은 어떤 사건이 발생했거나 발생했음이 틀림없다고 말하는 단언(assertion) 또는 진리 주장(truth-claim)이다. 여기서 내려야 할 일차적인 구별은 3인칭 나레이터가 들려주는 이야기가 과연 내러티브적 형식을 빌어온 진리 주장을 하는 논픽션인가, 아니면 논픽션 형식을 차용하는 내러티브인가 하는 것이다. 양자의 경우 모두 나레이터는 작가인데도 불구하고, 전자의 경우는 그 나레이터의 지위가 암묵적으로 여성 노동자에게 수여되어 있는 반면, 후자의 경우에는 나레이터는 여성 노동자의 대리인의 역할을 맡는다. 전자의 경우, 작가의 나레이션을 여성 노동자의 나레이션과 어떻게 동일시할 것인가 하는 문제가 있고, 후자의 경우에는 대리인으로서 작가가 여성 노동자 자신의 나레이션보다 더 우월한 위치를 주장하게 될 난점이 내재한다. 3인칭 나레이터의 논픽션이 추구하는 일차적 목적이 단언이나 진리 주장을 하는 것이라면, 그러한 단언이나 진리 주장을 토대로 내놓는 요구나 저항의 주체는 누구에게 귀속될 수 있는지 불분명하다. 일반적으로 요구나 저항은 1인칭 화자가 할 수 있는 언어 게임인 까닭에, 이런 종류의 미술 작품에서 대리인의 요구의 성실성과 정당성을 평가할 기준이 충분히 논의된 적이 없기 때문이다.

방금 지적한 문제점은 민중미술의 틀을 벗어나 여성 경험의 고통스런 치부들을 폭로하는 그림들에서도 찾아볼 수 있다. 이 경우 '폭로'나 '고발'로 불리는 이야기들은 1인칭 화자나 3인칭 화자가 모두 들려줄 수 있는 이야기 형식이다. 그러나 이 경우에도 고통 같은 사적인 경험들에 대해 제3자가 들려줄 때 화자는 부권적 온정주의를 취하기 쉽다. 충분한 이해와 공감이 구축되지 않은 채 다른 여성의 삶에 대해 이야기하는 것은 사생활 침해와 함께 인식적 폭력까지 휘두르게 될 위험이 있다. 이러한 위험은 '여성'이라는 일반적인 이름 아래 한데 포섭되는 여성들의 삶의 면모들이, 한국처럼 같은 민족으로 이루어진 사회에서조차 세대, 집단, 교육 수준, 경제력, 주거지 등에 따라 상이하게 형성되기 때문이다. 예술사 전반을 통해 남성 예술가나 남성 비평가들이 자신들의 집단이 수호하는 예술적 규준들을 일반화하는 오류를 범했던 것과 마찬가지로, 여성 경험에 관한 이야기를 이미지로 형상화할 때 3인칭 나레이터의 입장을 취하는 여성 작가는 다른 여성들의 경험을 '추정'하거나 '일반화'하지 않도록 주의를 기울여야 할 것이다.

대중매체에 의해 왜곡되거나 파편화된 여성 신체들을 재현할 경우, 과연 어떤 이야기들이 전달되는 것인지 가늠하기 어렵다. 이미지를 소도구로 사용하면서 수행되는 언어 게임이 단언이나 진리 주장인지조차 불분명하다. 포르노그래프처럼 텍스트의 두께가 얄팍한 것이 아니라 — 이 경우, 이미지-기표가 전달하는 기의는 거의 직접적이고 명시적이다 — 비판을 목적으로 제시되는 적나라한 여성 이미지들은 그

텍스트의 두께가 두껍기 때문에 사용된 수사기법들을 식별해 낼 수 있어야만 적절한 이해와 해석에 이를 수 있다. 관람자는 적어도 시각적 은유나 아이러니, 과장법 정도라도 이해할 수 있는 능력을 갖고 있어야 한다. 그렇다면 이야기를 전달받는 청중의 시각적 읽기 능력(visual literacy)이 관건이 된다. 동시에 들려진 이야기의 화자의 존엄성을 지켜주고 상처들을 함께 치유해 보려는 윤리적으로 성숙한 자세가 요구된다. 그렇지 않다면 왜 우리는 굳이 다른 여성들의 가슴 아픈 내밀한 이야기를 듣고자 하는 것인가? 똑같은 일이 나에게는 일어나지 않았다는 위안을 받기 위함인가? 그럴 경우, 페미니즘 미술은 키치화되거나 센티멘털리즘에 빠질 위험을 가진다. 고통 받는 여성의 경험을 성실하게 공감하고 그들과 견고한 유대 관계를 구축하려는 목적의식이 없이는, 그리고 그러한 목적을 성취하기 위해 듣는 이도 함께 고통과 모욕을 받을 수 있다는 것을 기꺼이 수용하지 않는 한, 같은 여성이라 할지라도 고지된 승낙 없이는 다른 여성의 상처 난 몸도 보아서는 안 되고 수치스런 삶의 고백을 들어서도 안 되는 것이 아닐까?

여성의 몸을 재현하는 데에 있어서 여성성 자체가 자연과 동일시되기 쉽고 특히 기술의 발전에 의해 여성의 몸이 통제되고 유린당해 왔다는 의식에서 여성의 몸의 유기성 통일성을 해체하는 작품들에서는 어떤 이야기 구조를 발견할 수 있을까? 여성의 몸을 기계 부속품과 뒤섞이게 하고 괴물처럼 만들면서 여성의 몸 자체를 새롭게 창안할 때 여성의 삶의 이야기는 이질적인 이야기들의 옴니버스이거나 패러디가 될 것이다. 현 세대 여성의 삶이 끝나고 우리들의 몸의 이야기가 박물관에 보관될 즈음에야 새로운 매체와 주제로 여성들의 이야기가 쓰여질 수 있을지도 모른다. 그러나 현재로서는 기계와 접목되거나 기계로 대체된 여성 신체가 들려주는 이야기는 전통적인 여성 이야기들에 대한 재기술이나 비평, 패러디, 또는 병치나 삽입 형태의 변종 이야기들(hybrid stories)이 될 것이다. 이것은 부분적으로는 여성들의 이야기이며 부분적으로는 남성과 기계의 이야기이다. 그러므로 이 이야기를 전적으로 여성 신체의 이야기로 간주할 수는 없는 것이다.

5. 글을 마치며

한국 페미니즘 미술의 독특한 이야기를 파헤치고 싶은 마음에서 시작한 이 글은 그야말로 두서 없는 이야기가 되었다. 미술이 사실주의를 표방할 경우에도 캔버스 표면은 작가의 주관성에 의해 지대하게 의존한다. 그렇기 때문에 사진이나 영화보다 회화는 한층 두꺼운 층들을 가진 내러티브 구조를 가질 수밖에 없다. 여성주의 비평이나 여성주의 미학이 주로 여성 이미지의 유해성을 분석하고 여성적 텍스트나 기호의 창안을 추구하는 데에 주력해 왔다고 볼 때, 필자는 여성의 몸을 축으로 하는 여성 경험을 표상하는 미술은 구조적으로 여성 이야기를 시각적 매체로 형상화한 것이라는 생각을 품어왔다. 그렇기 때문에 페미니즘 미술은 시각 경험인 동시에 읽기 경험의 원천이며, 따라서 페미니즘 미술에 대한 논의는 화자나 청자의 시각적 독해능력에 대한 고찰을 필요로 한다. 이러한 의식에 따라 이 글에서 필자는 한국 페미니즘 미술에서 읽어낼 수 있는 이야기의 구조를 개괄적으로 훑어보았다. 예술 작품이 보편적이고 탈성별화된 관람자에게 전시되는 대상이라고 보는 생각이 남아 있는 한, 페미니즘 미술은 기껏해야 영원하고 보편적인 가치를 현시하는 것으로 간주했던 과거 예술사의 패러디에 머물고 말 것이라는 느낌이다.

참고문헌

강경애, 『인간문제』, 소담출판사, 1996.

강성원, 『한국 여성미학의 사회사』, 사계절, 1998.

김주현, 「페미니즘 미학과 작품의 성별 정체성」, 『미학』 20집, 2000, 23-45쪽.

이상경, 『강경애』, 건국대학교 출판부, 1997.

한국여성철학회(편집), 『여성의 몸에 관한 철학적 성찰』, 철학과현실사, 2000.

The American Society for Aesthetics(ed.), *Journal of Aesthetics and Art Criticism*, Vol. 48, No.4, 1990.

Currie, Gregorie, *The Nature of Fiction*, Cambridge: Cambridge University Press, 1990.

Danto, Arthur, "Beauty and Morality", *Uncontrollable Beauty*, (eds.) Bill Beckley and David Shapiro, New York: Allworth Press, 1998, 25-37쪽.

_____, "The Naked Truth", *Aesthetics and Ethics*, (ed.) Jerrold Levinson, Cambridge: Cambridge University Press, 1998, 257-282쪽.

_____, *Narration and Knowledge*, New York: Columbia University Press, 1985.

Dickie, George, *The Art Circle*, New York: Haven Publications, 1984; 『예술사회』, 김혜련 옮김, 문학과지성사, 1998.

Kulka, Tomas, *Kitsch and Art*, University Park, Penn.: The Pennstate University Press, 1996.

Livingston, Paislev, "Narrative", *Routledge Companion to Aesthetics*, (eds.) Bery Gaut and Dominic Mcliver, London: Routledge, 2001, 275-284쪽.

Lyas, Colin, "Personal Qualities and the Intentional Fallacy", *Aesthetics*,

Second Edition, (eds.) George Dickie et al., New York: St. Martin's Press, 1989, 442-454쪽.

Scruton, Roger, "Photograph and Representation", *Arguing about Art*, Alex Neill & Aaron Ridley(eds.), New York: McGraw-Hill, Inc., 1995, 89-113쪽.

Walsh, Val A., "Eyewitness, not Spectator-Activitst, not Academics: Feminist Pedagogy and Women's Creativity", *New Feminist Art Criticism*, (ed.) Katy Deepwell, Manchester and New York: Manchester University Press, 1995, 51-60쪽.

현대 과학기술 문명에 대한 여성학적 반성

| 윤 혜 린 | 이화여대 한국여성연구원 |

1. 들어가는 말

현대 문명은 우리를 참 낯선 곳으로 데려가고 있다. 인공 생명 (artificial life)을 컴퓨터로 모의하는가 하면, 맞춤 아기의 생산 체계를 구상하기도 한다. 그런가 하면 지구에서 벌어지는 각종 사건들이 예사롭지 않다. 수많은 생명 종들이 해마다 사라져 가고 있다. 유독한 환경은 국경을 넘어 파급되고 있다. 현대에 독특하게 나타나는 생물학적 파탄들(에이즈 바이러스, 유전적 돌연변이)이 창궐하고 있다. "여성주의 운동의 결과로 여성들이 이제 겨우 맛보기 시작한 파이 한 조각마저도 부패되어 발암성을 유발하고 있다"(이네스트라 킹, 1996: 169)는 씁쓸한 진술도 나타난다. 여성들의 사회적 평등권 즉 시민권의 주장이 얻어낸 과실에 대한 근본적인 회의 상황이 전개된다.

많은 사람들은 과학기술 문명에 혐의를 던진다. '우리 인간'의 '과학

기술' 때문에 인간과 자연의 대립이 초래되었고, 인간이 자연과 적대 관계를 맺어 그 복수가 시작되고 있다고 한다. 홍수나 온난화, 계절의 실종은 천연 재해가 아니라 인재라는 의식들도 생기고 있다. 실험실의 초파리들은 그렇게 x-ray를 쏘아대는데도 씨가 마르기는커녕 더 억센 놈을 많이 생산하고, 그 독한 DDT를 뿌려대도 곤충이 박멸되기는커녕 살충제 냄새를 맡으면 얼른 코를 막는 똑똑한 곤충들의 등장(켈러, 2001:331)을 자연의 자기 방어와 균형 기능으로 말하기도 한다. 이러한 사태들이 가이아의 복수인지 아니면 정당 방위인지 살펴보는 것보다 더 시급한 일이 있다. 이 '우리 인간'의 실체가 무엇인지, 그리고 문제가 '과학기술'이라면 '우리 인간'의 책임 부분과 '과학기술'의 책임 부분이 나누어질 수 있는지, 그 연관은 또 어떤 구조로 되어 있는지를 밝혀야 하기 때문이다. 원인 제공자와 사태 진전의 내용을 밝혀야 사건의 연쇄 고리를 추적할 수 있기 때문이다.

먼저 '우리 인간'은 사실 허구적 개념으로서 주체 없는 주어이다. 가공할 자연 침탈에 대해 누가 주도권을 쥐고 있는지, 그 결과 누가 이득을 얻는지, 누구의 생명을 이용하는지를 은폐하면서 책임 소재를 전체로 분산시키는 논리에 이용되는 수사이다. 지구 환경에 관한 한 인류가 운명 공동체일 수밖에 없는 조건을 공동 책임론으로 손쉽게 둔갑시키고 있다. 어떻게 이런 일이 작동되는가? 필자는 현금의 지배자 체제(dominator system)[1]가 매우 강고하고 내밀하게 스스로의 지

---

1) 필자가 이 글에서 사용하는 '지배자 체제'는 여성에 대한 권력으로서 남성 지배와 사회적 피지배층에 대한 계급 지배, 자연에 대한 지배자 종으로서 인류 지배를 셋 다 포함하는 리언 아이슬러의 개념을 따와서 확장시킨 것이다. 필자는 가부장제적 위계질서가 대표적인 지배자 체제라고 해석하는데, 왜냐하면 가부장제는 단지 남성 지배의 코드일 뿐만 아니라 여성 — 자본주의 하의 피지배계층 — 인간이 아닌 모든 생물 종에 대한 억압의 연속성을 보유하는 것으로 보기 때문이다. 아이슬러(1996), 「지구의 여신(가이아) 전통과 미래의 동반자적 관계: 생태 여성주의 선언」, 56-63쪽 참조.

배 논리를 자연화시켰다고 생각한다. 가부장제로서 대표되는 지배자 체제는 여성 억압을 실현한 데에 그치지 않고, 위계적 구조 일반에 대한 정당화를 재생산해 왔다. 물이 위에서 아래로 흐르듯이 힘있는 자의 아닌 자(성별 지배, 계급 지배, 인종 지배, 생물 지배 등)에 대한 지배는 당연시되었으며, 지배자 체제에 속하는 사람들은 주체가 되고 나머지는 지배 대상화, 비가시적 타자화되는 경로를 밟았다. 이를 '체제'라고 이야기하면 그 안에서 이 지배를 구체적으로 기획하고, 집행하고, 혹은 이에 함께 동조한 인간들이 빠지게 하는, 그럼으로써, '우리 인간' 만큼이나 허구적인 개념이 아닌가라는 생각을 할 수 있다. 그러나 이 체제는 맥락에 따라 구체적인 행위자로 나타나는 구조라고 볼 수 있다.

한 예로, 첨단 무기의 실연장으로서 전쟁을 일으키고 사회적 약자들의 생명을 죽임으로써 이득을 챙기는 군산복합체는 지배자 체제이다. 환경보호를 이슈화하여 3세계 국가에게 환경 파괴 책임을 함께 지자고 하면서 첨단 친환경기술을 수출하면서 세계의 자본을 장악하려는 1세계 국가는 지구적 지배자 체제이다. 여성의 난자가 주로 3세계 여성으로부터 채취된다는 사실도 여성들 안에서 소득에 따른 지배자 체제가 작동을 보여준다. 우리 사회에서 여성의 몸이 얼마나 고통받고 있는지에 대한 관심은 없는 채 과배란 유도제를 주사하는 불임 치료 전문가 집단은 환자에게 지배자 체제이다. 우리 사회에서 효 이데올로기가 은연중에 딸아이의 부모에 대한 장기 기증을 장려하는 경우 지배자 체제이다. 인간 집단이 지구 환경에 대해서는 지배자 체제이다.

지배자 체제(dominator system)가 유지되고 있다는 사실은 인간 문화사의 후진성의 핵심이다. 이를 대치할 수 있는 동반자 체제(partnership system)를 아직 제대로 실현해 내지 못하고 있다. 동반자적(partnership) 사회의 기본 원리는 아이슬러에게서 볼 수 있는바, 인류 종 안의 가장 대표적인 젠더화된 차이 즉 여성성, 남성성의 차이로 시작되는 인간 관계를 조직하는 하나의 새로운 방법으로서 그 차이가 사회적 위계가 아니라 문화적 성숙을 가져오는 그런 사회이다. 여기에서 필자는 "다르다는 것은 열등하거나 우월하다는 것과 같지 않다"는 평범한 진실을 차이성들의 공존이라는 새로운 가치 질서로 도입하고자 한다. 이 공존 혹은 동반자의 질서는 권력의 주변부 혹은 소수자이기 때문에 여러 층위로 경계 지워져 있는 수많은 타자들을 함께 주체화하는 사회의 밑그림이다.

지배자 체제의 강고함은 지배 권력을 위해 과학기술을 이용하고 있는 것에서 온다. 과학기술 문명의 힘은 그 자체의 논리에 의해 증가되어 온 것이 아니다. 인간의 필요와 목적에 따라 창안되고 개발되어 온 것이다. 따라서 지구의 위기에 대해 '과학기술'에 책임을 분산시킬 수 없다고 본다. 지배자 체제와 과학 기술은 동등한 주어일 수 없다. 과학기술을 지배의 수단화해 온 지배자 체제에 온전히 그 책임을 묻지 않으면 인과적 과잉이 되어 버린다.

과학기술의 문제는 이 진리 탐구의 결과가 다른 목적을 위한 수단으로도 이용될 수 있다는 데 있다. "아는 것이 힘이다"라는 말은 진리가 경쟁과 지배를 위한 도구가 될 수도 있음을 함축하고 있다. 순수한 과학적 탐구 정신을 개념적으로 분리하고, 응용적 정신과 분리할 수는 있으나 현실적으로 구체적인 상황에서는 그런 분리가 어렵다. 역사적으로 산업 혁명기의 여성, 아이 노동자들, 빈곤 남성들에 대한 저임금 착취, 비인간화된 조립 작업은 기계의 발견이 아니라, 자본주의 체제에 기술이 사용되었기 때문이다. 마찬가지로 효과적이고 값비싼 무기의 제조에 최첨단 기술이 사용된 것은 현대 기술이 내재적으로 요구한 것이 아니다. 제국주의적인 군산복합체가 생명을 유지시키고, 기르고 돌보고, 향상시키는 것이 아니라, 파괴와 지배를 위한 기술들을 요구하는 방향으로 가고 있기 때문이다. 게다가 지금 기술은 급속도로 진전되고 지구적으로 파급되고 있으며 상품 가치를 창출한다. 지배자 사회에서는 '남성성'이 지배와 정복과 동일시되어, 모든 새로운 기술적 발견이 근본적으로 더욱 효과적인 지배와 억압의 도구로 여겨진다. 핵개발이나 인간 복제와 같은 문제 영역이 단순히 과학적 진리 탐구에서 그치지 않고 현실화, 임상화할 수밖에 없을 것이라는 우울한 전망은 이 때문이다.

기술의 힘이 어느 방향으로 팽창하는지에 대해 여성이 무관심하거나 그 결과를 낙관해서는 안 된다. 더욱 근본적으로 여성주의의 상상력에서는 지배자 체제의 수단으로 기여하는 과학기술을 어떤 방식으로 동반자 사회를 위해 끌어들일 것인가의 여성 행위력(agency) 문제를 모색하는 일을 현실 과제로 삼아야 한다. 파괴를 위한 기술만큼이나 평화를 위한 기술, 지배를 위한 과학문명만큼이나 공존을 위한 과학문화를 만들어낼 수 있지만 이는 주체 없이 자동적으로 이루어지는 것이 아니다.

여성주의자에게 과학기술 자체가 비판의 분수령이기보다 더욱 총체적인 우리 사회의 억압구조인 가부장제가 탐구와 실천의 주제로 들어온다. 즉 젠더 관점의 분석틀[2]을 통해 기술을 보면, 문제는 과학기술 안팎에 편재해 있다. 가부장제 권력의 물리력으로서 과학기술의 고리를 해체하면 동일한 기술적 기반에서도 서로 다른 유형의 도구가 산출될 수 있음을 희망할 수 있지만, 이는 과학기술의 구성 내부에 언어화되어 있는 대상에 대한 지배와 통제, 정복의 코드를 해체해야

---

2) 젠더는 하나의 인식적인 분석틀로서, 남녀 구별을 하기 위한 개념화에서 비롯된다(리사 터틀, 1999:183). 젠더는 기본적으로 성차에 근거한 사회적 관계들과 문화들을 구성하는 양성간의 인지된 차이를 말하는 것이다. 여기에는 가부장제 문화의 상징들, '여성답게, 남성답게'를 가르는 규범들, 성별 분업을 강제하는 사회구조적 힘(politics)에 대한 이해와 함께 개인 행위자의 주관적 정체성이라고 하는 상호 결합적인 요소들이 포함된다.

하는 일 없이는 진행되기 어렵다. 과학기술은 다중으로 성별화되어 있다. 하딩은 가부장제의 젠더화된 구조의 세 차원을 개인적 젠더, 젠더에 따른 노동 분업, 상징적 젠더로 간명하게 구분한 바 있는데[3] 필자는 이와 상통하는 맥락에서 기술이 여성의 몸과 맺는 관련성, 사회적 성별 분업 구조와 맺는 관련성, 젠더 상징주의와 맺는 관련성의 세 차원을 검토하는 일부터 시작하려고 한다(2절). 그리고 기술을 창안하고 창출하는 지식 생산 체계로서 과학이 어떠한 정신을 통해 지식들을 만들어내는지, 그 일이 여성과학자들이 하는 지식 생산과 어떻게 차별적인지를 감수성의 도입 맥락에서 살펴보고(3절), 마지막으로 과학 논리의 창으로써 보는 세계와 여성주의적 감수성의 창으로써 보는 세계의 설명이 통합될 수 있는 밑그림을 제안해 보고자 한다(4절).

2. 기술과 젠더 관점

필자의 논의를 기술에서부터 시작하고자 하는 뜻은 기술이 과학적 사실이나 발견에 대한 구체적 공학적 실현물로서 우리의 삶에 깊이 들어와 있고, 가시적이기 때문이다. 또한 인류사 이래 시공간적으로 파급된 수많은 노하우들을 또 하나의 과학적 지식으로 통합시켜 이해하려고 하는 관점에서 여성 선조들의 족적이 전수되고 있다고 인식하기 때문이다. 이는 '과학'과 '기술'이 거의 분리되지 않고 함께 쓰이면서 응용화되는 현대적 상황에 대한 무시는 아니다. 과학과 기술 사이에 위계를 두려고 하는 것도 아니다.

---

3) 샌드라 하딩(2002), 『페미니즘과 과학』, 이재경·박혜경 역, 이화여자대학교 출판부, 71-72쪽.

기술의 창의력은 인간 조건의 총체적 산물이다. 인류 문명사의 토대에 기술의 발전이 자리잡고 있다. 기술은 물질적인 도구를 만드는 것뿐만 아니라 우리의 가장 중요하고 독특한 비물질적인 도구를 만드는 데 도움을 준다. 언어, 상상력, 말, 상징, 그림, 영상들의 정신적 도구가 그것이다. 발전된 기술은 환경과 인간 자신을 변화시키기 위해 우리의 손과 두뇌의 능력 및 인간의 기능을 확대시킨 것, 감각을 연장시키고 합리적 통제의 영역을 확장시킨 것이다. 사실상 기술은 사회 구조 안에서 인류가 자신의 잠재력을 확대시키기 위해 노력하는 과정에서 얻어지는 진보적 추진력의 일부이다.

  멈포드에 의하면, 기술(기술적 모드)은 주로 삶의 외적인 조건들에 대처하여 이를 정복해야 하고, 자연의 힘을 조정하고, 인간 스스로가 지닌 자연적 기관들의 기계적인 능률성과 힘을 실용적이고 조작적인 측면에서 확장해야 할 필요성으로부터 발전된다. 우리 주변의 기계들, 우주탐사선과 같은 인공물들이 천체의 운행과 마찬가지로 정확하게 시간표에 따라 움직여간다는 사실에는 무엇인가 비상한 장점이 있다는 것이다(1999:43). 획일성, 정규성, 기계적인 정확성과 확실성은 기술을 문명의 힘으로서 보게 하는 측면이다.

  특히 현대에 올수록 과학 기술 문명은 어떤 과학적 발견이 기술화되는 시간이 점점 단축되는 특성을 보인다. 이는 기술의 누적적 진보(progressiveness)라는 특성이다. 즉 기술은 제자리걸음을 하거나 퇴보하는 법이 없으며, 기술은 발전 속도에서 차이는 있을지언정 선형적으로 발달하게 되어 있다. 이 기술 발전의 속도가 매우 빨라지는 경향은 예컨대 사진술이 발견되어 사진기가 제작되기까지 112년, 전화기는 56년, 라디오는 35년, TV는 12년, 핵폭탄은 6년, 개인용 PC는 1년이 채 안 되는 것들에서 입증된다. 또한 기술은 확산성(pervasiveness)을 갖기 때문에, 특히 지구화로 기술은 국경 없이 퍼져나가 세계인의 삶에 깊은 영향을 미친다. 시공간 압축을 가져온 정보기술이 대표적이다. 게다가 기술은 상품 가치를 몰고 다닌다. 이는 가치 부수성 (value-ladenness)의 측면으로서 기술에는 싸거나 비싸거나 그 값이 매겨진다. 여객기 출현은 공항 건설, 보험, 여행업, 조종사 교육 등 고용창출의 측면을 갖는다. 한 가지 기술이 개발되면 사회의 갖가지 하부구조에 영향을 미치고 가치체제에도 변화를 준다. 기술이 가치를 재창조하며 가치를 몰고 다닌다(이장규, 1997:146-149).

이러한 기술의 효능은 인간 사회 안에 뿌리박고, 우리의 삶의 방식을 구성하는 생산력의 일부가 된다. 그렇지만 앞에서 필자가 이야기한 바대로 지배자 체제가 기술을 통한 사회적 권력을 공고히 하는 측면[4]을 주요한 문제점으로 받아들인다면, 이러한 기술의 발전이 자동적으로 여성에게 도움이 될 것이라고 생각하는 것은 기술에 대한 확인되지 않은 순진한 믿음일 것이다. 기술은 인간이라는 유기체의 구성적인 측면을 대변한다고 보는 것, 기술은 '생각할 수 있는 것'을 현실화하는 것, 즉 환경을 조정하는 기술의 축적이 테크놀로지의 양식 (the Technological Mode)이라고[5]만 보는 것은 매우 단선적인 서술이다. 추상적 인간이 아닌 구체적 여성의 삶에 미치는 기술의 복합적 효과, 더 나아가 여성 행위자와 기술의 협상적 상호 작용에 착안하여 기술의 문제를 살펴보자.

우선, 기술은 여성의 몸에 어떻게 개입하고, 어떻게 연관을 맺고 있는가? 파이어스톤은 약 30여 년 전에『성의 변증법』에서 인공생식으

---

4) '지배자 체제론'은 '기술의 사회적 구성론'과 유기적으로 연결되어 있다. 후자는 기술의 발전이 경제적·기술적 효용의 증대와 같은 기술 내적인 논리만이 아니라 기술을 둘러싼 다양한 사회적·문화적 요소가 작용하는 결과이므로, 기술 발전이 사회와 무관하지도 않고, 전적으로 기술자에 의해 이루어지는 것도 아니라고 본다. 홍성욱(1999),「여성과 기술」,『생산력과 문화로서의 과학 기술』, 266쪽 참조.

5) 화이어스톤(1983:176-180) 참조.

로 대표되는 신기술이 여성주의 혁명의 선조건이라고 말했다. 생식조절 수단의 점유가 여성들에게는 자신의 신체에 대한 소유권을 완전히 되돌려주는 일인 동시에 생물학에 토대를 둔 성차별을 종식시키는 문화적 혁명이 되리라는 것이었다. 이는 사회의 계급적 재생산에도 영향을 미쳐 피지배계급으로서의 여성 해방, 노동 자체의 제거, 기계에 의한 노동의 대치 구상과 맞물리면서 사이버네틱 사회주의라는 유토피아를 설계하는 창이 되었다.

파이어스톤의 시대적 맥락에서는 여성 행위자는 주관적이고, 내성적이고, 탐내는 듯하고, 꿈꾸는 듯하고 또는 환상적이고, 잠재의식과 관련되고, 감정적이고, 그리고 성마른 것으로 표상되었고 이것들은 객관적이고, 논리적이고, 외향적이고, 현실적이고, 의식과 관련되고, 합리적이고, 기계적이고, 실용적이고, 세속적이고, 안정되어 있다는 남성의 속성과 대립적으로 이해되었다.6)

파이어스톤은 이러한 성별적 자연화가 갖는 억압성을 극복하기 위해서 자연화 대신에 사회화를, 생물학적 본질론 대신에 문화론을 전개하려고 한 것이고, 그 계기를 과학기술에서 차용하려고 하였다. 일이 자동화되면 사람들이 일에서 해방되므로 기술은 진보적이고 자유추진적인 것으로 이해되었다. 노동 분업은 노동 자체의 제거(cybernation)로 종식될 것으로 보여졌다. 여기에서 파이어스톤에게서 추출되는 핵심은 '양성성'이다. 여성적인 것과 남성적인 것, 이 둘 다를 무화시키는 과학기술의 양성성 효과는 즉각적으로 여성적인 것의 소멸이다. 이 주장은 여성들이 타자의 지위를 극복하기 위해서 자연과의 연결점들을 초월해야 한다는 보부아르의 주장과 연속적이다. 여성의 육체는 근본적으로 소외적이라고 보는 것이다.

사실 가부장제는 여성의 몸의 조건을 사회적 차별의 원인으로, 즉

---

6) 화이어스톤(1983:179-180) 참조.

생물학적 차이를 남/녀간 사회적 위계의 원인으로 인식하게 하는 이데올로기를 채택하였기 때문에 파이어스톤이 여성의 생물학적 주요 고리인 생식력으로부터 여성의 해방을 매우 전망적인 것으로 생각하였던 것도 이해하지 못할 부분은 아니다. 그러나 그는 생식 기술의 기계화가 여성의 몸에 대한 권리를 원래의 여성에게 돌려주는 것이 아니라, 여성의 몸을 가부장제적으로 더욱 철저하게 지배하게 되는 연쇄 반응을 통찰하지는 못했다. 그 당시만 해도 인공생식 기술이 현실화되지 않았던 탓도 있겠지만, 더 근본적으로는 가부장제가 여성의 몸에 대한 부정일 뿐 아니라, 여성이 하는 모든 일들 즉 '여성의 경험, 여성의 목소리, 여성의 세계 인식'에 대한 총체적 저평가 방식임을 보지 못했던 것이다(기술이 '여성성'의 소멸을 가져오는 일이 여성 발전인지에 대한 논의는 '여성성'의 규정과 가치에 대한 문화적 여성주의의 논의들, 쟁점들로 이어진다).

지금처럼 의료기술의 비약적 발전이 이루어지는 시대에도 여성의 몸과 남성의 몸은 차별 대우를 받는다. 피임 기술에서 여성의 몸을 통한 해결이 더 일반적임은 누구나 다 알고 있는 사실이며, 불임치료 기술의 경우 의료기술은 여성의 몸을 통한 해결을 선택했다. 시험관 수정이나 배이식 기술이 비대칭적으로 발달한 것이다.[7] 생명공학 기술에서 여성의 건강한 난자와 자궁 없이 복제인간은 당분간 불가능한데도 여성의 인권이 침해되는지 아닌지를 관심 두지 않는다.[8] 또한 의학 내 가장 낙후한 분야가 산부인과라는 사실은 의료 기술 프로젝트에서 여성의 몸에 대한 부차적 관심을 반증한다. 이는 또한 의료직이 대다수 남성 의사의 전문직종인 것과 무관하지 않다.

여성의 가장 크고 일반적인 몸의 경험으로서 임신과 분만이 의료화

---

7) 박진희·홍성욱(1999:277) 참조.

8) 이은경(2001), 「과학기술, 여성, 그리고 정부」, 『여성과 사회』(한국여성연구소) 제12호, 창작과비평사, 136쪽.

될 때 의학적 지배자 체계가 작동한다. "출산 과정이 병리화되면서 여성들은 이상적인 환자로 전락되고 … 여성의 몸은 수리되어야 하는 기계로서 취급되고 … 의료화는 의료 기술의 발달로 자연스럽게 일어나는 중립적인 과정이기보다는 의료 전문인들로 하여금 사회적 위세와 금전적 이득을 얻도록 하여 전문직으로서 인정받도록 하는 과정"[9]이라는 비판이 나오는 것이다.

다음으로, 기술은 여성의 사회적 성별 분업 체계와 어떤 연관을 맺고 있는가? 많은 사람들이 기술이 여성의 가사노동 부담을 줄여 사회 진출의 기회를 보장하는 역할을 할 것이라고 예측했지만, 여성은 발전된 가전제품을 이용하여 오히려 늘어난 각종 가사노동을 혼자의 힘으로 처리해야 하는 역할을 맡았다. 소위 '전기압력밥솥'이나 '전자동세탁기', '청소기'가 취사, 세탁, 청소에 필요한 단위 노동 시간을 줄여주었다 해도, 현명한 주부 이데올로기나 위생 관념에 대한 요구 증가 등으로 전체 가사노동 시간을 줄이지는 못했다는 연구 결과가 있다.[10] 물론 여성은 과학기술이 만들어낸 제품의 수동적 소비자가 아니다. 합리적인 가사노동을 통해 가족의 건강과 위생을 책임지는 역할에서 자신에게 적절한 가사노동 보조기술 제품(각종 전자제품들)을 구매하는 일은 특정 기술발전들을 추동하기도 하기 때문에 비생산적인 존재가 아니라[11] 기술에 대해 매우 적극적인 협상력을 발휘하는 존재이다. 하지만 전통적 성 역할 분리 이데올로기가 없어지지 않는 한, 기술의 발전이 여성의 삶에 직렬적인 도움이 된다고는 볼 수 없다.

이와 관련하여, 정보통신기술 분야 등 소위 '부드러운' 기술 직종의

---

9) 조영미(2002), 「출산 과정의 의료화와 여성의 행위성」, 『한국여성학회 추계학술대회 자료집』, 131쪽 참조.
10) 박진희·홍성욱(1999:272-274) 참조.
11) 박진희·홍성욱(1999:267) 참조.

등장이 여성의 사회 진출에 좋은 영향을 줄 것이라는 예상도 그리 정확하지 않았음이 드러난다. 실제 정보통신 분야로 접근하는 여성들이 수치상으로 증가하고 있지만, 이들은 주로 소프트웨어 부문에 편중되어 있어, 오히려 '남성은 하드웨어, 여성은 소프트웨어'라는 성별 분리 구조 하에 놓여 있으며, 이 분야의 장시간 노동 체제는 '체력'이 남성과 여성을 구분짓는 상징적 자원으로 작용하는 분위기에서 여성의 소외감은 커간다는 것이다.[12]

셋째로, 가부장제의 젠더 상징주의는 여성의 기술과의 무관성을 전제한다. 기술은 남성의 영역, 남성 문화라는 것이다. '기술자'(엔지니어)라는 용어는 '큰 엔진을 돌리는 사람'이라는 어원에서 나왔으며, 기계기술이 중심이었던 산업혁명기 이래 남성 기술자, 여성 기계치의 이미지가 재생산되었다. 그러나 무엇을 '기술'로 정의하느냐에서 남성 중심성이 선제되어 있다. 여성의 재생산 노동과 관련된 역사적 숙련 기술들은 배제되었다. 인류사의 초기 아프리카 여성일 것으로 추정되는 경작 기술자는 역사 서술에서 비가시적이다. 기술사를 누가 어떻게 쓰는가에 따라 여성의 기술 창안과 사용, 디자인의 경험이 포함되기도 하고,[13] 배제되기도 하는 것이다.

---

12) 이정희(2002), 「정보통신 분야의 성별성과 여성 프로그래머의 일 경험」, 연세대학교 사회학 석사 논문 초록.
http://library.yonsei.ac.kr/dlsearch/DLSearch/TOTWSearchFullView.asp.

13) 주디 와츠맨은 여성주의자들의 기술사 서술 작업이 기술발전에 기여했음에도 불구하고 역사로부터 감춰진 여성들을 발굴하는 일이었다고 하면서, 산업 혁명기간 여성이 조면기, 재봉틀, 소형 전자모터, 수확기 등을 발명한 일을 예로 든다(와츠맨(2001), 『페미니즘과 기술』, 47쪽 참조). 또한 오텀 스탠리 역시 기술사 연구의 주제를 기존의 전통적인 주제에 한정하지 않을 때 식품 저장, 농작물 재배 기술, 의료 기술 등 여성 영역뿐만 아니라 기존 기술 영역에서도 무궁한 창조력을 보였음을 제시하였다(홍성욱, 앞의 책, 269쪽 참조).

따라서 기술과 여성의 막연한 대립 관계를 논의할 것이 아니라 기술이 젠더 정치에 미치는 효과와 여성의 기술적 경험과 기술과의 협상력을 검토해야 한다. 기술의 목적, 응용 결과에 대한 행위 주체로서 여성을 부각시켜야 한다. 누구의 경험을 통한 필요에 의해서, 누구의 이해 관계를 반영하면서 기술이 실제로 만들어지고 채택되고 사라지는가를 여성의 관점에서 볼 필요가 있다.

한 예로 여성의 몸에 대한 기술의 개입에 대해, 여성들이 이른바 '불임치료'를 받으면서 과배란 유도제로 고통스럽게 난자를 과잉 생산하고 자궁을 내주고, 조산의 위험으로 제왕절개를 하지만 단지 '신기술로 출산의 권리를 획득할 수혜자'로서의 여성만 부각되어 있음[14]을 비판하면서 여성의 고통에 대한 경험을 비가시권에서 가시권으로 끌어내는 일이 중요하다. 또 하나 기술이 젠더화된 성별 분업을 강요하는 가부장제의 물리력을 생산해 주는 역할을 변화시켜 여성의 노동 현장에 맞닿는 변화가 필요하다. 여성의 날마다의 수고를 진정으로 덜어주는 기술적 발명의 예로서 '스스로 청소하는 집'[15]은 가사노동의 지겨움을 몸으로 느껴본 여성이 아니고서는 연구되기 어려운 사례를 보여준다. 마지막으로 기술과 여성의 대립이라는 젠더 상징주의의 구도 자체를 수정하려면 여기에는 자연히 남성적인 것으로 표상되는 도구적/위압적 기술 체계의 철폐와 함께 여성의 욕구가 여성 친화적 기술 발전을 추동하게 하고, 여성적 가치가 포함된 기술들[16]이 창안

---

14) 하정옥(2000),「한국의 생명공학기술과 젠더」,『여성과 사회』(한국여성연구소) 제11호, 창작과비평사, 191-198쪽.

15) 와츠맨(2001:270). 미국 여성 발명가인 게이브가 27년간 연구한 고안품으로서, 미세한 물안개가 사람의 도움 없이 스스로 청소를 담당한다.

16) 셰리 터클은 최근 컴퓨터 과학 문화 안에서 컴퓨터 언어나 환경 등이 여성 친화적이지 않고, 남성 중심적이어서 여성들이 컴퓨터에서 소외되는 일을 보고하고 있다. 셰리 터클(2003),『스크린 위의 삶』, 75-96쪽 참조. 여성 프로그래머인 리자는 "실제로 수학 분야에서 잘할 수 있을지는 중요하지

되게끔 여성이 행위 주체화해야 할 것이다. 이를 통해 기술이 남성문화, 또는 남성중심주의의 물리적 헤게모니의 보루로 더 이상 기능할 수 없게 되어야 한다.

필자는 기술 발전의 이면에 가부장제가 담론적으로 힘을 보태고 있을 때, 기술의 젠더화는 여전히 계속될 것이므로 젠더 상징주의와 기술의 관련성이 핵심 고리라고 생각한다. 기술 변화에 대한 사고가 일종의 유토피스틱스(Utopistics) 즉 새로운 젠더 체계와 문화 구조를 관념적 유토피아 안에서가 아니라 현실 안에서 지향한다면 여성주의는 정의상 정치학에 관한 것이다. 성별 정치학을 한다는 것은 사회 안에서 능동적으로 환경과 자신을 재구조화하는 행위력(agency)을 전제한다. 이는 사물을 변화시킬 수 있는 힘에 대한 믿음이다. 즉 정치적 행위자로서 인간을 기본으로 전제하는 것이며 여성주의 선조들 안에서 기본적으로 공유되었던 신념 체계였다.

3. 여성 과학자들의 과학적 지식 생산 그리고 감수성

소위 근대의 '과학혁명기'를 거치면서 과학 정신의 요체는 개방성, 객관성, 합리성으로 정리되었다. 과학이 진리 탐구의 보루임을 자처할 수 있게 해주었던 이 세 요소는 독단과 주관성, 감성이라는 의식의 감옥으로부터 인간을 계몽시켜 주는 것으로 간주되었다. 개방성은 과학적 진리 탐구에서 권위주의, 독단론에 근거한 확실성을 받아들이지 않고, 가설적 지위를 인정하는 것, 그럼으로써 더 좋은 가설, 혹은 새로운 가설에 대한 개방성으로 열려 있는 정신이다. 객관성은 모든

않아요. 다만 언어가 무드(mood)를 가지고 사람과 사람을 연결해 주는 그런 세계에서 살고 싶었을 뿐이에요"라고 말한다.

검증과 증거가 객관적 사실에 의존해야 한다는 것이다. 합리성은 과학적 비판, 분석, 결정이 합리적 방법에 의존한다는 것이다. 이러한 과학 정신은 그 자체로서 문화적 힘으로 인식되었을 뿐 아니라, 과학적 진리 탐구의 결과로서 사회 안에서 기술로 응용될 때 매우 강력한 문명의 힘이 축적될 수 있게 해주었다.

문제는 과학 정신의 개방성, 객관성, 합리성에 대한 승인 역시 역사화될 수 있다는 것에 있다. 쿤의 패러다임 이론은 그 스스로의 의도와 관계없이 여성주의 이론과 과학의 사회적 연구를 조우시켰다. 켈러는 쿤의 이론에서 패러다임의 전환은 단순히 그 이론 속에 내재된 논리(경험에 의한 입증과 이론적 필연성)에 의해 결정되는 것이 아니라, 지역사회가 최상의 이론을 선택하는 일에 끼여든다고 해석함으로써, "지식을 다양하게 조직하고 세계를 다양하게 해석하는 일이 소위 과학에 의해 가능한 일"(켈러, 1996:12-14)이라고 연결시켰다.

절대적 개방성, 절대적 객관성, 절대적 합리성은 실제 과학 탐구에서 실질적으로 가능한가? 우선, 과학 정신의 개방성에 대해서부터 검토해 보자. 표준적 패러다임에 따라 연구 공동체가 탐구의 문제를 설정하고, 연구를 진행하면서 그 결과를 검증하는 데서 갖는 폐쇄성은 예외가 아니라 상례임을 과학사의 사례들이 입증한다. 특히 여성 과학자의 경우, 기존의 해석과 다른 새로운 가설을 제출하는 경우, 그것이 "너무나 새로운 것이어서"(린 마굴리스), 혹은 "그 말을 알아들을 수 있는 사람이 없어서"(바바라 맥클린톡), "오랫동안의 정설을 흔드는 과학적 소동으로"(제인 구달) 간주되었다.

구체적으로 살펴보면 마굴리스의 '공생이론'은 신다윈론의 진화 설명 이론에 도전함으로써 얻어진 이론이다. 그녀는 신다윈주의가 진화를 설명할 때 돌연변이에서 기인한다고 하나, 선택이 작용할 수 있는 유용한 변이가 어디에서 생기는지를 탐구하였다. 그녀의 공생유전(symbiogenesis: 미생물 발생계가 협동해서 동식물 세포의 원조가 된다는 뜻) 이론에서 새로운 발생계는 미생물과 동물 세포의 결합 또는 미생물과 식물 세포의 결합으로서, 이 결합이 새롭고 복잡한 존재를 낳는 것이다. 그리하여 새로운 종이 무작위 돌연변이에서 생겨난다는 기존 패러다임을 의문시하였다. 공생은 유기체간의 물리적 결합이며, 다른 유기체 종들이 같은 장소와 같은 시간대에 모여 사는 것을 말한다. 과거 전통 학습은 유전자가 핵 속에 들어 있고, 핵은 세포를 중앙 통제한다는 것이었다. 그러나 그녀는 이와 다른 유전 패턴의 존재에 주목하여 핵 속에 들어 있지 않은 무례한 유전자가 있음을 밝혔다. 특히 '킬러'라는 원생생물인 파라메시움 오렐리아는 특정한 유전법칙을 따른다. 이 킬러 유전자는 박테리아 속에서 박테리아와 공생한다. 살아 있는 작은 세포가 더 큰 세포 속에 서식하고 있다. 이는 닮지 않은 유기체들이 단순히 모여 사는 것이 아니고, 공생유전이 진행된다는 것이고 진화의 주요 출처로서 공생유전의 중요성을 밝힌 것이다. 1966년 "진핵세포의 기원"이란 그녀의 논문은 너무 새로워서 아무도 그것을 제대로 평가하지 못한 채 15개의 저널에서 퇴짜를 받았다(기존 과학자들이 5왕국 중 동물의 왕국에만 배타적인 관심을 쏟으면서 박테리아, 원생동물, 균류, 식물의 왕국을 탐구하지 않아서 공생이론을 받아들이기 어려웠을 것이다).[17]

매클린톡의 '유전자 전위(transposition) 이론'은 DNA 중앙통제이론의 패러다임으로서는 생각할 수 없는 유전자의 자리바꿈 현상으로서,

---

17) 마굴리스의 공생이론에 대해서는 존 브로크맨의 편저인 『제 3의 문화』, 제 7장에서 마굴리스 본인의 언급을 통해 잘 설명된다. 특히 흥미로운 것은 데닛이나 도킨스 등이 마굴리스의 공생이론 자체가 아니라 그녀가 러브록과의 가이아 가설을 논의하는 대목을 비판하는 식으로 논점을 치환하고, "자연계를 경쟁이 아닌 협동의 체계로 오해하는 것 같다", 혹은 "지나치게 요지부동이다"는 식의 인격적 공격을 하는 후기 대목이다. 147-170쪽 참조.

DNA 쪽에서 비롯된 정보는 결코 변경됨 없이, 단백질로 일방적으로 흐르는 것이 아니라 반대로도 흐른다고 해야 설명이 가능하다(2001: 218-250). 이 유전자의 자리바꿈 현상은 두 가지 과정으로 나누어 설명할 수 있다. 하나는 원래 있던 자리에서 염색체의 어떤 인자가 빠져나오는 과정이고, 다음은 그렇게 빠져나온 유전인자가 적당한 자리를 찾아 끼여드는 과정이다. 이는 결국 생명체가 스스로를 조절하는 방식의 하나를 밝힌 것이며, 중앙 통제이론의 일방향적 정보 전달이라는 무리한 해석에 대한 대안이 되었다. 동시에 유전인자가 제어와 조절의 시스템으로 작동하며 스스로를 재배치한다고 주장함으로써 고정되고 불변하는 단위로 여겨지던 유전자의 기본 개념을 흔들고 유전적 변이형의 출현이 절대 우연이라는 진화론의 기존 전제를 거슬렀기에 기존 개념체계를 고수하려는 사람들과 소통할 수 없었다.

구달의 침팬지 연구는 '도구를 만드는 유일한 종'으로서의 인간 이해에 도전하여 침팬지의 행동을 해석하는 것이었기 때문에, "우리는 이제 인간을 재정의하든지 도구를 재정의하든지 해야 한다. 그렇지 않으면 침팬지를 인간으로 받아들여야 한다"는 반발을 불러일으켰다. 몇몇 과학자들은 구달이 침팬지에게 흰개미 낚는 방법을 가르쳤음이 분명하다고까지 음해하였다. 그녀는 침팬지에게도 인간과 비슷한 마음, 성품, 행동 패턴들이 있으며, 이들에 대해 알게 될수록 그들이 인간과 비슷함을 보고하였다. 그들이 논리적으로 생각할 수 있으며, 바로 앞일을 위해 계획을 세울 수 있고(2000:111), 때로는 인간이 자연에 대해 느끼는 경외감 비슷한 것을 느낄 수 있음을 이야기한다(같은 책:240-241). 그들은 인간 언어의 추상화 능력을 통해 존재하지 않는 것에 대해 이야기하고, 먼 미래를 계획하고, 생각을 교환함으로써 전체 집단의 축적된 지혜를 공유할 수 있는 길을 발달시키지 못했지만, 일정 정도의 마음과 사고, 논리적 해결을 해내는 문화적 동물임을 보여준 것이다. 이는 만물의 영장으로서 인간만이 언어, 성품, 도덕, 도구 사용 등의 문화와 문명을 갖는다는 과학자집단의 통설을 재검토하게 하는 계기를 제공해 주었다.

이러한 사례들은 과학적 탐구가 개념적 공백 상태에서 이루어지는 것이 아니라, 기존 패러다임의 문제의식과 문제 해결 방법을 이어받음으로써 이루어지는 경향이 있고, 그에 따르지 않을 때는 '무슨 주장을 하는지 모르겠다'는 학계의 반응을 불러일으킨다는 것, 하딩의 용어법대로 과학을 하는 일은 결국 하나의 '사회 현상'임을 보여준다. 결국 과학 정신의 원론적 개방성이 아니라 현실적 폐쇄성에 대한 우리의 반응은 지식 생산에서 지식 사회의 포함과 배제의 정치학에 눈뜨는 것이다.

두 번째로, 과학정신의 객관성을 검토해 보자. 객관적으로 확인할 수 있는 사실은 수량화된 사실, 수학적 언어로 서술된 사실이어야 한다.[18] 과학은 객관화된 대상 세계의 진리를 탐구하는 것이지 주관적 세계 이해나 공감적 해석, 감정 이입의 의미 부여와는 결별해야 하기 때문에 객관적 관찰, 측정이 가능한 것만 연구대상이 된다. 이로써 실증주의적 과학만이 객관적·가치 중립적일 수 있다는 것이다. 그러나 여성주의 경험론자들은 실제 많은 과학적 연구들이 각종 편견에 의해 추동되고 있음을 비판한다. (과학자의 편견은 젠더 차원뿐 아니라, 인종, 계급, 성 정체성, 인간 아닌 생물종 등 많은 문제 영역에 중첩되어 있다.)

이들은 실증주의적 과학의 인식론적 전제를 기초로 하는 연구들에서 나타나는 편견들을 비판하는 것에서 시작한다. 자연과학이나 사회과학 연구 안에서 발견되는 성차별주의와 남성 중심주의가 연구 과정 안에 개입된 사회적 편견과 자료 수집상의 불균형 및 자료에 대한 잘

---

18) 뉴턴이 몇 개의 운동법칙을 서술하는 수학적인 공식을 만들어 지구를 포함한 천체들의 운동을 정확히 기술한 이래, 이 방법은 과학분야 문제 해결의 전범이 되었다. 김영식(1984:173-74) 참조.

못된 해석에 근거하고 있기 때문에 실증주의 과학 연구의 방법론적 규범들을 더욱 엄격히 지킴으로써 '좋은' 과학을 만들 수 있다는 것이다. 정치학과 성별에 의해 영향받은 과학은 나쁜 과학이 되기 때문에 이를 여성주의가 되돌려줄 몫이 있다는 것이다. 기존 학문 안에서 은 연중에 혹은 노골적으로 포함되어 있는 남성중심주의의 문제를 고려했을 때 여성적 관점의 도입은 연구와 지식의 객관성을 담보해 주는 순기능을 하게 된다. 젠더 편견이 없는 과학적 발견이 이들의 모토이다. 즉 여성주의는 하나의 지적 압력 장치가 되어 각종 과학적 연구들은 연구과정에 대한 세심한 주의를 환기시킬 것을 요구받기도 하고, 연구 영역을 확대하기도 하고, 남성중심적 인간 이해 안에 여성을 포함시킴으로써 지금까지 결여되어 온 부분을 채우는 역할을 하기도 하였다.

한 예로, 롱기노와 도엘은 기존 연구(남자-수렵인-이론)에서 남성들은 사회적·문화적으로 정향 지워져 있고, 여성들은 몸과 결부된 재생산 기능으로 인해 생물학적·자연적으로 정향 지워져 있기 때문에 인간의 진화는 남자들 덕이라고 보는 해석을 문제삼는다(하딩, 2002: 126-129). 그들의 증거는 각종 돌연장들이지만, 인간 화석 근처에서 발견되는 다듬은 돌들은 사냥을 위한 도구였을 수도 있고 채집을 위한 도구였을 수도 있으며, "여성들은 (남성 수렵인보다) 더 일찍 나뭇가지와 갈대와 같은 유기체 물질들로 이루어진"(같은 책:127) 채집도구들을 발명했다고 주장한다. 즉 증거와 가설간에 언제나 해석의 간격이 가로막고 있으며 문화적 선입견에 매개된 고고학적, 화석상의 증거가 사실을 말해주는 정당화 방법일 수 없다는 것이다.

이 예는 모든 편견으로부터 자유로운 사심 없는 연구자로서 과학자의 상이 허상이라는 점을 말한다. 성차별주의의 폐지와 같은 정치적으로 올바른 관심과 문제의식에서 출발하여 현상을 분석할 때 더욱 좋은 과학이 될 수 있다는 것이다. 이 점에서 여성주의 경험론은 기본적으로 실증주의의 전제를 수용하는 동시에 여성주의를 인식론적 기반으로 삼기 때문에 내적 불일치가 있다(과학이 젠더화되어 성차별적 편견에 의해 물들어 있는 부분을 시정하기 위해서 편견 없는 여성의 과학적 발견에 호소하는 일은 자신들의 인식론적 전제를 토대에서 깎아 내리는 것이 아닌가 하는 것). 아예 여성주의 입장론의 주장처럼 편견 없는 절대적 객관성이 아니라 여성의 관점과 경험, 가치 등에 의해 매개된 지식 생산의 가능성을 생각해 보는 일이 더 정합적이라고 생각한다.

과학 정신의 객관성 주장에 대한 대안은 입장적 객관성이다. 이는 자신의 입장 자체를 성찰하는 강한 객관성으로써, 지식 생산의 주체는 역사적으로 맥락적으로 위치 지워진 믿음 체계 속에 있는 구체적 개인이며, 이 안에서 주체 또한 지식의 대상의 일부로 간주하는 것이다. 이 객관성이 "연구자와 대상 사이의 차이를 강조하는 객관성이 아니라 연구자와 대상 사이의 상호 작용과 상호의존을 강조하는 동적인 객관성"(조주현, 1998:129)이라면 과학 정신의 세 번째 요소인 합리성 주장에 대한 성찰의 계기를 마련해 준다.

과학 정신의 합리성 주장을 보자. 여기에서는 합리적 기준, 합리적 절차, 합리적 결론을 따르는 정신을 필요로 하지만 합리성의 기준 자체를 결정하는 것이 문제가 될 수 있다. 과학적 진리 발견이 합리적 절차에 의해서만 진행되지 않는다. 주객 분리라는 권장되는 과학적 방법론이 아니라, '생명적 감수성'을 가지고 대상을 직관적으로 이해하는 일들이 생긴다. 이는 특히 대상을 통제하기 위한 방식이 아닐 때의 방법론으로서, 어떤 전체적인 이해와 통찰 순간, 대상과의 감정 이입의 순간에 문제가 해결된다. 몇 가지 사례를 통해 살펴보자.

"생물 연구를 할 때 컴퓨터를 만지고 책을 읽는 게 주된 활동이어서는 유기체 집단에 대해 깊은 통찰력을 가질 수 있으리라고는 생각하기 어렵다. 특히 생물학자는 어디까지나 자신의 연구 대상인 살아 있는 생명체와의 직접적이고 감각적인 교감이 필요하다."(린 마굴리스, 1996:151)

"내가 그 일에 빠져들수록 점점 더 염색체가 커진다는 사실을 알게 되었어요. … 그리고 정말로 거기에 몰두했을 때 나는 염색체 바깥에 있지 않았어요. 그 안에 있었어요. 그들의 시스템 속에서 그들과 함께 움직였지요. 내가 그 속에 들어가 있으니 모든 게 다 크게 보일 수밖에 없죠. 염색체 속이 어떻게 생겼는지도 훤히 보였어요. 정말로 모든 게 거기 있었어요. 거기에는 더 이상 내가 없어요. 나라는 자의식이 없어져요."(켈러, 2001:202-203)

과학에서는 주체와 객체의 확연한 분리를 통해 지식을 구하는 것을 전범으로 하는데 매클린톡은 이렇게 엄격한 분리가 아니라 온전한 합체를 통해 더욱 진정한 지식이 가능하다고 생각하였다. 그녀 스스로 "과학을 통해 훈련받은 합리적인 설명으로는 한계가 명확해서 이 직관력을 설명할 수 없으며, 어떤 문제에 직면할 때 문득 그 답을 아는 일은 옥수수라는 생명과 소통하는 자신의 감각을 깊이 신뢰할 때였음"을 증언한다. 특히 매클린톡에게는 이 직관적 이해가 앞서고, 그것을 후에 현미경으로 확인한다든지, 관찰한다든지 하여 과학적 사실 발견으로 '사회적으로 인정'받았던 점이 흥미롭다.

일반적으로 과학자들은 연구하는 대상과 감정적으로 일정한 거리를 유지하는 엄격한 절차를 강조한다. 그것을 위해 제인 구달의 경우 침팬지에 번호가 아닌 이름을 부여했다고 해서 비난받았다. 합리적 절차가 아니라는 것이다. 그러나 과학에서도 정말로 핵심을 관통하는 지식은 주체와 객체의 엄격한 분리가 아니라 오히려 일체를 통해, 그러니까 수동적 대상인 객체가 능동적 존재인 주체 안으로 온전히 흡수되는 과정에서 얻어지는 경우가 많은 것이다.

위의 예들은 섹스나 젠더가 주요 변수가 되는 인간, 영장류 등에 대한 연구(인류학, 사회학, 심리학, 동물행동학, 영장류학 등) 분야뿐만 아니라 섹스가 현저한 변수가 아닌 생명체 연구(매클린톡의 옥수수 연구, 마굴리스의 세포진화 연구 등) 분야와 비생명 주체들과 명시적으로 섹스나 젠더를 관련 변수로 통합시키지 않은 연구(DNA 중앙통제 이론에서 우주론까지) 분야들에까지 폭넓게 젠더가 영향을 미치고 있다는 것, 즉 젠더는 일반적으로 수용되는 이론을 동기 부여하는 역할에서 보여질 수 있다는 생각을 도입하게끔 한다. 사실 이러한 여성주의적 과학 기획은 쉽지 않다. 과학의 실행을 재생산해 내고 있는 성별화된 학문으로서의 과학 언어 안에 이 여성 과학자들이 말하는 감수성이 어떻게 통합되고 있는지를 밝혀내고, 이를 여성주의적 방법론으로 개척해야 하기 때문이다.

단지 여성주의가 과학 정신의 개방성, 객관성, 합리성을 보충하는 일에 자원을 공급하려면 여성주의 과학철학자, 여성주의 과학자들이 기존 방법론의 개념적 공간에 사로잡히지 않고, 패러다임의 경계들을 넘어 지식 생산에 더욱 더 힘을 쏟을 수 있게 되어야 한다고 본다. 자신들의 문제의식 안에는 (과학자일뿐만 아니라 사회적 약자로서의 여성인) 자신의 시선과 경험, 감수성 등의 자원이 인식론적으로 풍부하게 사회 문화화되어 있음을 성찰하면서, 과학 현상을 설명하고 동시에 이해하는 것을 포함한다.[19] 이 일이 충분히 가능하고 현실성이 있

---

19) 셰리 터클은 현대의 전산과학 안에서도 보편타당한 프로그래밍 방법론이 있을 수 없음을 보여주는 사례를 소개한다. 셰리 터클(2003), 『스크린 위의 삶』, 민음사 참조. top-down 방법론 : bottom-up 방법론의 대비는 다음과 같다. 소위 구조화된 프로그래밍은 순차적 프로그래밍으로서, 먼저 짜고자 하는 프로그램이 할 일에 대한 전체적인 밑그림을 그린다. 이어 일을 작은 요소 단위로 쪼갠 뒤 그 각각을 맡을 부분 프로그램을 결정한다. 마지막으로 프로그램들 간의 처리 순서를 확정한다. 실제 작업에서는 부분 프로그램들을 완성하여 그 기능에 맞게 이름을 부여한 뒤 '블랙박스 만들기'라고

음은 최근 20-30년간 여성주의 문제의식에 의해 추동되어 과학적 성과들을 내고 있는 많은 탐구들이 보여준다.

당대에 일어나는 이러한 패러다임 변화를 받아들이지 않고, 기존의 과학 정신을 절대화했을 때, 어떤 결과가 발생하는가? 스윔은 "정규 과학적 훈련 과정의 전두엽 절제 수술은 사람들의 의식에서 마지막으로 작동하는 한 가지 기능만을 남긴다. 그것은 조종, 분리, 계산, 지배에 완벽하도록 잘 다듬어진 기능이다"(1996:45)라고 한다. 제인 구달역시 "운 좋게도 대학에 다니지 않아서 그런 것들을 알지 못했기에"(2000:109) 60년대 초반의 동물행동학의 지침(침팬지에게 객관적인 숫자를 붙여야 하고, 침팬지에게 성품이 없다고 가정해야 하고 등등)을 수행하지 않을 수 있었다고 후술한다. 과학이 한 사회의 선진적 문화를 구성하는 힘이라면 스스로의 용어와 논리, 방법론 등을 성찰함으로써 쇄신을 해나가야 하는 책임 또한 가짐을 상기할 필요가 있을 것이다.

4. 새로운 생명 문화를 위한 감수성 언어

앞에서 살펴본 여성 과학자들의 경험과 생태주의는 두 가지 축에서 만난다. 과학적 사실 발견과 의미 이해를 통합적 관점에서 본다는 것과 지배자 체제의 주변인으로서 문제의식을 공유한다는 것이다(후자가 "여성성에 대한 생물학적 본질주의에 경도되어 있는 부분을 탈색

부르는 순서 조합 과정을 거쳐 전체 프로그램을 구성하게 된다. 그러나 이러한 1970년대의 프로그래밍의 정석 대신 소프트 스타일, 즉 아래서부터 위로 가는 프로그래밍도 그 이후에 도입되고 있다. 단위 프로그램들과 비트 코드 덩어리들을 땜장이식으로 이리저리 뜯어 맞춰 프로그램을 만들어 내는 것이다. 이는 유일한 방법론이 없음을 보여준다.

할 수 있다면"이란 조건에서이다).20)21) 이러한 교차점에서 지구적 과
학기술 문명에 대한 개입과 새로운 생명문화의 직조라는 새판이 짜여
질 수 있다. 또한 각 지역에서 창발되어 온 생명에 대한 감수성들이
조각보처럼 새 문화를 만드는 동력이 될 수 있다. 이 글의 출발점이
었던 생명의 위기라는 시대 진단에서 볼 때 생명 학살의 광기는 합리
성과 연속되어 있다. "지구 파멸을 '진보'라고 찬양하는 문화의 모순
속에 사는 것은 정신이 광기를 일으키는 모험이며"(스윔, 1996:44) 지
배자 체제의 합리적 광기의 결과이다. 이에 대한 여성주의의 대치 국
면은 여성의 자연스런 평화 애호 정서22)나 생명 지킴이로서의 본성

---

20) 생태여성주의 안에도 지배자 체제의 외연을 둘러싼 상이한 입장 차이들이
   있다. 예컨대 쉬바는 사회주의 생태여성주의자로서 가부장제, 식민지, 과학
   문제 등을 분석하면서도 카스트 문제를 짚지 않았다(이영숙, 2002:52 참
   조). 그렇지만 생태여성주의자들이 대부분 여성의 감수성, 직관력, 감정이
   입 등 인지적 자원들이 생명을 낳고 기르는 보살핌 노동을 통한 배려라는
   여성의 생물학적 조건에서 나온다고 생각하는 점에서, 필자는 본질주의를
   탈색할 것을 주문하는 것이다. 자신보다 힘센 상대에 끊임없이 신경쓰고,
   말조심하고, 의식하는 정치적 약자의 입장이 여성의 자원들을 재생산해 냈
   다고 본다. 이 논점에 대해서는 캐롤 타브리스(1999)의 『여성과 남성이 다
   르지도 똑같지도 않은 이유』참조.
21) 스타호크를 보라: 우주의 기원은 "끝에서부터 부풀어 나오고, 그 부푼 데서
   알이 나온다. 그 알에서부터 불이 나오고 불에서부터 별이 나왔다", 폭탄
   이 아니고, 폭발이 아니고, 증오도 아닌 것. 오히려 있는 그대로의 것, 즉
   출산의 순간, 그 위대한 탄생의 사건. 소립자가 10의 12승의 열에서 급격
   히 분열하여서 그렇다, 그리하여 별들이 되었다. 그리고 이 모든 것이 만
   물의 사실들 뒤에 숨어 있는 근원적 실체인 알이 부푼 것이고, 신비한 발
   생인 것이다. 우주와 노래와 잔치, 찬가와 의례 등의 모든 양식의 예술 행
   위가 필요하고, 우리는 우주와 진실하고도 피부로 느껴지는 관계를 이룩할
   수 있다는(스윔, 1996:49에서 재인용함) 식으로 생물학적 여성성을 전제하
   고 있다.
22) 이에 대한 필자의 비판은 정현백(2003:36)의 글에서 여성은 평화, 남성은
   전쟁광 식의 도식을 거부하면서, "중요한 것은 남성보다도 여성들이 더 많

에서 말미암는 감수성을 동력으로 하는 것이라기보다는 피억압자의 경험에서 오는 세계에 대한 통찰적 안목에서 구성될 것이다.

스윔은 천문학자로서 여성주의적 언어를 습득하였다. 그는 과학이 우리 앞에 무엇이 놓여 있는가, 즉 세계의 실재를 탐구하는 것인데 이 과학적 사실들은 단편적으로만 포착할 뿐이며 과학적 사실은 가부장적인 틀 속에서 오염된 사고에 의해 뒷받침되어 왜곡되어 있다고 한다.

> "분석과 통계, 범주화를 강조하는 것은 우리를 전체적인 현실에 눈멀게 한다. 우리는 풍성한 밥상 앞에 앉아 있으면서도 이 잔치가 우리가 참여하도록 차려진 것임을 알아차리기는커녕 배가 고파 죽을 지경에 이르도록 계속해서 식기들의 숫자만 세고 있다. … 나는 생태여성주의 속에 살아 있는 총체적인 시적 안목 안에서 부분적 과학 사고가 제공하는 재료들을 해석하는 방법을 배우도록 제안한다. 이 총체적인 안목은 원주민과 여성들에게서 명확하게 발견되는 관점, 인식, 그리고 의례들이다. 과학적 사실을 올바로 이해하기 위해서는 생태주의자들이 찬양하는 인식을 의미하는 지혜, 즉 완전한 지혜를 필요로 한다."(스윔, 1996:52)

그가 보기에 여성들은 지구와 새로운 인간 존재를 직조하는 것이 무엇인지를 내재적으로 알아내는 존재들이다. 생태여성주의자들은 "몸과 정신 속에 끓어오르는 경험과 합당한 감각력을 타고난 사람들로서"(같은 책:52) 과학자들로부터 숨겨져 있는 과학적 사실들에 의미를 부여한다는 것이다. 그리하여 여성들은 빅뱅에서 대 파괴로가 아니라, 우주의 출산에서 우주의 완성으로 가는 경로라는 여성적 감

이 아이를 기르고 돌보고 하는, 생활상이나 노동환경에서 훨씬 생명을 돌보고 배려하는 것에 가깝기 때문에 여성이 더 평화운동에 친화를 갖고 있다"고 주장하는 입장과 연속적이다.

수성 언어를 가지고 있다는 것이다. 스윔 스스로 과학적 탐구의 가상 거시적인 규모의 탐구 영역인 우주의 차원에서 일어나는 과학적 사실에 대해 우주, 인간, 생명 세계의 진화를 하나의 아름다운 사건으로 의미부여 한다. 이는 과학기술문명의 힘과 우리의 문화적 미성숙으로 말미암아(가부장제에 의해 전두엽 제거 수술이 되어) 생명 파괴로 치닫는 방향을 틀려고 한다는 점에서 생명에 대한 감수성을 보여주는 대목으로 일면의 긍정성을 갖는다. 하지만, 우주의 이야기가 자연사일 뿐 아니라 아름다움을 표현해 가는[23) 문화사라는 자신의 해석과 일관적이려면 여성의 감수성을 자연화해서는 안 될 것이다. (그는 한 편으로 우주의 기원에 대한 통설인 대폭발론(빅뱅이론)의 폭력적 의미론을 비판한다. '빅뱅' 명명은 대부분의 물리학자들이 무기 제조 분야에서 연구하는 것과 무관하지 않으며, 우리는 이 용어를 통해 유산탄이나 폭탄이 폭발하는 모습을 연상하게 된다고 한다. 그는 빅뱅이 아닌 '시원의 불놀이'(primordial flaring forth: 같은 책, 부제 일부)를 제안한다.)

필자는 생물학적 여성 집단이 아닌 사회적 약자로서 갖는 생명에 대한 감수성이 생명문화라고 하는 새로운 과학문화를 견인해 가는 동력이 될 수 있는 가능성을 모색하기 위해서, 지배자 체제 내부의 언어가 아닌, 그 경계 밖에 선 목소리들을 직조하고자 한다. 지배자 체제에 의해 타자화된 사회적 존재들이 내적 생명력이 전유되어 버리거

---

23) 그는 우주의 팽창에 대한 스티븐 호킹의 해석 즉 "팽창 비율이 조금씩만 달라졌더라도 잇따라 생겨난 우주는 엄청나게 달라졌을 것이다. 만일 우주의 최초의 팽창이 최소한 1% 정도만 느렸더라면 우주는 별과 같은 어떤 것을 다시 산출하지 못하고 혼란 속으로 무너져 버렸을 것이다. 또 만일 팽창이 약간이라도 빨랐더라면 미립자들이 급격히 사라져 버려서 은하계나 생명체 같은 것들이 없었을 것이다"라는 것을 우주의 우아함, 아름다움으로 승화시킨다(스윔·베리(1992), *The Universe Story* 참조).

나 박탈당하지 않고, 이 언어가 어떻게 보유되고 있었는지를 밝히는 것은 추후의 작업으로 미루기로 하고, 일단 그 감수성의 맥들을 이어 보려고 하는 취지에서 나름대로의 해석을 시도해 본다.24)

1) 생명 감수성은 몸으로 체화되어 나타나는 언어이다. 마치 우리의 호흡 작용에 대해 전혀 의식하지 않고도, 혹은 의식하지 않을수록 순탄한 호흡이 이루어지듯이, 생명의 총체적 연관 고리에 대한 감수성은 자연스럽다. 역으로 호흡에 대해 의식하면 할수록 호흡이 어색해지는 것처럼, 생명들을 쪼개어 분석하고 대상화하는 순간 흐름이 흩어진다. 어린 생명들에 대한 애착, 다른 생명종에 대한 친연적 감수성 등은 자연스럽다. 숲을 지키려는 인도 여성들의 나무 껴안기(칩코) 운동은 인간과 식물의 유비적(analogical) 감수성에 따른 것이다. 자연계의 다른 종들과 인간이 친족을 이루는, 즉 종은 다르지만 한 뿌리에서 나온 친족들이 겪는 고통에 대한 공감의 감수성이다.

2) 생명 감수성은 다양성과 복수성의 언어이다. 지역마다, 문화권마다 다양한 기질과 정서의 언어가 있다. 열대의 정서가 있고, 북극의 정서가 있다. 시대마다, 공간마다 특수한 감수성을 생산한다. 도회지의 정서가 있고 시골길의 정서가 있다. 이러한 다수의 감수성들이 인간 문화의 다양성의 자원이자 보고이다. 현대인의 삶을 하나로 획일화하고 동질화시키는 과학 문명의 경향성에 대해 저항할 수 있는 길은 이러한 풍부한 감수성을 구현하는 일이다. 각 지역의 여신축제들

---

24) 필자는 감수성이 어떤 종류의 인식적 힘도 아니고 환경에 대한 반응일 뿐이라고 보는 소위 감성의 '벙어리 관점'은 문제적이라고 본다. 감수성이 맥락적 지식을 만들어내는 자원이라고 보기 때문이다. 하지만 이 감수성이 인지적인지, 학습될 수 있는지, 논리화될 수 있는지, 또 기존 이성의 논리와 어떤 연관이 있는지(대치 관계인지 병렬 관계인지) 등으로 감수성을 구조화하지는 못하였다. 이는 앞으로의 과제로 남겨두고자 한다.

을 통해 문화, 예술적 감수성을 교류하는 것은 현장 실천의(practical) 감수성이다. 이 대목에서 생명문화를 위한 한국 여성주의자들의 이야기가 요구되는데 한국의 감수성 언어로서 생명여성주의 언어를 시도하는 작업들을 환영한다.[25]

3) 생명 감수성은 질적 무드를 갖는다. 여성주의적 공간들은 새로운 상징어들을 필요로 한다. 개념의 공간은 의미의 공간이다. 개념 하나하나는 특정한 어떤 의미의 차이들을 갖는다. '빅뱅'과 '시원의 불놀이'의 내포적 차이는 그 개념을 사용하는 사람들의 공간에 대한 가치체계를 담고 있다. 건축 언어, 공간 언어가 무드를 갖는다면, 지구 공간 곳곳을 '평화로운 공간', '포용과 공존의 공간', '보살핌과 배려의 공간'으로 의미화할 수 있다. 마치 프랙탈 현상처럼 소대규모 공간에서 비슷한 패턴을 가지고 여성주의적인 상징으로(symbolic) 구현되는 감수성이 가능하다.

4) 생명 감수성은 언어의 차이를 넘어서 대화하게 해준다. 감수성이 다르면 대화가 안 된다고 하지만, 이 역시 대화를 상호 부정과정으로 볼 때 생기는 일이다. 감수성의 차이들을 언어화하는 일과 그것들간의 공감대를 구성해 가는 일이 함께 이루어진다면 서로 다른 언어들간에 소통이 이루어질 수 있다. 인간의 공감각은 음악 언어와 시언어, 무용 언어의 호환, 몸짓 언어와 문자 언어의 번역을 가능하게

---

25) 이영숙(2002:33-56), "생명적 감수성은 자기의 생명, 그리고 다른 생명의 욕구와 필요, 고통을 느끼고, 생녕이 가진 사생력을 펼치도록 판을 빌려주고, 지켜주고, 도와주기 위해 성찰적으로, 그리고 연민을 가지고 사물과 관계를 맺는 심리적 조건을 의미한다. 이 감수성은 감각적인 것에 국한되는 것이 아니고, 사유적·행동적인 것을 포함하여 거의 인성의 차원에 해당한다고 할 수 있다. 여성주의의 윤리이다. 배려, 보살핌의 성격을 포함하기 때문이다. 그러나 생명적 감수성의 지평이 논리적으로 여성적 원리보다 훨씬 더 넓다. 생명적 감수성은 중성적으로 양성에 모두 쓰일 수 있는 보편성을 가진 용어로서 본질주의에서 벗어나게 한다."

하는 토대이다. 장르의 특수성에 따른 고유 언어라 할지라도, 장르간 대화가 이루어질 수 있다. 그뿐만 아니라 생태주의와 여성주의가 대화함으로써 생태 여성주의 언어가 생길 수 있었다는 사실 또한 이 두 언어 안의 감수성들이 변증법적(dialectic) 통일을 이루어 서로 대화할 수 있게 해주는 것이다. 여성주의적 감수성은 차이가 곧 차별의 근거가 될 수 없고, 위계 질서의 정당화로 이용될 수 없음을 체득한다. 소통을 통해 상호 평등한 공존이 가능하다고 보는 것이다.

5) 생명 감수성은 생활 세계나 지식 생산의 세계 곳곳에 분포해 있다. 혼자 놀고 있는 어린아이를 뒤에 두고서, 아이에게 일어날 수 있는 일들에 신경을 바짝 세우면서 가사일을 동시에 해내는 여성의 혼성 지각 능력이나 현미경으로 염색체 배열을 관찰하면서, 자신은 그 미시 세계 안에 혼연 일체가 되어 하나가 되는 경험들 혹은 대상 관계에서의 통합성을 지향하는 평화 감수성, 인간 아닌 생물체 등에 대한 애도의 감수성 등 여러 사례들은 감수성이 여러 차원에 분포되어 (distributively inductive) 있음을 뜻한다. 여성의 관계 지향성은 자아와 타자를 구분짓지 않고 경계 안팎을 끊임없이 넘나드는 이 경험들로부터 오는 자기 이야기들이다.

6) 생명 감수성의 언어를 이성의 언어가 부정하면 우리의 가치 세계가 분열된다. 감수성은 무엇에 관심을 두면서 응답하는가의 문제이지 그 느낌이 참인지 거짓인지를 묻지 않는다. '아름다움에 대한 감수성'이라고 이야기할 수는 있지만 '진리에 대한 감수성'이라고 이야기하지는 않는다. 한편 이성은 감수성을 동반하지 않을수록, 그에 초연할수록, 혹은 그것을 배척할수록 진리 주장을 독점할 수 있는 위치에 있다고 주장된다. 이 연역적(deductive) 틀에서는 감수성과 이성이 서로 진리를 경합한다면 어느 한쪽이 참이면 어느 한쪽은 거짓이어야 하는 부담이 생긴다. 과학적 정신이 추구하는 진리가 진리의 전부임을 주장하는 시대에서 피카소는 "예술이란 우리가 진실을 보도록 돕

는 거짓말이다"(Art is a lie that helps us see the truth)라고 할 수밖에 없었을 것이다. 이러한 자기 모순적 용어의 병치는 아름다움의 차원과 진리의 차원이 원리적으로 대립하지 않음에도 불구하고, 논리의 고정화가 초래한 결과이다.26)

5. 맺는 말

우리 세계의 근본적인 문제는 인간 : 자연의 대립 또는 과학기술 : 자연의 대립이 아니다. 생명계가 인간에 대해 전쟁을 시작한 것이 아니라 지배자 체제가 사회적 약자들과 온생명의 일부인 지구 자연을 향해 전쟁을 선포했다고 생각한다. 그렇다면 여성주의는 어떻게 각 층위에서 작동하는 지배자 체제들을 해체하고, 동반자적 사회로 나갈 수 있을지에 대한 지식을 생산하고 실천을 조직하고, 내일에 대한 전망을 그리는 데로 논의의 초점을 맞추어야 한다.

이 일에서 여성이 행위자의 주도성을 발휘해야 하는 것은 지금까지 여성이 받아온 혜택에 대한 반대급부(권리 있는 곳에 의무 있다는 법적 기본 정의)는 아니다. 또한 여성이 자연에 더 가까운 생명적 감수성을 갖기 때문에 그 절박성을 더 느끼기 때문도 아니다. 권리 중심의 사고로는 해결할 수 없는 책임과 배려 중심의 사고를 여성주의가

26) 한 과학철학자는 최근에 「이성의 논리와 정서의 논리」(소흥렬, 2003)라는 글(미발표)에서, 이라크 전쟁의 합리적 광기(문명적 야만)에 대한 반대 목소리의 보편적 정서를 말한 바 있다. 그리고 이 정서를 논리화하는 제안으로서, 장조와 단조의 정서 논리가 귀납적 이성에, 운율과 곡조의 정서 논리가 귀추적 이성에, 사랑과 증오의 정서 논리가 실천적 이성에, 공명과 공감의 정서 논리가 유비적 이성에, 극과 극의 정서 논리가 연역적 이성에, 질과 양의 정서 논리가 변증적 이성에 대응한다고 한다. 필자가 감수성의 몇 가지 측면들을 위에서 해설해 본 것은 이 글에서 착안하였음을 밝힌다.

대변하면서, 새로운 생명의 과학문화를 위해 애써야 하는 이유는 여성주의가 지배보다는 공존의 가치에 대한 체화된 감수성을 사회적으로, 역사적으로, 문화적으로 구성해 왔기 때문일 것이다.

그렇다고 인간이 자연과 평화롭게 살던 시절이 있었고(그때는 여성적 지배 원리가 평화를 가져왔고), 지금은 인간과 자연, 남성과 여성, 이성과 감수성의 적대성만이 남아 있다는 것은 사실이 아니다. 태고적의 자연 상태에서도 인간은 땅심을 파괴하고 숲을 훼손하고 인간들 사이에 폭력들이 난무했었다. "자연으로 돌아가자"는 우리의 향수를 자극할 수는 있지만 그 길은 이미 닫힌 길이다. 돌아가는 것이 바람직스럽지도 않고, 돌아갈 수도 없다. 인류의 과학문명이 제 1의 자연 개념을 이미 실종시켰고 기껏 우리는 문명화된 지구 환경 안에서 살고 있다.

그렇지만 필자는 인간이 진화해 온 동안 우리의 마음이나 도덕 또한 진화해 왔을 것으로 본다. 많은 폭력과 광기와 학살이 일어나는 와중에도 점점 더 많은 사람들이 예전의 어느 때보다 무엇이 잘못되고 있는지를 직관하고 있으며 어떤 변화가 일어나야 할 것인지에 대해 새롭게 인식하고 있다. 문명적 발달을 감탄하고 찬탄하기보다, 문화적 미성숙에 대해 한탄하고 있다. 이를 위한 하나의 정서적·지적 자원이 여성주의이다. '여성성'이 생물학적 경로를 밟고 있다면, '여성주의'는 우리 시대 문화적 진화의 코드이다. 여성주의가 과학적 인식을 보충하는 한편, 그 감수성을 통해 우리 문화와 문명이 공진화할 수 있게끔 힘을 보태는 일이 미래의 전망에서 매우 중요하다고 본다.

"지금까지 여성들은 강가에서 급류로 떠밀려 내려온 사람들을 구하고 있다가, 그 수가 도통 줄어들 기미를 보이지 않자 그 일을 그만두고, 상류로 올라가 도대체 누가 수영도 못하는 사람들을 강물에 던지는지 보고자 하는 것, 즉 위기의 순간에 다급한 증상만을 보고

미봉책을 세우는 게 아니라 근본적인 문제를 해결하려 한다."(브라이네스, 2003:144)

참고문헌

김근배(2002),「한국의 초기 여성과학기술자」,『한국역사 속의 여성 과학자 발굴』, 이화여자대학교 기초과학연구소 등 주최 학술대회 자료집.

김영식(1984),『과학혁명』, 민음사.

김영희(1999),「페미니즘과 학문의 객관성」,『여성과 사회』 제10호, 한국여성연구소, 창작과비평사.

김혜숙(1998),「여성주의 인식론과 한국 여성 철학의 전망」,『현대비평과 이론』 제16호.

루이스 멈포드(1999),『예술과 기술』, 김문환 역, 민음사.

브라이네스(2003),「평화의 문화와 안보」,『여성정책의 새로운 비전: 평등, 발전, 평화』 국제 심포지움, 한국여성개발원.

샌드라 하딩(1998),「페미니즘, 과학, 그리고 반계몽주의 비판」, 노명숙 역,『세계사상』 제4호, 동문선.

샌드라 하딩(2002),『페미니즘과 과학』, 이재경 · 박혜경 역, 이화여자대학교 출판부.

셰리 터클(2003),『스크린 위의 삶』, 최유식 역, 민음사.

소홍렬(2003),「이성의 논리와 정서의 논리」, 미간행물.

슐라미스 화이어스톤(1983),『성의 변증법』, 김예숙 역, 풀빛.

아이린 아이아몬드 · 글로리아 페만 오렌스타인(1996),『다시 꾸며보는 세상: 생태여성주의의 대두』, 정현경 · 황혜숙 역, 이화여자대학교 출판부.

오조영란 · 홍성욱 편(1999),『남성의 과학을 넘어서』, 창작과비평사.

오히어(1995), 『현대의 과학철학 입문』, 신중섭 역, 서광사.

유영미(2001), 「과학교과서의 성차별성」, 『여성과 사회』 제13호, 한국여성연구소, 창작과비평사.

이블린 폭스 켈러(2001), 『생명의 느낌』, 김재희 역, 양문.

이상화(1995), 「여성주의 인식론에 대한 비판적 성찰」, 『한국여성철학』, 여성철학연구모임 편, 한울아카데미.

이영숙(2002), 「생명의 젠더화와 생명여성주의」, 『지구화 시대의 젠더·생명·환경』, 이화여자대학교 한국여성연구원 주최 학술대회 자료집.

이은경(2001), 「과학기술, 여성, 그리고 정부」, 『여성과 사회』 제12호, 한국여성연구소, 창작과비평사.

이장규(1997), 「산업기술의 발전과 21세기의 삶」, 『현대사회와 과학문명』, 서울대 사회정의연구실천모임 편, 나남출판.

제인 구달(2000), 『희망의 이유』, 박순영 역, 궁리.

조영미(2002), 「출산과정의 의료화와 여성의 행위성」, 『한국여성학회 제18차 추계학술대회 자료집』.

조주현(1998), 「페미니즘과 기술과학」, 『한국여성학』 제14권 2호.

존 브로크맨(1996), 『제 3의 문화』, 김태규 역, 대영사.

주디 와츠맨(2001), 『페미니즘과 기술』, 조주현 역, 당대.

캐롤 타브리스(1999), 『여성과 남성이 다르지도 똑같지도 않은 이유』, 히스테리아 역, 또하나의 문화.

하정옥(2000), 「한국의 생명공학기술과 젠더」, 『여성과 사회』 제11호, 한국여성연구소, 창작과비평사.

홍성욱(1999), 『생산력과 문화로서의 과학 기술』, 문학과지성사.

FORESEEN 연구소(2000), 『여성적 가치의 선택』, 문신원 역, 동문선.

Giere, R. N.(1999), "The Feminism Question", *Science without Laws*, The Univ. of Chicago.

Swimm, B. & Berry, T.(1992), *The Universe Story*, Harper SanFranscisco.

"성과 젠더의 생물학"에 대한 논평

| 장 대 익 | 서울대 과학사 및 과학철학 협동과정 |

"여성이 남성보다 더 다정다감하고 덜 이기적이라는 측면에서 두
성은 서로 다른 것처럼 보인다. 모성본능 덕택으로 여성은 자신의 자
식들을 향해서 이런 자질들을 잘 발휘한다. 그러므로 여성은 동료 피조
물을 향해 그런 자질들을 종종 확장하기 쉬울 것이다."(Darwin, 1871)

"페미니스트들이 말하는 이상적인 성 — 이기적이지 않고 본래부터
경쟁심이 없고 권력에도 관심이 없으며 평화와 정의가 가득했던 여
왕천하로 우리를 다시 안내해 줄 여성에 대한 꿈같은 신화 — 는 아
무 근거도 없는 환상일 뿐이다. … 그런 여성은 결코 영장류에서 진
화할 수 없었다. 그건 환상일 뿐이다."(Hrdy, 1981)

최재천 교수(이하 필자)의 이 논문은 사회생물학이 페미니즘과 어
떤 관련이 있는지를 동물행동학자(혹은 사회생물학자)의 입장에서 본
격적으로 다룬, 내가 알기로는 국내 최초의 논문이다. 하지만, 이 글
에서 필자는 자신이 상대하고자 하는 페미니즘이 정확히 무엇인지는
명시하지 않았으며 글의 무게중심은 사회생물학, 정확히 말하면 성의
사회생물학(sociobiology of sex)에 있다. 필자의 논의를 순서대로 따
라가 보면서 사회생물학과 페미니즘의 관계를 고찰해 보자.
    우선 필자는 성의 진화(evolution of sex), 즉 "왜 유성생식을 하는
개체가 생명의 진화 과정에서 출현하게 되었는가?"라는 문제로부터

성의 문제를 풀기 시작한다. 필자에 따르면, 성의 진화에 대해서는 그동안 크게 두 가지 가설들 — '유전자 다양성 가설'과 '숙주-기생충 공진화 가설' — 이 제시되었는데, 집단선택론에 입각한 첫 번째 가설보다는 개체선택론에 근거한 두 번째 가설이 현재 정설로 받아들여지고 있다. 필자의 이런 요약은 성의 진화와 선택의 수준(levels of selection) 문제가 어떤 식으로 연관될 수 있는지를 명확하게 보여주는 것이긴 하지만, 페미니즘 논의와 관련해서는 직접적인 함의를 끄집어내기는 쉽지 않아 보인다.

1. 어떤 성이 선택하는가?

하지만, 이어지는 성간 갈등과 성선택론(sexual conflict and sexual selection) 부분은 제목에서부터 풍기듯이 페미니즘 논의가 풍성하게 진행될 수 있는 텍스트이다. 아마도 생물학 전체를 통해 이 주제만큼 페미니스트들의 관심을 끌 만한 대목은 또 없을 것이고 실제로도 그래왔다(Hrdy, 1981, 1999; Cronin, 1992; Ridley, 1993; Buss, 1994; Angier, 1995; Gowaty, 1997; Browne, 1998; Zuk, 2002; 최재천, 2003). 필자의 결론은, "[사회생물학과 페미니즘이] 이제는 화해의 손을 마주잡을 때"가 되었으며 다윈의 성선택(sexual selection) 이론 속에는 그럴 만한 요인들이 충분하다는 주장이다. 이런 결론은 필자도 밝히고 있듯이, 이미 10여 년 전부터 진행된 동물행동학자(필자를 포함한)들 간의 '본격적인' 논의 과정에서 도출된 것이다.

필자는 이런 결론을 위해 우선 다윈의 성선택 이론의 핵심 개념들을 소개한다. 그에 따르면 "성선택 이론은 크게 두 부분으로 나뉘는데, 하나는 번식에 관한 한 궁극적인 결정권이 암컷에게 있다는 암컷선택(female choice)과 암컷의 선택을 받기 위해서 수컷들이 경쟁할 수밖에 없다는 수컷 경쟁(male-male competition)"이다. 필자는 다윈의 성선택 이론이 번식에 있어서 암컷의 우위를 공공연히 드러낸다는 이유 때문에 태어나자마자 "뒤주에 갇히고 말았다"고 표현한다. 그런 의미에서 필자의 말처럼, 페미니즘의 발흥과 성선택 이론의 부활이 어떤 인과적 관계를 맺고 있는가는 과학사가들에게 매우 흥미로운 주제일 것이다(Cronin, 1992).

흔히, 사람들은 짝짓기의 경우에 선택권이 수컷에게 있을 것이라고 생각한다. 이런 통념은 아마도 인간의 경우에 주로 남성이 여성을 선택한다는 판단에서 비롯된 편견일 수 있다. 하지만, 필자는 사회생물학이 이 대목에서 매우 다른 이야기를 한다고 주장한다. 필자가 기대고 있는 트리버즈(Trivers)의 양육투자 이론(parental investment theory)에 따르면, 부모가 되기 위해서 투자 — 배우자(gamete) 생산 노력과 구애 노력 — 를 더 많이 하는 쪽이 번식에 있어서 선택권을 갖는다. 동물계에서 많은 경우에 암컷이 그 선택권을 갖게 되지만, 필자가 든 모르몬귀뚜라미의 사례처럼 구애를 위해 엄청난 노력을 한 수컷이 종종 번식의 선택권을 갖기도 한다. 따라서, 다윈의 성선택 이론은 "암컷 선택과 수컷 경쟁"(female choice & male-male competition)보다는 "성간 선택과 성내 선택"(intersexual selection & intrasexual selection)으로 개념화할 때 더 포괄적일 것이다. 자연은 번식의 선택권을 '어떤 성'에게 줄 것인지에는 관심이 없어 보인다. 다만, 투자를 더 많이 한 쪽의 성에 선택권을 줄 뿐이다. 이런 의미에서 자연은 남성우월주의자도 그 반대도 아니다.

2. 암컷의 혼외정사와 페미니즘

하지만 흥미롭게도 필자는 생명을 대하는 사회생물학자들이 여전히 남성 중심적 사고에 찌들어 있어서 암컷의 '적극적인' 번식 행동들을 간과해 왔다고 지적한다. 예컨대, 일부일처제의 전형으로 여겨졌던 새의 경우에도 암컷의 혼외정사는 상당히 보편화되어 있다. 더욱 놀라운 지적은 암컷들이 혼외정사를 할만한 진화적 이유들이 존재한다는 주장이다(Choe & Crespi, 1997).

그렇다면, 인간의 경우에는 어떨까? 사실, 배우자를 선택하는 일은 남성과 여성에게 서로 다른 적응 문제(adaptive problems)를 제기한다. 특히, '단기 짝짓기 전략'(short term mating strategy)을 구사할 때 이런 차이는 두드러진다. 이 전략은 남성과 여성이 모두 사용할 수 있긴 하지만, 똑같은 방식으로 적용되지는 않는다. 남성의 경우 단기적 짝짓기 전략은 한 여자와 성관계를 한 후에 거기서 생겨난 아이에 대해서는 무관심한 태도인데, 임신을 하는 쪽은 여성이기 때문에 여성은 이런 상황을 미리 방지해야 할 이유가 있다. 자신의 짝이 장기 짝짓기 전략(long term mating strategy)을 사용하는지 아니면 단기 짝짓기 전략을 구사하고 있는지를 제대로 구별하지 못하는 여성은 미혼모가 될 위험에 처했을 것이다. 여성의 입장에서는 이런 불운을 방지하는 장치가 있어야 한다. 여성이 남성에 비해 성관계에 응하는 데 더 신중한 태도를 보이는 것은 그런 기제 중 하나일 것이다.

그렇다면, 단기 짝짓기 전략을 구사하는 여성들에게는 아무런 이득이 없을까? 인간의 전 역사를 통해 남성들의 바람기가 사라지지 않았던 것은 분명하며 역설적으로 이런 사실은 여성 조상들 역시 일부일처제에 완전히 충실하지는 않았음을 말해 준다. 즉, 필자가 언급한 새의 경우에서처럼 여성도 단기적 짝짓기 전략을 구사할 수 있다. 여성이 바람을 피울 때 그 자신이 얻을 수 있는 이득이 무엇인지에 대해서는, 새의 경우만큼 그리 분명하지는 않다. 인간과 사촌 종인 보노보(Bonobo)의 행동 연구에서 최근에 밝혀졌듯이, 여성에게 섹스는 번식만을 위한 것이 아니라 친밀함과 자원 등을 획득하는 수단일 수 있다

(de Waal, 1997). 또한, 여성은 혼외정사를 통해 좀더 다양하고 우수한 유전적 자질을 가진 자식을 낳을 수 있다. 만일 혼외정사를 통해 낳은 자식의 정체를 장기 파트너(남성)가 눈치채지 못한다면 혼외정사는 여성의 입장에서 분명 손해볼 일은 아니다.

그러나, 이런 잠재적인 이득에도 불구하고 여성의 혼외정사는 남성의 그것에 비해 위험 부담이 훨씬 더 클 수밖에 없다. 왜냐하면, 자기 뱃속에 아기를 품고 있어야 하는 쪽은 분명 여성이며 만일 자원을 지속적으로 공급해 줄 이성 짝이 없으면 자식을 혼자서 낳고 길러야 할 개연성이 높아지기 때문이다. 게다가, 그런 여성에게 자원의 출처인 장기 배우자가 있다 해도 만일 자신의 혼외정사가 들통이 나면 어떤 형태로든 처벌을 감수해야만 한다. 따라서, 단기 짝짓기 행위에 대해서는 남성보다는 여성이 더욱 신중할 수밖에 없고 자연선택은 여성의 이런 심리기제를 선호했을 것이다(Buss, 1994, 1999).

반면, 하룻밤을 함께 지낼 파트너를 고르는 게 아니라 장기적인 짝을 선택하려 한다면, 남성이나 여성은 모두 충실한 짝을 골라야만 한다. 자신의 짝을 고를 때 우리 조상들은 상대방의 유전적 자질뿐만 아니라 자녀를 키우는 데 얼마나 많은 자원과 에너지를 투자할 수 있는지, 그리고 그럴 자세가 되어 있는지를 따지지 않을 수 없었을 것이다. 친절함, 인내, 관대함, 신뢰 등이 배우자의 덕목이 되는 이유가 여기에 있다. 이런 요소들은 장기 짝짓기 전략과 관련이 있다(Buss, 1994, 1999).

요약해 보자. 인간의 경우에는 단기 짝짓기 전략과 장기 짝짓기 전략이 모두 사용되고 있다. 그런데 여성의 혼외정사가 여성 자신에게 이득을 주는 경우는 남성의 혼외정사가 남성 자신에게 이득을 주는 경우보다 적을 수밖에 없다. 물론, 피임법의 발명은 여성을 임신의 공포로부터 어느 정도 자유롭게 해줌으로써 여성의 성 행동 패턴에 큰 영향을 주었을 것이다. 하지만 그럼에도 불구하고, 평균적으로 여성이 남성보다 더 자주 혼외정사를 즐긴다거나 그럴 만한 진화적 이유가 존재한다고까지 주장할 수는 없다. 남성과 여성이 오랜 진화의 역사 동안에 직면해 왔던 서로 다른 적응 문제들(adaptive problems)과 그 문제들에 대한 해결책으로서의 적응들은 쉽게 제거되지 않는다. 이런 맥락에서 짝짓기에 관한 여성의 능동성이 필요 이상으로 강조되면 실재에 대한 뜻하지 않은 오해가 일어날 수도 있을 것이다.

3. 질투의 성차

질투(jealousy)에 대한 필자의 논의는 필자의 의도와는 달리 이런 오해가 다소간 발생할 수 있는 부분처럼 여겨진다. 필자는 흥미롭게도 "질투가 수컷의 속성"이라고 진술한다. 사회적으로 질투의 정형(stereotype)이 여성임을 감안하면 또 한번 사회의 통념을 깨는 주장이다. 하지만 정확히 말하자면, 질투는 수컷과 암컷 모두의 속성이며 그 이유와 양상에 성차(sex differences)가 존재한다(Buss et al., 1996; Buss, 2000). 필자도 언급하고 있듯이, 진화의 역사를 통해 수컷은 늘 '부권 불확실성'(paternity uncertainty)의 문제에 시달려야 했다. 반면, 암컷의 경우에는 자신의 짝이 자식을 버리고 다른 암컷에게로 떠나버릴 수 있는 또 다른 의미의 심각한 문제에 늘 직면해 있었다. 반드시 해결해야만 했던 암컷과 수컷의 적응 문제(adaptive problems)들이 이렇게 다르기 때문에, 그 해결책인 질투도 성차를 보일 수밖에 없다. 특히, 다른 영장류 종들에 비해 자식 기르는 일에 더 많은 힘을 쏟아야 하는 인간 종의 경우에, 남의 자식을 키워야 하거나(남성의 경우) 남편의 마음을 다른 여성에게 빼앗겨 자원을 몽땅 잃게 되는(여성의 경우) 일은 매우 치명적인 것일 수 있다.

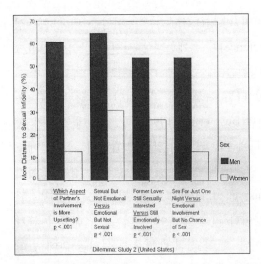

<그림 1> 질투심의 성차(sex difference)를 나타내는
그래프(미국) 어떤 상황이든지 남성(검은색 그래프)
은 자신의 짝이 다른 남성과 정서적 교감을 나눌 때
보다 성적인 관계를 맺을 때 더 많은 스트레스를 받
는 반면, 여성의 경우는 반대이다(Buss et al., 1999).

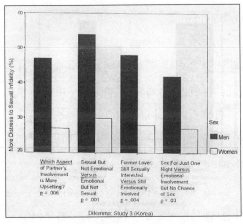

<그림 2> 질투심의 성차(sex difference)를 나타내는
그래프(한국) 어떤 상황이든지 남성(검은색 그래프)
은 자신의 짝이 다른 남성과 정서적 교감을 나눌 때
보다 성적인 관계를 맺을 때 더 많은 스트레스를 받
는 반면, 여성의 경우는 반대이다. 이런 성차는 <그
림 1> 미국의 경우와 마찬가지이다(Buss et al., 1999).

텍사스 대학의 심리학자인 버스(D. Buss)는 동서양을 막론하고 성적 질투심에 성차(sex difference)가 존재한다는 사실을 밝혀주었다(그림 참조). 남성은 여성이 정절을 깨는 것에 대해 훨씬 큰 분노를 느끼는 데 비해 여성은 남성이 다른 여성에게 정서적인 친밀감을 보이는 것에 대해 더 크게 분노한다(Buss et al., 1996). 즉, 질투에 성차가 존재할 것이라는 진화론적인 예측과 잘 들어맞는 결과이다. 흥미롭게도 필자가 직접 참여한 연구 결과에서 볼 수 있듯이 한국의 경우도 여기서 예외가 되지 않는다(Buss et al., 1999). 이런 사실을 감안하면, 필자의 "질투는 남성의 속성이다"라는 진술에는 더 많은 내용이 담겨 있다고 해석되어야 할 것이다. 이런 성적인 질투는 성인들 간에 벌어지는 폭력과 살인의 직접적인 원인이 되기도 한다(Daly & Wilson, 1988).

4. 배란 은폐와 짝결속(pair-bonding)

번식에 있어서 여성의 주체성을 드러내기 위한 필자의 노력은 인간 여성들에게만 나타난다고 알려져 있는 은폐된 배란(concealed ovulation) 현상과 일부일처제의 기원에 관한 논의에서 더욱 심화된다. 그동안 배란 은폐의 진화를 설명하는 가설은 크게 세 가지 정도가 제기되었다. 그중 하나는, 여성의 배란 은폐가 여성이 원하는 남성을 지속적으로 배우자로 묶어둠으로써 그 남성이 다른 여성을 찾아다니지 못하게 만듦과 동시에 다른 경쟁 남성들에게도 배란시기를 가르쳐주지 않기 때문에 부권에 대한 신뢰감을 높여주었다는 가설이다(Alexander & Noonan, 1979). 이것은 필자가 취하는 견해이기도 하다.

하지만 또 다른 가설은 여성의 배란 은폐가 오히려 남성이 부권을 혼동하도록 만들기 위해 고안된 장치라고 주장한다. 여성의 배란기를 모르고 짝짓기를 한 남성들은 그 여성이 자신의 아이를 임신했을 수도 있다는 의심(?) 때문에 그 여성의 자식들을 함부로 대하지 못한다 (Hrdy, 1981).

마지막 가설은, 배란 은폐가 여성의 의도적인 산아제한을 막기 위해 선택된 기제라고 주장한다(Burley, 1979). 만일 원시 여성에게 어떻게든 피임을 할 수 있는 능력이 있다고 해보자. 그러면, 여성들은 자녀의 수를 의도적으로 제한했을 것이므로 실제로 여성들은 낳을 수 있는 최대치를 훨씬 밑도는 자녀를 생산했을 것이다. 분만의 고통, 합병증의 발생 위험성, 자녀수의 증가로 인한 노동 강도의 증가 등을 피하기 위해서 여성들은 거의 틀림없이 최대한 적은 수의 아기를 낳으려고 노력했을 것이기 때문이다. 따라서, 자연선택은 자녀를 적게 나으려는 여성들의 의도적인 욕구에 대항하기 위해 여성들로 하여금 산아제한을 하기 어렵도록 배란 은폐 기제를 만들어주었다. 이 가설은, 피임을 통해 번식을 인위적으로 통제할 수 있는 지적 능력을 갖고 있는 인류에게 결국 배란 은폐가 나타날 수밖에 없다는 주장이다.

하지만 이런 설명은 적지 않은 인류학적 증거 자료들에도 불구하고 편협한 인간중심주의적 해석이라는 비판을 면하기 힘들다. 왜냐하면, 은폐된 배란은 인간뿐만 아니라 몇몇 원숭이와 오랑우탄, 그리고, 어떤 의미에서는 대부분의 조류에게서도 나타난다고 보아야 하기 때문이다(Ridley, 1993).

벌리(Burley)의 가설을 배제한다면, 배란 은폐의 진화는 번식에 있어서 여성의 주체성을 부각시키는 중요한 사례가 될 것이다. 좀더 정확히 말하자면, 배란 은폐는 여성이 남성의 짝짓기 행동을 통제하고 조작(manipulate)하는 효과적인 기제로서 진화했다. 이런 의미에서 리들리의 표현대로, "배란 은폐는 [여성의] 간통 게임에서 하나의 무기"인 셈이며(Ridley, 1993), 필자의 표현대로, "은폐된 배란은 남성들로 하여금 일부일처제를 고려하지 않을 수 없게끔 만들었다."

하지만, 배란 은폐만이 남성과 여성의 짝결속(pair-bonding)을 가능케 만든 유일한 원인은 아니다. 직립을 하기 시작한 인간은 골반 구조의 변화로 인해 뇌의 크기가 작은 상태로 아기를 출산을 할 수밖에 없었다. 인간의 경우에 갓 태어난 아기는 그 뇌가 어른 뇌의 1/4 정도에 불과할 정도로 미숙한 상태로 태어난다. 다른 영장류들에 비해서 인간은 미숙한 상태의 아기를 낳아 그 아기를 오랫동안 양육하게끔 진화했다. 자원이 희귀했던 진화적 과거에는 여성 혼자만으로는 아이를 도저히 키울 수 없었을 것이고, 남성의 입장에서도 자기 자식이 도움을 받지 못해 죽어나가는 것은 결국 손해일 수밖에 없다(최재천, 2003). 따라서, 인간 사회에서 짝결속은 남성과 여성 모두에게 이로운 전략인 셈이다. 이런 의미에서 "결혼은 원래 남자가 원해 생겨난 제도일 것"이라는 필자의 주장에는 다소 무리가 있어 보인다.

지금까지 살펴본 바대로, 필자는 본 논문에서 성 행동에 관한 여성의 주체성(subjectiveness)을 드러내기 위해 몇 가지 사례들을 제시했다. (1) 다윈의 성선택 이론에 이미 여성의 번식 선택권이 녹아 있고, (2) 암컷들의 경우에도 혼외정사가 빈번할 뿐만 아니라 그럴만한 진화적 이유마저 있으며, (3) 질투는 부권 불확실성의 문제를 해결하기 위해 진화된 남성의 심리 기제이며, (4) 여성은 배란 은폐를 통해 자기 옆에 남성을 묶어놓게 되었다는 것이다. 위에서 나는 이런 사례들에 대해서 비판적으로 검토했다. 나는 필자의 전체적인 논의에는 공감할 수밖에 없지만, 몇몇 세부적인 부분에서는 필자의 메시지가 전개된 내용보다 몇 걸음 앞서 나갔다고 생각한다. 이는 어쩌면 필자가 여성의 주체성을 강조하려다 나온 부산물이 아닌가 싶다.

5. 사회생물학에 대한 몇 가지 오해와 남는 문제들

이런 점들 외에 생각해 볼 만한 것들을 몇 가지 더 언급해 보자. 필자의 글에는 나와 있지 않지만, 수컷의 암컷에 대한 '강압적 성 행동'(coercive sexual behavior)은 페미니즘과 관련하여 사회생물학자들 사이에서 뜨거운 감자처럼 취급되었다. 실제로 강압적인 성 행동의 사례들은 여러 종들에서 발견된다(Thornhill, 1980; Smuts & Smuts, 1993). 최근에는 남성의 강간이 적응인가 아닌가를 놓고 한바탕 소동이 벌어졌었다(Thornhill & Palmer, 2000; Coyne, 2000; Coyne & Berry, 2000; Tooby & Cosmides, 2000; Thornhill & Palmer, 2001). 수컷의 이런 행동에 대한 여러 가지 쟁점들이 있겠지만, 페미니즘과 연관된 물음은 이런 수컷의 강제 행동에 대항하기 위한 암컷의 행동 기제가 과연 있는가, 있다면 무엇인가에 관한 것이다(Gowaty, 1997). 만일, 그런 행동에 저항하는 암컷의 행동 기제가 진화하지 않았다면 암컷은 늘 번식에 희생자가 될 수 있는 위험을 안고 산다고 할 수 있다. '암컷 선택'(female choice)이 진정한 '선택'이기 위해서는 수컷의 강압적 성 행동에 대한 저항 기제도 암컷이 구비하고 있어야 할 것이다. 만약 그렇지 않다면, 여기에 '선택'이라는 단어는 적절치 못하며, 여성의 번식 주체성을 옹호하려는 필자의 노력에도 타격을 줄 수 있다. 이 대목에서 우리는 성선택 이론의 전문가인 필자의 대답을 기다릴 수밖에 없다.

필자의 본 논문은 사회생물학자로서 페미니즘과의 화해를 모색했다는 측면에서 한국의 가부장 문화를 질타하는 여타의 접근들과 종류에 있어서 매우 다르다. 흔히들, 성의 생물학(biology of sex)은 결정론적이고 남녀의 본질적인 차이를 강조하고 문화의 역할을 깎아 내린다고 생각한다. 예를 들어, 어떤 이는 사회생물학의 성선택 이론을 언급하며 그것이 "성차별 이데올로기를 정당화한다"고 주장하기도 한다(하정옥, 1999). 하지만 필자의 말대로 관련 학술지에 게재된 논문들의 70-80%가 성선택 이론에 관한 것인 상황에서, 논문의 필자들이 모두 성차별주의자가 아닌 이상 이런 비판은 터무니없는 오해에 근거한 것일 수밖에 없다. 사실, 바로 필자처럼 그 반대의 역할을 묵묵히 수행하고 있다고 보는 편이 더 옳을 것이다. 실제로, 생물계에서 벌어지는 다종다기한 짝짓기 행동에 대한 연구결과는, 그중 몇몇 사례들을 어줍잖게 들먹이며 남성 중심적 문화를 고양시키려는 사람들에게 오히려 일침을 가하고 있다(Hrdy, 1981, 1999; Angier, 1995; Gowaty, 1997; 최재천, 2003).

또한, 사회생물학의 비판자들은 스스로 "자연주의적 오류"(naturalistic fallacy)를 자주 범하기도 한다. 이 오류는 사실 진술만으로는 당위 진술이 논리적으로 도출되지 않음에도 불구하고 그런 도출이 시도될 때 발생한다. 하지만 국내의 대표적인 사회생물학 비판가인 하정옥은 "사회생물학의 설명에 따르면 성선택 과정을 순조롭게 하기 위해 일반적으로 수컷은 공격적이고 암컷에 대해 지배적이어야 한다. 반면 암컷은 수동적이며 수컷에 대해 종속적이어야 한다"라고 주장함으로써 자연주의적 오류를 너무 쉽게 범하고 말았다. 사회생물학에는 결코 "지배적이어야 한다" 혹은, "종속적이어야 한다"와 같은 당위 진술이 들어 있지 않다. 또한 그녀의 주장과는 달리, "자연적 사실"로 인간 사회의 매춘을 정당화해 주는 사회생물학자는 결코 존재하지 않는다(하정옥, 1999). 물론, 그런 정당화에 기민한 저널리스트들은 적지 않을 것이다. 하지만, 사회생물학에 대한 정교한 비판을 하고 싶은 사람이라면, 선정주의에 눈이 먼 일부 저널리스트의 기사 정도를 인용한 후에 그것을 마치 사회생물학자들의 견해인 것처럼 후려치는 낡은 수법은 이제 더 이상 써먹지 말아야 할 것이다.[1]

---

1) 하정옥은 자신의 논문에서 사회생물학을 사회 진화론, 유전자 결정론, 무

그런데, 자연주의 오류와 관련하여 사회생물학자들도 주의해야 할 점이 있는 것 같다. 그것은, 다양한 환경에 놓인 수많은 유형의 암컷과 여성들이 어떻게 주체적으로 성 행동을 하고 있는지를 기술하고 분석하는 작업 — 이 작업 자체는 매우 귀중한 것이다 — 을, 페미니즘을 적극적으로 "정당화"하는 과업에 도구로 사용해서는 곤란하다는 점이다(Zuk, 2002). 이런 정당화 또한 자연주의 오류에 슬그머니 발을 담그고 있기 때문이다. 하지만 더 근본적인 이유는, 자연 자체가 너무도 다양하고 이질적인 구성원들로 구성되어 있기 때문에 페미니즘과 관련하여 그 누구의 편도 들어줄 수 없기 때문일 것이다.

여러 유관 사례들을 볼 때, 페미니즘이 사회생물학의 도움을 받을 수 있는 여지보다는 상대적으로 그 반대의 여지가 더 많아 보인다. 사회생물학과 페미니즘의 화해를 시도한 필자의 특별한 노력은, 어쩌면 그 둘이 '네모난 원'이 아니라는 선에서 만족되어야 할지도 모른다. 하지만, 이 글은 사회생물학으로 거듭난 한 저명한 동물행동학자가 어떻게 페미니즘과도 손잡을 수 있는지를 생생하게 보여준 매우 귀중한 논의임에 틀림없다.

> "남성과 평등한 권리를 갖는 여성은 결코 진화하지 않았다. 오히려 그런 여성은 지성과 불굴의 의지, 그리고 용기로 얻어지는 것이며 싸워서 쟁취된 것이다."(Hrdy, 1981)

분별한 적응주의, 성차별 이데올로기, 도덕적 · 정치적 수구주의라고 매도하면서 오해의 수준을 넘어서고 있다(하정옥, 1999). 몇 장 안되는 사회생물학에 대한 검토에서 어떻게 이런 식의 오해가 집약적으로 표출될 수 있는지 그저 놀랍기만 하다. 하정옥의 견해에 대한 비판을 비롯하여, 한국에서 진화론이 어떻게 오역 · 오해되어 왔으며 또 어떻게 오용되고 있는지에 대해서는 내 글을 참조하시오(장대익, 2002).

참고문헌

장대익(2002), 「한국에 온 다윈의 수난기: 그 오역과 오해, 그리고 오용의
    역사를 넘어」
    http://pencil.kyobobook.co.kr/pencil/20012002/4wi/0201/review_
    readers.html
최재천(2003), 『여성시대에는 남자도 화장을 한다』, 궁리.
하정옥(1999), 「남녀의 생물학적 차이, 그 역사적 함의」, 『남성의 과학을
    넘어서: 페미니즘의 시각으로 본 과학, 기술, 의료』, 오조영란·홍
    성욱 엮음, 창작과비평사, pp.21-48.

Alexander, R. F. & Noonan, K. M.(1979), Concealment of ovulation,
    parental care, and human social evolution, in N. A. Chagnon &
    W. Irons(eds.), *Evolutionary biology and human social behavior*,
    Duxbury Press, pp.402-435.

Angier, N.(1995), *The Beauty of the Beastly*, Houghton Mifflin Co; 장미
    란·우순교 공역, 『동물들은 암컷의 바람기를 어떻게 잠재울까?』,
    가서원.

Brwone, K.(1998), *Divided Labours: An Evolutionary View of Women at
    Work*, Weidenfeld & Nicholson.

Burley, N.(1979), The evolution of concealed ovulation, *American
    Naturalist* 114, pp.835-858.

Buss, D.(1994), *The evolution of desire: Strategies of human mating*,
    Basic Books.

Buss, D.(1999), *Evolutionary Psychology: The New Science of the Mind*,
    Allyn and Bacon.

Buss, D.(2000), *The Dangerous Passion: Why Jealousy is as Necessary as
    Love and Sex*, The Free Press.

Buss, D., Larsen, R., & Westen, D.(1996). Sex differences in jealousy:

Not gone, not forgotten, and not explained by alternative hypotheses. *Psychological Science* 7, 373-375.

Buss, D., Shackelford, T. K., Kirkparick, L. A., Choe, J., Hasegawa, M., Hasegawa, T. & Bennett, K.(1999). Jealousy and the nature of beliefs about infidelity: Tests of competing hypotheses about sex differences in the United States, Korea, and Japan. *Personal Relationships* 6, 125-150.

Choe, J. C. & Crespi, B. J.(1997), *The Evolution of Mating System in Insects and Arachnids*, Cambridge University Press.

Coyne, J.(2000), The Fairy Tales of Evolutionary Psychology: Of Vice and Men, *New Republic*.

http:www.thenewrepublic.com/040300/coyne040300.html

Coyne, J. and Berry, A.(2000), Rape as an Adaptation: Is this contentious hypothesis advocacy, not science?, *Nature* 121-122.

Cronin, H.(1992), *The Ant and the Peacock*, Cambridge University Press.

Daly, M. & Wilson, M.(1988), *Homicide*, Aldine.

de Waal, F. & Lanting, F.(1997), *Bonobo: The Forgotten Ape*, University of California Press.

Gowaty, P.(1997), *Feminism and Evolutionary Biology: Boundaries, Intersections, and Frontiers*, Chapman and Hall.

Hrdy, S. B.(1981/1999), *The Woman That Never Evolved*, Harvard University Press.

Hrdy, S. B.(1999), *Mother Nature: A History of Mothers, Infants, and Natural Selection*, Pantheon Books.

Ridley, M.(1993), *The Red Queen: Sex and the Evolution of Human Nature*, Viking; 김윤택 옮김(2002), 『붉은 여왕』, 김영사.

Smuts, B. & Smuts, R.(1993), Male aggression and sexual coercion of females in nonhuman primates and other mammals: Evidence and theoretical implications, *Advances in the Study of Behavior* 22, pp.1-63.

Thorhill, R.(1980), Rape in *Panorpa* scorpionflies and a general rape hypothesis, *Animal Behavior* 28, pp.52-59.

Thornhill, R. and Palmer, C. T.(2000), *A Natural History of Rape: Biological Bases of Sexual Coercion*, The MIT Press.

Thornhill, R. and Palmer, C. T.(2001), New preface to paperback edition of A Natural History of Rape: Biological Bases of Sexual Coercion. http://mitpress.mit.edu/thornhill-preface.html

Tooby, J. and Cosmides, L.(2000), a letter responding to Jerry Coynes's Article "Of Mice and Men"
http://www.psych.ucsb.edu/research/cep/tnr.html

Zuk, M.(2002), *Sexual Selections: What We Can and Can't Learn about Sex from Animals*, University of California Press.

"젠더에 대한 동양의 담론"에 대한 논평

| 이 주 향 | 수원대 철학과 |

아직도 정치적·경제적·계층적·성적 불평등이 남아 있는 현대 사회에서, 사물의 불평등 질서를 토대로 현실적인 인간사회의 불평등을 인정하는 유교적 신분질서를 비판하는 일은 불평등의 한 요인을 제거한다는 점에서 의미 있는 일이며 자연스러운 일이다. 그러나 반대로 신분이나 성차에 의한 차별이 악이 되는 현대 사회에서 신분과 성차에 의해 철저하게 사람을 차별하는 유교사상을 긍정적으로 검토하려 하는 것은 어떤 의미일까? 과거의 영광에 대한 단순한 향수일까, 아니면 그 오래된 문화적 전통 속에서 우리 영혼이 잊어서는 안되는 어떤 생명의 씨앗이 들어 있는 것일까.

당연히 후자여야 할텐데 후자이기 위해서는 신분질서와 성차에 의한 차별을 정당화했던 유교사상이, 유교사상의 본질이 아니라 우연적·부차적인 것임을 밝히고, 지금 이 시대, 21세기에서 그 이론이 어떻게 어떤 방식으로 생명력을 가질 수 있는지를 보여줘야 한다.

최교수(이하 필자)는 "음양론은 상호대립적인 것들을 끌어안아 화해와 공존을 지향한다고 하지만, 실상은 음/양으로 분류되는 사물들의 불평등한 위계질서를 합리화하는 수상쩍은 이론"이라는 페미니즘 진영의 비판에 대해 '단순한 비판'이라고 일축하고 "그(음양론) 성격을 면밀히 분석하여 본질을 추출하는 데 초점"을 맞춰야 한다고 주장하고 있다. 필자의 이런 주장을 따라가 보면 음양론은 음/양으로 분류되는 사물들의 불평등한 위계질서를 합리화하는 이론 이상임을 기대하게 된다. 그러나 아쉽게도 필자는 그렇게 상세하게 풀어놓은 건곤 이론으로 유교사회의 어떤 여성론을 긍정하고 있는 인상이다. 그것은 어쩌면 연구과제의 한계인지도 모르겠다. "젠더에 대한 동양의 담론"이 아니라 "음양론, 젠더를 넘어"였으면 달라지지 않았을까.

필자의 지적대로 동양 젠더담론의 원형은 건/곤(乾/坤)이다. 그 성격을 면밀히 분석하여 본질을 추출해야 한다는 그의 주장이 무색하지 않게 그는 [주역(周易)]의 건괘와 곤괘의 복잡미묘한 설명체계를 자세히 풀어놓고 있다. 떠오르는 태양의 찬란한 빛을 받아 초목이 살아나는 모습을 그린 글자로서의 건과, 만물이 굳은 지표를 뚫고 나온다는 의미의 곤이 시대마다 사람마다 얼마나 다양한 의미를 지니고 있는 것인지를 우리는 그의 논문 "젠더에 대한 동양의 담론"에서 분명히 보았다. 여러 정황으로 볼 때 자연의 생명력을 토대로 하고 있는 음양론(혹은 건/곤이론)이 신분의 담론이나 동양 젠더담론의 원형만 아니라면 매력적인 이론이 될 수도 있고 통찰력 있는 시가 될 수도 있겠다. 그렇다면 건/곤이 동양 젠더담론의 원형으로서 얼마나 유의미한가를 연구하기보다 동양 젠더담론의 원형이 된 건/곤이 동양 젠더의 담론에 갇혀 얼마나 빛을 잃었는가를 보여줘야 자연의 생명력을 토대로 하는 음양론(혹은 건/곤)이 살아나지 않겠는가.

필자가 인용한 건과 곤의 관계를 보자. "(곤이 건을) 앞서면 미혹되고 뒤따르면 이익을 주관하리라." 분명히 삶에는 앞서면 미혹되는 차원이 있는데 이것을 「문언전」처럼 군신관계나 부부관계의 질서로 고정시켜 놓으면 어쩔 수 없이 전근대적인 발상이 되는 것이다. 사실 젠더담론으로서의 음양론은 시대나 상황을 뛰어넘어 적용될 수 있는 것이 아니다. 음양론이 도가와 만나도 여성 억압적이겠는가. 그것은 여성의 억압이 보편화된 동양의 전근대 사회에서 그 억압을 정당화하는 순응의 논리로 작용해 온 것이다.

어떤 이론은 시대를 앞서가고 어떤 이론은 뒷북을 치면서 시대를 반영한다. 어떤 시기에는 개혁적 노선의 깃발이 되었던 이론이 어떤 시기에는 수구논리가 되기도 한다. 그러니 이론에 집착하면 오히려 실상이 보이지 않는 때가 있다. 그래서 선가(禪家)에서는 불립문자(不立文字)라 하는 것이 아니겠는가. 예를 들어 주자는 건의 괘사 '원형이정'을 "생명생성의 네 단계로 설정하고 이것을 자연과 인사에 적용시켜 춘화추동과 인의예지로 구체화"시켰다는데 만일 주자가 춘하추동이 분명한 황하문명의 온대지방이 아니라 일년 내내 여름인 아프리카에서 활동했어도 그렇게 주장할 수 있었겠는가.

너무나 달라진 시대에서는 건곤이, 이미 왕과 신하의 성격을 규정하는 원리일 수 없는 것처럼, 유교식의 남성의 성격과 여성의 성격을 규제, 억압하는 이론으로서는 폐기처분되어야 하는데 필자는 여기서 애매하다. 그는 분명 "여자와 소인은 상대하기 어렵다, 가까이 하면 불손하고 멀리 하면 원망한다"는 논어식의 여성관을 반대한다. 그러나 그는 여전히 유가에 속해 있는 인상이어서 보수적이라는 혐의를 벗기가 힘들다. 여성에 대한 유교의 인식이 부정일변도인 것은 아니라면서 율곡의 『성학집요』에 나오는 본받아야 할 선으로서의 여성의 성격을 인정하는 것으로 유가의 여성관을 긍정하고 있기 때문이다. 여성 억압적인 시대가 만들어놓은 현비/요부, 본받아야 할 선(난초 같은 여성)과 경계해야 할 악(쑥 같은 여성)의 구분법으로 현비나 여덕을 갖춘 현비나 현모양처를 인정했다는 것이 생의 주체로서의 여성을 인정한 것이라고 볼 수 있을까?

필자는 이분법적인 음양대대적 논리에 애정이 있다. 평자도 그렇다. 필자의 지적대로 "음양대대적 논리에 의하면 천/지, 남/녀 등 음양의 범주에 드는 개념들은 상관적 관계개념으로서 반대가 되는 상대방을 자신의 존재성을 확보하기 위하여 필수적인 전제로서 요구한다." 남자가 없으면 여자가 없고 여자가 없으면 남자가 없다. 그런 점에서 남/녀는 독립된 실체가 아니다. 그러나 그래서 '부부'가 하나의 실체인가? 남/녀는 자연적이지만 부부는 자연적이지 않고 사회적이며 더구나 여성의 사회참여를 엄격히 제한한 시대의 유교식 부부상은 반여성적이고 반자연적이다.

왜 여자가 아닌 인간으로, 남자가 아닌 인간으로, 개인으로 활동할 수 있는 상황에서도 여전히 부부여야 하는가. 남자와 여자를 음양의 원리로부터 추론하여, 남자를 드러나서 지배하는 양으로, 여자를 숨어서 품어주는 음으로 동일시하는 이론은 어떠한 경우에도 페미니즘과 화해할 수 없다. 그렇다면 음양이론은 폐기되어야 하는가? 음양이 하나의 태극이고 원심력과 구심력이 동일한 힘이듯이, 건곤(乾坤) 강유(剛柔), 동정(動靜), 이성과 감성 등을 하나의 인격적 실체의 두 양태로 해석하는 이론은 의미있고 유효하다.

분명히 이 음양대대적인 이분법적 논리는 헤라클레이토스에서부터 니체까지 서양철학의 진영에서도 낯설지는 않은 것이다. 그런데 이 논리가 유교사상사에서 보여줬던 방식이나 그 유사한 방식으로 불평등한 남녀관계를 정당화하는 기저가 되려 하면 "불평등한 위계질서를 합리화하는 수상쩍은 이론"이라는 평가와 함께 점점 멀어져 갈 수밖에 없다.

"여성 / 남성: 단절과 연속"에 대한 논평

| 임 일 환 | 한국외국어대 철학과 |

크게 보자면 논문의 주제는 플라톤에서 칸트에 이르는 그리고 동양 철학의 고전에서도 흔히 발견되는 철학자들의 다양한 성차별적 주장들에 대한 나열식 보고, 그리고 그에 대한 철학적 진단과 해결책의 모색에 있는 것처럼 보인다. 개인적으로 순수이성과 비판철학의 창시자인 칸트의 저작에서 노골적으로 성차별적인 주장을 읽게 되는 것은 결코 즐거운 기분은 아니다. 실상 나 자신은 여성주의적 학문적인 성과에 상대적으로 과문하지만, 내 기억으로는 아마도 1980년대 크게 유행했던 '성과 과학'(gender and science)이란 미국식 교과목을 통해 얻어들었던 감성적 충격을 필자의 논문을 통해 다시 체험하는 기분이다. 당시 유행하던 이 과목의 명시적 주제는 현대의 객관적인 지식탐구의 아성이라고 간주되는 '자연과학' 자체의 방법론과 주상에 성차별적 통념이 얼마나 체계적이고 집요하게 감춰져 있는가를 폭로하고 고발하는 것이었다. 그리고 이 과목의 논점은 심지어 '과학'의 영역이 그렇다면 종교, 정치, 철학 등 다른 영역의 사정은 말할 필요도 없이 마찬가지일 것이라는 것이다.

이런 맥락에서 보자면 인간의 본성을 다루는 철학의 영역이 성차별적 통념으로 자유롭지 못했을 것이라는 추측은 자연스런 추측이다. 그러나 성차별을 포함하는 각종 형태의 다양한 차별적 통념들이 철학에도 나타날 수밖에 없을 것이라는 추측은 단지 추측이요 추론일 뿐이고, 그것을 경험적 차원에서 확인하는 것은 전혀 다른 작업이다. 내생각으로 이처럼 여성주의적 관점에서 서양 주요 철학자들의 성차별적 편견을 확인하고 문제점을 지적하는 것은 지극히 계몽적인 작업이고 의미있는 작업이라고 생각한다. 왜냐하면 여성주의라는 관점으로 인해, 통상적인 철학문헌 읽기에서 간과하기 쉬운 의미있고 흥미로운 현상을 발견했기 때문이다. 그리고 이런 맥락에서 나는 김혜숙 교수의 논문이 매우 성공적인 작업이었다고 평가하고 싶다.

논문이 제기하는 문제의식 그리고 로빈 메이 쇼트가 지적하는 여성주의적 관점에서의 문제의식과 현상에 동의한다고 해서, 그것이 반드시 논문의 주장하는 문제에 대한 설명과 철학적 대안에 동의하는 것은 아니다. 내가 논문을 제대로 이해했다면, 철학 내에서의 성차별적 인식의 뿌리에는 첫째, 이성과 감성의 이분법적 도식, 둘째, 이 이분법에 근거한 이성 = 남성, 감성 = 여성이라는 등식에 기초한 '강력한 유비'라는 논증이 있다는 주장이다.

> "철학 안에서 이성중심주의가 강력한 유비를 통해 가부장제의 가치를 강화하는 데 기여를 해왔다면, 이성중심주의에 대한 비판은 그 가치를 붕괴시키거나 적어도 약화시키는 데 기여랄 수 있을 것이다. … 이성 중심주의에 대한 비판은 이성에 대한 낭만주의적 거부가 아니라 타자에 대한 포스트모던적 해석에 의해 이분법 자체를 무력화시킴으로써 효과적으로 달성될 수 있을 것으로 보인다"

논증을 줄여보자면, 성차별적 주장의 궁극적인 원인 혹은 그 논거는 감성/이성의 이분법 그리고 이 이분법을 생물학적 남성/여성에 무차별적으로 적용했다는 사실에 있는 것이고, 따라서 문제의 해결은 이분법 자체의 해체에 있다는 것이다. 그러나 문제는 인간의 마음의 능력을 감성과 이성으로 구분하는 이분법으로부터 어떻게 남성이 여성보다 우월하다는 쇼비니스트적 주장이 도출될 수 있는가 하는 의문이다.

단적인 예를 살펴보자. 쇼트가 말하는 플라톤의 쇼비니즘은 다음과 같은 논증으로부터 도출된다.

"중요한 것은 영혼, 또는 정신적 능력이지 육신적 조건이 아니라는 생각은 **여성일반이 남성일반에 육체적으로나 지적으로 약하다는 플라톤의 생각 때문에** 여성은 무성적인 보편적 이성에 도달하는 일이 어렵게 된다. 쇼트에 따르면 '결국 육체적인 성이 영혼의 운명을 결정해 버리고 마는 것이다. 영혼의 무성성을 설명하려는 그의 노력에도 불구하고 오직 남성만이 무성적인 것으로 여겨진다.'"(강조 인용자)

"육체적인 성이 영혼의 운명을 결정한다"는 쇼트식의 플라톤 해석은 일견 매우 기이한 결론이다. '플라토닉 러브'로 대변되는 육체와 감성 폄하주의자인 플라톤의 철학에서 어떻게 결국 육체적인 성이 영혼의 운명을 결정하는 것인가? 묘하게도 트릭은 영혼의 이성중심주의적인 플라톤의 사고방식이 문제가 아니라 "여성일반이 남성일반에 육체적으로나 지적으로 약하다는 플라톤의 생각 때문"(강조된 부분)이 문제이다. 아주 드라이한 과학철학적 용어로 표현하자면 플라톤의 쇼비니즘이란 피설명항은 이성/감성 이분법과 이성중심주의라는 플라톤의 설명가설로부터 도출되는 것이 아니라, 실은 "여성일반이 남성일반에 육체적으로나 지적으로 약하다"는 **보조가설**로부터 도출되는 것이다. 여성일반이 남성일반에 비해 모든 점에서 열등하다는 이 보조

가설이 참이면, 여성열등주의 혹은 남성우월주의라는 쇼비니스트적 주장이 필연적으로 도출된다는 것은 결코 놀라운 일이 아니다. 칸트적으로 말해 그것은 '분석적'으로 도출되기 때문이다. 남성우월주의를 전제로 가정하면, 물론 필연적으로 성차별적 주장이 도출된다. 그러나 여기에는 그 어떤 흥미로운 과학적설명이나, 철학적 해명도 존재하지 않는다. 그것은 단순히 전형적 악순환논증일 뿐이다.

다른 예를 들어 아퀴나스의 경우도 사정은 마찬가지인 것 같다. "아퀴나스는 아리스토텔레스의 '자연의 왜곡으로서의 여성'이라는 개념을 받아들여서 여성은 남성에게 지배되어야 하는 죄악의 원천이라고 생각했다." 이미 지적했듯 일단 "여성이 자연의 왜곡"이라는 아리스토텔레스적 가정을 받아들이면 성차별적 주장은 필연적 귀결이다.

결국 사정은 이렇게 보인다: 서양철학사의 유명한 대부분의 성차별주의적 철학자들이 일관적으로 선결문제 요구의 오류를 범했든지, 아니면 그저 통념은 통념을 낳을 뿐이라는 진부한 사실은 확인하는 것뿐이다. 어쨌든 이성과 감성을 구분하고 이성의 우위를 주장하는 철학적 입장이 쇼비니즘의 원흉은 아닌 것처럼 보인다는 사실이다.

하지만 어떤 개념적 구분이나 이분법적 사고 방식이 어떤 유해한 주장이나 결과를 초래하지 않는다고 해서, 그 개념적 구분이 반드시 유용하다거나 정당하다는 결론이 도출되는 것은 아니다. 상황은 다음과 같을 수도 있다: 예컨대 '마녀(witch)/비마녀(non-witch)'라는 개념 구분 자체는 이성적이고 합리적인 관점에서 아무런 문제가 없는 개념 구분이다. '마녀'라는 개념은 '초자연적인 힘을 가진 여성'이라는 속성을 표상하는 개념이고 '비마녀'는 그것의 부정개념일 뿐이다. 문제는 이 개념구분이 자연세계 내에 실제 적용대상을 가지며, 더구나 그 개념구분이 설명적 혹은 인과적으로 유용한 개념이라고 많은 사람들이 믿기 시작한다면 물론 마녀사냥은 시작될 것이다. 여기서 문제는 이분법적 개념구분 자체가 아니라 이런 구분의 현실세계에 대한 적용의 문제이다. 그리고 마녀사냥의 예에서 보듯 이런 현실세계에 대한 경험적 적용에 문제가 발생할 때 해결책은 어떤 의미에서 구분 자체를 '해체'해 버리는 것일 것이다. 그러나 여기서 구분을 '해체'한다는 것은 어떤 개념 F와 그것의 부정개념의 논리적·선험적·이성적 구분을 초월하는 어떤 초월적이고 실존적인 차원으로 이전한다는 뜻이 아니라, 단지 '마녀'라는 개념의 외연이 공집합이라고 믿을 합리적인 이유를 발견한 이상, 더 이상 그 개념구분의 합리적 혹은 인과적 설명력, 한마디로 유용성을 포기한다는 뜻일 뿐이다. 어쨌든 우리가 적어도 서양의 과학사에 배울 수 있는 교훈이 있다면, 아이디올로지적인 개념적 구분의 '해체'는 그 어떤 세속적 담론이나 맥락화 혹은 어떤 실존적 결단의 문제가 아니라 많은 경우 경험적인 문제이며, 때로는 수십, 수백 년이란 물리적인 시간이 필요한 작업이라는 점일 것이다.

결론적으로 감성/이성의 구분은 철학적 맥락이나 경험적인 과학인 맥락에서도 여전히 유용성을 잃지 않는 개념구분인 것처럼 보인다는 것이, 내가 논문의 문제의식에는 전적으로 동의하면서도 그 문제의 해명과 해결책에 동의할 수 없다는 주장에 대한 이유이다. 물론 나는 이것이 전적으로 이성주의적인 편견의 결과일 수도 있다는 가능성을 선험적으로 배제할 이유는 하나도 없다.

"한국 페미니즘 미술, 누구의 이야기인가?"에 대한 논평

| 이 정 은 | 연세대 |

　김혜련 선생(이하 필자)은 '한국 페미니즘 흐름의 추이를 관찰하면서 작품들이 수행하는 언술행위의 지향적 구조를 분석하고 평가'하기 위해 먼저, 페미니즘 미술이 무엇인지에 대한 정의(2절)를 내리고, 그리고 나서 한국 페미니즘 미술이 시대에 따라 어떻게 변화되었는지(3절)를 살피면서, 한국 페미니즘 미술에 담겨있는 목소리가 무엇인지, 화자와 청자, 그들이 담아내는 메시지가 무엇인지(4절)를 서사적 구조 분석을 통해 전개해 나간다. 결과적으로 필자는 예술의 가치가 어디에 있는지를 상기하면서 한국 페미니즘 미술에 대한 비판과 대안을 모색하고 있다.
　2절 '페미니즘 미술이란 무엇인가'에서는 페미니즘 미술이라고 지칭할 수 있는 정의적 요소인 '여성적 특질이 무엇인지'를 구별해 내는 방식, 특정 페미니즘 비평이론이 인가하는 방식, 대안적 여성 이미지를 가시화하는 방식, 작가주의 비평의 방식, 개인주의 비평의 방식 등을 논한다. 그러나 이것들 모두 페미니즘 미술을 정의내리기에는 한계가 있으며 게다가 페미니즘과 반/비페미니즘의 구분을 모호하게 만들 위험도 있다.

그래서 필자는 "페미니즘 미술이라고 불리는 작품들의 집단은 주로 페미니즘 비평가나 전시 기획자들이 여성주의적 쟁점을 부각시키거나 대안적 여성관을 제시하려는 등의 목적을 위해 감상과 비평의 대상으로 삼는 작품들로 구분하는 것이 최선의 방책"이라고 결론내린다.

3절 '한국 페미니즘 미술의 전개'에서 필자는 "페미니즘 이론들은 한국 예술계에서 자생적으로 성립된 것이 아니라 해외에서 수입된 이론들로서 기존의 한국 미술에 대한 비평적 담론의 토대로서 도입된 것이며 … 한국 현대화가들은 … 특정한 입론을 세우며 그에 의거하여 작품활동을 시작한 것도 아니다"라고 본다. 1970년대 한국 페미니즘 미술은 페미니즘보다는 민중이 겪는 질곡을 공감하고 노정하려는 주제의식과 함께 예술의 사회적 기능과 적극적 사회참여를 외치는 작가들이 주축이 되었다. 그러나 '민중'에서 여성은 배제되었고 민중 개념이 오히려 여성을 억압하는 이미지(희생자)가 주를 이루었다. 게다가 회화적 재현방식이 지배자와 피지배자라는 이분법적 도식을 따르다 보니 여성의 사회적 현실의 다면성을 담아낼 수 없다는 이유에서 필자는 "페미니즘 미술이 건강하게 발전할 수 있기 위해서는 사회운동에 편승하는 페미니즘 운동이나 이론에 의존해서는 안 된다"고 본다. 1980년대에는 민중미술과는 다른 모습, 즉 전통적인 한국의 여성상을 재현하는 작품들이 출품되었으나, 그 속에서 여성 경험의 고통과 신음소리를 드러내는 측면은 있다. 1990년대에는 포스트 모더니즘의 영향 아래 페미니즘 미술이 다른 면모를 보여주기 시작했다. 대중매체를 적극 활용하면서 전통적 이분법적 구별에 토대를 둔 여성개념과 상품화된 여성 이미지를 탈피하고 고발하는 모습들이 나타난다. 그러다 보니 재현된 여성들의 모습은 노골적이고 대담하며, 여성의 몸이 적극적으로 논의 주제가 된다. 이외에도 현대적 테크놀로지를 이용하여 신체경험을 재현하는 신체미술을 시도한 사례들이 나타나며, 여성의 몸에 대한 전통적 이미지를 깨기 위해 자연적 몸과 사이보그적 측면들을 그로테스크하게 결합시킨다.

이런 논의 속에서 필자가 강조하는 점은 "페미니즘 미술 … 작품들은 직접적으로 메시지를 전달하지 않으며 또 직접 언술 행위를 하는 것은 예술의 과제도 아니며 … 예술이 정치적 선전도구가 될 수 없는 것과 마찬가지의 논리에서, 예술은 작가의 의도를 직접 전달하는 도구가 될 수 없다." 그래서 작품이 지니는 "예술적 가치는 그것이 사회비판을 하고 있기 때문이 아니라 비판하는 방식이 탁월하기 때문"이라는 데에 있다. 페미니즘 미술이 성숙하기 위해서는 작가의 의도를 관철시키기보다는 "작품에 귀속시킨 지향성과 재현성을 통해 작품을 구성하는 매체의 표현을 두텁고도 불투명하게 만드는 예술가로서의 정체성을 일차적으로 인식해야 한다."

이와 더불어 필자는 여성의 자연적 몸과 사이보그적 측면들의 결합이 기존의 남녀 이분법이나 젠더 구분 자체를 해체시킬 수는 있지만, 그것을 관람하는 사람들이 여성주의적 의식과 문화자본을 갖춘 준비된 관람자가 아닌 경우 여성의 몸이 이중적으로 전락될 위험이 있다는 점을 지적하면서, 기존 여성 이미지를 혁신시키고 새로운 독해를 가능하게 하는 약호들을 창안해 내지 않으면 더 큰 어려움에 처할 수도 있다고 본다.

4절 '한국 페미니즘 미술의 내러티브들, 누구의 이야기인가?'에서는 여성의 경험의 고통, 고통스런 치부들을 그려내는 화가는 사실 1인칭 화자가 아니라 제3자라는 데서 문제점이 발생할 수 있다고 본다. 화가는 고통을 받은 여성이기보다는 그런 여성을 논픽션으로 그려내는 사람이기 때문에 고통을 경험한 여성을 대상화시키고, 고통받는 여성의 목소리를 이중으로 차단시키고 변조시킬 위험이 있다. 더 나아가 필자는 오늘날 사이보그적 측면을 도입하는 현대 미술에서는 남성의 목소리뿐만 아니라 기계의 이야기까지 접목되면서, 여성의 몸과 여성의 고통이 남성과 기계에 의해 삽입되고 변형되는 변종들이 생겨날 수 있다는 점을 지적하고 있다.

필자는 한국 페미니즘 미술의 변화 과정을 페미니즘 이론의 다양한 층위들과 연결시키면서, 페미니즘 미술의 상황과 문제점을 비판적으로 조명하고 있다. 현대 한국 페미니즘 미술의 소사와 더불어 페미니즘 이론들 자체의 문제점들까지도 필자는 동시에 잘 지적하고 있기 때문에, 페미니즘과 철학이, 페미니즘과 미학이, 페미니즘과 미술이 어떻게 교차점을 마련할 수 있을지에 대한 혜안을 주고 있다.

그런데 페미니즘 미술이라는 제목을 내걸었음에도 불구하고 논평자의 입장에서 볼 때 페미니즘적 시각과 맞닿지 않는다고 여겨지는 부분들이 있다. 그래서 논평자가 지닌 예술에 대한 전제에 기초하여 간단한 질문 몇 가지를 하고 싶다.

철학은 절대적인 것, 절대적 이념을 개념으로 전개하고, 예술은 이념을 감각적으로 형상화, 구체화한다. 미술은 이렇듯 이념을 감각적으로 형상화하는 영역 중의 하나이다. 그러므로 미술 또한 주어져 있는 공간 안에 담아내고자 하는 내용이 있다. 그 내용은 물론 신적인 것, 영원한 것이라고들 하지만, 영원한 것을 드러내는 소재는 개인들의 사소하고 평범한 삶이다. 예술은 특정한 시기에 나타나는 인간 삶의 고통과 혼란스런 행태들을 그려냄으로써 이를 감상하는 관람자들을 특정한 시기를 넘어서는 보편적 고통과 보편적 경험으로 유도한다. 그리고 보편적 공감을 유도하는 데서 특정 예술 작품이 빛을 발할 수 있다. 논평자가 지닌 이런 전제와 관련하여 몇 가지 궁금한 점은 다음과 같다.

1. 필자는 "페미니즘 미술이 건강하게 발전할 수 있기 위해서는 사회운동에 편승하는 페미니즘 운동이나 이론에 의존해서는 안 된다"고 하는데, 사회운동에 편승하는 사람들은 궁극적으로 고통스런 개인의

삶을 통해서 보편적 고통과 보편적 공감을 유도해 내려고 한다. 그런 점에서 사회운동에 편승하는 것 자체가 페미니즘 미술의 건강한 발전에 독이 되는 것으로 판단하는 것은 너무 지나치지 않은가?

(필자가 페미니즘이라는 모토를 내걸고서 이런 글을 쓴다는 것 자체가 이미 사회운동에 편승하고 있는 것은 아닌가?)

2. 한 개인의 사소한 감정과 울분을 시대적 감정과 울분에 얽혀드는 체험으로 형상화해 낼 수 있는 가능성이 미술 안에도 들어 있다. 예술의 탁월성은 예술가의 의도를 탁월한 방식으로 재현해 내는 형식적인 면에 국한되지 않고, 예술가의 의도가 마치 보편적인 것처럼 가장하는 것, 내용적인 면에서 매체의 표면을 불투명하게 하는 면에서도 탁월성을 인정할 수 있지 않은가?

3. 필자는 1970년대 민중예술의 한계를 사회주의 이념에 기초한 이분법적 도식 때문에 여성의 재현방식 자체가 다면적이지 못하다고 주장한다. 그러나 여성이 억압받는 상황은 다양하고, 여성들 간에도 다양한 층차가 있다. 그 다양한 층차는 남성에 의한 여성의 억압뿐만 아니라 여성에 의한 여성의 억압도 존재한다. '남성에 의한 여성의 억압과 여성에 의한 여성의 억압'을 동시에 고려한다면, '여성의 사회적 현실의 다면성을 담아내는' 데도 상당한 이정표가 될 수 있다고 본다.

4. 미술계에서 최근에 주목받는 분야 중의 하나가 극사실주의이다. 극사실주의는 자기가 재현하려고 하는 작품을 사실과 똑같이, 사진보다도 더 생생하게 그려내는 데에 의미를 두고 있다. 그렇다면 극사실주의의 예술적 가치는 필자의 입장에서 어떻게 변호할 수 있는가?

"현대 과학기술 문명에 대한 여성학적 반성"에 대한 논평

| 김 선 희 | 이화여대 |

이 논문은 여성주의 관점에서 "지배자 체제(여성에 대한 권력으로서 남성지배, 사회적 피지배층에 대한 계급지배, 자연에 대한 인간지배를 포함)의 수단으로 기여하는 과학 기술을 어떤 방식으로 동반자 체제를 위해 끌어들일 것인가"를 모색하는 작업으로 이해된다. 필자에 의하면, 가부장제 위계질서로 대표되는 지배자 체계는 지배권력을 위해 과학기술을 이용해 왔다는 점에서, 과학기술에 대한 책임은 '우리 인간'에게 분산시킬 수 없고 온전히 지배자 체계에게 물어야 한다.

이 작업을 위하여, 이 논문은 우선 과학기술이 다중적으로 성별화 내지 젠더화되어 있다는 것을 기술이 여성의 몸과 맺는 관련성, 사회적 성별분업과 맺는 관련성, 젠더 상징주의와 맺는 관련성의 사례들을 통하여 보여준다. 그리고 근대 과학정신의 요체인 개방성, 객관성, 합리성을 여성과학자들의 탐구에 비추어 재검토하고(이에 따르면 과학을 하는 일 역시 일종의 사회현상이거나 문화현상이다), 여성주의가 과학정신의 개방성, 객관성, 합리성을 보충하기 위해 여성 자신의 경험과 감수성의 자원을 이용해야 한다고 주장한다.

필자는 여성의 감수성을 생물학적 본성으로 자연화해서는 안 된다고 주장하면서, "생물학적 여성 집단이 아닌 사회적 약자로서 갖는 생명에 대한 감수성이 생명문화라고 하는 새로운 과학문화를 견인해 가는 동력이 될 수 있는 가능성을 모색"하고 스케치한다.

이것은 본문에 대한 대략적인 요약이지만, 논평자에게는 분명하게 이해되지 않는 부분들이 있다. 여기서 논평자는 필자의 (여성주의) 전략에 대하여 의아심을 갖게 되는 점과 본문에서 제시되는 여러 주장들 사이의 연관성이 불분명한 점에 대하여 질문하고자 한다.

1. 우선 논평자의 의심은, (i) 여성의 감수성이 자연 본래적 속성(즉 생물학적 본성)이 아니라 가부장제의 산물(즉 가부장제 아래서 사회적 약자의 속성)임에도 불구하고, (ii) 그것이 찬양되고 새로운 과학문화의 자원으로 이용되어야 하는가?라는 물음으로 요약될 수 있다. 물론 양자(i과 ii)가 비논리적이거나 모순적인 관계는 아닐지라도, 논평자에게는 그것이 불편한 긴장 관계로 보이며 나아가 순진한 타협으로 보인다. 왜냐하면 여성 감수성이 자연 본성적이 아니라고 주장함에도 불구하고, 그것에 기대어 여성주의 전략을 전개하는 것은 기존의 성별 노동분업을 정당화하거나 강화시키는 생물학적 본질주의와 같은 길을 걷게 된다는 문제가 남기 때문이다. 그런 점에서 발표자는 (비록 그러한 여성성이 생물학적 본성이나 자연적 본성이 아니라 가부장제 사회문화의 산물이라는 것을 주장함에도 불구하고) 기본적으로 여성 본성의 우월성을 주장하는 문화페미니즘이나 생태페미니즘의 해결책을 따르고 있다. 그러나 논평자가 보기에 '여성 감수성'이 가부장제의 산물이라는 사실을 직시한다면, 그것을 여성의 우월성으로 연결시키기보다는 그것의 맥락적 성격을 분석하고 그것이 초래하는 반여성주의적 결과들(예컨대, 가부장제 성역할 분담을 고착화하는 결과)을 읽어내는 것이 보다 중요하다.

더구나 발표자가 과학기술이 초래한 문제에 대하여 지배자 체제의 주체인 힘있는 자(남성, 지배자)의 책임을 강조하면서도 사회적 약자의 감수성에서 해결의 실마리를 둠으로써 문제해결의 주체는 오히려 힘없는 자(여성, 피지배자, 유색인종 …)가 되어야 한다— ("이 일에서 여성이 행위자의 주도성을 발휘해야 하는 까닭은 … 책임과 배려 중심의 사고를 여성주의가 대변하면서 … 여성주의가 지배보다 공존의 가치에 대한 체화된 감수성을 사회적 역사적 문화적으로 구성해왔기 때문") — 는 모순적 귀결에 이를 수 있다. 그런 점에서 설령 소위 '여성 감수성'이 갖는 긍정적인 역할이 있다고 하더라도, 그것을 여성적 덕목이나 여성주체에게 귀속되는 것으로 보기보다는 성중립적으로 요청되거나 오히려 지배자 체제에게 요구되는 것으로 간주되어야 한다. 즉 여성적 감수성, 혹은 사회적 약자의 생명 감수성은 그 자체로 찬양되어선 안 되며, 오히려 남성과 지배자가 내면화해야 할 속성인 동시에 이상적인 인간에게 요청되는 속성이 되어야 제 기능을 발휘할 수 있을 것이다.

2. 그리고 (여성주의를 어떻게 정의내리든지) 여성주의가 단지 여성적 관점 내지 여성의 눈으로(혹은 여성감수성으로) 세계를 바라본다는 의미를 넘어서서, 실제로 존재하는 부당한 성차별을 해소하려는 목표를 갖는다면, 그러한 전략이 가져오는 성차별의 결과를 검토해야 할 것이다. 즉 그것이 과학기술에 대한 여성주의 전략이라면, 적어도 '여성적 경험과 감수성의 자원으로부터 수행되는 과학적 탐구와 실천은 여성주의에 어떤 긍정적 결과를 낳는가?' 하는 물음에 답해야 한다.

여기서 필자의 주장대로 '여성성과 남성성의 젠더 차이가 공존하는 동반자 체제'가 이상적으로 보일지라도, '여성적 감수성'을 비롯하여 젠더 차이를 너무 쉽게 받아들이는 것은 아닌가? 오히려 그러한 차이에 대하여 다시 한번 재검토되고 해체될 필요가 있지 않을까? 다만 여성성과 남성성의 대립적 차이를 인정하고 유지하면서 남성성의 개념이 여성적인 것으로 규정된 모든 것을 거부하는 한, 그리고 이상적

인간과 이상적 남성을 혼돈하면서 이상적 인간상이 여성적인 것을 포함하지 않는 한, 젠더 차이의 공존을 말하는 것이 어떻게 여성 억압을 해소하는 데 기여할 수 있는지, 즉 그것이 여성주의에 어떤 도움을 주는지에 대해서 회의적이다.

3. 여성적 감수성을 도입하여 과학을 탐구한다고 할 때, 필자는 과학지식의 지위에 대하여 어떤 입장을 취하는지 분명하지 않아 보인다. 즉 과학기술의 젠더화가 불가피하다는 것인지, 아니면 여성의 관점이 보충되면 남성편향적 관점이 더 객관적으로 될 수 있다는 것인지 불분명하다. 혹은 과학기술의 젠더화를 주장하되 여성주의적으로, 즉 지식과 기술의 남성적 젠더화로부터 여성적 젠더화로 대체함으로써 과학탐구에 대한 남성적 관심과 여성적 관심에 대한 평가를 전복시켜야 한다는 것인지, 아니면 여성 감수성의 보충에 의해 더 객관적이고 더 나은 지식을 생산할 수 있다는 것인지 등이 논문 안에서는 분명히 드러나지 않는다. 본문에서는 여성관점의 우월론과 보충론이 동시에 주장되고 있는 듯한데, 만약 둘 다를 주장한다면 그것 사이에 비일관성은 없는지 의문이 된다.

제 2 부

섹슈얼리티와 철학

성리학의 '섹슈얼리티' 구성방식에 나타난 성별정체성

| 김 미 영 | 서울시립대 철학과 |

1. 문제제기

"섹슈얼리티란 19세기에 만들어진 용어로 성교나 성기 남녀의 성 행위뿐만 아니라 성에 대한 태도나 규범 이해 가치관 행동 그리고 그와 관련된 사회문화 제도를 포함하는 광의의 개념이다."[1] 이처럼 "인간의 성적 정체성, 성적인 욕망, 성적 관행들을 일컫는 섹슈얼리티는 고정된 본질에 따라 정해지는 것이 아니라, 개인이 처한 사회관계와 문화적 맥락에 따라 구성되는 것으로 본다. 그러므로 개인들이 어떤 사회적·문화적 위치에 있느냐에 따라 개인들이 표현하는 성은 다양해지고 그것이 처한 맥락 속에서만 의미를 가지는 것이 된다."[2] 따라

---

[1] 『페미니즘의 시각에서 본 가족』 중 역자 주 참조.

[2] D. L. Weis, "The Use of Theory in Sexuality Research", *The Journal of Sex Research* 35, 1998. 남영주·옥선화, 「가족학에서의 섹슈얼리티 연구

서 섹슈얼리티를 매개로 해서 전개되는 다양한 논의들 속에는 상이한 역사문화 속에서 섹슈얼리티가 어떠한 방식으로 구성되어 있으며, 섹슈얼리티 구성에 관여하고 있는 이데올로기에 대한 해명이 중요한 부분을 차지하게 된다. 즉 사회문화 이데올로기를 내면화하는 과정이 섹슈얼리티 구성의 핵심을 이루기 때문이다.

따라서 "우리가 일상생활에서 쉽게 대할 수 있는 성에 관한 수많은 통념들은 성과 성역할의 상호규제의 산물"[3]이라고 할 수 있다. 특히 우리사회에서 성에 관한 수많은 통념들이 형성된 저변에는 유교 특히 성리학의 섹슈얼리티 구성방식이 직간접적으로 영향력을 행사하고 있다고 해도 과언이 아니다. 그러나 유교문화권에서는 오랜 동안 성적인 것에 관한 이야기는 은밀한 것으로서 공공연하게 이야기되기를 꺼리는 주제 중의 하나였다. 따라서 학문영역에서 성담론을 본격적으로 거론하기 위한 자료가 빈약하다는 것은 불가피한 일이다.

그러나 실제 중국문화 속에서 광범위한 영향력을 행사했던 도교문헌 속에 방대하게 나타나는 방중술 관련 문헌들을 보면 고대중국에서 성적인 것과 관련된 논의들이 금기시된 것만은 아니었다는 사실을 알게 된다. 중국문화 속에서 성적인 것들이 금기시되면서 사상문화 영역 속에서 점차 사라지게 되는 시기는 불교와 도교를 비판하면서 유교부흥운동을 일으키기 시작했던 송대 이후부터였다.[4]

를 위한 접근방법 모색」에서 재인용.

3) 정은희, 「사랑과 성 규범」, 『여성과 한국사회』, 사회문화연구소, 1994, 281쪽.

4) 반훌릭은 『중국성풍속사』에서 책 저술의 주요논점은 남녀의 엄격한 분리가 2천 년 전부터 본격으로 시작되었다고 주장하는 청나라 문인학자들의 근거 없는 주장의 오류를 증명하고, 또한 중국에서는 13세기까지 성의 분리가 엄격하게 요구되지 않았으며 교접에 대해서도 자유롭게 말하고 쓸 수 있었다는 점을 보여주는 것이라고 하고 있다. 그리고 여자들과 관계를 가지는 법을 가장에게 가르치는 성의 교본은 2천 년 전부터 존재했으며

이에 본고에서는 어떠한 필요성에 의해서 송대 이후 등장한 성리학적 이념체계 하에 지배된 사회에서 성적인 것이 금기시되었으며, 성리학적 체계에서는 어떠한 방식으로 섹슈얼리티가 통제되는가를 살펴보겠다. 이를 통해서 성리학적 이념체계에 의해서 드러나는 성통제 방식이 친족체계나 성별정체성 형성에 어떠한 방식으로 영향을 미치는지 논의해 보고자 한다. 이는 조선조 500년을 이끌었고 오늘날에도 그 이념에서 자유롭지 못한 성리학적 이념체계에서 섹슈얼리티가 어떠한 방식으로 구성되고 있으며, 이 속에서 남녀의 정체성이 어떠한 방식으로 형성되는가를 살펴보는 데 중요한 매개로 작용할 수 있을 것이다.

이러한 문제를 해명하기 위해서 먼저 광의의 '섹슈얼리티' 개념을 규정하는 일차적 의미로 볼 수 있는 '성적인 욕망'과 관련된 부분이 성리학 체계 속에서 어떻게 나타나고 있는지를 밝혀야 할 것이다. 따라서 먼저 성리학 체계에서 성적 욕망과 관련된 개념의 층차를 분석해 보고, 이를 토대로 성리학적 이념에 의해서 정초 지워진 가족이나 친족범주체계 속에서 여성이 어떠한 방식으로 구성되고 있으며, 이에 성적인 욕망체계가 어떠한 방식으로 처리되고 있는지의 문제를 통해서 성리학 체계 안에서 성별정체성 문제를 해명해 보고자 한다.

13세기경에 폭넓게 연구되었으며 그후 유교의 엄격한 금욕주의가 점차 힘을 얻게 되자 이런 장르의 문헌이 유통되지 않게 되었다고 한다(R. H. 반 훌릭, 『중국성풍속사』, 장원철 역, 까치, 1993 참조). 그리고 江曉原 역시 『중국인의 성』에서 "중국 고대에서 성은 본래 중시되었지 결코 비하되거나 신비화되지 않았다. 이런 점이 바로 송나라 이전에 성과학이 장족의 발전을 할 수 있는 좋은 외부조건을 제공하였다. 다만 송나라 이후 성이 점점 비하되고 신비화되면서 일종의 악성적 순환이 시작되었다"(江曉原, 『중국인의 성』, 예문서원 노장철학분과 역, 예문서원, 1993 참조)고 한다.

2. 고대문헌에서 '성적 욕망'과 관련된 개념분석

오늘날 성적인 욕망을 가리키는 말로 성욕이라는 표현을 사용한다. 이 성욕이라는 표현은 『예기』, 「악기」편에 "사람이 태어나 고요한 상태에 있는 것은 하늘의 본성이고, 사물에 감응하여 움직여 가는 것은 성의 욕망(性之欲)"[5]이라고 하는 데서 그 연원을 찾을 수 있으며, 진순은 여기서 말하는 성의 욕망은 정(情)[6]이라고 하였다. 따라서 고대문헌에서 성욕이라는 의미는 외부사물과 접촉하여 일어나는 마음의 움직임이라고 할 수 있는 욕망일반을 지칭한다고 볼 수 있다. 가와무라에 따르면 오늘날처럼 성적인 욕망으로 성욕이라는 표현을 쓰기 시작한 것은 일본의 경우 『포단』이라는 소설이 쓰여졌던 1907년경[7]이었다고 한다. 따라서 고대문헌에서 성욕은 성적 욕망에 한정되지 않은 욕망 일반을 가리키는 포괄적 개념이었다.

고대문헌에서 오늘날 성욕이라는 의미를 담고 있는 표현을 찾아본다면, 음식남녀라든지 식색(食色)이라고 하여 인간의 자연적 본성 중의 하나를 지칭하는 남녀에 대한 욕구 내지는 색에 대한 욕구가 그에 해당한다. 이와 같은 욕구를 인간의 본능과 연결시키는 논의는 『맹자』에 소개된 고자의 논의 속에서 볼 수 있다. 고자의 경우는 날 때부터 가지고 있는 것을 성(生之謂性)이라고 하며, 식색을 성(食色性也)이라고 하였다. 이는 인간의 본성을 선이라고도 악이라고도 표현할 수 없는 자연스러운 욕망에 근거하여 규정한 것이다. 여기서 인간의 자연스런 욕망을 대변하는 것으로 식색을 두고 있는데, 이는 『예기』, 「예운」편에서 예에 의하여 다스려야 할 대상인 인간의 기본적인

---

5) 『예기』 18권, 「악기」, "人生而靜 天之性也. 感於物而動 性之欲也."

6) 『북계자의』 상권 情부분 참조.

7) 川村邦光, 「性家族の肖像」, 『思想』 제845호, 岩波書店, 1994. 11, 225 쪽.

욕망으로 음식남녀를 들고 있는 데서도 나타난다.[8]

이와 같이 인간의 가장 기본적인 욕망으로서 음식남녀나 식색을 성이라고 하였을 때, 성적인 욕망을 가리키는 부분은 남녀에 해당하는 부분과 색과 관련된 부분이다. 이처럼 성욕이라는 표현은 의미변화를 거쳤지만, 성적인 욕망을 지칭하는 표현으로 색욕은 오늘날에도 그대로 통용되고 있다. 그러나 『설문해자』에 따르면, 색(色)의 본래적인 의미는 안기(顔氣)라고 하여 얼굴표정이라는 의미라고 한다. 이러한 색의 본래적인 의미가 이후에 여색이라는 의미로 통용되면서 경전에서는 대부분 여인을 색이라고 말하게 된다.[9] 따라서 『논어』에서 "나

---

8) "무엇을 사람의 정이라고 하는가? 기뻐하고 노여워하며 슬퍼하고 두려워하고 좋아하고 미워하며 욕구하는 것이다. 이 일곱 가지는 배우지 않고도 할 수 있다. 무엇을 사람의 의로움이라고 하는가? 아버지는 자애롭고 자식은 효성스러우며 형은 현명하고 동생은 공손하며 남편은 의롭고 부인은 잘 따르며 어른은 자애롭고 어린이는 공순하고 임금은 인자하고 신하는 충성스러운 것이다. 이 열 가지를 사람의 의로움이라고 한다. 잘 배워서 믿고 닦아서 화목하게 되면 사람에게 이롭다고 하고, 쟁탈하고 서로 죽이면 사람에게 해롭다고 한다. 그러므로 성인이 사람들의 일곱 가지 정을 다스리는 방법은 열 가지 의로움을 닦아서 배워서 믿고 닦아서 화목하여 사양함을 숭상하고 쟁탈을 제거하는 것이다. 예를 버리고 무엇으로 그것을 다스릴 수 있겠는가? 음식남녀 속에 사람이 가장 하고 싶은 것이 있고, 사망빈고 속에 사람이 가장 싫어하는 것이 있다. 그러므로 하고 싶어하고 싫어하는 것은 마음의 큰 단서가 된다. 사람이 그 마음을 담고 있는 것은 헤아릴 수 없으며 좋아하고 싫어하는 것이 모두 그 마음에 있는데 색으로 드러나지 않는다. 한결같이 하여 그것을 궁구하고사 한다면 예를 버리고 무엇으로써 하겠는가?" 『예기』, 「예운」, "何謂人情? 喜怒哀懼愛惡欲, 七者弗學而能. 何謂人義? 父慈, 子孝, 兄良, 弟弟, 夫義, 婦聽, 長惠, 幼順, 君仁, 臣忠, 十者謂之人義. 講信修睦, 謂之人利. 爭奪相殺, 謂之人患. 故聖人之所以治人七情, 修十義, 講信, 修睦, 尙辭讓, 去爭奪, 舍禮何以治之? 飮食男女, 人之大欲存焉, 死亡貧苦, 人之大惡存焉, 故欲惡者, 心之大端也. 人藏其心, 不可測度也. 美惡皆在其心, 不見其色也. 欲一以窮之, 舍禮何以哉."

는 덕을 좋아하기를 색을 좋아하는 것처럼 하는 사람을 보지 못했다"[10]고 하는 것이나,『대학』에서 선을 좋아하는 것을 아름다운 여색을 좋아하는 것처럼 악취를 싫어하는 것처럼 하는 경지를 성(誠)의 상태로 설명[11]하는 부분에서 색을 좋아한다고 하는 색욕은 인간의 기본적인 욕망으로서 인정된다. 단지 그러한 욕망을 여색에만 쏟지 말고 그 마음을 미루어서 덕을 행해 나갈 수 있도록 장려하고 있다. 따라서 여기서 언급되는 색욕이란 남성의 여성에 대한 욕망에 한정되어 표현되고 있다.

또한 오늘날 부정적인 의미에서 '성적인 욕망'을 지칭하는 것으로 '음란'하다는 표현이 있다. 공영달은 "음(淫)이란 색욕이 과도한 것이고, 란(亂)이란 인륜을 거스르는 것"이라고 정의한다.[12] 따라서 고대 문헌 중에 절제되어야 할 성적인 욕망과 관련해서는 음(淫)이란 표현이 많이 사용된다. 특히 공자가 정나라 음악이 음(淫)하다[13]고 한 것에 대하여 주희는 "성인이 정나라 음악은 음(淫)하다고 한 것은 아마도 정나라 사람의 시가 대부분 당시 풍속에서 남녀가 음분(淫奔)하는 것을 말한 것이니, 그러므로 이러한 말이 있게 되었다"[14]고 한다. 여기서 음분이란『사해』의 정의에 따르면, "예전에 남녀가 예교의 규정을 위반하고서 스스로 결합한 것으로 일반적으로 여자 쪽이 남자 쪽에 먼저 나아가는 것을 지칭한다"[15]고 하고 있다. 이는『맹자』에서는

---

9)『尙書正義』제7권, "… 女有美色, 男子悅之. 經傳通謂女人爲色 …"

10)『논어』제9권, 子罕 子曰: "吾未見好德如好色者也."

11)『대학』, "好好色 惡惡臭."

12)『毛詩正義』권2-2, "淫謂色欲過度, 亂謂犯悖人倫."

13)『논어』제15권, 위령공 顔淵問爲邦. 子曰: "行夏之時, 乘殷之輅, 服周之冕, 樂則韶舞. 放鄭聲, 遠佞人. 鄭聲淫, 佞人殆."

14)『주자어류』제81권, "… 聖人言'鄭聲淫'者, 蓋鄭人之詩, 多是言當時風俗男女淫奔, 故有此等語 …"

15)『사해』, "舊指男女違反禮敎的規定 自行結合. 一般指女方往就男方."

남녀가 태어나서 결혼하여 집안을 꾸리는 것을 원하는 것은 모든 부모의 마음이지만, 부모의 명과 중매의 말이 오가지도 않았는데 서로 눈이 맞아서 집을 나가게 되면 부모와 사람들이 모두 천시한다[16]고 하는 데서도 읽을 수 있는 부분이다.

이렇듯 인간의 자연적인 성적인 욕망을 색욕으로 표현하고 있다면, 남녀간의 욕망이 예 즉 사회적인 규준에 의하여 절제되거나 통제되지 못하였을 경우 이를 음란하다고 표현한다. 음란한 일이 벌어지게 되는 원인을 『예기』에서는 "천리를 멸하고 인욕만을 드러내었기 때문"[17]이라고 한다. 이처럼 음란함이란 남녀가 결합하는 데 있어서 예에 부합하지 않는 경우를 지칭한다. 『예기』에서는 예를 정치의 근본이라고 하면서, "안으로는 종묘의 예를 다스려 천지의 신묘한 밝음에 짝할 수 있으며, 밖으로는 직언의 예를 다스려서 상하의 공경함을 세울 수 있어야 한다"고 하며, 혼례를 "천지가 합하지 않으면 만물이 생성되지 않으니, 위대한 혼인은 만세를 잇는 것이다"고 하고 있다.[18]

---

16) 『맹자』 제6권, 등문공하 曰: "晉國亦仕國也, 未嘗聞仕如此其急. 仕如此其急也, 君子之難仕, 何也?" 曰: "丈夫生而願爲之有室, 女子生而願爲之有家. 父母之心, 人皆有之. 不待父母之命、媒妁之言, 鑽穴隙相窺, 踰牆相從, 則父母國人皆賤之. 古之人未嘗不欲仕也, 又惡不由其道. 不由其道而往者, 與鑽穴隙之類也."

17) 『예기』 제19권, 악기 "人生而靜, 天之性也. 感於物而動, 性之欲也. 物至知知, 然後好惡形焉. 好惡無節於內, 知誘於外, 不能反躬, 天理滅矣. 夫物之感人無窮, 而人之好惡無節, 則是物至而人化物也. 人化物也者, 滅天理而窮人欲者也. 於是有悖逆詐僞之心, 有淫泆作亂之事. 是故强者脅弱, 衆者暴寡, 知者詐愚, 勇者苦怯, 疾病不養, 老幼孤獨不得其所, 此大亂之道也."

18) 『예기』 제27권, 애공문 孔子曰: "天地不合, 萬物不生. 大昏, 萬世之嗣也, 君何謂已重焉?" 孔子遂言曰, "內以治宗廟之禮, 足以配天地之神明. 出以治直言之禮, 足以立上下之敬. 物恥足以振之, 國恥足以興之. 爲政先禮, 禮其政之本與."

따라서 예는 가족윤리의 정립 뿐 아니라 국가사회에 교화를 베푸는 데 관통되는 사회윤리 창출의 주 근원으로 자리매김된다.[19] 이는 유가에서 혼인이 중요한 문화적 의미를 담고 있으며, 윤리도덕이 창출되는 기초가 되는 것에 대한 징표라고 할 수 있다.

이와 같이 예에 의하여 가족윤리를 구축하고 가족윤리에 토대를 둔 사회윤리의 확장을 엄밀하게 추구하면서 대두된 성리학적 이념 하에서는 『시경』이나 『좌전』에 남녀간의 자유로운 결합을 다루는 내용들에 대하여 엄준한 비판을 내리고 있다. 따라서 성리학자들 간에는 성인인 공자가 시 300편을 정리해서 『시경』을 만들었다고 했는데, 『시경』 속에 음란한 음악에 해당하는 노래들이 들어있으므로 이에 대한 여러 문제제기가 나오게 된다. 이에 대하여 주희는 음란한 기풍이 있는 노래도 『시경』에 실었던 이유는 반면교육의 의미[20]라고 설명하고 있다.[21]

---

19) 『예기』 제27권, 애공문 孔子曰: "丘聞之, 民之所由生, 禮爲大. 非禮無以節事天地之神也, 非禮無以辨君臣上下長幼之位也, 非禮無以別男女父子兄弟之親昏姻疏數之交也."

20 『주자어류』 제23권, 問: "'思無邪', 子細思之, 只是要讀詩者思無邪." 曰: "舊人說似不通. 中間如許多淫亂之風, 如何要'思無邪'得! 如'止乎禮義', 中間許多不正詩, 如何會止乎禮義? 怕當時大約說許多中格詩, 卻不指許多淫亂底說. 某看來, 詩三百篇, 其說好底, 也要教人'思無邪'; 說不好底, 也要教人'思無邪'. 只是其它便就一事上各見其意. 然事事有此意, 但是'思無邪'一句方盡得許多意."

21) 이에 대하여 R. H. 반훌릭은 "송왕조 초기 유교의 부흥이 남녀의 자유교제에 영향을 미치기 시작했고, 성관계는 유교경전에 기록되어 있는 수없이 많은 엄격한 규율들의 제한을 받기 시작"하였으며, "주희는 여자들의 열등함과 엄격한 양성분리를 강조했고 은밀한 부부의 침실 바깥에서 이루어지는 이성간의 사랑의 표시들을 모두 금지시켰다. 그러한 완고한 태도는 『시경』의 연가들에 대한 그의 주석에 특히 잘 나타나 있는데 그는 그러한 연가들을 정치적 알레고리들로서 설명하고 있다. 주희는 유일한 공식 국가 종교로서의 신유학의 기반을 다져놓았다"고 한다. 반훌릭, 『중국성풍속사』

이처럼 송대 이래 중국문화에서 엄격한 성통제를 위한 이념장치가 마련된 것은 성리학에 의해서이며, 성리학이 지배이념으로 자리잡게 되는 16세기 중엽부터 정절숭배가 나타났다. 따라서 여덕(女德)을 본격적으로 국가적인 차원에서 장려하면서 1607년 명나라 때 『여계』, 『여논어』, 『내훈』, 『여범』을 묶어서 『여사서』로 간행하게 된다. 이러한 여덕의 강조와 정절숭배 이데올로기가 사회에서 여성을 통제하는 주요이데올로기로 자리잡게 되는 것은 성리학적 이념에 의한 사회통치와 긴밀한 연관이 있으며, 그 한가운데 당시 느슨해져 가는 친족체계의 확고한 정립이라는 당위적인 문제가 놓여 있었던 것이다.

그러면 다음 절에서 이러한 여덕을 강조하는 것과 여타 성리학적 규범과의 연관성을 살펴보면서 성역할 속에서 섹슈얼리티의 구성방식에 대하여 논의해 보도록 하겠다.

3. 성역할 속에 나타난 '섹슈얼리티' 구성방식

성역할이란 한 문화권에서 성별에 적합하다고 규정된 일련의 가치관과 특성을 습득하는 성전형화 과정을 통해 성별에 따라서 습득하게 되는 성적 특성 태도 선호경향 행동들을 통칭하는 개념이다.[22] 페미니즘에서는 전통적인 성역할론은 사회적으로 형성된 고정관념이라고 하면서 성역할의 타파를 여성해방의 전제조건으로 간주하였으나, 사회 문화적으로 만들어진 성인 젠더는 여성을 억압하는 단순한 고정관념 구조보다 더욱 복잡한 것으로 인식되면서, 성역할이라는 구조가 왜 어떻게 발전되며 유지되어 왔는가 하는 문제를 질문하게 되었

장원철 역, 까치, 1993, 279-280쪽 참조.
22) 정진경, 「성역할 연구의 양성적 시각」, 『한국여성학』(한국여성학회) 제3집, 1987, 136쪽 참조.

다.23) 이와 같은 성역할 구조가 형성 유지되는 기층에 섹슈얼리티 구성방식의 문제가 자리잡고 있으므로, 성리학적 이념에 의해 정초 지워진 사회에서 섹슈얼리티 구성방식은 바로 성역할론에 대한 논의 속에서 그 단초를 읽을 수 있을 것이다.

그러나 양현아 박사는 서구의 여성(woman)이 하나의 보편적 기표라면 중국의 부녀(婦女)는 분화된 가족관계의 틀로서만 존재한다고 하는 바로우의 논의24)를 소개하면서, 중국에서는 가족범주들의 중복효과 속에서 여성 젠더범주에 대한 의미작용이 일어나는 것이지 가족범주의 기반으로서 제공될 만한 여성 젠더에 대한 지식 같은 것은 존재하지 않는다25)고 한다. 하지만 우주론적 근거에 기반하여 '인륜'을 정당화하고자 한 한대유학에서는 우주자연과 인륜질서를 관통하는 개념으로 음양개념을 제시하면서, 인간이 구현해야 할 '당위질서'를 자연계의 운행원리에 토대를 두고서 설명해 내고 있다. 특히 군주와 신하 관계나 남편과 아내 관계, 아버지와 자식 관계라고 하는 세 관계의 틀은 우주자연에서의 음양의 역할을 토대로 하여, 양에 해당하는 군주, 남편, 아버지는 음에 해당하는 신하, 아내, 자식에게 절대적인 영향력을 행사하며, 음에 해당하는 존재에게 독립적인 존재성을 부여하고 있지 않게 된다. 이것이 바로 삼강(三綱)의 틀로 제시되는 인륜질서 창출의 기반이다. 이 삼강의 틀 중 부부관계에서 성역할 개념을 도출해 낼 수 있으며, 따라서 가족범주의 기반으로 제시될 여성

---

23) 『페미니즘사전』, sex-roles 성역할 항목 참조.
24) 바로우는 중국에서 여자(woman)를 의미하는 婦女라는 용어에서 婦는 결혼한 여성이고, 女는 아직 결혼하지 않은 여성을 의미한다고 하면서 부녀라고 하는 용어가 이미 가족을 전제하고 사용되는 용어이므로 중국에서는 가족을 떠나서 여성을 규정지을 수 있는 개념적인 기반이 없다고 본다. Tani Barlow, "Chinese Women, Chinese State, Chinese Family", *Feminism and History*, Oxford University Press, 1996 참조.
25) 양현아, 「예를 통해 본 여성의 규정: 친족관계를 중심으로」 참조.

젠더에 대한 지식이란 '음'(陰)에 부과된 특성에서 찾아볼 수 있다고 생각한다.

그런데 한대유학에서 다루어지는 삼강의 틀로 포괄되는 국가와 가족범주에서는 국가의 윤리덕목이라는 부분에 좀더 비중이 놓여지고 있다. 따라서 국가윤리와 가족윤리가 충돌될 때 항상 국가윤리가 우위에 놓이면서 사고된다. 또한 부부관계에서도 철저하게 양의 주도 하에 모든 일들이 관장되게 된다. 따라서 가족의 성립과 무효화 역시 남성의 주도 하에 이루어지므로 중국에서 이혼이나 재가의 일이 송대 이전까지는 빈번하게 일어나게 되며, 이를 꺼리는 풍속도 없었다26)고 한다. 단지 한대 이후부터는 음양론에 의거하여 "땅이 하늘을 떠나지 못하듯이 부인이 이혼을 요구할 수 없다"27)고 하면서, 이혼의 요구권이 여성에게는 없어지게 되었을 따름이다. 이처럼 한대에서는 모든 존재는 음양이라고 하는 존재구속력에 의해서 당위적으로 행위해 나가야 함을 강조하는 방향으로 나아가게 된다.

반면 송대 이후 성립 전개되면서 동아시아권의 이념체계를 지배하게 되는 성리학에서는 성역할 개념의 습득을 위한 장치를 덕성배양이라는 측면에서 좀더 엄밀하게 규정하면서, 성역할 개념의 습득을 위한 장소로서 '가족'이라는 장을 강화시키고 있다. 이를 왕선군은 송대 및 이후의 원명청 시대에는 "국가제도에 의거한 족인 간의 결속력이 약화되었으므로, 종족에서는 여러 제도를 찾아서 족중에 대한 결속을 강화하였으며, 가법족규(家法族規)는 바로 중요한 한 부분이 된다"28)

---

26) 陳鵬, 『中國婚姻史稿』, 中華書局, 1990 참조.

27) "남편에게 악행이 있어도 처가 떠날 수 없는 것은 땅이 하늘을 떠나지 않는 뜻이다. 남편이 비록 악하다고 해도 떠날 수 없으니, 그러므로 교특생에서는 한결같이 함께 하여 종신토록 고치지 않는다고 한다." 『白虎通』 嫁娶, "夫有惡行 妻不得去者 地無去天之義也. 夫雖有惡 不得去也 故 郊特牲曰 一與之齊 終身不改."

고 한다. 즉 송대 이후 가족에 대한 강조는 역설적으로 이 시대에는 가족 결속력이 이전에 비해 느슨해졌기 때문이라는 것이다. 따라서 이때 풍속에서는 일방적으로 남편이 부인을 내쫓는 것에 대하여 비난하는 풍조가 생겼으며, 자연스럽게 이혼을 꺼리게 되는 의식이 형성된다. 사마광의 다음과 같은 글에서 그 의미가 분명하게 드러난다.

> "부부는 의리로써 합해졌으니, 의리가 끊어진다면 헤어지는 것이다. 오늘날 사대부들 중 처를 내쫓는 경우 많은 사람들이 그것을 비난하면서 할 짓이 못된다고 여긴다. 그러므로 사대부들은 (헤어지는 것을) 어렵게 생각한다. 예에 의거하면 칠출이 있다. 내쫓을 만한 이유에 의거하여 어떤 일이든 할 따름이다. 만약 처가 실제로 예를 범하여 내쫓았다면 의리에 맞는 것이다. 예전에 공씨는 삼대에 걸쳐 처를 내쫓았고, 나머지 현사들도 의로써 처를 내쫓은 사람이 많다. 어찌 행위에 어긋남이 있겠는가? 만일 집안에 포악한 처가 있는데 내쫓지 않는다면 집안의 도가 어느 때나 편안해지겠는가?"[29]

이와 같이 당시 풍속에서는 이혼을 꺼림에도 유학자들은 덕성의 배양이라는 측면에서 부인을 강력하게 통제하기 위하여 의리에 의거하여 부인을 내쫓는다면 도덕적으로 아무 문제가 없음을 역설하고 있다. 여기서 부인에게 요구되는 덕성은 절개를 지키는 것이며, 따라서 여성은 절개를 지키는 것을 생명보다 소중히 생각해야 한다고 주장하며, 이는 재가에 대한 반대로 논의가 진전된다. 정이는 다음과 같이 말한다.

---

28) 王善軍, 『宋代宗族和宗族制度硏究』, 河北敎育出版社, 2000, 85쪽.
29) 『家範』, "夫婦以義合 義絶則離之 今士大夫有出妻者 衆則非之 以爲無行 故士大夫難之 按禮有七出 顧所以出之 用何事耳 若妻實犯禮而出之 乃義也 昔孔氏三世出其妻 其餘賢士以義出妻者衆矣 奚虧於行哉 苟室有悍妻而不出則家道何日而寧乎."

"묻는다. 과부는 이치상으로 취해서는 안 될 듯합니다. 어떻습니까? 답한다. 그렇다. 무릇 취한다는 것은 이로써 자신에 짝하는 것이다. 만약 절개를 잃은 자를 취해서 자신의 짝으로 한다면, 이는 자신도 절개를 잃는 것이다. 또 묻는다. 혹 홀로되었는데 가난하여 의탁할 곳이 없는 사람의 경우는 재가해도 됩니까? 답한다. 단지 후세에 얼어죽거나 굶어죽는 것을 걱정하였기 때문에 이러한 설이 있는 것일 따름이다. 그러나 굶어죽는 일은 매우 작은 일이나 절개를 잃는 일은 매우 큰 일이다."[30]

이처럼 유학자들의 경우는 덕성배양이라는 측면에서 집안에서 가장이 하는 역할과 부인이 해야 할 역할을 강조하며, 덕성의 습득 및 덕성의 발현을 중시한다. 따라서 가정의 법도가 세워지지 않는 원인을 가장이 자신의 배양을 토대로 하여 역할수행을 잘못하였기 때문이라고 하며, 부인에게는 부인의 덕으로서 정절을 강조하게 된다. 따라서 성리학적 이념이 정착된 16세기 이후에 정절이 매우 중요한 여성의 덕목으로 제기되며, 여성 역시 정절이데올로기에 의해서 자신의 섹슈얼리티를 통제하는 기제를 몸에 익히게 된다. 이는 여성정체성의 규정에 가장 핵심이 정절을 지키는 것에 있음을 강조하는 논의 속에 그대로 드러난다.

"부인에게는 다른 일이 없다. 오직 정절과 믿음으로 절도를 삼을 뿐이다. 한번 바름을 잃게 되면 다른 것은 볼 것이 없게 된다. 남자가 미혹에 빠진다면 실로 잘못된 것이 없다는 것을 말한 것은 아니다."[31]

---

30) 『河南程氏遺書』 제22권 하, "問孀婦於理似不可取如何? 曰然. 凡取以配身也. 若取失節者以配身 是己失節也. 又問或有孤孀貧窮無託者 可再嫁否? 曰只是後世怕寒餓死 故有是說. 然餓死事極小 失節事極大."
31) 『詩傳』 衛風 氓, "主言婦人無外事, 唯以貞信爲節. 一失其正 則餘無足

이는 『시전』에서 여자가 법도에 맞지 않게 남자와 교제하다가 결혼하고 결국은 남자를 떠나게 된다는 내용의 시 중 한 소절에 대한 해설이다. 이러한 해설에 대하여 정씨는 "남자에게는 여러 가지 행위가 있으니 공과가 서로 상쇄될 수 있다. 그러나 부인은 오직 정절과 믿음으로 절도를 삼을 따름이다"[32]고 설명을 붙이고 있다. 즉 이는 혈연중심의 가족의 결합을 더욱 공고화하려고 시도하는 성리학자들의 여성에 대한 관점을 매우 잘 보여주고 있다. 즉 여성은 대를 이어주고 가족을 일구어나가는 존재로 정의되므로 여성은 가족 안에서만 의미화된다. 따라서 여성은 정절을 잃을 경우 다른 곳에서 만회할 곳이 없게 된다고 한다. 따라서 정절을 잃게 되는 순간 여성은 여성으로서의 자신의 존재를 부정하게 되고, 자신이 행위해 나갈 행위영역을 상실하게 되므로, 사회 속에서 자신의 위치를 부여받지 못하게 된다. 반면 남자의 경우는 남녀간의 신의가 여러 일들 중의 하나이므로, 남녀간의 신의를 저버린 것에서 문제가 있더라도, 사회생활이 있으므로 그곳에서 만회할 기회가 있다고 함을 나타내는 대목이다.

따라서 집안의 중심에서 강건하게 자리잡고 있어야 할 가장은 법도를 세워서 집안사람들에 대한 단속을 강화해야 함을 강조한다. 집안단속에서 여성의 섹슈얼리티에 대한 통제는 매우 중요한 부분을 차지한다. 즉 집안사람들은 모두 가장에 의해서 통제되어야만 자신의 역할을 할 수 있는 존재로 있을 수 있게 된다는 것을 의미한다.[33] 그렇다고 성리학적 이념 하에서 가장에게 성적인 자유를 부여했다고 하는 의미는 아니다. 과도한 성적인 욕망에 대한 경계는 여성에게만 가해

觀爾. 不可便謂士之耽惑 實無所妨也."

32) 『詩傳』 衛風 氓, 鄭氏曰: "士有百行 可以功過相掩. 婦人唯以貞信爲節."

33) 『역전』 가인괘, "治家者 治乎衆人也. 苟不閑之以法度 則人情流放 必至于有悔 失長幼之序 亂男女之別 傷恩義 害倫理 無所不至."

지는 것은 아니다. 그러나 성적인 욕망에 대한 통제이유나 방법에 있어서 차이를 보인다. 즉 여성에게 성적인 욕망에 대한 통제를 가하는 것은 주로 가족을 유지하고 지켜나가야 한다는 기본적인 가정이 전제되어 있다. 반면 남자의 경우는 자신의 인격완성 내지는 건강과 연관되어 논의되면서, 성적인 욕망에 과도하게 탐닉하는 것을 경계하고 있을 따름이다.

이에 대한 논의는 다음 절에서 성적인 욕망을 통제하는 데 있어서 나타나는 성별정체성의 문제를 다루는 과정에서 좀더 상세하게 논의해 보도록 하겠다.

4. '섹슈얼리티' 구성방식에 나타난 성별정체성

앤서니 기든스는 "섹슈얼리티는 신체와 자기정체성 그리고 사회규범이 일차적으로 연결되는 지점으로서 자아의 성형가능한 일면으로 기능한다"고 하면서, "(푸코처럼) 자아가 특정한 테크놀로지에 의해 구성된다기보다는 자기정체성이 현대의 사회적 삶에서 특별히 문제가 되는 것임을 인식해야 한다"고 한다.34) 그러나 특정한 사회 문화 속에서 성장한 개인의 정체성 형성과정은 그 사회 문화의 구속력을 받을 수밖에 없다. 따라서 성리학적 이념에 의해 다스려진 사회에서 행해진 섹슈얼리티 구성방식 역시 그 사회에서 남성, 여성의 성별정체성을 형성하는 데 매우 중요한 기능을 하게 된다고 할 수 있다.

특히 여성에게 일부종사(一夫從事)와 정절이데올로기가 가해지면서, 성리학적 이념 하에 다스려지던 사회에서 여성의 섹슈얼리티는

---

34) 앤서니 기든스, 『현대사회의 성사랑 에로티시즘: 친밀성의 구조변동』, 배은경·황정미 옮김, 새물결, 1996 참조.

가족의 범위 내로 엄격히 제한되어 철저히 통제되며, 이를 상실하였을 경우 사회 구성원으로서의 자격까지 상실하게 된다. 그리고 정절 이데올로기가 극치로 치닫던 명대에서는 남편이 죽었을 경우 따라 죽는 여성에 대한 찬사까지도 있었으며, 국가적인 차원에서 여성이 남편을 따라 죽는 것을 고무하기도 하였다. 따라서 여성의 섹슈얼리티 통제방식에서는 성적 욕망이 주된 주제가 아니고 한 남자의 부인으로서 지켜야 하는 정절이데올로기에 의존해서 논의가 이루어진다. 이는 가족 내 존재로서의 여성정체성 형성에 매우 지대한 작용을 하게 되며, 여성 스스로도 가족을 떠나서 자신을 사유할 수 있는 여지가 없도록 만드는 요인이 되었다고 할 수 있다.

반면 남성에게서 섹슈얼리티의 통제는 여성에게서처럼 가족이라는 범위에 한정되어 논의되는 것이 아니라, 자신의 뜻을 펴게 되는 장인 정치사회의 공간 속에서 자신의 능력을 펼치는 데 장애가 되지 않아야 한다는 맥락에서 제기된다. 따라서 남성들에게서는 어떻게 하면 성적인 욕망을 억제할 것이며, 어떠한 방식으로 왜 억제해야 하는가 등에 대한 논의가 진지하게 이루어진다. 즉 여성에게서 성적 욕망은 논의주제가 될 수 없는 이야기이지만, 남성에게서는 다른 양상을 띠고 전개된다. 따라서 『논어』에서 나오는 "덕을 좋아하는 것을 아름다운 여색을 좋아하는 것처럼 하는 사람을 보지 못했다"라든가, 『중용』에서 "아첨하는 자를 물리치고 아름다운 여색을 멀리하는 것은 현자를 권장하는 방법이다"고 하면서, 사회 정치적 자아의 완성을 위해 성적 욕망을 제한하거나, 강렬하면서도 즉각적으로 일어나는 성적 욕망을 사회 정치적 장에서 자기를 실현할 수 있는 에너지로 변환할 수 있도록 해야 한다고 강조한다.[35]

---

35) 『朱子語類』제21권, 問: "賢賢易色." 曰: "'吾未見好德如好色者', '去讒遠色, 賤貨而貴德, 所以勸賢也', 已分明說了."

또한 성적 욕망을 스스로 통제하지 못하고 과도하게 성관계를 맺는 것에 대하여 경계할 때 여성에게서처럼 도덕적인 잣대로 그 행위를 비판하기보다는 건강상의 이유로 조심해야 함을 강조한다. 주희의 제자인 진덕수는 『좌전』에서 진공이 병에 걸려 병의 원인을 알려고 의사를 수소문하다가 명의를 만나 병의 원인이 성관계 때문이라고 하자, 성관계는 맺으면 안 되는 것인가라고 질문하고 답하는 일화를 소개하면서 과도한 성관계에서 나온 병에 대한 설명을 인용하면서 다음과 같이 평하고 있다.

> "… 무릇 음은 양에 뿌리를 두고 있으므로 여자는 양에 해당한다. 사람의 도는 밤에 하기 때문에 회시라고 한다. 음란하면 안에서 열이 나고(內熱) 미혹에 빠져 썩어 들어가는(惑蠱) 병이 생긴다. 양에 해당하기 때문에 내열이 나고 회시이기 때문에 혹고가 생긴다. 이는 음양의 부류로 말한 것이다. 요컨대 마음은 일신의 근본이며 모든 병의 근원이다. 색에 빠지면 마음이 황폐해지게 되니 어찌 병이 나지 않겠는가?."36)

이처럼 성적인 욕망에 대한 억제나 조절을 강조하는 것은 결국 사회 정치 영역에서 공명정대한 면모를 발휘하고 건강하게 생활하기 위한 필요성에 의해서이다. 따라서 성리학에서는 점차로 색욕과 마음의 존재적 층차를 엄밀하게 구분하고자 하여 색욕을 인간의 자연스런 정이라고 하는 것을 부정하는 데까지 이른다. 따라서 성적 욕망이 인간에게서 본질적인 의미를 갖지 않음을 강조한다. 이에 인간에게서 이러한 성적인 욕망이 어느 층차에 존재하는가 하는 논의가 벌어진다.

---

36) 『大學衍義』 제33권, "… 夫陰根於陽故女爲陽物人道以夕故曰晦時淫則生內熱惑蠱之疾以其陽物故生內熱以其晦時故生惑蠱此以陰陽之類言也要之心者一身之本衆疾之源淫於色則心爲之荒惑其不生疾乎 …"

즉 인간의 도덕성을 확보할 수 있는 전제로서 성선에 대한 논의가 정착된 성리학에서 욕망은 인간의 본성과의 연관 하에서 논의되지 않고, 기(氣) 특히 혈기(血氣)와 관련해서 논의된다. 주희는 "혈기란 형체가 기대어서 이로써 생성되는 것으로 혈은 음이고 기는 양이다"[37] 라고 한다. 따라서 혈기는 기보다는 좀더 구체화된 것으로 음식남녀의 욕망은 혈기에서 나온다고 한다. 다음과 같이 말한다.

> "묻는다. 인심도심에서 음식남녀와 같은 욕망이 올바름에서 나온다면 도심일 것입니다. 어떻게 분별합니까? 답한다. 이것은 반드시 혈기에서 나온다."[38]

이는 주희가 음식남녀의 욕망과 도심은 동일한 차원에서 논의될 수 없음을 분명하게 지적한 부분이다. 어디까지나 음식남녀의 욕망은 혈기에서 나오며, 혈기는 시간이 지나감에 따라 변화하기 때문에 혈기를 조절하는 것은 때에 따라 다른 형태로 나타나며, 도덕적인 행위를 해야 하는 인간은 이치에 대한 파악을 통하여 혈기를 조절해야지 혈기에 의해서 부려지면 안 된다고 경계한다.[39] 그리고 혈기를 조절 통제하는 데 있어서 감관의 기능을 조절하는 데 머물러서는 안 되며 항상 감관을 이끌 이치에 대한 파악을 중시한다.[40] 그리고 감관을 이끌 이치로서 예의 중요성이 부각된다. 따라서 동일한 기의 발현이라 할

---

37) 『논어집주』 제16권, "血氣, 形之所待以生者, 血陰而氣陽也."
38) 『朱子語類』 제78권, 問: "人心·道心, 如飲食男女之欲, 出於其正, 卽道心矣. 又如何分別?" 曰: "這箇畢竟是生於血氣."
39) 『논어집주』 제16권, "血氣, 形之所待以生者, 血陰而氣陽也. 得, 貪得也. 隨時知戒, 以理勝之, 則不爲血氣所使也."
40) 『朱子語類』 제35권, 或問: "成於樂." 曰: "樂有五音六律, 能通暢人心. 今之樂雖與古異, 若無此音律, 則不得以爲樂矣." 力行因擧樂記云: "耳目聰明, 血氣和平." 曰: "須看所以聰明·和平如何, 不可只如此說過."

지라도 도덕의식인 의에서 발현하는 기는 호연지기이며, 육신 중에서 나온 것은 혈기의 기라고 구분[41]하고 있다. 이처럼 혈기는 도덕의식에 의해서 발현되어져야 하는 자기정체성 형성에 부정적인 영향을 끼치게 될 가능성이 많으므로 항상 도덕의식에 의해서 통제되어야 할 대상으로 인식된다.

이러한 과정을 거치면서, 인간의 자연스런 욕망으로 간주되었던 성적인 욕망은 점차로 통제되고 억제되어야 할 것으로 간주되며, 여성에게든 남성에게든 성적인 욕망을 이야기하는 것은 부자연스러운 내지는 남성의 덕이나 여성의 덕에 결함이 있는 것으로 간주되는 풍토가 만들어졌다. 따라서 송대의 학자인 호굉은 다음과 같이 말한다.

> "부부의 도에서 사람들이 싫어하는 것은 과도한 욕망을 일삼는 것이다. 성인은 성적인 욕망을 편안하게 생각하였으니 보합을 의로 삼았기 때문이다. 서로 접할 때 예가 있음을 알고 서로 교제할 때 도가 있음을 아니, 오직 공경함으로써 지켜나가 잃지 않게 될 따름이다. 『논어』에서 즐거워하되 과도하게 빠지지 않는다고 한 것은 성명의 바름을 얻은 것이다."[42]

이 논의 속에서 성적인 욕망에 대한 당시 사람들의 생각과 당시 도학자들의 생각을 읽을 수 있다. 처음 "부부의 도에서 사람들이 싫어하는 것은 과도한 욕망을 일삼는 것이다"는 부분에서는 당시 사람들이 성적인 욕망에 대해 부정적인 의식을 지니고 있었다는 것을 읽을 수 있다. 여기서 부부의 도란 성교를 의미하며, 성인이 보합을 의로

---

41) 『朱子語類』 제52권, "氣, 只是一箇氣, 但從義理中出來者, 卽浩然之氣; 從血肉身中出來者, 爲血氣之氣耳."

42) 『호굉집』, 지언 음양, "夫婦之道 人醜之者 以淫欲爲事也. 聖人安之者 以保合爲義也. 接而知有禮焉 交而知有道焉 唯敬者爲能守而勿失也. 語曰樂而不淫 則得性命之正矣."

삼고 있다는 것은 자손을 이어나가는 측면에서 부부의 도를 언급한 것이다. 즉 철저히 예에 의거하여 통제된 성적인 욕망을 통해 성명의 바름을 얻게 된다는 측면을 강조한 것이다. 따라서 남녀가 합하는 것을 음양이 조화를 이루듯이 할 것을 강조하면서, 과도하게 성적인 욕망에 탐닉하는 것을 경계한다. 이처럼 예에 의거하여 남녀가 서로 합하는 것이 아니라 성적인 욕망에 따라서 서로 합하게 될 경우 남녀 모두 자신의 존재성을 상실하게 된다고 한다. 다음과 같이 말한다.

> "남성과 여성의 사이에는 상하의 질서가 있으며, 남편과 아내 사이에는 이끌고 따라가는 이치가 있으니 이것이 항상된 이치이다. 만일 정욕에 따라서만 움직여 남자는 욕망에 이끌려서 자신의 강건함을 잃게 되고, 여자는 좋아하는 것에 빠져서 자신의 순종함을 잊게 된다면, 흉하여 이로운 것이 없을 것이다."[43]

여기서 남자의 경우 성적인 욕망을 통제하지 못하였을 경우 자신의 존재원리인 강건함이 상실된다고 하며, 여자의 경우는 순종함을 잃게 된다고 하였다. 이는 음양개념을 가족 내의 질서 및 덕목의 근간으로 제시하고 있는 데 바탕을 둔 사고에서 파생되어 나온 것이다. 즉 "생물학적인 몸을 음양개념과 결부시킴으로써 집안에서 남자-양-강함-선을 상징하는 아버지는 필연적으로 법도를 세울 수 있는 존재로, 여자-음-유약-악을 상징하는 어머니는 이를 따라야 하는 존재"[44]로 의미확장을 하고 있는 성리학적 이념에서는 성적 욕망을 다룰 때 남성에게 제시되는 논의들은 여색에 대한 조절을 통해서 자신의 덕목을 국가

43) 『근사록』, "男女有尊卑之序 夫婦有倡隨之理. 此常理也. 若徇情肆欲 唯說是動 男牽欲而失其剛 婦추說而忘其順 則凶而無所利矣."
44) 김미영, 「음에 부과된 사적 특성에 대한 여성주의적 접근 — 주자학의 가족윤리를 중심으로」, 『철학』 제72집, 2002년 가을, 82쪽.

천하 전 우주적 영역으로 확장해 나가는 충서의 도를 강조하게 된다. 반면 여성에게서 성적 욕망의 문제를 다룰 때는 항상 자신의 몸에 대한 통제와 자신의 몸에 드러내야 할 덕목을 여덕으로 묘사하며 나타낸다. 따라서 여성은 자신의 덕을 표현하고 구현하는 장소가 항상 가족질서 내에 한정되며 가족을 넘어선 공간에서 자신의 덕을 표현할 수 있는 여지가 없게 된다.

따라서 남성이나 지배층의 사람들에게 성적인 욕망을 조절해야 할 필요성을 언급하면서 가장 중요하게 제기하는 것은 과도한 성적인 욕망이 주변에 현자를 두지 못하게 만드는 원인이 된다는 의미에서 반대하며, 자신이 아름다운 여색을 좋아하듯이 백성도 그렇다는 것을 알고 제대로 정치를 하여 백성과 함께 즐거움을 누려야 한다는 전통적인 유가의 언급들은 남성에게 섹슈얼리티의 구성방식은 바로 성적인 욕망에 탐닉하여 자기 자신을 잊지 않아야 하는 점을 강조하는 것이다. 반면 여성의 경우 성적 욕망을 즐기는 것은 자신이 따라야 할 존재로서 아버지나 남편에게 자신을 맡겨야 한다는 자신의 본분에 어긋나는 행위로서 인식되면서 성적 욕망을 드러내서는 안 됨을 강조하는 방향으로 나아가게 되고, 성적 욕망을 표현하지 않는 여인을 요조숙녀의 상으로 제시한다. 따라서 "숙녀를 얻어서 군자의 배필로 삼는 것을 좋아하며, 현자를 등용하는 것을 걱정하니, 여색에 빠지지 않는다"[45]고 한다.

이렇듯이 음양개념을 토대로 한 남성과 여성의 정체성 형성은 정치적 영역에서는 군자 소인의 정체성 형성과정과 맥락을 같이 한다. 즉 "혈구의 도를 통한 국가사회의 도덕화 실현방식과, 이를 가능하게 하는 우주적 원리에 대한 파악이 가능한 존재로서의 군자상"은 남녀의 성별정체성 형성에서는 남자의 정체성 형성을 의미하는 것이 된다.

---

45) 『朱子語類』 제81권, "樂得淑女以配君子. 憂在進賢, 不淫其色."

따라서 "군자의 모습 속에서 사회질서 창출의 원리가 나오게 되고, 소인의 경우는 여기서 나온 원리에 따라 효제충신의 덕목을 실천해 가는 인간으로 보는 이분된 인간형"과 같이 집안의 법도가 나오게 되는 원천으로서의 남성이 갖추어야 할 요건에 부합하려는 정체성 형성과, 그 법도와 한치도 어긋남 없이 따라야 하는 여성의 존재가 그대로 대비되어 나타나고 있다고 할 수 있다.

성애의 현상학[*]

후설과 메를로-퐁티로부터 탐색해 보는 성애의 신비

| 이 종 관 | 성균관대 철학과 |

1. 들어가는 말

성애, 누구나 꿈꾸는 그 희열의 영역, 한없이 부풀어지는 욕망. 이러한 욕망은 결국 섹스를 산업화했고 심지어는 언제 어디서든지 발기를 가능하게 하는 묘약, 비아그라를 탄생시켰다. 이제 섹스는 도처에 있다. 광고에도 있고 영화관에도 있으며, 사이버스페이스에도 있다. 이메일을 여는 순간 우리는 원치 않아도 성적 장면을 접할 수 있고 또 원하면 화상채팅을 통해 익명의 파트너와 폰섹스와 화상섹스를 할 수도 있다. 또 여기에 만족치 않으면 그 파트너와 실재공간에서 속칭 번팅을 통해 섹스를 나눌 수도 있다. 그런데 우리는 성애를 하고 있

---

* 이 글을 쓰는 동안 필자의 인터뷰에 응해 자신의 경험을 진솔하게 전해 주신 분들께 감사드린다.

는가. 그리고 그것을 통해 성애의 희열에 도달하고 있는가.

어느 순간부터 시도 때도 없이 컴퓨터에 떠오른 포르노들은 상투적 장면의 반복에 불과하고 그래서 우리의 성기는 점차 권태에 빠진 듯 별로 뜨거워지지 않는다. 이제 이러한 방식으로 흥분에 도달하는 것은 진부해 보인다. 오히려 성이 대량으로 적나라하게 제공되면 될수록 성은 마비되며 다시 성적 흥분을 강화하는 여러 가지 수단을 찾아나서는 피곤한 과정을 되풀이되는 것이 오늘날 성이다. 성적 쾌감의 극치를 찾아 도달하면 다시 멀어지는 신기루 속의 희열을 향해 우리는 끝없이 떠나야 하는가. 항상 지금까지 경험해 보지 못한 희한한 섹스를 꿈꾸며. 그러나 우리는 또 실패하지 않을까. 언제 어디서든지 모든 상상 가능한 아니 의식은 감히 상상할 수도 없는 도착적·변태적 포르노가 무의식의 이름으로 제공되며 성이 넘쳐나는 오늘날. 여기에서도 성적 쾌감의 극치는 아직 도달되지 않고 따라서 또 다른 수단을 찾아 나서야 한다면, 과연 이렇게 끝없이 나아가는 것이 목적지에 도달할 수 있는 길인지 다시 한번 생각해 보아야 하지 않을까.

이제 우리는 성애가 과연 무엇이며 절정은 어떻게 오는가에 대해 근본적으로 성찰할 필요가 있다. 무엇에 대해 지금까지와는 다르게 근본적으로 생각해 보려 할 때 우리가 기대할 수 있는 철학이 있다면 그것은 현상학일 것이다. 현상학은 바로 기존 이론의 도움을 거부하고 사태 자체를 근본적으로 성찰하려는 철학적 태도를 향한 열정 그 자체이기 때문이다. 물론 성애의 비밀은 생리학에 기초한 성과학에서 이미 다루어져 있고 또 정신분석학은 성에 대한 성을 위한 성의 학문이라 해도 과언이 아니다. 하지만 성과학은 자연과학적 패러다임에 맹목적으로 추종하고 있다. 여기서 성은 물질현상과 다를 바가 없다. 반면 정신분석학은 자연과학과는 다른 방향에서 성의 문제에 접근하지만 여기에도 이미 기존이론에 침식된 부분이 없지 않다. 프로이트는 무의식을 논의할 때 여전히 물리학적 사고의 틀로부터 자유롭지 못했다.[1] 라캉은 정신분석학에 드리워져 있는 물리주의를 거두어 내려 하였지만, 이러한 그의 시도는 기호학이 그 자리를 대신하는 방식으로 전개되었다. 라캉은 물리주의자가 아니었지만 기호학에 대한 치열한 검토 없이 기호학을 근본원리로 맹종하는 기호학주의자가 된 것이다. 현대 성담론을 지탱하는 거대한 두 축에 잠복해 있는 이러한 선입견들이 간과되지 않는다면, 사태 그 자체에 진입하기 위한 성찰을 포기하지 않았던 현상학을 통해 성의 본질 그 자체가 벗겨지길 기대해 볼 만도 할 것이다.

그러나 유감스럽게도 현상학에서 성에 대한 치밀한 탐구는 그다지 목격되지 않는다. 자신의 연구실에 자신을 밀폐시키고 일생 엄밀한 학으로서의 철학을 꿈꾸던 학문적 엄숙주의자 후설에게 성은 지나치게 경박했을 것이다. 또 슈바르츠발트 숲길의 고요와 정적 속에서 존재의 목소리에 귀기울였던 하이데거에게 성은 너무 뜨겁고 격렬했을 것이다. 물론 메를로-퐁티는 조금 다른 경우이다. 몸을 현상학적 성찰의 중심으로 부상시킨 그의 현상학에서는 성애를 현상학적으로 성찰할 수 있는 상당한 잠재력이 감추어져 있다. 그럼에도 그에게서 성애는 집중적으로 탐구되지 못했다.

이렇게 볼 때 성애에 대해 현상학적으로 접근한다는 것은 그 자체 많은 한계를 지니고 있다. 물론 진정한 현상학자라면, 또 후설의 현상학적 방법론에 충실하다면, 자신의 다양한 성적 체험을 현상학적으로 기술하고 거기서 성애의 본질을 직관해 내야 할 것이다. 그러나 필자에게는 그러한 성적 경험의 다양성이 혼신의 노력에도 불구하고 결여

---

1) 초기 프로이트는 전기 자극을 가한 뱀장어의 행동을 관찰하며 그때 일어나는 세포들의 반응을 엔트로피 이론으로 설명하였는데 이러한 설명방식은 그 후 프로이트의 정신분석 이론에도 은밀하게 작동하고 있다. 이에 대해서는 Ralph D. Ellis, *Eros in Narcissistic Culture. An Analysis anchored in the Life World*, Dodrecht/Boston/London, 1996, p.16ff 참조.

되어 있다. 이러한 상태에서 필자의 성적 경험을 현상학적으로 기술하여 현상학적 본질직관을 시도하는 것은 무모한 작업에 불과할 것이다. 따라서 필자는 후설과 메를로-퐁티의 저작에서 성애에 접근할 수 있는 실마리를 포착하여 그로부터 제한적이나마 성애의 비밀에 이르는 통로를 개척하려 한다.

2. 후설의 상호주관성과 의식의 에로틱

후설의 상호주관성이론은 여러 맥락에서 독해될 수 있다. 하지만 그중 성애의 문제와 관련하여 주목할 부분은 우리의 선험적 의식이 어떻게 세계 안에 나타나는 의식으로(인간) 구성되는가를 밝혀내는 작업이다. 여기서 성애의 신비가 밝혀질 수 있는 현상학적 단서가 미약하나마 제공된다. 이제 후설의 상호주관성이론을 나의 의식의 세계화라는 시야에서 바라보고 거기서 성애에 접근할 수 있는 통로를 발견해 보자.

1) 타자의 경험

우리의 의식은 스스로를 어떻게 세계 안에 나타나는 존재로 경험하는가. 그것은 우리의 몸을 통해서일 것이다. 그러나 우리의 몸은 세계 속에 있는 다른 대상처럼 나타나지 않는다. 우리 자신의 근원적 경험으로 되돌아가 보면 확인할 수 있는 바와 같이, 우리는 우리 자신의 신체를 우리 자신의 신체가 아닌 다른 사물을 대상화하는 것과 같은 방식으로 대상화시킬 수 없다. 이것은 우리가 우리의 신체를 일부분만 지각할 수 있을 뿐이라는 데 이유가 있는 것은 아니다. 우리 자신의 신체가 아닌 다른 대상의 경험되는 방식도 본질적으로 불완전하다. 하지만 다른 사물의 경우 직접 지각되지 않는 것은 우리의 신체를 움직이거나 그 대상을 움직여서 직접 나타나게 할 수 있는 원리적 가능성을 내포하고 있다. 반면 우리의 신체는 대상경험의 원점으로서, 모든 움직임의 중점으로서 그러한 가능성이 본질적으로 배제되어 있는 것이다. 그리하여 자아가 자신의 신체를 통해 세계내적 대상성을 획득하는 것은 근본적으로 다른 방식으로 수행되는데, 이것은 한편으로 다른 대상과 같이 나타나는 타자의 신체를 매개로 전개된다. 즉 나의 신체활동을 중심으로 펼쳐지는 근원적 세계 안에서 다른 물체와 같이 나타나는 타자의 육체는 나의 신체와의 유사성에 의해 근본적으로 '짝짓기'(Paarung) 관계에서 주어진다. 이 짝짓기에 의해 타자의 신체는 물체성과 아울러 신체성을 부여받게 된다. 이때 자아가 자신의 육체에서 살아 있는 신체성을 체험하는 것은 자아가 의식경험활동을 수행할 때 그 자아가 기능하고 있는 유일한 육체라는 경험으로부터 구성된다는 것을 상기한다면, 결국 타자의 육체가 살아 있는 신체로 경험된다는 것은 그 육체에 기능하고 있는 나와 같은 자아성이 감정이입을 통해 체험된다는 것이다. 이러한 감정이입을 거쳐 이제 자아는 타자의 신체가 한편으로는 여타의 세계내적 대상과 같이 자아에게 나타나듯, 자신의 신체를 통해 여타의 세계내적 대상과 같이 타자에게 나타난다는 것을 간접적으로 경험하게 되는 것이다.[2] 여기서 특별히 주목되어야 할 것은 이렇게 타자경험을 매개로 선험적 의식이 세계 내에 대상으로 나타나는 의식으로, 요컨대 인간으로 세계화되는 과정에서 타의식에 대한 감정이입이 결정적인 역할을 하고 있다는 사실이다. 후설 역시 "우리가 우리의 세계 안에 타주관을 끄집어 들였다면 마찬가지로 우리는 우리 자신을 우리 세계 속에 정착시킨 것이다"[3]고 강조하고 있다. 이러한 사실은 결국 의식자아가 스스로를 인

---

2) Edmund Husserl, *Husserliana*(이하 『전집』으로 약칭) VI, 484쪽.
3) 『전집』 IV, 347쪽.

간으로서, 즉 세계 안에 나타나는 주관으로서 세계화시키는 것은 결국 나와 동등한 그리하여 나와 경쟁할 수 있는 나 이외의 선험적 의식에 의존하고 있다는 것을 의미한다. 바로 여기서 후설에 있어서 감정 이입이란 개념이 더 깊은 의미를 획득하게 된다. 즉, 타아 경험 과정을 기술하는 용어로서 그리고 작용 구조적으로 짝짓기에 비교되는 감정 이입은 단지 자아가 타아를 어떻게 경험하게 되는가를 기술하는 것만은 아니다. 오히려 이러한 기술을 통해 의식은 그 자신을 세계화시키기 위해서 그가 아닌 다른 의식과의 관계를 요청하며 그리하여 그 자신으로부터 타의식의 존재를 타당화시켜야 한다는 의식의 내적 구조가 이미 저차적인 단계에서 노정되는 것이다. 의식은 의식 내에 자폐적으로 머무를 때 구체적 인간으로 세계화될 수 없다. 의식은 세계 구성의 중심으로서의 주체의 유일성에 머무르지 않고 자기와 대등한 또 다른 구성의 중심인 그 아닌 다른 의식을 인정하는 탈중심화를 통하여 비로소 세계 안에 존재하는 인간으로서의 세계성과 구체성을 획득할 수 있다. 바꾸어 말해서 의식은 의식 내에 자폐적으로 머무를 때 구체적 인간으로 세계화될 수 없다. 의식은 타의식의 부재를 견딜 수 없으며 따라서 주체는 최소한 복수화되어야 한다. 의식주체는 세계 구성의 중심으로서의 주체의 유일성에 머무르지 않고 자기와 대등한 또 다른 구성의 중심인 그 아닌 다른 선험적 자아를 인정하는 탈중심화(Dezentralisierung)를 통하여 비로소 세계 안에 존재하는 인간으로서의 세계성과 구체성을 획득할 수 있다. 이렇게 수행되는 타의식과의 관계맺음은 결국 어떤 우연이나 외적인 강요에 의한 것이 아니라 주체의 존재 방식에 의거한 자기 행위이다. 좀더 극적으로 표현하면 타아경험은 타아가 존재함으로써 비로소 이루어지는 타아의 초상이 아니라 의식자아가 세계 안에 존재하기 위한 숙명이다.

2) 의식의 에로틱

결국 선험적 의식은 스스로를 세계 안의 주체로서 구체화시키기 위해 탈중심화를, 즉 자기와 같은 주체성을 타존재자에게 이전하여 다수의 중심을 인정하는 중심 분산을 본질적 계기로 한다. 바로 여기서 후설의 현상학으로부터 사랑의 신비를 해명할 수 있는 틈새가 벌어진다. 즉 의식주체는 후설에게 '사랑의 공동체'(Liebesgemeinschaft)를 향해 부단히 진화할 수 있는 가능성으로 드러나는 것이다. 왜냐하면 후설에게 사랑이란 단순한 가슴이 떨리는 감정적 느낌이나 상대방을 경탄하며 자신을 상실함을 의미하는 것이 아니라 타자 속에서 자신을 느낌 즉 타자 속에서 자신으로 삶을 의미하는 것이기 때문이다.4) 사랑은 "타자에 빠져 있으며 타자 속에서 살고 타자와 하나됨"이다.5) 사실 이렇게 의식주체가 자신을 타자 속에 이전시켜 그 안에서 자신으로 사는 것이 사랑이기 때문에 진정으로 사랑하는 자들은 상대방의 고통과 기쁨 등을 자신의 아픔이나 기쁨과 같이 느끼는 것이다. 이는 어머니와 자식 간에 뚜렷하게 나타난다. 아이와 엄마의 관계에서 고통은 마치 엄마의 의식이 동시에 아이의 의식 속에 있는 것처럼 일어난다. 아이가 넘어졌을 때 엄마는 때때로 아이보다 더 경악하며 고통스러워한다.

후설은 그의 이러한 사랑의 이해를 이미 저차적 단계의 사랑의 공동체 즉 성관계에서 구체적으로 드러낼 수 있었다. 성관계에서 한 행위자의 욕구의 충족은 그의 욕구가 단순히 성행위를 함으로써 충족되는 것이 아니라 각 행위의 당사자가 상대방의 기쁨을 자기 것으로 느낄 수 있을 때 절정에 오르는 것이다. 이 절정은 공동의 희열이다. 이것이 바로 성애의 희열을 다른 욕구의 충족과 구별시켜 주는 신비스

---

4) 미출간 유고. FI 24/29a 참조.
5) 『전집』 15, 406쪽.

런 부분이다. 예컨대, 식욕과 같은 본능에서는 본능 충족의 대상에 행위자가 그의 자신을 이전시키지 않고도 그 욕구는 충족된다. 하지만 최초의 사랑으로 이해되는 성행위에 있어서 행위 객체는 단순한 대상에 불과한 것이 아니다. 성행위는 행위 주체가 행위 객체에 파고들어 그 자신으로 살면서 그의 기쁨을 같이 느낄 수 있을 때 충족되는 것이다.6) 우리 모두가 경험했듯이 성행위에서 우리가 단지 우리의 성기만을 삽입시킨다면 우리는 오르가슴에 도달하지 못한다. 우리가 살을 대고 있는 그 타자에 우리의 의식을 이전시켜 그 타자의 기쁨을 자기 것으로 느낄 때 비로소 우리는 오르가슴에 도달하는 것이다. 이것이 바로 의식적으로 상대방에 몰입되지 않는 성관계는 배설이나 자위에 불과할 뿐 배설의 쾌감을 넘어서는 성애의 고유한 절정에 이르지 못하는 이유이다. 진정 오르가슴을 경험한 사람들의 하나 같은 고백을 통해 보면 사랑하는 사람들은 육체가 하나가 되는 순간 어떤 비교할 수 없는 진지함으로 휩싸인다. 진지함과 더불어 육체 결합은 서로를 향한 엄청난 집중을 동반한다. 이것이 행동으로는 서로 깊게 끌어안고 안기는 행위로 표현되는 것이다. 이러한 진지함과 집중은 바로 사랑행위의 깊은 의미내용과 그 안에 숨겨져 있는 신비성을 반영한다. 후설은 미출간 유고에서 내밀하게 속삭이고 있다. "사랑하는 사람들은 단지 곁에 살고 있는 것이 아니라 서로의 안에 살고 있다."7) 성애는 성기가 서로의 안에 있는 것이지만 그것을 통해 서로의 의식이 타자 안에 있을 때 성애가 되는 것이다. 성애를 할 수 있는 것은 결국 자기이면서 탈중심화를 통하여 자기를 타자에게도 이전할 수 있는 존재, 즉 지향적 의식 주체들뿐이다. 자기를 나누어 타인에게 자신으로 사는 것. 그것이 바로 몸과 몸의 사랑부터 정신과 정신의 사랑까지를

---

6) 『전집』 15, 593 계속 참조.

7) 『전집』 14, 174쪽.

감싸고 있는 사랑의 원래 모습이다. 사랑은 상대방에 자기를 나눌 수 있는 자들 사이에서만 펼쳐지는 것이다. 의식, 그것만이 본래 에로틱한 것이다.

3. 몸의 현상학과 성애

후설에서 더듬어본 성애는 그의 상호주관성 이론에서 매우 은은하게 주제화되고 있다. 하지만 지나치게 잔잔하여 성애의 본질이 어렴풋이 노출될 뿐이다. 그러나 메를로-퐁티에서는 적어도 후설보다는 노골적으로 성애의 신비가 밝혀진다. 그것은 그가 몸을 주제화하며 몸에서 지향성을 발견하기 때문이다. 따라서 메를로-퐁티의 현상학을 통해 성애를 비밀을 밝혀내기 위해서는 왜 그가 몸을 육화된 지향활동으로 이해하게 되는지를 간략하게나마 살펴보고 이를 바탕으로 성애에 접근해 갈 수밖에 없다

모리스 메를로-퐁티는 과학적 세계가 실재세계의 법칙을 체계화한 것이 아니라 우리의 자연스런 경험세계를 기반으로 이념화된 틀이라는 후설의 통찰을 계승한다. 그리하여 메를로-퐁티는 과학적 세계관에 앞서 우리와 세계의 직접적 접촉을 가능하게 하는 근원적 차원으로 되돌아가려 한다. 어떤 과학적 이론도 사용하지 않으며 과학이전에 경험되는 그대로의 세계를 기술함으로써 세계의 구성원리를 해명하려는 것, 그것이 메를로-퐁티의 철학의 과제이다.

이처럼 과학적 조작에 의해 구성된 이론으로부터 우리가 자연스럽게 경험하는 세계로 되돌아가기 위해서, 메를로-퐁티는 보고, 듣고, 만지며 이루어지는 일련의 비작위적인 경험행위, 즉 자연적 지각(perception)에 우선권을 부여할 수밖에 없었다. 늘 자연스럽게 이루어지는 우리의 지각은 과학적 이론의 매개를 거치지 않고 세계와의 직

접적인 접촉을 제공하는 통로이기 때문이다. 그런데 지각은 틀림없이 우리 몸과 함께 이루어진다. 지각은 정신에 의해서만 이루어지는 몸을 떠난 명상이 아니다. 지각은 우리가 부단히 눈동자를 움직이고 손을 대보며, 냄새를 맡고, 대상의 주변을 돌아다니는 가운데 이루어진다. 따라서 세계와의 직접적인 접촉을 가능하게 하는 지각을 해명하기 위해, 현상학적 탐구의 초점은 몸에 맞추어져야 한다. 메를로-퐁티는 바로 여기서 몸을 다소 주변부에 위치시키고 의식에 대한 현상학적 탐구에 몰두하는 후설을 벗어나 몸을 핵심주제로 등장시킨다. 그리고 현상적 탐구 방식 즉, 검토되지 않은 기존의 이론을 정지시키고 현상 그 자체로 되돌아가려는 현상학적 판단중지는 이제 철저히 신체에 적용되어야 한다.

1) 살로 된 지향활동

몸은 지금까지 기존의 이론에 의해 어떻게 다루어져 왔는가? 몸에 관한 기존의 이론은 경험론과 지성주의로 대별된다. 경험주의는 물리 현상을 규명하는 과학의 기본원리인 인과론의 관점에서 신체를 고찰하고 있다. 몸은 다른 물리적 사물과 마찬가지로 외부세계의 물질적 원인에 의해 작동하는 반응체라는 것이다. 반면, 지성주의는 정신의 자발적 지향성에 따라 그 의식의 의도를 실행하는 의식의 도구에 불과한 것으로 파악하고 있다. 예컨대, 데카르트에 따르면 몸은 생각하는 정신이 지향하는 바를 수행하는 도구에 지나지 않는다. 몸 그 자체는 지성주의에 있어서도 정신의 명령이 없으면 기계일 뿐이다. 이러한 데카르트이 신체관은 회화에서도 뚜렷하게 나타난다. 데카르트의 영향 아래 등장하는 신고전주의 회화에서는 자연, 나아가 인간의 육체도 과학적 이론에 의해 지배되는 것을 당연시하였고 때문에 원근법적 표현과 해부학적 지식에 입각한 인체 표현이 유행한다.

메를로-퐁티는 철학사를 양분해 온 이 거대한 두 조류와 동시에 대결하며 두 이론에 의해 감추어진 신체의 존재방식을 구체적 신체 현상에 대한 현상학 탐구를 통해 드러내는 작업에 착수한다.

메를로-퐁티는 기존의 두 이론의 허구성을 극명하게 노출시키며 신체의 존재방식을 드러내는 대표적인 신체 현상들을 주목한다. 그 중 하나가 의학적으로는 환지통이라 불리는 신체현상이다.8) 환지통은 사고나 수술을 통하여 한 쪽 다리를 잃은 경우와 같이 몸의 일부가 상실되었을 때 나타나는 신체에서 나타난다. 임상보고가 전해주듯 다리를 잃은 대부분의 환자는 한 쪽 다리가 부재함에도 불구하고 그 잃어버린 다리에서 계속 고통을 느끼며 마치 다리가 그대로 있는 듯한 활동을 지속한다. 예를 들면, 그 다리로 걸으려 한다든지 발을 뻗으려 한다든지 아니면 그 잃어버린 발가락에서 가려움을 느낀다든지. 메를로-퐁티는 이러한 환지통 현상을 거점으로 하여 기존 이론을 비판한다.

우선 몸을 물리적 사물과 같이 외부자극에 의해 반응하는 것으로 보는 경험주의는 환지통을 설명할 수 없다. 그 이유는 간단하다. 한 쪽 다리를 잃은 경우 외부세계로부터 자극을 받을 다리가 부재하기 때문이다. 따라서 환지통은 몸의 바깥세계로부터 발원하는 자극과 그에 대한 결과로서의 반응이라는 인과론적 물리 법칙이 몸을 지배하는 존재방식이 아님을 폭로한다. 한마디로 몸은 물체와 같은 방식으로 존재하지 않는다.

지성주의는 경험주의와는 반대로 의식의 자발성에 입각하여 이러한 환지통을 절단에 대한 의식적 거부, 즉 과거와 같은 방식으로 살려고 하는 의식적 결단에 기인하는 것으로 설명하려 할 것이다. 하지만 환자들의 호소에서 명백히 밝혀지는 것처럼 환자가 없어진 발에서

---

8) Maurice Merleau-Ponty, *Phaenomenologie der Wahrnehmung*(이하 PW로 표기), uebersetzt von Rudolf Boehm, Berlin, 1966, 100ff 참조.

통증을 느낀다든지, 그 발로 걸으려 함 등 그가 의식적으로 결정을 내리고 그 명령을 그의 몸이 수행하기 때문에 일어나는 것이 아니다. 오히려 환자들은 환지통을 허구성을 의식하여 그것을 의식적으로 느끼지 않으려 해도 환지통은 없어지지 않는다고 한다. 이러한 예는 결국 환지통이 의식적 결정과는 상관없이 일어나는 것이다.

몸에서 일어나는 환지통이 외부의 물질적 원인에 의한 것도, 또 정신에 의한 것도 아니라면, 그것은 바로 몸 자체에서 비롯되는 것으로 밝혀지게 될 것이다. 즉, 환지통은, 마치 발이, 절단되기 이전에 그 발이 누려왔던 행위영역을 보존하려 의도가 있는 것처럼, 몸 자체의 지향성에 의해 일어나는 것이다. 다시 말해서 만약 발이 이전처럼 움직이고 있다면, 그때에 그 발이 중심이 되어 이루어질 행위의 영역이, 정신이 생각하고 의도하기 이전에, 몸 자체로 여전히 지향되고 있는 것이다.[9]

몸의 환지통 현상에 대한 메를로-퐁티의 현상학적 탐구로 결국 다음과 같은 사실이 밝혀진다. 몸은 바깥세계의 자극과 신체적 반응 사이의 원인과 결과 관계로 해소될 수 없는 그 이상의 능력이다. 때문에 몸은 외부 세계 안에 존재하며 외부 자극을 수동적으로 기다리는 것이 아니라, 이미 늘 활동하면서 적극적으로 나아가는 방식으로 세계에 가입한다. 따라서 몸이 몸담는 세계는 애초부터 이미 완결된 상태로 몸을 가두고 있는 것이 아니라 몸의 참여를 통해 형성된다. 이러한 관점에서 보면, 세계는 몸이 존재하기 위한 절대적 전제조건이 아니라 오히려 이미 항상 살아 나아가는 몸의 지향활동이 그가 몸담는 세계 형성의 전제조건이 된다. 하지만 몸이 세계로 다가가 적극적으로 참여하며 세계에 형태를 부여하는 방식은 의식의 차원에서 일어

---

9) 이와 같이 의식에 앞서 이미 지향적으로 활동하는 신체의 존재 방식은 메를로-퐁티가 습관, 실천적 지식 그리고 지향성의 관계를 다룰 때 더욱 분명해진다. 지면 관계상 이에 대한 자세한 논의는 생략하기로 한다.

나는 활동이 아니다. 몸의 지향성은 물론 다른 물리적 대상들처럼 세계에 매몰되어 세계의 물리적 원리에 지배당하는 것은 아니지만 그렇다고 지성주의자들이 생각하는 자발적 의식처럼 완전한 초월적 위치에서 세계를 능가하는 것도 아니다. 한편으로 이 세계에 존재하며 물질적 실재성을 지니는 몸은 끊임없이 세계로 다가가는 활동성 속에서 세계가 형성되는 데 참여한다. 때문에 세계가 완전히 몸의 지향성에 의해서만 결정되는 것은 아니다. 세계와 신체는 세계가 형성되고 그 안에 몸이 담겨지는 과정에서 상호교호 관계를 형성한다. 세계를 형성하는 데 몸이 참여하는 상호교호 과정은 뫼비우스의 띠로 비유될 수 있을 것이다.

2) 몸의 지향성과 성애

몸은 외부의 자극에 인과적으로 반응하는 수용체도 동시에 의식의 지향성에 의해 조정되는 수단도 아니다. 몸은 그 자체 육화된 지향활동이다.

이렇게 육화된 지향성은 이중적 존재방식을 갖는다. 몸은 이 세계의 주관이지만 동시에 육화된 지향성으로서 세계와 타인에 대한 대상이 된다. 세계를 지각하는 살아 움직이는 몸은 그것을 중심으로 비로소 세계가 조직되는 주체적 활동이지만 다른 한편으로 세계와 타자에게 지향성이 물질적 생동적으로 실현되는 활동, 즉 객관적 표현활동으로서 제공된다. 따라서 지각의 근원성은 메를로-퐁티에게 표현의 근원성이다. 나아가서 이러한 몸은 지각과 표현의 장소일 뿐만 아니라 지각을 표현으로 또 표현을 지각으로 순환시키는 활동을 수행한다. 그리하여 몸은 지각과 표현을 동시에 주관적이고 객관적인 양상으로 순환시키며 살아 움직인다.

몸을 육화된 지향활동으로 발견하는 메를로-퐁티의 현상학은 결국 우리를 다음과 같은 통찰로 인도한다. (1) 몸은 외부의 자극을 인과적으로 수용하는 반응하는 메커니즘이 아니라 그 자체로 살아 움직이며 사태를 형태화하고 조직화하는 육화된 지향적 활동성이다. (2) 몸은 이와 같이 육화된 지향성이기 때문에, 여하한의 대상성을 거부하며 자기 내면에 밀폐된 주관성이 아니라 어떠한 형태로든 밖으로 객관화될 수밖에 없다. 따라서 세계와 교섭하며 참여하는 신체는 주관적 양상에서 지각으로 객관적 양상에서 표현으로 살아 움직인다. 이 신체의 두 양상은 마치 뫼비우스의 띠처럼 순환하는 교호작용을 함으로써 의미 있는 경험을 구성한다. 살아 움직이는 신체는 주관적이며 동시에 상호 주관적인 체계(intrasubjective and intersubjective System)이다. (3) 더구나 이와 같이 살아 움직이는 신체를 통한 지각과 표현은 그것을 통해 비로소 지향과 의미가 살아나는 근원적 차원이다.

 (1) 우리는 이미 성애에 빠져 있다
  메를로-퐁티의 현상학에 따르면 살아 움직이는 몸은 둔중하고 무의미한 단백질 덩어리가 아니다. 특히 몸에서 나타나는 표현은 몸이 지향적 활동의 주체로서 파악되는 한, 그 자체가 의미 현상으로서의 격위를 갖는다. 즉, 신체적 동작, 표정 등은 연기가 불을 지시하는 것과 같이 자신 이외 다른 것을 지시함으로써 그로부터 비로소 의미를 부여받는 것이 아니다. 우리의 지각이 움직이는 몸의 지향활동을 통해 이루어진다면, 그것은 몸의 지향활동이 의식에 선행함을 의미한다. 이렇게 우리 의식이 몸에 명령을 내리고 몸이 그것을 수행함으로써 체험이 이루어지는 것이 아니라 육화된 지향성으로서 살아가는 몸을 통해 비로소 지향활동이 이루어진다면, 그것은 다음과 같은 사실을 시사한다. 예컨대, 몸의 움직임은 그 자체 무의미한 동작에 불과한 것일 뿐, 우리 의식의 의도를 표시할 때만 의미를 담는 기호가 되는 것이 아니라, 이미 그 자체 의미가 살아나는 표현, 즉 몸짓이다. 몸에서 기표와 기의는 분리되지 않는다. 몸은 그 자체가 기표이면서 동시에 기의인 것이다. 따라서 찡그림, 웃음은 신체 내면의 의식이 지향하는 의도를 외적으로 드러내는 기호가 아니라 그 자체 고통 혹은 기쁨이 생생하게 의미화되는 과정이다. 우리의 몸짓, 표정은 우리 의식이 의도하기 이전에 이미 의미로 젖어 있다. 이렇게 몸은 몸으로서 살아가는 한 항상 의미에 젖을 수밖에 없는 표현적 존재이다. 때문에 메를로-퐁티에게 우리의 몸은 물체적인 것이 아니라 의미를 창조하며 살아가는 '예술품'과 같다.10)

이러한 사실은 특히 몸과 몸이 예민하게 서로 만져지며 섞여질 때 뚜렷하게 나타날 것이다. 몸과 몸이 만날 때, 즉 성관계는 단순한 '말초적 자동운동'이 아닐 것이다. 몸은 이미 지향적으로 충전되어 있으며 따라서 몸과 몸이 한치의 틈새도 없이 밀착되는 성애의 경우 몸과 몸이 주고받는 것은 생리적 자극과 반응이 아니라 살로 된 지향적 의미작용이며 예술적 탐미작용일 것이다.

이미 육화된 지향성으로서의 몸으로부터 이상과 같이 추정되는 성애의 지향적 과정은 메를로-퐁티가 인용하는 실증사례를 통해 구체화될 수 있다. 그것은 그의 『지각의 현상학』에서 자주는 등장하는 환자 슈나이더의 경우이다. 그는 후두부를 손상당했지만 생리학에서 성적 욕망과 관계 있는 것으로 주장되는 국부신경과 중추신경은 온전하게 보존되어 있다. 물론 그가 입은 대뇌 후두부의 손상은 전체 감각을 통합하고 조절하는 기능의 약화를 가져올 것이다. 따라서 슈나이더는 외부 성적 자극에 노출될 경우 무절제한 성행위에 빠져들 것으로 추측된다. 그러나 실제의 경우는 그렇지 못했다. 그에게는 어떤 여인의 모습도 어떤 외설적인 장면도 성적 반응을 이끌어내지 못한다. 즉 그는 생리학에서 성적 흥분을 고조시킬 것으로 추정되는 외부자극이 훼손되지 않은 성적 신경들에 작용을 가해도 성욕과 성적 행위를 발의

---

10) PW 181(176/177).

하지 못하는 것이다. 이는 성적 행위가 외부자극에 대한 단순한 자극과 반응의 자동장치가 아님을 시사한다. "성이 인간에게 자동반사장치를 형성하고 성적 대상이 해부학적으로 정의된 특정한 어떤 쾌락기관에 관계하는 것이라면, 대뇌의 부상은 결과적으로 그러한 자동운동을 해방시켜서 성적 행동이 강화된 형태로 나타날 것이다."[11]

성행위가 인과론에 의거한 생리적 자동반사 장치로 파악될 수 없다고 해서 성이 지성주의적으로 이해되어야 하는 것은 아니다. 의식의 자발성을 주장하는 지성주의 입장에서 성욕은 일차적으로 쾌감 혹은 고통 같은 심리학적 혹은 정서적 상태를 특정 관념들이나 표상들과 결합함으로써 비롯되는 것이다. 따라서 쾌감을 주는 자극을 에로틱한 이미지로 표상하는 의식의 능력이 성욕의 관건이다. 이와 같은 지성주의적 입장에서 슈나이더의 성적 무능은 그의 의식에 에로틱한 표상이 떠오르지 않는 데 있다. 그러나 이러한 입장은 곧 결함을 노출한다. 왜냐하면 그러한 표상들이 인위적으로 제공될 경우에도 슈나이더의 몸에서 성적 흥분이 일어나지 않기 때문이다. 예컨대 그에게 음란한 그림들 혹은 누드 사진을 보여주거나, 혹은 성욕에 대해 이야기해 주는 등의 방식으로 그에게 성적인 표상이나 관념들을 제공해 주어도 그는 성적으로 흥분하지 않는다. 슈나이더는 여전히 벗은 여자를 시각적으로 표상하고 또한 그녀가 그에게 키스할 때 그녀의 입술의 접촉을 느끼지만 그가 표상하고 느끼는 것은 그의 몸을 성적인 흥분에 빠뜨리지 못한다.

이러한 논의를 통해 메를로-퐁티는 성애의 비밀을 다음 두 가지 관점에서 밝혀내는 데 이른다.

(1) 몸이 성적 흥분과 에로틱한 분위기에 빠져 성행위를 하는 것은

---

11) PW 186(181).

외부자극에 반응하는 자동반사작용의 결과가 아니다. 그렇다고 그것이 생리적 자극을 에로틱한 표상으로 전환시키는 의식작용의 결과도 아니다. 몸에서 일어나는 성적 흥분은 이미 항상 지향성으로 살아가는 몸으로부터 외부자극 이전에 그리고 의식활동 이전에 이미 발현하는 것이다. 성적 흥분을 유발하는 객관적 자극이 존재하는 것 아니라 우리의 몸이 이미 "외부자극을 성적으로 의미화하고" 그것을 몸과 어떻게 연루시켜야 할지 윤곽을 그려주는 성적 지향성으로 이미 살고 있는 것이다.12) 메를로-퐁티는 이를 다시 슈나이더의 예를 들어 확증한다. 슈나이더에게 모든 여성의 몸은 별다른 차이가 없으며 신체적으로 밀착해도 "모호한 사물 인식"만을 일으킬 뿐이다. 즉 다른 경우에는 훌륭하게 작동하는 촉각도 성적 상황 속에서는 촉각적 자극을 성적인 의미로 생화시키지는 못하는 것이다. 메를로-퐁티는 이런 증상을 보이는 슈나이더에게서 다음과 같은 진단을 내린다. 손상된 슈나이더의 몸은 성적 세계를 기투하고 자신을 성적 상황에 놓이게 하는 능력을 상실한 것이다. 반면 "정상인은 인간의 몸을 그저 어떤 대상으로만 지각하는 것이 아니다. 객관적 지각에는 보다 더 은밀한 지각이 스며 살고 있다. 즉 보이는 몸은 성감대를 도드라지게 하고 성욕을 돋구는 인상을 어렴풋이 그려주는 성적 도식에 의해 휘감긴다. 그리고 그 성적 도식에 의해 남자의 몸은 저렇게 촉발되는 전체성으로 되며 그에 상응하는 동작으로 부름받는 듯 느낀다."13) 정상인은 적어도 인간의 몸을 객관적 대상으로 표상하기 이전에 이미 성적 분위기 속으로 끌어들인다. 이렇게 보면 몸은 외부의 자극을 통해서가 아니라 이미 항상 에로틱하게 세계로 다가가는 존재이며 그러한 한 몸은 항상 에로틱한 분위기에 빠져 있는 것이다.

---

12) PW 187(182/183).
13) PW 187(182/183).

메를로-퐁티는 몸이 다른 몸에 대해 갖는 욕망을 자극 반응의 생리적 메커니즘이 아니라 지향적으로 밝혀내게 되며 따라서 그 욕망에는 몸과 몸을 결합시키는 어떤 이해와 의미화 활동이 내재하고 있다고 주장한다.14) 물론 몸으로부터 발원하는 이러한 성적 지향성은 의식의 지향성처럼 '무엇에 관한 의식'으로 대상화하는 활동이 아니다. 메를로-퐁티의 말처럼 "어떤 장면이 성적 의미를 얻는 것은 그 장면이 성적 기관이나 쾌락의 상태와 가질 수 있는 가능한 관계를 모호하게나마 표상할 때가 아니라 주어진 자극을 성적 상황에 접속시키고 그 상황에 조응할 수 있는 몸의 능력"이 이미 항상 준비되어 있을 때이다.15) 그것은 코기타툼을 사념하는 cogitatio가 아니라 몸을 관통하며 이미 다른 몸과 관계하는 행위이다. 성은 의식으로 환원될 수 없는 실존의 운동을 따라가며 떠오르다 사라지는 지향활동인 것이다. 이러한 성적 지향성은 의식적으로 수행되는 어떤 대상을 우리 앞에서 세우는 인지작용이 아니라 그러한 대상화 이전에 항상 분위기로 우리를 감싼다.

(2) 성적 행위가 자극과 그에 대응하는 반응의 생리적 메커니즘이 아니라는 것은 성적 행위가 외부자극이 신체부위 어느 곳에 위치화되어 그 반응으로 일어나는 것이 아님을 함축한다. 이는 에로틱한 지향성이 몸에서 국소적으로, 예컨대, 성기 같은 일부 신체부위에 국한하여 일어나는 것이 아님을 뜻한다. 실제로 우리가 성행위를 할 때 성행위를 하는 일부의 신체기관, 예컨대 성기만 발기되어 있는 것이 아니라 우리 몸 전체가 성적 분위기에 빠져 있다. 성적 분위기는 국소적이 아니라 몸 전체에 퍼져 있으며 그것과 분리될 수 있는 것은 없다.

---

14) PW 188(183/184).
15) PW 188(183/184).

이는 다시 슈나이더를 통하여 예증될 수 있다. 성적 무기력에 빠진 그는 해와 달에 대해서도 슬픔이나 기쁨 등의 정서적 표현을 보이지 않는다. 타자의 몸에 대해 어떤 끌림을 갖지 못하는 그는 우정 관계도 어떤 추상적 결단을 통해 맺게 되며 이러한 관계는 항상 문제를 일으키며 끝난다. 그에게 세계는 정서적으로 중립이며 인간적 교우 영역을 확장할 수 있는 능력도 장애를 입는다. 정서와 친교관계에 까지 스며드는 성적 지향성은 따라서 부채살처럼 뻗어나가는 신체적 지향호의 원형적 형태이다.

몸은 살아 있으면 이미 에로틱한 지향성으로 살아가며, 이것은 어떤 한 영역에 갇혀 있는 것이 아니라 실존의 모든 영역으로 스며든다.16) "성은 자신이 특별히 거주하는 신체적 영역으로부터 향기나 소리처럼 멀리 퍼져나간다."17) 몸의 모든 행위와 그에 뒤따르는 의식도 에로틱한 분위기로부터 완전히 빠져나올 수 없다. 지향성으로 살아가는 몸이 죽지 않는 한, 몸이 빠져 있는 에로틱한 분위기는 초월될 수

---

16) 여기서 메를로-퐁티는 실존과 성의 관계가 대단히 복잡한 관계를 형성하고 있음을 간파한다. 성이 실존에 전면적으로 펴져 있다고 할 때 실존이 곧 성이라는 것은 아니다. 성은 실존이 특수화된 실존의 한 영역임 틀림없다. 그러나 성은 실존의 단순한 부수현상이 아니라 실존이 현실화되고 상징화되는 가장 우선적이며 절박한 영역이다. 이를 좀더 구체적으로 예증하기 위해 메를로-퐁티는 부모로부터 애인과의 관계를 금지당한 한 처녀가 실성증에 시달린 예를 인용한다. 이의 결론은 이미 언급된 바와 같이 실성증이라는 몸으로 나타나는 현상은 단순히 다른 어떤 것을 지시하는 기호가 아니라 그 자체 기표이면서 기의라는 것이다. 즉 몸에서 나타나는 현상은 어떤 실재(의미체)를 지시하는 표시에 불과한 것이 아니라 그 자체 이미 실재(의미)가 현실화되는 것이라는 것이다. 메를로-퐁티는 이 처녀의 경우 애인과의 결별이 실성증이라는 신체적 현상으로 나타나는 것을 다음과 같이 이해한다. 언어가 타실존과의 관계를 가능하게 매체이며 또 동시에 그것이 구강기와 연루되어 있다는 점에서 그녀가 처해 있는 실존의 상황이 성적인 신체적 상징으로 현실화되는 것이다.

17) PW 201(196/197).

없는 것이다.

이러한 메를로-퐁티의 성에 대한 입장은 정신분석학과 어떤 식으로 연관되지 않을 수 없다.[18] 왜냐하면 정신분석학에서 성은 단순히 성기에 국한된 생리적 반사작용도 아니며 또 그렇다고 의식적 지향활동도 아니기 때문이다. 메를로-퐁티는 정신분석학이 단순히 우리 인간을 성적 기층으로부터 설명하려는 것이 아니라 성의 영역에서 지금까지 의식의 관계로만 간주되었던 관계와 태도를 발견하고 성을 전체 인간과 통합시켰다고 평가한다.[19] 따라서 메를로-퐁티는 다음과 같이 주장한다. "리비도는 하나의 본능도, 즉 일정한 목적을 향하여 자연적으로 정향된 활동도 아니다. 리비도는 다양한 환경에 가입하고, 다양한 경험들에 의해 규정되는, **심리 물리적** 주체가 갖는 일반적 능력이다. 그것은 한 인간이 하나의 역사를 갖게끔 해주는 것이다."[20] 그러나 메를로-퐁티는 성을 의식의 배후에 또 다른 보이지 않는 깊은 의식, 즉 나의 의식이 의식하지 못하는 제 3의 의식의 층을 설정하여 성을 의식되지 않는 의식, 요컨대 무의식을 중심으로 설명하려는 시도에 대해서는 부정적이다. 때문에 메를로-퐁티는 다음과 같이 말할 수밖에 없다. "성은 인간의 삶에서 초월되지도 무의식의 표상들에 의해서 그 중심이 나타나지도 않는다. 그것은 거기서 끊임없이 분위기로서 현존한다."[21]

결국 메를로-퐁티의 현상학은 몸이 항상 에로틱하게 살아 있으며

---

18) 메를로-퐁티의 현상학과 정신분석학의 관계는 방대한 연구를 요구하는 주제이다. 여기서는 정신분석학에 대한 메를로-퐁티의 기본입장만을 간략하게 거론하는 것으로 만족한다. 정신분석학과 메를로-퐁티에 대해서는 *Birgit Frostholm, Leib und Unbewustes. Freuds Begriff des Unbewusten interpretiert durch den Leib-Begriff Merleau-Pontys*, Bonn, 1978 참조.

19) PW 190(185/186) 참조.

20) PW 190(185/186).

21) PW 201(196/197).

"몸이 하는 성적 행위에서도 지향적 활동과 의미의 생화를 발견하였다."22) 몸은 생존을 위한 생리 기관에 불과한 것이 아니라 항상 의미를 생화하는 표현 활동 속에 있다. 그리고 이러한 몸이 세계에 다가갈 때 그때 몸은 세계의 대한 '상징학'(Symbolik)으로 활동한다.23) 이는 몸의 각 부분 단순히 도구적 기능을 수행하는 것만은 아님을 뜻한다. 오히려 생존을 위한 도구로서 수행하는 몸의 기능은 몸이 몸으로서 활동하는 근원적 차원이 아니다. 몸이 순수한 몸으로 살 때, 예컨대 몸이 순전히 몸 자신에 탐닉하여 스스로 지향적으로 살 때, 몸은 표현활동 속에서 늘 의미에 젖게 된다. 몸이 다른 무엇의 도구로 활용되지 않고, 그 스스로에게 탐닉하는 행위는 무엇일까. 그것은 바로 성애이다. 때문에 성적 행위에서 몸의 각 부위는 기관(organ) 혹은 수단(apparat)이 아니라 그 자체로 의미가 차고도 넘치는 살로 살아나는 기표이며 기의가 된다. 실로 우리가 했던 그 성애의 체험을 돌이켜보면 이러한 사실은 선명해질 것이다. 성애에서 우리의 입술은 밥을 먹기 위한 기관이 아니며 페니스나 아날도 배설기관이 아니다. 성애에서 이것들은 어떤 실용적 혹은 생존의 목적을 실현하기 위한 관점에서는 도저히 이해될 수 없는 변태적(?) 상황 속에서 의미로 살아난다. 즉 실용적 목적에 조준되어 있는 일상 속에서는 금지되어야 할 행위가 이러한 몸 구석구석에서 일어나는 것이다. 따라서 손과 발은 몸의 현상학 입장에서 보면 단순히 외부의 자극에 반사적으로 반응하는 생리적 기관이나 정신의 의도를 수행하는 신체적 말단도구에 불과한 것이 아니다. 그것은 모든 지향적 표현 활동의 근원인 몸의 지향적 움직임을 선도적으로 표현하며 세계를 채색하는 살아 있는 붓질이다. 때문에 어떤 연인들은 고백한다. 여자는 남자의 발에서 그 남자를 사

---

22) PW 207(203/204).
23) PW 275(271/272).

랑하고 남자는 그의 발을 애무하는 그녀의 손에서 사랑한다고. 아니 좀더 적나라한 예를 들면, 키스를 할 때 우리는 마치 그 입술에 사랑이란 의미를 빠는 듯 몰입한다. 또 펠라티오(fellatio)를 하는 여인은 남자의 성기를 입이라는 기관을 통해 먹는 행위를 하는 것이 아니다. 거기서 페니스는 배설기관으로서의 도구성을 벗어나 사랑의 의미를 노골적으로 발하는 살로 된 작품인양 여성의 입 속에서 탐미된다. 그 반대의 경우도 마찬가지이다. 여인의 그곳을 애무하는 남자의 혀끝 움직임(cunninglingus)은 생리학적 미각행위가 아니다. 그것은 여인의 그곳이 예술작품으로 체험되는 탐미적 행위이고 그를 통해 사랑의 의미가 육화되는 지향적 행위이다. 때문에 그때 그 여인의 음부도 사랑의 의미로 젖어들고 그때 그 의미가 육화되어 애액으로 흘러내리는 것이다. 그러나 혀끝이 사랑의 의미를 지향적으로 발현하지 않을 때, 즉 사랑이 육화되지 않을 때, 예컨대 강간의 경우, 여인의 그곳은 메말라 결국 파열되는 것이다. 사랑하는 사람들은 입술, 가슴, 음부, 페

니스 등에서 사랑하고 그렇게 거기 묻어 있는 의미를 핥고, 만지며, 삽입한다. 그리고 이렇게 몸에서 표현되는 사랑과 몸에 새겨지는 사랑을 우리는 차후 정신적으로 반추하며 의식화된 추억으로 간직하는 것이다.

나아가 몸이 이렇게 에로틱한 지향활동으로 살아가는 한 성행위를 하는 몸은 다 같은 몸이 아니라 각기 그 나름의 독특한 의미로 젖게 된다. 인간의 성행위는 보편적 개념이나 도식으로는 파악될 수 없는 살로 살아나는 의미와 표현의 상호 신체적 탐미행위이며 소통행위이기 때문이다. 성행위에 참여자들은 파트너의 몸과 그 몸의 각 신체부위가 발산하는 독특한 의미표현에 따라 각각 다르게 자신의 성적 지향성을 몸짓과 행동으로 응답하는 것이다. 한 충격적인 체험 진술은 우리의 이러한 주장을 뒷받침해 준다. 여러 명이 동시에 참여하는 섹스를 했던 프랑스의 유명 미술 평론가 카트린 밀레는 그녀의 책에서 다음과 같이 술회하고 있다. "클로드의 음경은 잘생기고 곧고 균형이 잘 잡혀 있었다. … 그와 섹스할 때면 나는 음경 때문에 내 몸이 뻣뻣해지고 막혀버리는 듯한 느낌을 받았다. 그러다가 앙드레가 내 얼굴 높이에서 바지 지퍼를 내렸을 때, 나는 클로드의 것보다 더 작고 더 다루기 쉬운 물건을 발견하고 놀라움을 느꼈다. 게다가 그의 물건은 클로드의 것과는 달리 포경이 제거되어 있지 않았다. 손이 닿기가 무섭게 귀두가 벗겨지는 음경을 보면 반질반질한 돌덩이를 본 듯 그 모습에 흥분이 인다. 또 손이 움직이는 대로 왔다갔다하는 그 포피, 비눗물 표면에 생긴 커다란 비눗방울 같은 귀두를 노출시키는 그 포피는 한결 섬세한 쾌감을 불러일으키고, 그 부드러운 탄력은 상대방의 몸의 구멍까지 파동으로 퍼져나간다. 랭고의 음경은 클로드의 그것과 비슷했고, 소심한 그 남자의 성기는 앙드레의 그것과 비슷한 편이었고, 그 대학생의 음경은 내가 나중에 다시 경험하게 될 부류, 즉 특별히 크지는 않지만 살갗이 단단해서 즉시 손에 꽉 차는 느낌을 주는 그런 성기에 속했다."24) 이러한 경험은 카트린 밀러에게 다음과 같이 체화되는 고백의 기회를 선사해 주었다. "그들을 통해 내가 배운 것은 각각의 성기가 나에게서 저마다 다른 몸짓, 다른 행동을 요구한다는 것이었다. … 그런가 하면 각각의 몸이 갖는 체질적 구조도 저마다 다른 체위를 만들어내는 듯했다."25)

(2) 우리는 이미 몸을 섞고 있다

메를로-퐁티의 현상학이 성애의 비밀에 더 깊숙이 다가갈 수 있는 통로는 그가 밝혀낸 상호신체성이다. 상호신체성에 관한 그의 논의는 다시 그의 기본입장, 즉 몸은 지향성활동의 근원적 원천이라는 사실에 근거하고 있다. 모든 의미의 발원지인 지향성 활동은 몸 안에 숨어 있는 의식이 아니라 늘 드러나 행위하고 있는 몸이 바로 지향적 활동의 시원이다. 몸 속 깊은 곳에 의식이 있는 것이 아니라 의식 깊은 곳에 몸이 있는 것이다. 때문에 몸은 단순한 표피가 아니라 의미의 두께를 갖고 의식과 세계를 품는다.

이것은 타자의 경험을 해명하는데 후설과는 다른 결과를 가져온다. 후설의 문제는 객관적으로 나타나는 몸의 뒤에 숨어 있는 타자의 의식을 어떻게 자아가 경험하는가 하는 것이었다. 그러나 이미 그러나 육화된 지향성은 그렇게 숨는 존재가 아니며 그 자체 이미 밖으로 나타나 있는 존재이다. 육화된 지향성으로서의 몸은 의식처럼 내재성에 밀폐되어 있는 존재가 아니라 항상 그 내부성을 넘어서 있는 존재이다. 따라서 내 몸과 타자의 몸은 이미 항상 지향활동을 하며 자기 자신을 넘어서 있다. 나의 몸과 타자의 몸은 그것이 몸으로서 사는 한 이미 항상 자신을 넘어서 겹쳐져 있는 것이다. 따라서 근원적인 것은

---

24) 카트린 밀레, 『카트린 M의 성생활』, 이병욱 옮김, 열린책들, 18-19쪽.
25) 같은 책, 같은 곳.

나의 몸과 타자의 몸으로 구분된 절대적 고립의 상태가 아니라 이미 몸끼리 겹쳐져 있는 상호신체성(Zwischenleiblichkeit)이다. 나와 타자는 우선 서로 단절된 코쿤 안에 밀폐된 의식으로 존재하는 것이 아니라, 이미 자기 자신이 능가되어 있는 상호신체성의 품안에서 탄생한다. 때문에 몸으로서 사는 나는 어떻게 몸의 껍질을 뚫고 타자를 만날 것인가를 고민해야 하는 것이 아니라 이미 타자와 나는 이미 몸을 섞고 있었던 것이다. 고립의 상태는 이 겹침의 상태를 바탕으로 자기 자신 안으로 움츠러 들어갈 때 발생하는 것이다. 내 몸에 이미 타자의 몸이 함축되어 있고 타자의 몸에 내 몸이 함축되어 있다. 그리고 여기서 잊지 말아야 할 것은 이미 앞절에서 우리가 누차 부각시켰던 사실이다. 내 몸이 살아 움직일 때, 그것은 단순한 자극 반응의 무의미한 기계적 동작이 아니라 그 자체 의미가 생화되는 지향활동이다.

이 두 가지 사실, 즉 나와 타자의 몸은 이미 서로를 함축하고 있는 상호신체성이라는 사실과 그 몸은 항상 의미를 생화하여 의미로 젖어 있다는 사실을 동시에 고려하면, 우리는 다음과 같은 통찰을 얻는다. 몸을 가진 존재자들의 소통은 의식의 차원에서 언어를 교환함으로써 비로소 일어나는 것이 아니라 이미 신체적 차원에서 일어나고 있다. 이를 좀더 상론하면 다음과 같다. 이미 타자의 몸에서 일어나는 동작이나 표정은 그 자체 몸의 지향성으로부터 발원하는 의미로 젖어 있고 그 의미는 이미 내 안에 살고 있다. 나는 나의 살아 움직이는 몸을 통해 이루어지는 지각에서 항상 의미와 함께 있을 수밖에 없는 타자의 몸짓이나 표정을 그 의미 속에서 지각하는데 그 의미는 이미 나의 몸과 타자의 몸이 이미 섞여 있기 때문에 내 안에 살고 있는 것이다. 역으로 말하면 나는 타자의 몸짓이나 지각에서 어떠한 의미도 없는 동작, 몸짓, 표정을 지각하고 그 후 반성이나 유추를 통해서 그에 의미를 부여하는 것이 아니다. 나의 신체의 활동으로 이루어지는 지각은 그 자체 의미와 분리될 수 없는 항상 그 자체로 의미가 지각되는 해석학적 활동으로 그 의미는 내 몸에 이미 스며 있다. 지향활동의 원초적 주체로서 신체로부터 밝혀지는 이러한 신체의 기호학적 해석학적 활동을 메를로-퐁티는 다음과 같이 실재적인 예를 통하여 구체화시킨다. "실재로 어린아이들은 제스처나 얼굴 표정 등을 자기 뜻대로 지어 보일 수 있기 훨씬 전부터 그것들을 이해하고 있다. 즉, 이른바 의미는 행위에 밀착되어 있음이 분명하다. 우리는 사랑이나 증오 혹은 분노 등이 그것을 느끼는 사람, 단 하나의 증인에게만 가능한 내적 현실이라는 저 편견을 버리지 않으면 안 된다. 분노나 수치, 증오, 그리고 사랑은 타인의 의식 밑바닥에 은폐된 심적 사실이 아니며, 외부에서부터도 볼 수 있는 행위 형태, 혹은 행동 양식인 것이다. 그들은 이러한 얼굴 표정이나 제스처로 존재하는 것이지 그 속에 은폐된 것이 아니다. 감정이란 심리적이거나 내면적 사실이라기보다는 오히려 우리의 육체적 태도로 표현된, 타인과 세계와의 관계의 변형이기 때문에 단지 사랑이나 분노의 기호만이 외부의 관찰자에 주어진다거나, 이 기호들을 해석함으로써 타인을 간접적으로 이해할 수 있다고 할 수 없으며 곧 타인은 직접적으로 나타나야 한다고 해야 옳을 것이다."26) 『지각의 현상학』에서 더욱 극적으로 다음과 같이 표현된다. "나는 분노나 위협을 동작 뒤에 감추어진 심적 사실로 지각하지 않고, 나는 그의 동작 속에서 분노를 읽는다. 동작은 나에게 분노를 생각하게 하는 것이 아니라, 그 동작이 분노 자체이다. … 동작의 의미는 주어지는 것이 아니라 이해된다. … 동작들의 교감이나 이해는 나의 의도들과 타인의 동작들, 나의 동작들과 타인의 행위 속에서 읽을 수 있는 의도들과의 상호성 속에 의하여 얻어진다. 타인의 의도들이 내 몸 속에 살고 있는 것같이, 그리고 나의 의도들이 그의 몸 속에 살고 있는 것같이 보인다."27)

---

26) 모리스 메를로-퐁티, 『의미와 무의미』, 권혁민 옮김, 서광사, 1985, 82쪽.

몸은 사르트르가 비탄하듯 우리 상호간의 의식의 시선에 끊임없이 각질로 대상화되며 그 안에 숨어 있는 타 주관성에 도달하는 것을 가로막는 장애물이 아니다. 지향적으로 살아 움직이는 우리의 몸 때문에 우리는 이미 서로의 몸 안에 살[28])을 나누며 살을 느끼고 살고 있는 것이다. 몸은 이미 타자와 세계에 열려져 그것들과 교섭하며 살고 있다. 그리고 이 때문에 육화된 주관성인 나의 몸은 완전한 자유를 구가할 수 없다. 육화된 의식으로서 몸은 절대적 나로서 내가 나의 의도와 행위의 중심으로 존재하는 것이 아니라 그가 하는 모든 것에는 이미 세계와 타자가 개입되어 있고 현재하기 때문이다.

몸으로 존재하는 우리는 이미 살을 섞고 있고 때문에 의식에 기반하여 언어적으로 대화하기 앞서 이미 살로 소통하고 있다. 나의 몸은 이미 타자의 몸에 대한 예감이며 감정이입은 이 상호신체성이 의식의 차원에서 다시 울리는 것이다.

이러한 상호신체성이 성애의 신비를 어떻게 밝혀줄 것인가. 그것은 적어도 다음 네 가지 성애의 비밀을 밝혀준다.

우선 (1) 육체적 매력의 비밀이 해명된다. (2) 그리고 성애가 시작될 때 중요한 역할을 하는 눈길의 비밀이 해명된다. (3) 애무, (4) 성

---

27) PW 219(215/216) 몸의 표현은 그 자체 의미 현상임을 보다 더 구체적으로 명시화하는 예는 다음과 같은 것이다. 15개월 된 아기는 그 아기 손가락 한 개를 내 입 속에 넣어 무는 시늉을 하면 그도 입을 벌려 나를 무는 동작을 취한다고 한다. 그 15개월 아기는 거울이나 어떤 교육을 통하여 나의 동작이 의미하는 바를 배울 수 없다. 그럼에도 그 아기는 나의 의도를 단번에 그의 몸을 통하여 간파한 것으로 보인다. 나의 의도가 그의 몸 속에 살고 있는 것처럼, 그의 동작은 이미 상호주관적 의미작용을 표현하고 있다.

28) 여기서 살은 메를로-퐁티의 후기에서 매우 중요한 주제로 떠오른 존재론적 의미의 살(la chair)과 전혀 연관이 없는 것은 아니지만 그것과 동일한 의미로 쓰이는 것은 아니다.

애의 궁극적 의미가 해명된다.

(1) 끌림 : 몸들은 이미 상호신체성으로 서로를 껴안고 우리가 의식하기 전에 이미 서로 소통하고 있기 때문에 몸이 몸을 만날 때 그 몸들은 가만히 있지 않는다. 즉 다른 몸은 이미 내 몸에 스며 있기 때문에 다른 몸의 출현은 항상 나의 몸을 어떤 행동으로 부른다. 나의 몸은 늘 다른 몸에 늘 매료되어 있는 것이다. 때문에 몸은 다른 몸을 중성적 대상으로 보지 않는다. 몸은 무성적이고 중성적인 물리 화학적 물체가 아니기 때문이다. 그리고 그것은 차가운 우리의 의식과는 달리 그 자체 이미 성기를 가지고 성적 지향성으로 살아 뜨거워지며 은밀한 부분이 다른 성에 대한 욕망으로 상징화되는 표현 현상이다. 따라서 몸으로 이루어지는 다른 몸에 대한 지각은 책상이나 돌과 같은 대상의 지각과는 달리 이미 몸으로부터 그 몸과 섞여 있는 다른 몸에 대한 에로틱한 지향을 촉발시킨다. 이미 앞에서 인용한 바와 같이 메를로-퐁티는 다음과 같이 쓰고 있다. "정상인은 인간의 몸을 그저 어떤 대상으로만 지각하는 것이 아니다. 객관적 지각에는 보다 더 은밀한 지각이 스며 살고 있다. 즉 보이는 몸은 성감대를 도드라지게 하고 성욕을 돋구는 인상을 어렴풋이 그려주는 성적 도식에 의해 휘감긴다. 그리고 그 성적 도식에 의해 남자의 몸은 저렇게 촉발되는 전체성으로 되며 그에 상응하는 동작으로 부름받는 듯 느낀다."29)

몸이 몸을 지각하는 것은 이미 시작되어 있는 몸과 몸의 소통이다. 그리고 이 소통은 의식에 일어나는 기호의 교환이 아니라 다음과 같은 방식으로 전개된다. 즉 몸이 몸을 드러내고 숨기며 서로의 몸에 다가갔다 물러서는 등의 형태로 일어난다.

(2) 눈길 : 앞에서 논의된 내용은 성애가 시작될 때 왜 눈길이 그토

---

29) PW 187(182/183).

록 에로틱한지를 해명해 준다. 눈길은 항상 예민하다. 특히 남자와 여자 사이에서 눈길은 서로를 그윽하게 녹아 내리게 하며 묘한 분위기에 빠뜨린다. 그러나 별로 친밀하지 않은 여자에게 눈길을 주는 것은 음흉함이며 암묵적인 금기이다. 만일 눈길이 망원경이나 현미경처럼 사물을 중성적 대상으로 응시하는 것이라면 눈길은 그윽하지도 음흉하지도 않을 것이다. 그러나 우리가 이미 살을 섞고 있기에 그 섞임에 뿌리를 두고 비로소 일어나는 눈길의 교환은 이미 살과 살이 맞닿는 사건이다. 눈길은 이미 몸에서 발원하는 것이며 우리의 몸은 고립된 코쿤이 아니라 이미 다른 몸과 살을 섞고 있다. 따라서 눈길은 비로소 처음 상대방을 쳐다보며 상대방을 물체적 대상으로 인식하는 것이 아니라 눈길에는 이미 살과 살이 통하는 것이다.[30] 실로 우리는 서로의 눈에 빠지면 빠질수록 서로의 살이 만져지는 것을 그리고 섞이는 것을 느낀다. 때문에 어떤 남자는 여자가 그의 시선이 그녀의 눈으로 스며드는 것을 허용할 때, 마치 그녀의 그곳에 닿는 듯 발기하고 그 여자는 그 남자의 눈길이 그녀의 눈 속으로 스며들 때, 마치 그녀의 그곳에 남자의 그것이 파고드는 듯 촉촉이 젖는다고 고백하는 것이다.

(3) 애무 : 눈길을 주고받은 후 이제 애무가 시작되면 그 애무는 단순히 나와 다른 사물을 만지는 것과 같지 않다. 애무를 통해 내 몸은 표현하는 몸으로 살아나며 그것은 동시에 타자의 몸을 표현하는 몸으로 살려낸다. 그리고 내 몸과 타자의 몸이 이렇게 지향적 표현활동 속에 있을 때 그 몸들은 그 자신에 밀폐된 것이 아니라 이미 자신을 넘어 다른 몸과 섞여 있는 상호신체성으로 발현하는 것이다. 실로 애

---

30) 메를로-퐁티는 보지 않고도 자신의 가슴을 바라보는 남자의 눈길에서 가슴이 만져지는 느낌을 받는 여자의 경우를 예로 들고 있다. Maurice Merleau-Ponty, *Das Sichbare und Unsichtbare*, uebersetzt von Regula Giuliani und Bernhard Waldenfels, München, 1986, 244쪽 참조.

무가 성적 행위로서의 의미를 발하려면 그것은 항상 상호성을 요구한다. 내가 아무리 섬세하게 애무를 하여도 애무 받는 몸이 아무 것도 표현하지 않는 밋밋한 물체와 같을 때, 애무는 좌절한다. 애무는 우리의 시원적인 상호신체성에 아주 가까이 살갗으로 다가가, 살로 된 의미를 나누는 행위이기 때문이다. 애무에서 우리는 몸과 몸이 살갗으로 통하는 것이다. 여기서 애무 받는 자와 애무하는 자의 구별은 모호해진다. 더 이상 타자는 내 앞에 다른 대상으로 서 있지 않고 그러한 타자이기를 멈추며 내 몸 안의 타자로서 나와 타자는 하나의 몸으로 향하는 것이다.

(4) 삽입 : 마침내 삽입이 이루어지면 나와 타자는 하나 같이 밀착되어 같이 호흡하며 같이 신음하고 같은 몸으로 넘실대며 환희와 희열을 한 몸으로 표현한다. 이때 나와 너의 분리성이 희미해지며 그 틈새로 몸은 상호신체성으로 귀환한다. 여기서 나는 나의 몸에서 타자의 몸을 느끼고 거의 하나의 몸이 된다. 결국 성애의 궁극적 의미는 나와 타자의 구별이 사라짐으로써 상호신체성으로 회귀하는 몸의 귀소성에 있다.

4. 맺음말: 현상학이 가르쳐주는 것

지금까지 후설과 메를로-퐁티의 현상학을 통해 성애의 비밀을 더듬어보았다. 이제 두 현상학이 들추어낸 성애의 신비를 다시 우리 경험에 비추어 검토해 보는 것으로 두 현상학의 특징과 한계를 더듬어보자.

성애의 신비, 즉 최고의 희열에 도달하기 위해 요구되는 것은 무엇인가. 후설의 경우 그것은 선험적 의식의 차원이며 탈중심화를 통한 상호주관성의 영역에서 가능하다. 이를 좀더 피부에 와 닿게 표현하면, 성애의 과정에서 우리는 끊임없는 의식의 지향활동을 통하여 성적 활동에 몰입하며 상대 안에 자신으로 살며 타자의 기쁨을 같이 느껴야 할 것이다. 즉 성애는 보다 더 승화된 탈중심화된 의식활동을 통해서만 그의 절정에 도달할 수 있다. 반면 메를로-퐁티에서 성애의 궁극적 의미는 의미에 젖어 있는 몸들이 서로를 깊이 탐미하는 행위로 살아나면서 상호신체성으로 귀환하는 데 있다. 이는 몸 속에 갇힌 의식의 상태가 희박해지는 가운데 몸의 지향적 활동이 떠오르는 데 있을 것이다.

과연 어떤 길을 통해 우리는 오르가슴에 도달하는가. 많은 체험고백에 따르면 성애가 시작될 순간부터 상당 시간 동안은 고도의 의식적 집중력을 필요로 한다. 즉 상대방에 자신을 바치려는 그리하여 자신의 의식을 상대방의 살 속으로 침투시키려는 듯한 의식적 지향활동이 없으면 성애의 과정은 시작되는 것 같지 않다. 상대방의 요구와 상대방의 몸 어디를 만졌을 때 상대방이 어떻게 느끼는가를 예민하고 세심하게 의식하며 애무를 할 때, 성애의 길은 열리며 또 그곳도 열리는 것이다. 우리가 갖고 싶은 몸은 의식이 흐르는 몸이지 그냥 고기 덩어리가 아니다. 상대방이 자기의식과 같은 희열의 곡선을 그리는 것을 느낄 수 없을 때, 성애는 추락한다. 예컨대, 성애 도중 끊임없이 껌을 씹으며 귀찮은 듯 빨리 집어넣고 끝내라고 요구하는 창부와의 섹스는 불쾌감으로 얼룩진 배설의 기억일 뿐이다. 그리고 삽입행위가 진행되는 순간에도 상대방의 내면적 요구와 느낌을 계속적으로 의식하며 성애는 전개된다. 그러나 성애의 과정이 격렬해지기 시작하면 점차 의식은 희미해지고 급기야 아무것도 의식되지 않는 상태에서 즉 무엇에 관한 의식이라는 의식의 지향활동은 사라지고 몸과 몸의 격렬한 춤, 호흡, 신음만이 남는다. 이때 성애에 참여되어 있는 몸은 바로 이를 통해 자신의 몸에 함축되어 있는 타자의 몸과 각 신체부위의 지향적 표현을 행위를 통해 탐미하며 대화하며 또 몸의 행위로 표현한다. 의식은 진공상태가 되고 따라서 너와 나의 구별도 의식되지 않는다. 이렇게 구별이 증발된 상황에서 몸은 서로의 몸에서 다른 몸을 느끼며 서로의 몸에 깊이 깊이 침투하길 원한다.

우리의 체험을 돌이켜 보면 성애가 시작될 때 그것은 의식적 작업이며 따라서 후설의 현상학이 밝혀낸 성애의 모습이 수긍될 수 있을 것이다. 그러나 어느 지점에 이르면 일종의 변신(Metamorphose)이 일어나듯 의식은 사라지며 성애는 이제 전적으로 몸의 사건이 된다. 의식이 사라진다고 몸이 단순히 생리적 작용을 하는 것이 아니다. 성애는 몸의 드라마가 되는 것이다. 성애에 참여되어 있는 몸들은 따로 쓰여진 대본이 아니라 몸 스스로 대본을 쓰듯 몸짓과 신음 그리고 행위로 대사를 나눈다. 마치 이미 오래 전 서로에게 호흡을 맞춘 댄서들처럼 율동하며 넘실대는 몸들이 드라마를 펼쳐내는 것, 그것이 성애이다. 이 순간은 메를로-퐁티의 현상학이 빛을 발한다. 이렇게 보면 후설과 메를로-퐁티는 적어도 성애의 문제에 있어서 경쟁자가 아니라 후설은 성애의 길이 열리는 과정을, 메를로-퐁티는 본격적인 성애의 과정을 밝혀내는 데 더 적합하다고 할 수 있을 것이다.[31]

그런데 현상학이 밝혀낸 성애의 비밀을 통해 우리는 무엇을 알 수 있는가. 또 우리는 무엇을 할 수 있는가. 그것은 다음과 같은 사실이다. 성애는 반드시 타자를 나와 같은 존재로 인정할 때 그 절정에 이를 수 있는 가능성이 열리는 것이다. 성애의 목적은 분명 쾌감의 극대화이지만 그것은 상대방과의 호혜적인 잠자리를 펼치지 않는 한 시작되지 않는 것이다. 그리고 그것을 통해 상호신체성의 원초적 차원으로 귀환하지 않는 한 성애의 희열은 오지 않는다. 비아그라나 엑스타시를 복용하는 것도 의식 그리고 나아가서 몸을 통해 서로의 사이

---

31) 후설과 메를로-퐁티의 현상학의 비교는 또 다른 거대한 문제영역이다. 궁극적으로 의식과 몸과의 관계로 집중되는 두 현상학의 격돌에 관해서는 여기서 거론하지 않기로 한다.

공간을 열어놓지 않는 한 자폐적 욕구충족의 쾌감을 극대화시킬 뿐이다. 비아그라와 엑스타시 그 자체만으로는 성애에 고유한 공동의 기쁨이나 상호신체성에 다다르는 환희를 향유할 수는 없는 것이다. 섹스, 그것은 결국 이기적 행위가 아니라 이타적 바침이다. 서로에게 자신의 의식이나 몸을 바침으로써 희열은 오는 것이다.

결국 현상학은 이렇게 하라고 가르친다. 진정한 최음제는 서로 바침이라고. 진정한 성감대는 공감대라고. 그리하여 진정한 성애는 몸의 탐미적 행위라고. 그리고 그렇게 할 때만이 우리는 내 몸 속에서 타자의 몸을 타자의 몸에서 내 몸을 나누며 원초적 살 섞임에 도달하는 것이라고.

그런데 남는 문제가 하나 있다. 과연 성애가 도달하는 절정은 어떤 색깔의 희열일까. 오르가슴에서 우리는 무엇을 만나는 것일까. 우리는 성애가 절정에 이르는 순간 성애는 우리를 어떤 것도 말할 수 없는 무지의 상태로 우리는 데려가는 듯하다. 말할 수 있는 것이 있다면 오직 다음과 같은 것일 뿐이다. 절정의 순간이 오면 여자는 천사로부터 화살을 맞은 성테레사 표정처럼 죽음과 황홀경을 가로지르고 남자 역시 폭포처럼 쏟아지는 희열 속에 죽음에 임박한 사람처럼 고통스런 표정을 짓는다. 그러나 그 순간 의식도 죽고 몸도 죽는다. 움직임은 멈추고 시간도 멈추고 그리하여 무가 우리의 실존에 순간적으로 찾아오는 것이다. 작은 죽음! 엄습해 오는 무! 성애가 절정에 도달할 때 우리는 동시에 죽음에 접하는 것이 아닌가.

만일 그렇다면 성애의 신비를 밝히려는 현상학은 죽음의 현상학에서 완성되어야 할 것이다. 그러나 현상학자들 중 죽음과 성을 연결시킨 철학자는 없다. 물론 하이데거가 실존의 근본분위기로서 불안을 언급할 때, 죽음이 주제화된다. 그러나 그 죽음에서 하이데거는 성에 이르는 어떤 실마리도 제시하지 않는다. 바로 여기에 현상학의 한계가 있다.

성애가 갖고 있는 죽음의 의미는 바타이유에서 본격적으로 다루어
진다. 바타이유는 다음과 같이 말한다. 성행위에서 두 개체는 "넘치는
관능 속에서 몸부림치며, 황홀하게 의식을 잃고, 마침내 심연으로 빠
져든다. … 동물, 심지어 가끔 관능이 극도로 고조되는 원숭이조차
에로티즘을 인식하지 못하고 있다는 것은 분명한 사실이다. 그들이
에로티즘을 모르는 것은 바로 그들에게 죽음의 인식이 없기 때문이
다. 반대로 우리가 극단적 차원의 에로티즘, 필사적 차원을 에로티즘
을 인식하는 것은 우리가 인간이기 때문이다. 우리가 죽음의 암울한
전망에 살고 있기 때문이다."[32) 하지만 바타이유는 죽음을 인류학적
역사적 차원에서 접근하고 있을 뿐이다. 예컨대, 그는 라스코 동굴의

---

32) 조르주 바타이유, 『에로스의 눈물』, 윤기환 옮김, 문학과 의식, 2002, 28-29
    쪽.

원시 벽화에서부터 이미 죽음과 에로티즘의 관계를 포착하고 그 이후 역사 속에서 이 관계가 어떻게 변모해 왔는가를 추적하고 있다. 그러나 유감스럽게도 바타이유에게는 죽음이 인간의 실존에 대해 갖는 의미가 그 자체로 성찰되지는 않는다. 하이데거와 바타이유가 갖는 이러한 한계는 성애의 신비를 밝혀내기 위해 하이데거와 바타이유의 긴밀한 사유의 교환을 요구한다. 이것을 다음 과제로 남겨두며 이제 이 글을 맺는다.

성욕동 '발달'과 문화적 성숙 사이의 관계

프로이트의 임상분석

| 이 창 재 | 광운대 |

1. 문제 상황: 성해방과 성에 대한 무지

오늘날 한국에서 '성'은 어느덧 보편적 관심 대상으로 존재한다. 그리고 "성을 더 과감히 해방시켜 달라"는 요구들이 사회 곳곳에서 다양하게 분출되고 있다. 동성애와 양성애, 구강성애와 항문성애, 남성성과 여성성 관념의 변화와 해체 요구는 점점 거세지고 있다. 그런데 묘하게도 정작 '성'의 정체와 가치에 대해 깊은 성찰을 지닌 자들을 만나기는 쉽지가 않다. 심지어 성해방을 요구하는 당사자들이나, (성)도덕을 가르치는 학자나 성규제를 담당하는 정치가들에게조차 성에 대해 종합된 전문지식을 발견하기는 어렵다. 이처럼 성에 대해 단편적 식견을 지닌 사람들에 의해, 성해방과 성규제와 성담론이 만발해온 것이 우리 사회의 실상이다. 이런 상황에서 한 가지 의문이 든다. 오랜 기간 쏟아온 관심과 욕망에 비해, 성에 대한 개인들의 인식이 이토록 철저하지 못한 상태에 머물러 온 까닭은 무엇 때문일까? 혹시 우리의 내면에서 성에 대한 인식을 방해하는 어떤 힘이 작동되고 있는 것은 아닌가? 또는 우리 사회가 성에 대한 지식과 지식추구를 천박한 것으로 경시해 왔기 때문은 아닌가? 정말로 우리는 지금 이 순간에조차 '성'에 대한 '인식'을, 인생의 비밀을 푸는 소중한 무엇으로 생각하고 있는 것일까?

인간의 성욕동은 어떤 특성들을 지니는가? 그리고 정상인이 성취하는 '성숙한' 성욕의 양태는 어떤 것인가? 사람들이 암암리에 간절히 해방시키고 싶어하는 성욕은 특히 어떤 성욕인가? 정신과 육체 모두에 흡족한 성대상을 발견하여 성목적을 실현하는 것과 좌절되는 것이, 자아발달에 미치는 영향은 어떠한가? 사회유지와 문화활력을 위해, 사회구성원들의 성욕은 어느 정도까지 억압되거나 개방되어야 하는가? 이 물음들에 대한 답을, 세인들의 혹독한 비난과 멸시를 무릅쓰고, 인간에 관한 수수께끼를 푸는 열쇠가 '성'에 있음을 집요하게 주장한 프로이트로부터 들어보자.

2. 본능과 욕동의 차이성

프로이트가 특별히 주목하는 '성'(sexuality)은 성욕동이다. 그런데 성욕동에 대해 접근하기 전에, 먼저 본능(Instinct)과 욕동(Trieb)의 차이성을 명료화할 필요가 있다.[1] 본능이란 순수한 생물학적 욕구를 지칭한다. 그것은 목적과 기능이 이미 명확히 결정되어 있기에 의지나 환경에 의해 변화될 수 없다. 문화를 지니지 않은 자연생명체들의 경

---

1) J. Laplanche and J.-B. Pontalis, "Instinct", *The Language of Psychoanalysis*, New York: Norton & Company, 1973, pp.214-215.

우 그들의 욕구는 선천적으로 프로그램된 내부의 생물학적 요구들에 맹목적으로 쫓아간다. 그런데 인류의 본능은 동물의 본능과 달리 생물학적 욕구에 의해 필연적으로 결정되어 있지 않다. 인류의 본능에는 원시시대부터 현대에 이르기까지의 우연적인 문화적 체험 흔적들이 융해되어 있다. 따라서 '순수한' 자연본능은 인간에게 온전히 경험되지 않는다. 또한 인간의 본능은 고통스런 외부세계의 요구들에 대처하는 과정에서 (자아와 초자아라고 하는) 새로운 정신조직들을 능동적으로 <분화>시킨다. 그리고 이 정신조직들에 의해 본능에너지는 비본능적인 용도로 전환된다. 인간의 특이성은 바로 본능의 이러한 <유동적 변형력>에서 유래한다. 이러한 인간본능을 동물의 본능과 구분하기 위해 '욕동'(Trieb)이라 명명해 보자. 욕동은 다음과 같은 성질을 지닌다.

"욕동은 신체기관으로부터 발생되어 정신에로 도달하는, 육체와 정신의 경계에 위치한 무엇이다. 욕동은 결코 그 자체를 의식에 드러내지 않는 미지의 무엇이며, 인간은 그것의 표상들을 통해 그것의 성질을 간접적으로 추론할 수 있을 뿐이다. 욕동은 정신현상들의 근원이며, 정신이 작용하도록 '밀어붙이는' 내적 압력, 내적 요구이다. 욕동은 몸 속에서 끊임없이 흐르는 자극들의 근원이며, 기관 내부에서 발생하여 정신에 가해지는 피할 수 없는 자극, 피할 수 없는 요구이며, 정신에 지속적으로 충격을 가하는 내적 힘이다. 욕동은 인간만의 고유한 본능으로서 미결정적이고 유동적인 특성을 지닌다. 욕동의 일부는 개체발생 과정에서 생명체에 변화를 불러일으킨 '외부자극의 영향'이 축적되어 생긴 부산물이다. 즉, 욕동에는 생물학적 요구와 문화적 요구가 함께 내포되어 있다."[2]

---

2) 프로이트, 「본능과 본능의 변화」, 『무의식에 관하여』, 열린책들, 1997, 104-107쪽; 프로이트, 「성욕에 관한 세편의 에세이」, 『성욕에 관한 세 편의 에세이』, 열린책들, 1998, 279쪽 참조. 앞으로 이 책은 『성욕』으로 약칭

3. 성욕동의 특성들

욕동들 중에서 동물적 본능과 다른 인간적 특이성을 가장 잘 드러내는 것이 바로 '성욕동'이다. 개체의 보존본능과 죽음본능은 프로이트가 볼 때 인간과 자연생명체 모두에게 공통적이다. 성욕동만이 유난히 인간과 동물의 차이성을 부각시키는 특이한 성질들을 내포하고 있다. 따라서 '성욕동'에 대한 연구는 인간의 고유성을 이해하는 열쇠이며, 인간학적 지식의 중심재료인 것이다. 성욕동들은 또한 개인의 성격 유형과 자아발달에 심대한 영향을 미친다. 한 개인의 성격과 자아에는 성욕동 발달과정에서의 만족과 좌절, 억압과 승화 흔적들이 각인되어 있다. 즉, 내적 성욕동과 외부의 성자극들에 대해 자아가 어떤 방어기제로 대응했으며, 성욕동이 <어느 시기>에 어느 정도 고착되었는가에 따라, 정신구조와 성격유형이 결정된다.3) 따라서 성욕동에 대한 세세한 인식은 정신의 특성과 구조 및 정서양태를 이해하는데 핵심 배경이 된다. 그렇다면 <무의식>에 대한 수십 년 간의 내밀한 정신분석 과정을 거쳐 프로이트가 발견한 성욕동의 정체는 무엇인가? 그의 <유아성욕>론이 세인의 집중비난을 받은 원인은 어디에 있는가? 성욕동의 '특이한 발달과정'이 신경증 발생에 큰 영향을 미치는 까닭은 무엇인가? 이 물음들에 대한 프로이트의 답변은 성욕동의 2차원성, 전환성, 다중복합성, 2단계 발달성, 양방향성, 양성성 등에 담겨있다. 이 각각의 무의식적 특성들을 세세히 음미해야 비로소 다양하고 복잡한 인간욕망을 이해할 수 있게 된다. 그리고 정상적 성과 비정상적 성을 구분할 수 있는 심층적 이해의 기반을 지닐 수 있게 된

함.

3) 『성욕』, 369쪽: "<성격>이란 상당부분 성적 흥분 재료로 구성되며, 아동기 이후 고착된 본능, 승화 수단을 통해 얻어진 구조, 그리고 … 도착적 성충동들을 저지하는 구조로 이루어져 있다."

다. 그렇다면 인간 성욕동의 특성은 무엇인가? 프로이트는 과연 인간에게서 저급한 '성'밖에 볼 줄 몰랐던 한심하고 편협된 학자인가?

1) 2차원성: 심리-생리성

"성욕은 곧 동물적인 특성"이라는 전통적 선입견에서 벗어나기 위해, 무엇보다 먼저 "인간 성욕동은 두 차원을 지닌다"는 프로이트의 반복되는 강조를 숙지해야 한다.[4] 인간의 성욕동은 동물과 달리 심리적 차원과 생리적 차원, 정신적 애정욕구와 육체적 쾌락욕구라는 두 차원을 함께 지닌다. 이 두 차원은 상호 영향을 미치며, 서로 결합되어 하나로 통합되어야 비로소 '성숙한 성'이 출현된다. 이 두 차원이 분리될 경우, 사랑하는 사람과는 성관계를 맺지 못하는 심인성 성불능상태에 처하거나, 애정 없는 육체적 쾌락추구에 함몰된다.

인간 성욕동에 심리적 차원이 있기에, 인간은 마음에 들지 않는 사람에 대해서는 성욕동과 성흥분이 잘 일어나지 않게 된다. 즉, 개인의 '성관념과 성환상'은 대상과의 신체적 성만족에 깊은 영향을 미친다. 프로이트는 특히 억압된 무의식인 '오이디푸스 성환상'의 지속적 영향력을 강조한다. 유년기의 '최초 성대상'에 대해 느꼈던 강렬한 성흥분과 성환상들은 유년기 말기에 억압되어 무의식에 영원히 보존된다. 그로 인해 인간은 무의식의 성환상을 자극하는 사람을 접할 경우 뜻밖의 강한 성흥분을 느끼거나, (초)자아의 억압작용에 의해 불쾌감과 불안을 느끼게 된다.

인간이 자아와 초자아라는 문화적 정신구조를 지닌 이후부터, 인간의 성욕동은 항상 심리-생리적이다. 왜냐하면 성욕동은 비록 독립된 욕동이지만 늘 자아본능과 결합되고, 자아에 의해 상당 부분 <심리적

---

4) 『성욕』, 330쪽. 성흥분은 심리적 차원과 생리적 차원을 지닌다.

인 무엇으로 전환>되어 발현되기 때문이다. 따라서 순수한 생물학적 차원의 성본능은 '문명화된 인류'에겐 더 이상 실재하지 않는다.

2) 전환성: 승화

인간의 성욕동이 단순히 생물학적 차원이 아닌 심리적 차원을 지니는 것은 비성적 에너지로의 <전환성>을 갖기 때문이다.[5] 성에너지는 학문, 예술을 비롯해 다양한 비성적 활동으로 전환되어 사용된다. 따라서 성욕동은 원초적 욕구활동인 동시에 고상한 정신적 가치창조의 근원이기도 하다.

1차과정으로서의 성욕동은 낯선 외부환경에 적응하기 위해 '자아'라는 새로운 정신조직을 <분화>시킨다.[6] 그리고 이 자아에 의해 쾌락원칙을 추구하던 1차과정은 현실원칙을 수행하는 2차과정으로 전환된다. 또한 자기애적인 유아성욕은 외부대상을 향한 사회적 관계활동으로 전환된다. 인류의 문화는 바로 이 승화적 전환을 통해 이룩된다. 그렇다면 문화발달의 성공과 실패는 사회구성원들이 성에너지를 얼마나 귀하게 잘 보존하고, 나아가 사회가 각종 보상제도를 통해 성에너지를 문화적 용도로 전환하게끔 얼마나 잘 유도하는가에 달려 있다. 만약 문화가 성욕동을 경멸하고 과도하게 억압할 경우, 구성원들은 자신과 타인의 성욕동에 대해 무가치감과 거부감을 심하게 갖게 되어, 함부로 낭비하거나 억압하게 될 것이다. 그리고 그 억압의 결과로 무의식에 의해 자아기능의 일부가 마비되는 신경증 상태에 처하게 된다. 그런데 정반대로, 구성원들이 성욕동 자체를 제 1 가치로 간주하여 성욕동의 직접적 충족에 과도탐닉할 경우 그 개인은 어찌될 것

---

5) 프로이트, 「자아와 이드」, 『쾌락원칙을 넘어서』, 열린책들, 1999, 117쪽.
6) 같은 책, 111쪽.

인가?

  "만약 인간이 성본능의 여러 요소들을 사용하여 충분히 만족스런 성쾌락을 얻을 수 있다면, 무슨 동기로 성본능 요소들을 다른 용도로 사용하겠는가? 결코 성쾌락을 포기하지 않을 것이고, 진보를 위한 노력을 하지 않을 것이다."7)

프로이트는 승화능력은 소수만이 가지고 있고, 승화만으로는 행복에 도달하기 어렵다고 본다.8) 따라서 정신의 발달과 행복을 위해 직접적인 성만족과 승화적 만족을 적절히 조합할 것을 권유한다.

3) 다중복합성: 유아성욕

프로이트 정신분석의 초점은 성욕동들의 초기발달 과정인 유아성욕에 집중되어 있다. 그 이유는 초기 성욕동이 어떤 발달 과정을 거치느냐에 의해 인간의 성격유형과 정신구조가 상당 부분 결정되기 때문이다. 그리고 유아성욕은 보다 더 성숙한 성발달을 위해 억압되기 때문에 의식으로부터 망각된다.9) 그런데 바로 이 억압과 망각으로 인해, 유아성욕은 <현재의 순간>에도 무의식에서 의식에 지속적 영향을 미치게 된다. 그렇다면 유아성욕이란 어떤 것인가?

유아성욕은 유아의 내부에서 역동하는 일련의 부분욕동들의 집합이다. 그 부분욕동들은 선천적 요인과 환경적 요인에 의해 일반적으로 다음의 전개과정을 거친다. 먼저 성욕동이 어디에 부착되느냐에

---

7) 「불륜을 꿈꾸는 심리」, 『성욕』, 176-177쪽.
8) 프로이트, 「문명적 성도덕과 현대인의 신경증」, 『문명 속의 불만』, 열린책들, 1999, 23쪽.
9) 「유아기의 성욕」, 『성욕』, 287-288쪽.

따라 유아성욕은 <자가성애 → 자기애 → 대상애> 단계로 발달해 간다. '발달'이라는 개념을 쓴 이유는, 유아의 성만족이 극도로 좌절될 경우 성욕동의 변화적 이동이 멈춰지거나 퇴행하며, 정신질환이 발생하기 때문이다. 즉, 성욕동의 변천과정은 정신신체적인 성숙을 내포한다.

자가성애는 성에너지가 '자신의 신체'에 부착되어, 특정한 신체 부위들이 성만족의 대상으로 느껴지는 상태이다. 자기애란 '나'라는 무엇에 성에너지를 집중시켜, 자기 자신에게서 심리-생리적인 성만족을 느끼는 상태이다. 그리고 '대상애'는 자기 밖의 어떤 무엇에 성에너지를 부착시켜, 그것으로부터 성만족을 느끼는 상태이다. 보통의 아이에게 '최초의 성대상'은 자연스럽게 엄마나 아빠에게 향해지게 된다. 그렇다면 유아성욕이 부착되는 대상들은 <신체 부분들 → '나' → 부모>(내지 <젖가슴 → 변 → 부모>)이다. 이 대상들은 어른의 성욕동 관점에서 보면 유치하고 비도덕적이며 반(反)사회적이기에, 비난받아 억압된다.

성욕동이 어떤 신체기관에 집중되느냐에 따라, 성쾌감을 민감하게 느끼는 성감대의 변화가 발생한다. 유아의 성감대는 <입→ 항문 → 남근>으로 발달해 가며, 이 과정에서 각기 다른 성욕동 양태인 <구강성애→ 항문성애 → 남근성애>가 발생한다.10)

구강성애란 입으로 느끼는 쾌감과 그것을 반복하고 싶어하는 욕구를 지칭한다. 젖먹이 유아는 <생존을 위해> 젖을 빨기 시작한다. 젖은 유아에게 영양을 공급하고 배고픔을 해소시켜 생존하게 한다. 그런데 영양섭취를 최초목적으로 시도된 젖빨기에서 유아는 <빠는 쾌감>을 느끼게 되며, 유아는 결코 이 쾌감을 포기하지 않으려 한다. 그로 인해, 성욕동은 보존본능으로부터 <분화>된다.11)

10) 『성욕』, 294-305쪽, 362쪽.

독립된 성적 부분욕동을 지니게 된 유아는 빠는 쾌감을 반복체험하기 위해, 모든 것을 입으로 음미하려 든다. 이러한 최초의 쾌락지각은 정신과 신체에 각인되어 깊은 흔적을 남긴다. 그리고 본능의 '보수성' 때문에 이후의 성욕동 발달과정에서도 구강욕동의 일부는 유지된다.

항문성애란 항문을 중심으로 느끼는 쾌감들의 반복충족 욕구이며, 구강기 다음 단계에 발현된다. 이 시기에 아이는 변이 직장점막을 훑으며 배설되는 순간의 쾌락지각에 몰입하게 된다. 그러나 항문성애는 <위생, 냄새> 등의 이유로 어른들로부터 집중적인 억압요구 대상이 된다. 그리고 그 조급한 억압 때문에 인간에겐 항문성애에 대한 결핍감과, 이미 맛본 항문쾌감에 대한 무의식적 소망충족 욕구가 항존한다. 아울러 항문 및 변과 연관된 표상들을 접할 경우, '역겨움'이라는 방어적 반응을 일으킨다. 프로이트는 동성애자와 강박증자와 편집증자의 성욕동이 특히 억압된 항문성애에 고착되어 있음을 주목한다.

남근성애란, 남근과 연관해서 느끼는 <남아와 여아의 성욕동과 성환상>을 지칭한다. 남근성애는 3-6세의 아동기에 남아와 여아가 '성차이'를 지각하는 순간부터 시작된다. 그들은 "남근이 있구나! / 없네!"에 민감하게 반응한다. 남아는 '남근'을 통해 뭔가 새로운 쾌감이 얻어질 것을 기대하게 되며, 여아는 '남근이 없음' 내지, '작은 남근'(음핵)을 서운해하며 '남근선망'을 갖게 된다. 그리고 야릇한 기대와 환상을 갖고서 남아는 엄마를 향해, 여아는 아빠를 향해 성욕동을 부착

11) 초기의 성욕동은 보존본능에 <기대어 부착된>(Anaclisis) 욕동이었다가 나중에 독립된 욕동으로 <분화>된다. 그런데 부착(기댄) 흔적이 남게 된다. 그 결과 자신을 <(젖)먹인 여성>, 자신을 <보호한 남성>을 <대신>하는 사람을 사랑하게 된다. 즉, '사랑-대상' 선택은 유아의 <젖먹임, 돌봄, 보호>에 관심 둔 사람들 내에서 이루어지며, 이들이 '성적으로 만족스런 대상'의 원형을 공급한다. 『성욕』, 296-297쪽; 「본능과 본능의 변화」, 113쪽. J. Laplanche and J.-B. Pontalis, *The Language of Psychoanalysis*, New York: Norton & Company, 1973, pp.29-31.

(cathexis)시키는 '최초의 성대상 선택'이 행해진다. 그러나 이 욕구와 환상은 뜻밖에도 "성대상을 포기하고, 도덕규범과 언어적 분별을 내면화하라"는 곤혹스런 '아버지의 요구'에 직면하게 된다. 아이는 이에 저항하는 강렬한 '오이디푸스 욕구'를 분출하지만, 거대한 부모의 반대에 부딪히고 거세불안에 꺾여서 결국 아버지의 요구를 수용하게 된다. 즉, 아이들은 큰 상처와 불안을 지닌 채 남근성애를 비롯한 모든 유아성욕들을 억압하게 된다.

유년기에는 이처럼 특정 신체기관과 특정 (부분)대상들을 통해 집중적으로 성만족을 추구하는 성욕구들이 다중적으로 발현되고 병존한다. 즉 아이들은 자가성애와 구강욕동, 자기애와 항문욕동, 근친대상애와 남근욕동이라는 각기 다른 성욕동들을 복합적으로 지니고 있다. 이 각각의 성욕동들은 '성인의 관점'에서 보면 유치하고 도착적이며 비도덕적으로 보인다. 그렇다면 아이들은 모두 도착적 성욕들에 휩싸인 괴상한 존재들인가? 아직 초자아(양심)가 형성되기 이전 상태에 있는 아이의 욕망과 행위들에 대해, 우리는 도덕적 평가를 적용하지 않는다. 유아성욕은 유아에게 자연스러운 성욕동들이다. 그러나 어른이 유아성욕에 집착할 경우, 그(녀)는 자기 자신과 타인들로부터 유치하고 비도덕적이고 병리적이라는 평가에 직면하게 된다. 그렇다면 유아성욕은 인간의 성숙과정에서 어떻게 변화되는가?

유아성욕과 연관된 쾌락 및 고통지각들은, 인생의 '최초 지각'이라는 특권적 위치와 힘을 지닌다. '최초 지각들'은 그 자체로 정신의 구조를 형성하는 구성요소가 되므로, 특히 지속적 영향력을 지닌다. 더구나 그것이 억압되어 무의식에 보존되기 때문에, 평생에 걸쳐 지속적인 영향을 미치게 된다. 유아성욕이 <구강애 → 항문애 → 남근애> <자가성애 → 자기애 → 동성애 → 이성애>로 발달해 가는 과정에서 생긴 결핍과 좌절 내지 과잉자극들은 이후의 삶에서 성대상을 선택하고, 성만족 취향을 결정하는 데 심대한 영향력을 미친다. 그리고 유아성욕에 비교될 만한 강렬한 성욕동이 만발하는 <사춘기>의 성욕동과 어떻게 '통합/분리'되느냐에 따라, 성격유형 및 신경증을 결정하는 핵심소인으로 작용한다.

4) 2단계 발달성: 사후작용

성욕동의 인간적 특이성에 관한 프로이트의 심오한 성찰은 특히 성욕동의 <2단계 발달성>에서 드러난다.[12] 성욕동은 인생에서 "각기 다른 시기에 <두 번> 꽃핀다." 그런데 그게 어쨌다는 것인가? <'최초의' 성대상 선택>과 오이디푸스 욕구 및 상처가 발생하는 <남근기>와, <'제 2의' 성대상 선택> 욕구와 성기결합력과 생식능력이 발생하는 <사춘기>에 성욕동이 강렬히 출렁인다는 것이 왜 대단한 발견인가?

유년기의 성욕동들은 남근기 말기에, 초자아가 정신 내부에 형성되면서부터 총체적으로 억압되고 망각된다. 그 이후부터 인간의 성욕동

리비도양

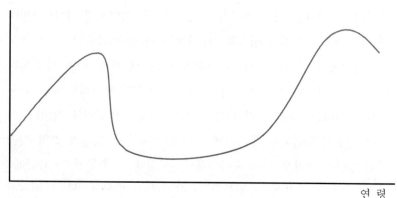

연 령

---

12) 『성욕』, 320쪽.

은 오랜 잠복기를 거쳐, 성욕동이 급격히 역동하는 사춘기를 맞이하게 된다. 그렇다면 <유년기> → 잠복기 → <사춘기>라는 독특한 심리·생리적인 성욕동 발달과정은, 인간 정신에 어떤 영향을 미치는 것일까?

먼저 유아성욕은 '아버지의 요구'가 내면화된 결과물인 초자아에 의해 비도덕적이라는 비난을 받아, 자아에 의해 <억압>된다. 초자아의 제1 임무는 오이디푸스 욕구에 대한 지속적인 감시와 억압요구이다.[13] 이 억압으로 인해 유아성욕들은 무의식에 잠복된다. 그리고 잠복기에 아이는 사회로부터 여러 (규범)교육들을 학습받게 된다. 아울러 성에너지는 비성적인 용도로 전환되어, 학습활동을 비롯해 다양한 활동들에 사용된다. 사회적 학습내용들 자체는 유년기 성대상들에 집중되었던 관심을 다른 곳으로 돌리게 하는 기능을 지닌다. 그리고 학습내용에는 유아성욕을 자극하여 떠오르게 할 만한 생각들을 차단하고, 부정적 가치해석에 의해 억제시키는 내용이 내포된다. 나아가 사회마다 성욕동 일반에 대해 과도한 관심과 접근을 차단하는, 다양한 교육 압력들이 행해진다. 그런데 만약 이 잠복기 동안에 우연히 '유혹'(과잉자극)을 받게 되면 유아성욕에 대한 방어막이 뚫리게 된다. 이 경우 소년소녀는 사회적 교육일반에 흥미와 관심을 갖기 힘들게 된다. 그 결과로 사회 및 내면의 금기압력과, 억제하기 힘든 성욕동 및 성흥분 사이에서 갈등하다가 무기력해지거나, 사회적 부적응자가 되고 만다.

2단계 발달에서 주목할 점은 유아성욕이 <억압>된다는 것과, <오랜> 잠복기를 거친다는 것과, 생식능력을 갖춘 새로운 성욕동이 사춘기에 <갑자기> 만발한다는 데 있다. 그렇다면 <만발했던 유아성욕>이 <금기의식과 더불어 오랜 동안 잠잠하다가> <새로운 성욕동과 결

---

13) 「오이디푸스 콤플렉스의 해소」, 『성욕』, 50-51쪽.

합하여 갑자기 치솟을 때> 인간 정신에는 어떤 일이 발생하게 될까? 신체적으로 남성기와 여성기가 성숙해지고, 성기를 중심으로 내부로부터 강한 성흥분이 느껴지며, <성기 결합을 통해 아이('나')가 만들어지고, 성기를 통해 아이('나')가 태어나는 것>이라는 사실을 충격적으로 자각하는 순간, 인간정신에 무슨 일이 벌어지는 것일까?

사춘기는 신체적인 미성숙과 정신적 무지 때문에 분출하지 못한 채 오랜 동안 억압해 왔던 성욕동들이 강력히 솟구치는 시기이다. 정신적 애정욕구와 신체적 쾌락욕구를 충족시켜 줄 (제 2의) 성대상을 발견해 성만족을 성취함으로써, 억압될 수밖에 없었던 오이디푸스 욕구와 상처를 마음껏 해소하고 싶은 시기가 바로 이 시기이다. 이 시기에 자존감이 손상되지 않을 정도의 심리-생리적인 성만족을 얻거나, 성욕을 대리분출할 적절한 승화능력과 승화수단을 지닐 경우, 그 개인은 성욕동 발달의 최종단계를 무사히 거치게 된다. 그 결과로 우리가 알고 있는 '정상적인' 성욕을 지닌 성인으로 살아가게 된다. 그러나 만약 이 시기에 받은 성자극이 무의식의 유아성욕과 예기치 않게 결합되어 갑자기 솟구치거나, 모욕적 좌절경험이 오이디푸스 상처와 결합되어 증폭될 경우, 자아의 평상적 방어막이 파열된다. 이것이 소위 신경증 증상을 발생시키는 직접적 원인인 트라우마(trauma, 충격적 상처)이다.

사춘기는 강한 성욕동으로 인해 일상적인 자극들이 '성적 의미'로 재해석되는 민감한 과도기이다. 이때 '성적 의미'의 무의식적 재료는 주로 유년기의 '오이디푸스 욕구와 오이디푸스 콤플렉스'를 지칭한다. 이는 성욕동이 최초 성대상을 향해 부착했다가 좌절되는 일련의 흥분과 상처들과 구성되어 있다. 만약에 '제 2의' 성대상 선택이 이루어지는 사춘기의 성욕망이, 무의식의 오디푸스 상처와 유사하게 좌절되면 무슨 일이 벌어지는가? 프로이트는 오랜 임상연구를 통해, <서로 다른 두 시기의 상처가 예기치 않게 결합>될 경우, <사후작용>이 작동되어 트라우마와 증상이 발생됨을 발견한다.[14) 그런데 <무의식의> 유아성욕과 그것에 연관된 경험흔적들이, 사춘기 이후의 <(전)의식의> 성적 자극들과 <우연히> 결합될 경우 증폭효과에 의해 병인으로 작동된다면, 인간은 누구나 신경증자가 될 잠재적 소인을 지니는 셈이다. 따라서 프로이트에게 "누가 신경증자로 될 것인가"는 상당 부분 경험적 <우연성>에 좌우된다.

잠복기는 사춘기의 <급격한 성욕동 변화를 초래하기 위한 예비조건>을 형성한다. 특이하게도 인간의 성욕동은 유년기와 잠복기라는 오랜 기간 동안 최종발달이 <지연>된다. 바로 이 오랜 기간의 성적 미성숙으로 인해, 인간은 근친상간을 막는 도덕규범을 습득할 시간을 벌게 된다.[15) 성욕동이 잠잠한 이 기간동안 다양한 경험들을 통해 자아의 발달이 이루어진다. 그 결과로 만약 억압된 유아성욕을 떠올릴 표상들과 자극들에 접촉할 경우, (초)자아의 방어작용에 의해 역겨움, 수치심, 죄책감이 발생된다. 성발달 <지연>과 규범 습득 및 성억압이 오래 지속되는 잠복기가 있기에, 성욕동이 갑작스레 성장하는 사춘기는 격동적 욕망과 불안 및 트라우마의 시기가 되는 것이다. 따라서 성욕동 발달의 '인간적 특이성'은 잠복기에 의해 마련된다. 잠복기는 <문명발달의 조건>인 동시에 <신경증의 소인>인 것이다.[16)

사춘기는 지금까지 진행되어 온 다양한 성욕동들을 하나로 <통합>하는 최종적 발달시기이다. 이 시기에 남녀는 각각 유년기의 부분욕동들을 '성기성욕'을 중심으로 <통합>하여 생리-심리적으로 성숙된 남성성과 여성성을 확립한다.[17) 만약 이 시기에 개인이 성적 과잉자

---

14) 이창재, 「병리적 정신작용의 원인론과 극복론: 사후 작용」, 『현상학과 정신분석』, 철학과현실사, 2000, 76-115쪽.

15) 「사춘기의 변화들」, 『성욕』, 352쪽.

16) 『성욕』, 363쪽.

17) 『성욕』, 329-330쪽.

극이나 과도좌절을 겪게 되면, 새로운 성욕동에 적응하지 못한 채 유아성욕에로 퇴행하게 된다. 이 퇴행이 지속적 양상을 띠게 되면, 성도착이나 신경증에 함몰된다.

5) 양방향성: 발달성 vs 퇴행·고착성

현재의 성욕동 양태는 항상 과거의 발달 흔적들을 내포한다.[18] 만약 어떤 개인이 성만족을 전혀 느낄 수 없는 경우, 그는 대체만족이라도 얻기 위해 과거의 성욕동 상태로 퇴행하여, 환각적인(유아적인) 성만족을 꾀하게 된다. 이처럼 인간에겐 새로운 성대상과 성만족을 추구하려는 발달경향과, 초기의 만족 유형(유아성욕)에 퇴행·고착하려는 보수적 경향이 공존한다.

개인이 어떤 성욕동 양태를 지니는가는 그(녀)가 성적 유혹 내지 심각한 좌절을 <어느 시기>에 겪느냐에 달려 있다. 그리고 이런 유혹과 좌절을 유발하는 환경은 사회로부터 온다. 따라서 개인의 성욕동 발달 여부는, 사회가 제도적으로 구성원들에게 유연한 성가치관과 적절한 성만족 기회와 다양한 승화적 대리만족 수단들을 얼마나 제공하느냐에 달려 있다. 성욕에 대해 부정적인 가치감을 갖게 하고, 성만족 기회를 제도적으로 심하게 제약하며, 나아가 승화적 대리만족 프로그램들을 제공하지조차 못하는 사회의 경우, 그 사회구성원들은 어찌되는가? 그들의 성욕동은 '상처'를 줄지 모를 위험한 현실 속에서 새로운 성대상을 찾으려 하기보다, 안전한 주관적 심리세계로 퇴행하여 환상과 환각적 만족에 고착된다.

욕동은 본래 보수성을 지닌다. 따라서 성욕동의 각 발달단계는 어느 정도 욕동의 고착지점이 될 소인을 지닌다. 개인의 성욕동이 발달

---

18) 「문명 속의 불만」, 『문명 속의 불만』, 247-251쪽.

되느냐 퇴행하느냐는 기질과 환경과 우연적 경험에 좌우된다. 심지어 온전한 발달과정을 거친 성인일지라도, 뜻밖의 심각한 트라우마를 겪을 경우, (잠정적으로) 유아성욕 상태로 퇴행할 수 있다. 이 경우 정상/비정상의 차이는 퇴행의 양적 강도와, 시간적 지속성에 의해 구분될 뿐이다.

6) 양성성

인간의 성욕동은 본래 양성성을 지닌다. '성차이'를 지각하기 이전의 아이들은 모두 엄마의 양육에 의존하는 중성적이며 양성적인 존재이다. 그러다가 남성성기와 여성성기에 대한 차이 인식과 사회적 요구에 의해 양성성 중에서 어느 한쪽이 억압되고, '능동적 남성성'/'수동적 여성성'이라는 성정체성의 차이가 사춘기에 확립된다. 이 성정체성의 확립 자체는 양성성의 반쪽에 대한 비자발적 억압을 내포하므로 신경증의 소인이 된다.[19]

양성성으로 인해 남녀 모두 성욕동 발달과정에서 자기애 단계로부터 <동성애 단계와 이성애 단계>를 거치게 된다. 부모 중 한 대상과의 동일시에 의해 성정체성이 최초로 형성되는 남근기에, 아이가 남성성과 여성성 중 어떤 기질을 더 많이 지녔는가에 의해, 그(녀)가 부모 중 누구를 자신의 성적 동일시 대상으로 선택할 것이냐가 상당 부분 결정된다. 보통의 경우 여아는 (아빠의 연인인) 엄마를 자신이 닮고 싶은 성적 동일시 대상으로 선택함으로써 (엄마처럼) 여성화된다. 그리고 남아는 (엄마를 좌지우지하는) 아버지를 동일시 대상으로 선택함으로써 남성성의 토대를 마련한다.

---

19) 『성욕』, 347쪽. 특히 여자들의 경우, 잠복기에 지녔던 남성적 활달성이 사춘기에 사회적 압력으로 인해 억압되어 여성성이 확립되는 요인이 크다. 이 결과 여자가 히스테리에 걸릴 확률이 더 높아진다.

그러나 우연적 변수에 의해 성정체성의 방향이 달라질 수도 있다. 가령, 아빠가 없거나 엄마가 남아에게 과도한 성자극을 제공할 경우, 남아는 엄마를 동일시 대상으로 내면화할 수 있다. 이 경우 그는 여성적 성정체성을 형성하게 된다. 그리고 사춘기에 유년기의 최초 성대상을 대체할 매력있는 이성(異性)을 만나지 못할 경우, 동성애 단계에 고착되어 동성애자가 될 수 있다.

4. 성욕동 발달의 방해조건들

우리에게 낯익은 성인의 성욕동은 처음부터 주어진 것이 아니라, 험난한 발달 과정을 거쳐서 <성취된 것>이다. 만약 성욕동 발달과정에서 개인의 자아가 감당하기 힘든 사태에 직면하게 되면 무의식적으로 퇴행과 고착이 발생된다. 그 결과 인간은 미성숙한 성취향을 지닌 성격장애자, 성도착자, 신경증자가 될 수밖에 없게 된다. 그렇다면 성욕동 발달을 방해하는 요인들은 어떤 것인가?

첫째로, <기질적 요인>을 들 수 있다.[20] 본능은 본래 안정된 최소 자극 상태를 유지하려는 보수성을 지니므로, 각각의 성발달 단계는 <고착점>이 될 수 있다.[21] 더구나 기질적으로 강한 성욕동을 지닌 개인의 경우, 유년기부터 과도한 내부자극들에 미성숙한 자아가 시달리게 된다. 그 결과 방어부담이 높아져서 피곤해진 자아는 새로운 자극들을 감당할 수 없게 된다. 즉, 새로운 성자극과 성만족을 능동적으로 수용하고 통합하기보다, 안전하고 익숙한 기존 상태에 머무르려는 방어기제를 작동시키게 된다. 그 결과로 새로운 성욕동 일반이 방어대

---

20) 『성욕』, 281-282쪽.
21) 『성욕』, 364-365쪽.

상이 되어, 성발달이 정서 및 인지적으로 저지된다.

둘째로, <좌절>과 <유혹>이라는 <우발적인 외상경험>들에 기인된다.[22] 먼저, 개인이 적절한 성대상을 현실에서 발견할 수 없거나, 선택한 성대상이 뜻밖의 심각한 결함을 지녀 온전한 성만족을 주지 못하는 경우가 있다. 이 경우 개인의 성만족은 좌절되며, 그로 인해 유아적(환각적)인 소망충족 욕구와 퇴행욕구가 강해지게 된다.

또한 예기치 못한 '유혹'(과잉자극)으로 과잉흥분이 발생되었는데, 그것을 외부대상을 향해 분출시킬 만큼 신체가 숙성해 있지 못하거나, 흥분을 어떻게 처리해야 할지 정신적으로 무지하고 무능한 경우를 들 수 있다. 이 경우 유기체의 안정된 평형을 유지하기 위해 과잉흥분은 억압되어 병리적으로 분출될 수밖에 없다. 바로 이 억압으로 인해 성욕동은 그 단계에 고착되어, 온전한 발달이 저지된다.

셋째로, <문화적 요인>이 개인정신에 미치는 영향을 들 수 있다. 가령 자아가 미성숙한 아동과 소년소녀에게 과도한 금욕적 가치교육을 주입할 경우, 경직된 초자아가 형성된다. 그와 더불어 성욕동 일반이 부정적인 혐오대상으로 해석·지각되어 억압된다. 이 억압으로 인해 인간은 성욕동 일반에 대해 지속적으로 불안과 심리적 갈등에 휩싸이게 된다. 그 결과 성욕동의 온전한 발달이 어렵게 되고, 운나쁘게 '사후작용'이 작동될 경우 신경증에 함몰되고 만다.

5. 성욕동 발달장애가 자아발달에 미치는 영향

"자아가 성욕동처럼 발달과정을 통해 형성되는 것이라면, <자아의 퇴행>도 가능하다는 말에 놀라지 않을 것이다."[23]

---

22) 『성욕』, 369-371쪽.

"대부분의 경우 성욕과의 싸움은 당사자의 모든 (자아)에너지를 고갈시킨다. … 금욕은 (외견적) 행실은 바르지만 … 의지가 약한 사람을 형성시키게 된다."[24]

성욕동 발달장애는 자아의 발달에 어떤 영향을 미치는 것인가? 성욕동이 2단계 발달과정을 온전히 성취했느냐 못했느냐에 의해, 개인의 자아발달은 심대한 영향을 받게 된다.

첫째로, <초기성욕동의 과도충족>은 고착을 유발해 다음 단계로의 성발달을 방해한다. 또한 새로운 정신기관인 자아와 초자아의 <분화>를 불필요하게 만든다. 왜냐하면 자아란 성욕의 고통스런 좌절경험들이 유발하는 유기체의 불안정에 대처하기 위해 원본능(Id)으로부터 후천적으로 분화된 정신조직이기 때문이다. 자아는 성욕동과 공격욕동을 외부환경에 조화되게 적절히 억압하거나 변형시켜 분출함으로써, 유기체를 안전히 보전시키는 목적을 지닌다. 따라서 좌절과 억압이 전혀 없는 성만족은 성욕동의 고착과 더불어 자아의 형성과 발달에 장애조건이 된다.

둘째로, 성욕동의 <과도한 좌절>은 대리만족을 얻기 위한 <퇴행>욕구를 활성화한다. 퇴행이란 2차과정이 1차과정으로 되돌아가는 것으로서, 성장한 정신을 유아적이고 환각적인 만족상태에로 되돌려, 현실감을 약화시킨다. 따라서 현실세계에 적응하기 위해 2차과정을 발달시켜 온 자아는, 퇴행을 저지하기 위해 강력한 방어기제와 방어에너지를 작동시키게 된다. 그로 인해 퇴행욕동과 이를 저지하는 자아 사이에 <갈등>이 벌어지고, 좀처럼 해결되지 않고 반복되는 부담 때문에 자아는 탈진하게 된다. 그래서 자아는 개체보호를 위해 증상형성을 통해 골치 아픈 갈등에서 간편히 벗어나려 한다. 그런데 일단

---

23) 프로이트, 『정신분석 강의(하)』, 열린책들, 2002, 508쪽.
24) 「문명적 성도덕과 현대인의 신경증」, 『문명 속의 불만』, 27쪽.

증상이 형성되면, 외부세계에 쏟아야 할 자아에너지의 상당 부분이 증상에 대한 신경씀에 소모되기 때문에, 온전한 자아발달이 어렵게 된다.[25]

셋째로, <유혹에 의한 과잉홍분>이 억압되어 정신내부에 축적될 경우, 자아는 이에 대한 방어에너지를 계속 지출해야 한다. 그로 인해 외부세계에 대한 검증활동에 쓸 에너지가 고갈된다. 그리고 자아에너지가 내부에서 불필요하게 소진될 경우, 외부자극들에 대한 자아의 방어력이 약해져서 사소한 자극들에도 상처를 잘 받는 민감한 자아가 되고 만다. 이 경우 자아는 상처받지 않기 위해 자극일반에 대해 더 강력한(병리적인) 방어기제를 작동시키게 되고, 그 결과 왜곡된 자아구조를 형성하게 된다.

넷째로, 자아가 억압해야 할 중심내용은 유아성욕이며, 그 중에서도 오이디푸스 욕구이다. 프로이트에게 성욕동의 성숙한 모델은, 오이디푸스 욕구를 성공적으로 극복한 상태를 의미한다.[26] 그런데 유년기에 부모의 성자극이 과도했거나 성환상이 강력할 경우, 그러면서 사춘기와 그 이후에 만족할 만한 새로운 성대상을 만나지 못할 경우, 오이디푸스 욕구가 온전히 극복되지 못한 채 의식에로 돌출하게 된다. 이 경우 유아성욕에 대한 억압에 실패한 자아는 전환, 전위, 대체 등 병리적인 2차 방어기제를 작동시켜 신경증 증상을 유발한다. 증상이란, 더 이상 통제할 수 없게 된 무의식적 욕동들로 인해 정신이 총체적으로 붕괴되는 것을 막기 위해, 자아에 의해 응급조치로 선택되는 제 3의 성욕분출 기호이다. 그리고 신경증이란 무의식적 성욕동과 공격욕동에 대한 비합리적 방어에 의해, 자아구조의 일부가 왜곡되고 기능마비된 결과를 지칭한다.

---

25) 「스물 두 번째 강의: 발달과 퇴행의 관점들: 병인론」, 『정신분석 강의(하)』, 497-501쪽.

26) 『성욕』, 353쪽(각주 133), 354쪽.

이처럼 성욕동 발달의 성공적인 성취는, 자아의 형성과 자아기능들의 왜곡 없는 발현을 위한 중요 조건이다. 자아는 원초적인 1차 정신과정들을 현실환경에 부합되는 2차과정 에너지들로 '묶는' 활동을 통해 성에너지를 유용한 노동에너지로 전환시킨다. 소위 인간의 문화와 성숙한 정신성은 1차과정의 모델인 성욕동 에너지를 2차과정의 자아에너지로 <전환>시킨 결과물이다. 성욕동 발달이 성공적인 성취를 이루었다는 것은, 자아에 의해 성욕동이 적절히 억제되고 전환되며 충족된 상태를 의미한다. 만약 성욕동이 과도억압되어 무의식에 갇히게 되면, 자아는 자신의 활동에너지인 성욕동을 의지에 의해 경제적으로 사용할 수 없게 된다.

자아는 외부대상에로 성욕동을 부착했다가 다시 회수하는 욕동들의 거대한 저장고이다.[27] 자아가 어떤 대상을 향해 성욕동을 집중(부착)하면, 그 대상은 의미있고 가치있는 대상으로 표상되고, 자아는 그 대상의 가치있는 특성들을 자신과 동일시하여 내면화한다. 이처럼 자아는 새로운 외부대상을 향해 성욕동을 부착하여 동일시하였다가 회수하고, 다시 새로운 대상에게로 부착하고 내면화하는 과정들을 통해 발달해 간다. 그런데 만약 성욕동이 과잉자극을 준 특정한 <과거대상>에 고착되거나, 과도억압되어 무의식이 되면, 자아는 성에너지를 자신의 의지대로 사용할 수 없게 된다. 그 결과 자아발달에 활용할 수 없게 된다.

성욕동 발달이 성취되었음은 곧 개인의 자아가 외부대상들과 합리적이고 만족스런 관계를 상당 부분 실현하게 되었음을 의미한다. 즉, 자아가 욕망을 유발하는 적절한 성대상을 발견하여, 자아능력을 통해 그 대상과 직간접적으로 만족스러운 관계를 이룩해 냈다는 것을 함축

---

27) 『성욕』, 342-343쪽. 자아에는 보존욕동과 성욕동을 비롯해 다양한 욕동들이 저장되어 있다.

한다. 역으로 성욕동 발달에 심각한 결함이 현존한다는 것은, 그 개인의 자아가 현실 속에서 만족스런 성대상 발견에 실패했거나, <자아능력의 미숙함으로 인해> 성만족 획득이 좌절되었다는 것을 의미한다. 좌절된 성만족이 퇴행을 유발할 경우, 그 개인은 성도착자가 되기 쉽다. 그리고 성에 대한 부정적 가치평가나 억압이 오래 지속될 경우, 고통스런 <증상>을 통해서야 좌절된 성욕동을 분출하는 가엾은 신경증자가 되고 만다.

6. 정상적 성과 비정상적 성을 나누는 기준

성해방이 주장되려면 먼저 '정상적' 성과 '비정상(도착)적' 성에 대한 기존 관념들이 재검토되어야 한다. 그렇다면 인간의 품위를 손상시키는 역겹고 수치스럽고 유치한 비정상적인 성이란 어떤 것인가? 정상과 비정상을 나누는 기준과 경계는 무엇인가? 프로이트는 사회적으로 비난받는 두 종류의 일탈적 성을 언급한다. 하나는 성도착이며, 다른 하나는 사회적 결혼관습을 벗어나는 비합법적 성행위이다.[28]

정상적이고 성숙된 성욕이란 사춘기 이후에 이성(異性)과의 성기중심적인 결합을 통해 심리-생리적인 만족을 얻고자 하는 욕망유형을 지칭한다. 이때 무의식의 유아성욕과 유아성환상은 성기성욕의 충족을 위한 '예비 쾌감'(fore-pleasure)을 제공하는 고유의 역할을 담당한다. 이에 비해, 성도착은 정상적인 성대상 선택과 성목적에서 벗어나, 유아성욕을 궁극적 쾌감으로 삼아 그것에 배타적으로 고착하는 성취향을 지칭한다.

---

28) 「성적 이상(異常)」, 『성욕』, 236쪽; 「문명적 성도덕과 신경증」, 『문명 속의 불만』, 18, 22쪽.

성도착은 '성대상 도착'과 '성목적 도착'으로 구분된다.[29] 성대상 도착은 동성이나 가족, 아동, 동물, 물건 등을 성대상으로 선택하는 것을 지칭한다. 그리고 성목적 도착은 성교와 성호르몬 배출이 아닌 관음, 노출, 접촉, 가학과 피학 등을 통해 최종적인 성만족을 꾀하는 것을 뜻한다. 그렇다면 이러한 성도착은 도저히 이해할 수 없고 비인간적이고 병적인 기호인가?

프로이트는 모든 인간의 무의식에는 억압된 유아성욕, 즉 도착적 성욕동들이 보편적으로 존재한다고 본다.[30] 따라서 "성도착은 곧 정신 이상이다"라는 등식에는 문제가 있다. 가령 성도착자들은 유치하고 자기애적이며 규범일탈적인 성대상 선택을 하며, 동성애와 항문성애에 관심이 높다. 그런데 이런 성취향들은 유아와 원시인과 고대 문명에선 자연스럽게 인정되던 특징이었다. 그리고 비록 정도는 약하지만 보통사람들에게도 자기애적이고 동성애적인 욕구가 흔히 발견된다.[31] 또한 성욕도착이 일어나기 적합한 상황이라면, 정상인들도 한동안 이를 즐길 수 있다. 그리고 매우 열악한 외부환경으로 인해 정상적 성목적을 충족시켜 줄 성대상 발견이 오랜 기간 불가능할 경우, 일시적으로 도착적 성욕이 발생할 수 있다. 따라서 정상적 성과 성도착을 나누는 경계는 명료하지 않다. [32]

성도착은 기질적 요인과 후천적인 성욕동 발달 장애로 인해 발생한다. 두 경우 모두 당사자의 의지적 선택에 의해 발생된 것이 아니기 때문에, 개인에게 인격적 책임을 묻기가 어렵다. 따라서 사회유지에 심각한 피해를 주지 않는 한, 개인의 성취향에 대해 <병적>이라는 경멸적 언어를 붙이는 것은 정당화되기 어렵다. 프로이트는 정상적 성

---

29) 『성욕』, 236쪽.

30) 『성욕』, 283쪽.

31) 『성욕』, 249쪽(각주 20).

32) 『성욕』, 269쪽.

만족을 획득하기 위한 환경이 열악하지 않음에도 불구하고, 역겨움과 수치심의 한계를 심각히 벗어나는 행동들을 할 경우에만 '전반적인 성도착'이란 범주를 적용한다.33) 가령 아동들만을 성대상을 삼는 경우나, 동물 성교, 시체 성교, 배설물 핥기 등이 그 범주에 해당한다. 그러나 이 경우조차도 오래된 심리적 불안과 성적 위축 때문에 '일시적으로' 그런 행동을 하는 경우, 단순히 비정상이라고 규정해선 안 된다고 본다.34) 심지어 근친상간 욕구조차 자연스런 유아성욕의 일부이기 때문에, 전적으로 이질적이고 병적인 기호로 볼 수만은 없다. 그렇다면 도대체 무엇이 비정상적 성인가? 인간의 성욕동은 본래 미결정적이고 다중복합적이기에 인간은 다양한 성취향을 선택하고 음미할 권리를 지닌다. 따라서 어떤 개인이 특이한 성취향을 지녔다고 거기에 대해서 단순히 '비정상'이라는 평가의 굴레를 덧씌울 순 없다.

프로이트는 <배타성과 고착 및 일탈 강도>가 심한 경우를 비정상의 징표로 본다.35) 가령, 성인이 오직 자기애적인 유아성욕에만 배타적으로 고착될 경우, 그것은 자신이 대면하는 타인들에 대한 진정한 관심과 현실감을 떨어뜨린다. 그리고 타인들의 억압된 유아성욕을 자극시켜 정신의 평형을 깨뜨리거나 전염시킬 위험이 크다. 그리고 당사자의 안정된 현실관계와 자아발달에 심각한 장애조건이 된다. 이 경우에만 사회는 어떤 구성원의 성욕 취향에 대해 '수정'을 요구하는 '성도착'이라는 규정을 정당하게 내릴 수 있다.36)

---

33) 『성욕』, 269쪽.
34) 『성욕』, 269-270쪽.
35) 『성욕』, 270쪽.
36) <가치 문제>는 과학자들이 그 동안 비현실적 사변활동으로 경시해 온 대상이다. 정신분석학이 스스로를 과학으로 한정하는 한, <검증할 수 없는 가치>를 과학적 연구대상으로 인정할 수 없기 때문이다. 따라서 정상/비정상이라는 가치판단에 의거하여 정신치료의 방향을 설정해야 하는 정신분석가의 경우, 이 문제에 답할 학문적 개념장치와 기준을 '사회 관습'이나

성도착과 정신이상은 결코 동일한 기호가 아니다. 프로이트는 성도착 성향을 지닌 자들이 정신적 탁월성을 지닌 많은 사례들을 관찰한다. 가령 예술가들의 경우 상당 부분 성도착 성향을 지니고 있지만, 사회적으로 탁월한 역할을 수행한다. 만약 이들에 대해 "성도착을 지닌 정신이 이상한 년놈"이라고 규정한다면, 이들은 외부의 부정적 시선들로 인해 심각한 정신적 피해를 받게 된다. 적어도 정신분석학의 관점에선 성도착과 신경증은 다른 범주의 개념이며, 성도착자들이 반드시 총체적인 정신이상자는 아닌 것이다. 그러나 이미 신경증 증상에 처한 자들의 경우, 그들은 예외 없이 성욕동 발달장애로 인한 성도착 성향을 지닌다.37)

신경증자란 어떤 사람인가? 그들의 주요 증상 중 하나는 억압하고 극복해야 될 유아성욕에 어른이 되어서도 무의식적으로 고착되는 자들이다. 이들은 유년기의 성욕동 발달과정에서 입은 상처와 경직된 초자아와 사춘기 이후의 과도한 성억압 및 사후작용으로 인해, 억압된 성욕구를 증상을 통해 대리분출할 수밖에 없게 된 불행한 자이다. 따라서 그(녀)의 인격이 온전히 발달하기 위해, 무의식에 억압된 불안스런 성욕구를 가장 너그럽게 해방시켜 주어야 될 바로 그 대상인 것이다.

'비정상적' 성으로 비난되는 또 다른 기준은 <합법적 성관계를 벗어나는 성욕망과 성행위>이다. 이 경우 문제는, '비정상'을 규정하는

인문학으로부터 빌려올 수밖에 없다. 프로이트는 말년에 가서야 인문학적 사변활동의 소중함을 자각한다. 그래서 정신분석학이 단순한 치료과학이기보다, 인간에 대한 심화된 이해를 돕는 보편지식이기를 바라며, 정신분석의 진가는 인문학과 접맥될 경우, 훨씬 크게 부각될 것으로 예견한다. 이러한 예견은 오늘날 현대사상과 정신분석 비평을 비롯한 인문학의 주요 현실로 자리잡고 있다.

37) 『성욕』, 254, 276쪽. "신경증 증상들의 일부는 비정상적(유아적) 성욕의 희생을 대가로 형성된다. 즉, 신경증은 성욕도착의 부정인 셈이다."

그 사회의 법과 도덕기준이 과연 그 구성원들의 행복과 자아발달에 유익한 것인가이다. 이에 답하기 위한 비유로 프로이트는 성욕동 발달에 대응하는 문명 발달의 세 단계를 구분한다.[38] 그 첫단계는 유아 성욕에 탐닉하던 철없는 <유년기>처럼, 생식과 무관하게 성욕동을 마음껏 표출하던 원시시대와 고대 그리스 시대이다. 둘째 단계는 초자아에 의해 유아성욕을 억압하던 <잠복기>처럼, '생식목표에 기여하는 성욕'만을 허용하고, 다른 성욕들은 억압하던 기독교 문화이다. 그리고 셋째 단계는 특이한 사춘기적 현실인, 일부일처제의 '합법적 생식'만을 성행위의 목적으로 용인하던 프로이트 시대의 금욕주의 문화이다. 이러한 시대 상황에서 프로이트는 과연 당대의 성도덕이, 다중적이면서도 통합된 성욕동과 자아발달을 위해 유익한 기준이 될 수 있는지에 대해 진지한 의문을 제기한다.

> "합법적 성만족(결혼)은 다른 만족들의 포기를 상쇄할 만큼 만족스런 보상을 제공하는가? 이런 포기가 초래할 수 있는 해로운 결과는, 그것을 보상하는 문화적 이익과 어떤 관계에 있는가?"[39]

7. 문화적 성규범의 양가성

> "문명은 어느 정도의 본능 단념을 토대로 세워지며, 거기엔 많은 본능의 불충족이 전제된다. … 이런 손해가 대리보상되지 않으면, 심각한 정신장애가 발생한다."[40]

---

38) 「문명적 성도덕과 현대인의 신경증」, 『문명과 불만족』, 18쪽.
39) 『문명 속의 불만』, 22쪽.
40) 「문명 속의 불만」, 『문명 속의 불만』, 283-284쪽.

사회가 요구하는 성규범은 개인들의 정신건강에 어떤 가치를 제공하는가? 그것은 약인가, 독인가?

성욕동은 문화활동 에너지의 원천이다. 따라서 문화의 공유재산이 발생하려면 성욕동과 공격욕동의 일부가 억제되고 전환되어야 한다. 성욕동이 내포하는 문화적 가치는 <최초 성대상을 다른 것으로 대체하고, 성에너지를 비성적 에너지로 전환시키는 승화> 능력에 기인한다. 성욕동이 '최초 성대상'에 고착되면, 문화발전에 사용할 수 없게 된다. 가령, 유아적인 자가성애와 자기애에 빠지면, 다른 대상들에 무관심하게 되어, 대화나 공유된 문화활동이 불가능해진다.41) 따라서 문화의 유지와 발달을 위해 개인들의 (유아) 성욕동에 대한 어느 정도의 억압·대체는 불가피하다. 문제는 욕동들의 내적 강렬함에 대한 외부환경의 열악함과 불합리성에 있다. 인간은 본능적으로 고통 없고 강렬한 쾌감을 경험하고 싶어한다. 그런데 냉정한 현실세계는 본능의 쾌락원칙과 적대관계에 있다. 더구나 쾌락상황조차 오래 지속되면 쾌감이 줄어든다. 그리고 제도와 자아에 의해 길들여지고 허용된 성욕을 충족시키는 것보다, 금지되어 억압된 욕동들을 만족시키는 것이 훨씬 강한 쾌감을 준다.42) 그렇다면 사회의 이익과 개인의 경제적 쾌감획득 모두를 위해, 사회는 구성원들에게 어떤 유형의 성규범을 적용하거나 제공해야 하는 것인가? 당대 성규범의 병리적 불합리성을 절감한 프로이트는 이에 대해 어떤 생각을 하였을까?

인간은 신체적 허약과 물질환경의 열악함, 그리고 타자와의 사회적 관계로 인해 고통을 받게 된다. 특히 인간관계 속에서 유래하는 고통

---

41) 「문명적 성도덕과 현대인의 신경증」, 17쪽.
42) 「불륜을 꿈꾸는 심리」, 『성욕』, 173쪽. "성적 욕구의 심리적 가치는 성만족을 쉽게 얻을 수 있는 순간부터 감소된다. 따라서 성욕을 한층 고양시키기 위해서는 장애물이 필요하다. 인간은 사랑을 즐기기 위해, 관습적으로 장애물을 세워왔던 것이다."

이 가장 비참하게 느껴진다.43) 앞의 두 조건은 불가피하지만, 고통을 피하기 위해 인간이 만든 제도가 우리 모두에게 고통보호 역할을 하지 못하는 까닭은 무엇인가? 프로이트는 성에 대한 무지와 편견, 불합리한 제도적 속박들로 인해 신경증에 허덕이는 사람들을 접하며, 다음과 같이 주장한다.

"문명이 성생활의 기준을 정해놓고, 모든 사람에게 동일한 행동을 요구하는 것은, 개인의 기질적 차이를 고려하지 않은 불공정한 사례이다."44)

"모든 사람에게 똑같이 적용될 수 있는 (행복의) <황금률>은 존재하지 않는다. 사람들은 저마다 자신이 구원받을 수 있는 특정한 방식을 스스로 찾아내야 한다."45)

개인들의 다양한 기질적 차이를 무시한 채 모두에게 동일한 윤리적 요구를 강요하게 되면, 성욕동과 도덕의식이 모두 강한 사람들은 신경증에 함몰될 가능성이 높아진다. 따라서 개인들은 자신의 정신적 소질과 외부세계에 미칠 수 있는 영향력을 고려하여, 자신이 구원받을 수 있는 특정방법을 스스로 찾아야 한다.46) 이처럼 프로이트는 개인의 <자아와 성욕동의 발달상태를 고려한 성규범의 유동적 적용>을 생각한다. 가령, 성적 자극들을 감당할 만한 자아의 발달 정도에 따라, 그 개인에게 허용되는 사회적 성규범의 차등적용을 생각할 수 있다. 이것은 보편적인 동시에 우연적인 성욕동 발달장애 과정들에 대한, 이해와 공감에서 비롯된 성규범을 의미한다.

---

43) 『문명 속의 불만』, 258쪽.
44) 같은 책, 21쪽.
45) 같은 책, 266쪽.
46) 같은 책, 266쪽.

최초의 젖빨기 과정에서, 생존을 추구하는 자아본능과 쾌감을 추구하는 성욕동은 모종의 연결통로를 지니게 된다.[47] 아울러 인류의 역사는 욕동 속에 융해되어 개인에게 유전되므로, 욕동의 발달과정과 자아 및 문화발달 사이에는 모종의 연관성이 있다. 가령 성욕동의 전환성과 2단계 발달성은 문화를 유지하고 발달시키기 위한 인류의 오랜 시행착오들적 노력들이 본능에 융해된 결과물이다. 즉, 인간의 성욕동은 이미 사회와 문화에 대한 적응과정에서 '변형·발달된 본능'인 것이다. 역으로 개인의 성욕동 발달 여부는 자아발달에 직접적 영향을 미침으로써, 문화의 성숙에 중요한 영향을 미친다. 따라서 고귀한 문화업적을 이룩하려면 먼저 자신의 '저급한' 성욕동 발달과정을 주목하여, 성규범이 어릴 적부터 인생에 미친 영향과 가치에 대해 세세히 음미해야 한다.

프로이트에 의하면 유아성욕에 대한 1차 억압으로 인해 인간은 누구나 이미 신경증의 소인을 지닌 존재가 된다. 게다가 심지어 '성인의 성욕'에 대한 부정적 가치해석 및 '과도한' 2차 억압 요구와 승화요구는, 성욕동이 기질적으로 강하면서 승화능력이 없는 사람들을 신경증자로 전락시킨다.[48] 반면에 유아성욕에 대한 제약 없는 개방은 사회적 인격체로의 변환을 어렵게 하며, 성욕동 일반에 대한 과도만족은 문화창조 에너지의 고갈을 초래한다. 그렇다면 사회는 구성원들의 성에 대해 어떤 태도를 취해야 좋은 것인가? 프로이트는 물질의 희소성 때문에 생산적 노동에너지가 필요하므로, 성욕동에 대한 억압은 불가피하다고 본다. 문제는 억압의 강도와 범위에 있다. 성욕동을 어느 정도 해방하는 것이 정신발달을 도와주는 성숙한 문화의 기준이 되는

---

47) 『성욕』, 296-297쪽.

48) 좌절되고 억압된 성욕동은 제 3의 방법을 통해서라도 반드시 모종의 대리만족을 얻어내야 한다. 욕동이 억압되면, 성욕동은 증상으로 변하고, 공격욕동은 죄책감으로 변한다. 『문명 속의 불만』, 333쪽.

것일까? 유아성욕은 아이의 미성숙한 자아가 감당하기 힘든 과잉자극을 내포한다. 과잉자극과 과잉흥분은 자아와 유기체의 평형리듬에 부담과 상처를 주므로, 자아발달에 장애조건이 된다. 따라서 유기체의 안정된 생존과 자아발달을 위해, '소망충족'의 핵심내용인 유아성욕은 '적절히' 억압될 필요가 있다. 그렇다면 유아성욕에 대한 1차 억압 이외에, 문화가 부가해 온 2차 억압들은 어찌해야 좋은 것인가?

프로이트에게 성해방의 의미는 '성인의 성욕'을 직간접적으로 만족시키는 사회적 기회들의 다중적 확대와, 유아성욕들에 대한 포용적 이해와 수용을 지칭한다. 오랜 정신분석 임상활동을 통해 신경증의 고통과 피해를 절감해 온 프로이트에게 바람직한 성규범이란, 신경증을 최소화시키는 무엇이다. 자신의 성욕과 성욕 표출에 대해 과도한 거세불안과 과잉흥분과 불감증에 시달리는 신경증자들은, 고통스런 증상을 통해서밖에 인생의 황금에너지를 배출할 수 없다. 그리고 이들이 신경증자가 된 중요한 원인 중에, '성욕'에 대한 부정적인 가치교육과 경직된 초자아가 차지하는 비중을 무시할 수 없다. 그래서 프로이트는 다음과 같이 말한다.

> "개인의 초자아는 자아에게 엄격한 명령과 금지만 제시할 뿐, 본능의 기질적 강함과 현실환경의 열악함을 고려하지 않는다는 점에서, <자아의 행복>을 고려치 못한다. 따라서 우리 자신의 치료를 위해, 초자아와 싸워 초자아의 요구수준을 낮추어야 한다. 그리고 <문명적 초자아>의 윤리적 요구에 대해서도, 동일한 저항이 일어날 수 있다."[49]

성욕에 대한 규범적 억압과 승화 요구가 어떤 한계를 넘으면, 개인은 문명의 요구에 부응하지 못하고 신경증자가 된다. 그 결과 행복한

---

49) 『문명과 불만족』, 338쪽.

유토피아를 실현하려던 문화의 목적 역시 성취되기 힘들어질 것이다.

8. 성욕동 발달과 문화적 성숙 사이의 관계

'쾌락원칙'으로부터 '현실원칙'으로의 이행을 뜻하는 자아발달은 문화의 발달을 위한 필수조건이다. 그리고 자기애적이고 근친애적인 유아성욕에 대한 극복이 중심내용인 '성욕동 발달'에는 이미 자아발달과 문화발달을 위한 '인간적 조건'들이 내포되어 있다. 즉, 성욕동 발달은 자아발달에 직접적 영향을 미침으로써, 문화발달에 간접적으로 기여한다. 역으로 '성숙한 문화'는 '유연한 성규범'을 통해 성욕동과 자아 사이의 과잉방어와 갈등을 최소화시킴으로써, 욕동발달과 자아발달에 긍정적 영향을 미친다.

문화적 활력의 상당 부분은 성욕동의 다중적 발달과 자아의 승화력에 달려 있다. 그리고 성욕동의 발달은 합리적 성규범을 통해 성목적의 적절한 충족/좌절, 개방/억압을 조절하는 '문화의 성숙도'에 영향받는다. 프로이트는 성욕의 '과도충족과 과도억압'이 성욕동 발달장애와 기형적 자아구조 및 신경증을 유발하는 주원인임을 드러낸다. 그렇다면 성만족의 '적절한' 기준과 경계는 어디에 있는가? 정신분석학의 관점에서 볼 때, 이에 대한 객관적 기준과 경계가 발견되진 않는다. '적절함'의 경계는 '사회적 현실과 개인의 현재상태'에 따라 달라질 수있다. 경쟁이 치열해야만 간신히 살아남을 수 있는 사회환경과 경쟁이 느슨한 풍요로운 사회환경에선 성욕동의 적절한 억압기준이 다를 것이다. 그리고 개인의 기질과 욕동강도, 현재의 (초)자아상태와 승화능력 등에 따라 억압요구의 강도가 달리 조절될 수 있을 것이다.[50]

---

50) 억압강도의 '적절한' 조절은, 신경증의 발생원인들에 대한 폭넓은 이해로부

9. 결론: 철학자의 성욕 발달과 성해방을 위하여

한국인들은 성에 대해 이중감정과 이중태도를 지닌다. 우리에게 성은 '사소한' 것인 동시에 중요한 것이고, 내밀한 것인 동시에 공공도덕의 핵심 주제로 부각된다. 한국인은 한편으로는 성에 대해 잘 아는 사람과 교류하고 싶어하며, 다른 한편으로는 그런 사람을 질투하거나 경멸한다. 성경험이 많고 이성을 유혹하는 능력과 비법을 아는 사람은 금세 관심과 부러움의 대상이 된다. 그러나 그 사람이 자신에게 특별한 관심을 주지 않을 경우, 그는 곧 혹독한 비난의 대상이 되곤 한다.

이런 현상은 무의식에 억압된 <오이디푸스 욕구>에 기인한다. 남자는 여자로부터 자신이 힘있고 매력있는 존재로 인정받기를 원한다. 그리고 자신이 욕망하는 대상의 몸과 마음을 좌지우지할 힘을 소유하고 싶어한다. 더 나아가 성대상에게 자신이 그 동안 억압해 왔던 유아성욕과 성인성욕을 다중적으로 분출하고 싶어한다.

억압된 유아성욕을 자극하는 사람을 만나면, 강한 유혹과 엄청난 흥분이 밀려든다. 무의식이 파동치며, 의식의 모든 관심은 그 대상에게 몰입되고, 현실판단은 뒷전으로 밀려난다. 유아성욕을 자극하는 사람을 만나게 되면, 일부일처제의 제도권적 보호장치는 굴레로 느껴지고, 실존적 분위기 속에서 인생을 새롭게 살고 싶어진다. "죽어도 좋다. 죽기 전에, 그동안 풀지 못했던 삶의 행복을 느껴보고 싶다!"

(거세)불안 때문에 억압해 왔던 유아성욕을 해소해 줄 듯싶은 사랑대상이 나타나면, 그것은 그 인간의 신경증을 해소할 수 있는 중요한 순간이다. 그 기회를 충분히 만끽할 수 있다면, 그의 신경증적 불행은 종결된다. 그런데 제도권의 시선들에 의해 거세당할까봐 두렵다! 자

터 얻어질 수 있다.

이런 상황을 어찌 대처해야 한단 말인가?

프로이트는 평생 자기 엄마의 충실한 자식이었고, 아내에 대해 성실한 가장 역할을 수행해 왔다. 그는 무시무시한 도덕의 칼날을 가지고 감시하는 외부시선들과 자기 내면의 엄격한 초자아로 인해, 강한 거세불안과 신경증적 불만족을 앓고 살아왔다. 그는 여성들과의 교류에 미숙했고, 자신의 억압된 유아성욕을 직접 분출해 보지 못한 사람이었다. 그는 성에너지의 대부분을 무의식에 대한 탐구와 글쓰기에 바쳐왔다. 그런 그가 인류를 향해 죽을 때까지 뱉은 말들은 다음과 같이 요약해 볼 수 있다.

<성을 심하게 억압하면 행복하지 않게 되구요, 재수 없으면 신경증에 걸리게 되요! 그러니 자기 자신과 타인의 성욕망에 대해 부디 너그러운 시선을 가지시기 바랍니다.>

세인들의 경멸과 의사집단의 따돌림을 무릅쓰고 끈질기에 이런 말을 뱉어온 사람에 대해, <인간의 고귀한 성질들을 외면한 채, 오직 '성'에만 관심을 쏟은 한심한 존재>라는 평가를 여전히 내려야 하는가?

지금 한국사회는 개인의 성욕동에 대해 억압과 승화를 강력히 요구하던 전통 상황에서, 억압이라는 방어기제가 급격히 해체되는 전환기에 처해 있다. 이 상황에서 그동안 금욕적 성규범에 적응해 살아왔던 기성 세대는, 체념할 수밖에 없어왔던 과거의 성욕 흔적들에 대해 어떤 마음정리를 하고 있는 것일까? 한국 사회는 그 포기된 성만족들에 대해, 구성원들에게 과연 충분한 <대리 보상>을 제공해 온 것일까? 희생된 성만족을 대신하는 대리보상과 대리만족조차 온전히 얻지 못해온 인간들은 자신의 억울하고 답답함을 어떤 방식으로 대면할 것인가? 이 물음은 특히 뭔가 고귀한 가치를 찾고자 험난한 시대를 버텨온 중장년의 철학자들에게 물어져야 한다. 그리고 이제 우리는 합리적 사유에 유난히 민감하고 탁월한 철학자들이, 자신의 성욕동 발달

과정에서 얼마나 많은 좌절과 억압이 있었는지를 주목해야 할 시기에 도달해 있다. 철학자들의 질서적인 이론체계와 엄숙한 개념들 이면엔 혹시 상기하고 싶지 않아 덮어둔 좌절된 유아성욕과 체념된 사춘기 욕망에 대한 비애가 숨어 있는 것은 아닌가?

충동, 성, 오이디푸스 콤플렉스, 여성의 성욕
프로이트와 라캉을 중심으로

| 홍 준 기 | 서울대 |

1. 문제의 제기

정신분석적 관점에서 성에 관해 논의하는 것이 간단하지 않은 이유는, 성욕(Sexualität)으로서의 성, 그리고 성적 정체성 혹은 성차이 혹은 성구분을 의미하는 성을 구별해서 다루어야 하면서도 이들의 연관 관계(및 연관 불가능성)를 동시에 논의해야 하기 때문이다.

프로이트에 따르면 충동은 성구분을 가지고 있지 않다. 그러므로 충동의 차원에서만 논의를 진행한다면 성적 정체성, 성구분의 문제는 생기지 않을 것이다. 하지만 이와 달리 욕망, 그리고 요구(사랑)의 차원에서 논의한다면, 이때의 성욕은 이성(異性), 즉 성적 타자에 대한 성적 욕망을 의미하므로, 여기에서의 성욕에 대한 해명은 필연적으로 성적 정체성, 성적 타자, 성차이에 대한 논의를 포함한다는 것이다. 인간의 욕망은 타자의 욕망이기 때문이다. 인간 주체의 형성에서 타자의 욕망은 결정적 역할을 수행한다. 인간은 자신의 욕망, 자신의 (성적) 정체성에 관한 질문의 답을 찾는 과정에서 타자의 욕망에 직면함을 회피할 수 없다. "나는 누구이며, 무엇을 원하는가?"라는 질문에 답하기 위해서 주체는 "그(녀)가 나에게 원하는 것은 무엇이며, 그(녀)는 내가 누구이기를 원하는가"라는 질문에 필연적으로 직면한다.

또한 프로이트적 의미의 성에 대한 논의는 반드시 오이디푸스 콤플렉스와 거세 콤플렉스 개념에 대한 논의를 거쳐야 한다는 사실이 문제를 더욱 복잡하게 만든다. 오이디푸스 콤플렉스란 무엇인가? 오이디푸스 콤플렉스 개념을 사람들이 흔히들 이해하고, 비판하는 식이 아니라 새로운 각도에서 재해석할 수 있다면 그것은, 성욕의 승인과 금지의 변증법, 그리고 인간 주체의 형성, 성정체성의 확립 및 동요 과정 그 자체를 의미한다고 간략히 요약할 수 있을 것이다. 프로이트, 라캉 정신분석에서의 성욕에 관한 논의가 오이디푸스 콤플렉스와 거세 콤플렉스 개념을 중심으로 이루어지고 있는 이유는 바로 이 개념들이 성욕, 성적 정체성, 성차이의 문제와 관련해 (정상적·병리적) 주체의 형성을 설명해 주는 핵심적인 개념들이기 때문이다.

프로이트에 따르면 리비도는 남성 리비도밖에 존재하지 않는다. 많은 오해와 비난을 불러일으켰던 이러한 프로이트의 주장을 우리는 어떻게 이해할 것인가? 잘 알려져 있듯이 1920년대 이후 프로이트의 '남근 일원론'을 극복하려는 시도들이 정신분석학 내부에서 생겨나기 시작했다. 대표적인 예로서는 양성의 '자연법적 동등성'을 주장하는 정신분석 이론(존스, 멜라니 클라인 등) 혹은 문화주의적 접근(카렌 호니) 등을 들 수 있다. 하지만 프로이트의 이러한 주장은 성구분을 갖지 않는 '충동'의 차원에 적용되는 주장이라는 점을 잊어서는 안 될 것이다. 앞으로 상세히 논의하겠지만 리비도는 남성적 리비도밖에 없다는 프로이트의 주장은, '처음부터' 어린아이가 '사실상' 성인과 같은 성구분을 알고 있다고 가정하는, 존스 식의 양성의 '자연법적 동등성'

을 오히려 비판하는 의미를 갖는다. 성구분은 상징계에 들어오면서 생겨난다. 따라서 상징계의 '외부에' 존재하는 충동, 즉 실재(le réel)에 성구분이 존재한다는 이론은 오히려 설득력이 없다고 할 수 있다.

또 역시 많은 오해를 불러일으켰던 프로이트의 이론으로서, 유아는 남자아이든 여자아이든 모두 남근기 단계를 거친다는 '남근 일원론', 그리고 남근기에서 남자는 거세 불안을, 여자는 남근 선망을 갖게 된다는 주장들이 있다. 이러한 주장들은 프로이트 정신분석학을 '생물학주의로' 비판받도록 만드는 근거가 되었다. 하지만 역시 뒤에서 다시 논의하겠지만 이러한 비판은 충동 그 자체는 성구분이 없으며, 거세 콤플렉스와 오이디푸스 콤플렉스는 생물학적 사실이 아니라 구조적 사실이라는 라캉의 해석을 통해 잘 대답될 수 있다. 단순화의 위험을 무릅쓰고 라캉의 생각을 간략히 요약해 보자. 충동이 상징계 속에서 만족의 좌절, 결여, 즉 상징적 거세의 체험을 하게 되면, 이 충동은 이 상징적 거세를 메우려고 끊임없이 노력한다. 라캉은 이 상징적 거세를 대면할 때 인간이 취하는 주체적 입장이라는 관점에서 남녀를 구분한다. 한마디로 말하면 남자는 '토템과 터부'의 원초적 아버지처럼, 완벽한 향유의 가능성을 믿으며, 상징계가 도입한 상징적 거세를 인정하지 않으려는 주체적 태도를 의미하고, 여자는 남자와 달리 완벽한 향유가 가능하다는 착각을 갖고 있지 않은 주체, 즉 다른 향유(jouissance autre)를 추구하는 주체적 태도를 의미한다. 이렇게 본다면 거세 불안과 남근 선망은 각각 생물학적 의미의 남자와 여자에게 귀속되는 현상이 아니라, 생물학적 구분과 상관없이 모든 인간에게 적용될 수 있다고 할 수 있다. 이러한 해석을 통해 라캉은 프로이트 이론에 남아 있는 '자연주의적' 잔재를 철저히 해소하는데, 여기에서 중요한 점은 라캉은 이러한 자연주의적 잔재를 해소함에 있어 프로이트의 '남근 일원론'을 거부하는 것이 아니라 오히려 '구조적 관점에서' 수용한다는 것이다. 이때 라캉에게 프로이트가 말하는 남근은 생물학적 기관이 아니라, 주체의 결여를 메워준다고 가정되는, 그러나 궁극적으로는 무, 혹은 기의를 갖지 않는 기표, 즉 상징으로서의 팔루스(phallus)를 의미한다.

이러한 라캉의 관점이 프로이트의 이론과 모순되지 않는다는 것은 다음의 프로이트의 말에서도 잘 확인된다. 통속적인 프로이트 해석과는 달리 프로이트는 단순히 생물학적 혹은 가부장적인 관점을 취하지 않았다는 것이다.

"해부학은 [성구분에 관해 — 필자] 한 가지 점에서는 여러분의 확신을 공유합니다. 하지만 그 이상은 결코 아닙니다. … 아마도 심리학은 그것을 할 수 있을까요? … 우리는 어떤 사람이 … 이 점에서는 남자처럼, 저런 점에서는 여자처럼 행동한다고 말합니다. 하지만 그것은 단지 해부학과 관습을 따르는 것에 불과하다는 것을 곧 알게 될 것입니다. [그런 방식으로는 — 필자] 여러분들이 남자, 여자라는 개념에 대해 결코 어떤 새로운 의미도 부여할 수 없습니다. [남녀의 — 필자] 구분은 결코 심리학적인 것이 아닙니다. 여러분들이 남성적이라는 말을 하면, 그것은 보통 '능동적'이라는 것을 의미하고, 여러분들이 여성적이라고 말하면 '수동적'이라는 것을 의미합니다. … 하지만 …"1)

2. 성욕(Sexualität)과 충동(Trieb)

1) 충동이란 무엇인가

충동이란 무엇인가?2) 충동에 관한 프로이트의 논의에서 라캉이 특

---

1) S. Freud, 1933(1932), p.546 강조는 원문.
2) J. Lacan, 1964, p.163 이하 참조.

히 주목하는 것은 충동의 대상의 가변성이다. 충동(Trieb)은 본능과 달리 (생물학적) 목적성을 갖지 않으므로 특정한 대상이 아니라 다양한 대상에서 같은 만족을 얻을 수 있으며, 심지어 대상이 존재하지 않는 상황에서도 충족에 도달할 수 있다. "심지어 여러분이 입을 가득 채운다고 할지라도 … 입은 음식물로부터 만족을 얻지 않는다. 그것은 사람들이 말하듯이 입의 쾌락(plaisir)이다."[3] "충동에서 대상은, 사람들이 알고 있듯이 … 전혀 중요성이 없다."[4] 이러한 맥락에서 라캉은 프로이트가 말하는 충동의 운명 중에 승화가 포함되어 있다는 점을 언급한다. 그리고 이와 관련해 프로이트의 "목적에 도달하지 못하도록 억제된 충동(zielgehemmt)"이라는 표현을 인용한다. 성욕 혹은 성충동은 목적, 즉 대상에 도달함이 없이도 만족에 도달할 수 있다는 것이다.

라캉은 논의를 더 명확히 하기 위해 충동의 목표(goal)와 목적(aim)을 구분한다. 충동의 목적은 무엇인가? 만약 우리가 누구에겐가 임무를 맡겼다고 하자. 이러한 예를 통해 라캉은 충동의 목적은 그가 임무 수행을 마치고 "가지고 돌아오는 것"이 아니라, 그가 "어떤 길을 통해 가는가"라는 것과 연관되어 있다고 설명한다. "목적, 그것은 노정(trajet)이다"[5] 그리고 충동의 목표(goal)는 육체적 근원, 즉 성감대를 통한 만족이다. "활쏘기에서 목표(goal)는 목적이 아니다. 그것은 여러분이 떨어뜨린 새가 아니다. 그것은 타격[과녁에의 적중? ― 필자]을 가했고, 이를 통해 목적에 도달하는 것이다" 라캉의 이러한 설명에서 목표와 목적이 어떻게 다른지 그다지 분명하게 드러나지는 않지만, 충동의 목표는 육체적 근원, 즉 성감대를 적중시킴을 통해 만족

---

3) *Ibid.*, p.153.
4) *Ibid.*, p.153.
5) *Ibid.*, p.163.

을 얻는다는 것을 의미하고 있는 것 같다.6) 이렇듯이 부분충동은 성감대로부터 나와서 다시 충동의 근원, 즉 성감대로 돌아가는 일주운동 그 자체에서 자신의 목적에 도달한다.

하지만 '일주운동, 노정, 길로서의 충동의 만족', 그리고 '성감대의 적중을 통한 충동의 만족'을 "사람들이 말하듯이"7) 자가성애, 즉 성감대에서의 자족적인 순수한 쾌락으로 설명할 수 있을까? 라캉은 프로이트가 자가성애(auto-eroticism)의 이상적인 모형으로, 자신에게 키스하는 입술을 예로 들었음을 지적하면서 프로이트에게서 자가성애로서의 충동 만족에 대한 설명을 찾을 수 있다고 말한다. 하지만 라캉에 따르면 이러한 은유는 멋지기는 혼동스러운 은유에 지나지 않는다. 이 은유는 다음과 같은 질문에 의해 완성되어야 한다. "충동에서, 화살과 같은 형태를 가진 입이라고 불릴 수 있는 이 입은 꿰맨 입, 즉 그 속에서 자신의 만족에서 닫히는 구순적 충동의 순수한 작인을 우리는 가능한 한 명백하게 지적할 수 있는, 꿰맨 입이 아닌가? 그렇다면 대상, 즉 "사실상 단지 빈곳의 현존에 지나지 않는 이 대상", 달리 말하면 대상 a 개념이 충동의 만족을, 성감대의 단순한 자가성애로부터 구별해 준다.

물론 여기에서 라캉은 충동의 만족을 통속적인 자가성애 개념으로 설명해서는 안 된다는 것을 말하고 있다. 그렇다면 그 이유는 무엇일까? 흔히들 생각하는 것과 달리 프로이트 자신이 충동의 만족을 단순한 자가성애적 만족으로 간주해서는 안 된다는 사실을 분명히 하고 있기 때문이다.

"일반적으로 우리는 그것들에 관해 그것들은 자가성애적으로 활

---

6) *Ibid.*, p.177 참조.
7) *Ibid.*, p.153.

동한다고, 즉 그것들의 대상은, 자신의 근원인 기관을 향해 사라지고, 통상적으로 그것(기관 — 필자)과 일치한다고 말할 수 있다. 시각 충동의 대상은, 비록 처음에는 자신의 육체의 일부이지만, 그럼에도 눈 자체는 아니다. …"8)

충동의 만족이 자가성애적이 아닌 이유는 무엇인가. 충동의 목적과 목표에 관한 라캉의 논의의 문맥을 고려해 볼 때 다음과 같이 말할 수 있을 것이다. 통속적으로 이해된 자가성애9) 개념은 육체적 근원인 성감대를 적중한다는 점을 중시하는 것인데, 이러한 의미의 자가성애 개념은 프로이트가 말하는 충동을 구성하는 여러 가지 요소들(충동의 압력(Drang), 목표, 대상, 근원) 중에서 특히 '충동의 대상'(대상 a)에 대한 논의를 간과하고 있다는 문제가 있다. 앞의 인용문에서 보았듯이 라캉에 따르면 자가성애와 충동의 만족을 구분해 주는 것이 다름 아닌 대상이다. 즉 충동의 만족을 자가성애로 설명하는 것은 충동의 대상에 대한 프로이트와 라캉의 설명과 더 나아가 충동의 목적(노정

---

8) S. Freud, 1915, p.95.

9) 자가성애는 대상을 갖지 않고, 기관자체에서 만족에 도달한다는 식의 설명, 예를 들면, 입술이 자기 자신에 키스함으로써 만족을 얻는다는 프로이트의 설명은 궁극적으로 은유적 설명일 뿐이라고 해야 할 것이다. 라캉은 "입은 음식물로부터 만족을 얻지 않는다. 그것은 사람들이 말하듯이 입의 쾌락(plaisir)이다"(J. Lacan, 1964, p.153)라고 말하고 있다. 즉 충동은 성감대, 예컨대 입이라는 기관에서 자기성애적으로 쾌락을 얻는다는 것이다. 하지만 이러한 설명은 사람들이 일반적으로 말하고 있는 통속적 견해이지 라캉 자신의 견해가 아니라는 점을 간과해서는 안 될 것이다. 공교롭게도 이러한 통속적 견해를 라캉 자신의 견해인 것처럼 잘못 이해하는 경우가 종종 있다(예컨대 서동욱, 『들뢰즈의 철학』, 민음사, 2002, pp.157-160 참조). 물론 라캉이 지적했듯이 프로이트도 경우에 따라서는 이런 통속적 견해를 제시하기도 했으나, 라캉은 프로이트의 글을 종합적으로 살펴보면, 프로이트가 그러한 통속적 견해를 훨씬 넘어서는 이론을 전개하고 있다는 사실을 덧붙이는 것을 잊지 않는다.

으로서의 충동의 만족)에 대한 라캉의 설명을 간과하는 것이라고 할 수 있다는 것이다. 왜 충동은 일주운동 그 자체에서 만족에 도달하는가? 충동의 대상이 가변적이고, 경우에 따라서는 존재하지 않을 수 있기 때문이다. 더 정확히 표현하면, 충동의 대상(대상 a)은 영원히 상실된 대상으로서 환상 속에서만 존재하는 대상이다. 충동은 실재적으로(réellement) 상실한 대상 a를 중심으로 일주운동을 하고 있으며, 이러한 대상이 영원히 상실해 존재하지 않는 한에서 충동은 (본능이 아니라) 충동으로 작동할 수 있다. 그러므로 충동을 자가성애로 설명하는 것은 충동의 대상, 그리고 충동의 목적(aim)의 측면을 간과하고, 충동의 육체적 근원, 즉 목표(goal)의 측면만을 강조하는 오류를 범하고 있다고 하겠다. 충동의 만족과 자기성애의 차이를 다음과 같이 간략히 정리하자. 자기성애는 성감대에서의 자족적 만족이므로 그 대상을 갖고 있지 않지만, 충동에는 대상이 '없지 않다'. 충동의 대상인 대상 a가 궁극적으로는 무(無)라고 할지라도, 그것을 단순한 비존재로서의 무가 아니라는 것이다. 충동의 일주운동을 위한 반환점의 역할을 한다는 점에서 그것은 순수한 무는 아니다. 하지만 구체적으로 잡을 수 없는 대상이라는 점에서 그것은 또한 속임수이며 따라서 존재하지 않는 대상이기도 하다. 라캉은 다음과 같이 말한다. "가장 좋은 정식은 다음과 같을 것이다. 충동은 그것[대상 a]의 주위를 일주한다."10)

따라서 이러한 충동의 속성을, 충동의 대상은 '원칙적으로 존재하지 않으며, 따라서 충동은 성감대 자체에서 자족적인 만족, 완전한 쾌락에 도달한다'는 자기성애 개념으로 설명하는 것은 라캉의 이론을, 특히 대상 a의 독특한 존재론적 위상— 무이지만 순수한 무는 아닌 대상— 을 파악하지 못하는 것에서 연유한다고 하겠다. 즉 대상 a는 존재하지 않는 대상, 순수한 무이므로, 충동의 만족은 대상을 갖지 않

10) J. Lacan, 1964, p.153.

는 자가성애적 만족이다라는 잘못된 결론에 도달한다는 것이다. 라캉에 따르면 대상 a는 욕망의 대상이며, 동시에 충동의 대상이기도 하다. 충동은 이 상실한 대상을 중심으로 일주운동을 한다. 대상 a는 영원히 상실한 대상이므로 충동은 이것에 도달하지 못하지만, 그래서 대상 a를 반환점으로 삼아 되돌아오는 일주운동에서 목적을 달성한다. 그러므로 들뢰즈(그리고 가타리)처럼, 라캉이 말하는 이러한 충동의 만족을 단순한 가상적 만족, 혹은 환상적 만족으로 잘못 이해해서는 안된다. 이러한 오해를 바탕으로 들뢰즈는 오히려 정신분석적 의미의 충동의 만족을 통속적 의미의 자가성애적 관점으로 잘못 해석하고 있다. "그것[어머니의 가슴]은 오히려 아기의 입과 연결된, 욕망하는 기계의 일부분으로 존재한다."11)

비록 대상 a 자체는 존재하지 않는 대상이라고 할지라도, 일주운동 그 자체가 충동의 만족이므로, 그 만족은 항상 실재적(réel)이다. 대상 a는 영원히 상실한 대상이므로 환상 속에 존재하는, 환상 속에서 구성되어 욕망을 촉발시키는 원인이 되지만, 그럼에도 불구하고 대상 a의 주위로 박동하는 충동의 운동은 실재적 만족을 주체에게 가져다준다. 그리고 환상 속에만 존재하는, 그러나 실재적으로는 무(無)에 지나지 않는 대상 a로 인해 충동은 자가성애적 본능이 아니라 충동이된다. 라캉의 다음의 말을 인용해 보자. "충동의 대상은 내가 은유적으로 머리 없는 주체화라고 불렀던 것, 즉 위상학의 한 얼굴을 대표하는 주체 없는 주체화, 뼈, 구조, 설계도의 차원에 위치시킬 수 있다. 다른 얼굴은 주체가 기표와의 관계에 의해 구멍난 주체(sujet troué)가되도록 한다."12)

부분충동의 만족이 일주운동 그 자체라는 것은 충동의 대상이 영원

---

11) Gilles Deleuze/Félix Guattari, 1977, p.47.
12) J. Lacan, 1964, p.167.

히 상실되었다는 것을 함축한다. 이는 부분충동이라는 개념이 이미 상징계의 작용에 의해 완전한 향유의 거세가 일어났다는 함축하고 있다. 그리고 충동의 대상이 가변적이라는 것, 혹은 존재하지 않을 수 있다는 것은 충동이 순수한 자가성애적 차원만을 갖는다는 것을 의미하는 것이 아니라, 충동은 본능과 달리 결여가 존재하는 곳에만 존재할 수 있다는 것을 의미한다. 다시 말하면 통속적 의미의 자가성애는 충동이 아니라 본능적 욕구의 차원에 적용될 수 있는 개념이라는 것이다. 충동의 만족 그 자체는 실재적이지만, 충동은 상징계가 있는 곳에만 존재할 수 있다. 그리고 프로이트가 말하는 대상의 가변성은 결국은 어떤 대상도 완전한 충족을 주지 못한다는 것을 의미한다. 대상 a 개념은 어떤 음식도 구순충동을 만족시키지 못한다는 사실에서 도입된다.[13]

하지만 부분충동 하나 하나가 분할될 수 있다거나 결여를 포함하고 있다는 것은 아니다. 부분충동은 인간이 상징계 속에 거주하기 때문에 완벽한 향유를 상실했다는 것, 달리 말하면 조각난 향유를 가지고 있다는 것, 즉 상징적 거세[(-φ)]에 종속하고 있다는 것을 의미한다. 하지만 부분충동을 통해 충족되는 향유 그 자체는 분할할 수 없다. 라캉이 말하듯이 "리비도는 분할할 수 없다"는 것이다.

2) 향유과 욕망, 충동의 대상과 욕망의 대상, 대상a란 무엇인가?

(1) 향유와 욕망: 라캉과 들뢰즈의 이론 비교

욕망과 향유를 어떻게 구별할 것인가? 라캉은 충동과 관련하여 향유(jouissance)라는 개념을 도입한다. 향유는 육체와 관련해 인간이 느끼는 충동, 정서(Affekt)의 측면을 강조하는 개념이다. 라캉은 초기에

---

13) *Ibid.*, p.164 참조.

는 욕망 개념을 중시했으나 후기로 넘어갈수록 충동, 향유의 개념을 강조한다. 욕망은 영원히 채워질 수 없는 주체적 결여를 강조하는 개념이다. 인간은 한 욕망이 채워지면 다시 다른 욕망의 대상을 찾는다. 욕망은 상징계, 언어의 세계에 진입함으로써 발생한다. 라캉이 욕망이라는 말로써 욕망은 결여이고, 상징계에 속한다는 점을 부각시키려 했다면, 향유는 충동을 가진 인간이 육체에서 체험하는, 그러나 결코 말로 표현될 수 없는 느낌, 정서(Affekt), 감정적인 면을 강조하는 개념이다. 하지만 충동 혹은 향유는 '순수한 육체성'은 아니다. 본능은 순수한 육체적 과정이고, 충동은 육체적인 것에 바탕을 두고 있기는 하지만, 순수한 육체성이 상징계 속으로 진입함으로써 생겨나기 때문이다. 그러므로 욕망과 향유 개념을 철저히 구분해 라캉 이론을 재구성하려는 시도는 라캉의 이론을 왜곡시킬 우려가 있다고 필자는 생각한다.14) 프로이트는 충동을 육체의 "심리적 대리자"라고 말한 바 있다. 일종의 '육체적 에너지'라는 것이 있어, 이것이 충동을 구성하는 하나의 요소라고 가정할 수 있다면, 향유란 이러한 육체적 에너지와 연관되어 있는 심리적 과정의 역동적 측면을 중시하는 개념이다.

그렇다면 성욕이란 무엇인가? 앞에서 충동에 대해 논의할 때 이미 언급했듯이 인간적 의미의 충동과 성욕, 그리고 이것들의 만족, 즉 향유가 탄생하는 것은 대상을 획득하는 순간이 아니라 대상을 영원히 상실하고, 이를 되찾기 위해 (성)충동이 활동하기 시작할 때이다. 라캉은 다음과 같이 말한다.

"충동에서 충동의 대상은, 그것이 무엇이든 간에 어떤 것이어도 상관없다(indifférent)고 말할 수 있으려면 욕망의 대상을 어떻게 파악해야 할 것인가? 예를 들면 구순적 충동에서 문제가 되는 것은 음식물, 음식물에 대한 기억, 음식물의 메아리, 어머니의 양육이 결코

14) *Ibid.*, pp.219-220 참조.

아니고, 젖가슴이라고 부르는 어떤 것, 그리고 같은 계열에 속하므로 완전히 혼자 다니는 것처럼 보이는 어떤 것이다. 프로이트가 충동의 대상은 전혀 중요성을 갖지 않는다고 우리에게 말했다면, 아마도 이는 젖가슴을, 대상으로서의 그것의 기능에 관해서 전적으로 수정해야 하기 때문일 것이다. 대상, 즉 욕망의 원인인 대상 a로서 기능하는 젖가슴에서 우리는 한 기능을 제시해야 한다, 우리가 충동의 만족에서의 그것이 차지하는 자리에 대해 말할 수 있기 위해서 말이다."15)

완전한 만족을 준다고 생각했던 어머니의 젖가슴을 상실할 때 주체에게 인간적 의미의 충동과 성욕이 출현한다. 라캉은 자기보존충동은 본원적 의미의 충동은 아니라고 말한다. 자기보존충동의 대상으로서 음식, 즉 음식으로서의 젖, 어머니의 가슴은 성욕의 대상이 아니라 욕구 충족 혹은 본능의 대상일 뿐이다. 상징계의 개입에 의해 순수한 욕구의 대상 혹은 완전함 만족을 준다고 생각했던 어머니의 가슴이 영원히 상실되는 순간 이 욕구의 대상은 성적 대상이 된다. 성욕은 영원히 상실했으므로 환상 속에만 존재하는 잃어버린 대상을 재발견하려는 시도 그 자체 이외에 다름 아니다.

하지만 위의 인용문에서 라캉은 "구순적 충동에서 문제가 되는 것은 음식물, 음식물에 대한 기억, 음식물의 메아리, 어머니의 양육이 결코 아니라"고 말한다. 우리는 라캉의 이러한 표현의 섬세한 의미를 정확히 파악해야 한다. 충동의 대상은 음식물이나 혹은 음식물의 기억이 아니므로, 순수한 물질적 대상이어야 한다는 식으로 혹은 충동은 대상을 전혀 갖지 않는 자기성애적 성격을 갖는다는 식으로 잘못 이해해서는 안 된다는 것이다. 여기에서 라캉이 말하고자 하는 것은 우선, 충동의 대상, 혹은 욕망의 대상을 생물학적 욕구의 대상인 음

---

15) *Ibid.*, p.153.

식, 혹은 음식에 대한 단순한 기억과 혼동해서는 안 된다는 것이다. 상징계의 개입에 의해 어머니의 젖가슴이 상실되면, 이제 그것은 단순한 기억이 아니라 환상 속에만 존재하는, 그러나 실제로는 존재하지 않는 충동의 대상, 혹은 욕망의 대상-원인이 된다는 것이다.

근대철학의 언어로 표현하면, 주체와 객체의 완전한 합일 혹은 '빗나감 없이' 충동의 대상에 완벽히 도달하는 것이 가능한 존재는 절대적 실체인 신밖에 없다고 말할 수 있다. 하지만 유한한 주체인 인간에게 그것은 불가능하다. 인간 주체는 조각난 향유만을 갖고 있다는 것이다. 그러므로 환상 속에서만 충동의 대상에 완벽히 도달한다는 말은 인간은 신처럼 완벽한 존재론적 지위를 누릴 수 없다는 말이기도 하다. 라캉이 『세미나 11권』에서 스피노자의 입장은 지지될 수 없다고 말하는 것은 정확히 그러한 맥락에서이다. 라캉에 따르면, 스피노자의 철학을 원용해 프로이트의 충동이론을 설명하려고 하거나, 혹은 충동 이론에서 중요한 역할을 하는 결여 개념을 추방하려는 시도는 유한한 인간을 신적 존재로 승격시킨다는 전제조건 하에서만 가능하다. 상징계에 종속하는 것이 아니라 상징계의 주인으로서 그것을 만들어내는 절대적 신에게는, 상징계에 종속됨으로써 발생하는 결여가 존재할 수 없다는 것은 너무나 당연한 일이다. 그러므로 들뢰즈가 상징계를 '거짓범주'로 간주하는 것은 결코 우연이 아니다. 하지만 유한한 존재인 인간을 상징계를 초월하고 지배하는 절대적 신과 동등한 존재로 간주할 수 있는가? 그리고 그러한 절대적 신이 실제적으로 존재하는가? 그러한 신은 완벽한 향유를 누리며, 모든 여자를 소유하고 있다고 가정되는 '원초적 아버지', 혹은 슈레버 자신이 아니겠는가?

인간적 관점에서 말하자면(humanly speaking), 즉 유한한 우리 인간에게 상징계는 결코 거짓범주일 수 없다. 그것은 실재 자체를 (재)구성하는 본질적인 범주이다. 인간이 언어의 집으로부터 완전히 벗어날 수 있는 것은 인간이 죽은 다음에 신, 즉 실재의 세계로 귀환한 후에나 가능할 것이다. 살아 있는 현실적 인간으로서 존재하는 한 우리는 결코 언어를 벗어날 수 없다.

정신분석에 가장 비판적인 태도를 보이고 있는 들뢰즈와 가타리는 "정신분석은 모든 것을 환상으로 번역하고, 모든 것을 환상에 팔아먹으며, 환상을 보존하며, 특히나 실재계를 놓치고 만다"16)고 말한다. 하지만 지금까지 살펴보았듯이 들뢰즈와 가타리의 이러한 평가는 라캉의 섬세한 논리를 놓치고 있다. 그리고 여기에서 들뢰즈는 환상 속에서의 만족도 하나의 실재적 만족일 수 있다는 사실, 그리고 환상 속에서 만족을 누리는 것도 경우에 따라서는 실재적 만족에 도달하는 하나의 방식일 수 있다는 사실을 외면하고 있다.

들뢰즈는 정신분석학은 인간이 환상 속에서만 만족하는 '어리석은' 존재이며, 또 정신분석은 인간으로 하여금 현실의 억압을 받아들이도록 하는 억압적인 이론을 설파하고 있다고 주장하는 것이다. 하지만 오히려 들뢰즈의 이론이 인간 세계의 특정한 실천 및 이론 — 예컨대 정신분석학 — 을 처음부터 완벽히 부정하는 억압적인 이론인 것은 아닐까? 그리고 들뢰즈의 이러한 태도는 복잡한 듯이 보이지만, 결국은 '존재의 일의성'으로 소급되는 그의 철학, 즉 궁극적으로 다원성을 인정하지 않는 그의 존재론적 일원론에 기인하는 것은 아닐까?

들뢰즈의 라캉 비판은, 라캉이 실재계에 대한 논의를 배제하며, 라캉의 이론은 인간의 실재적 차원을 간과하고 있다는 것으로 간략히 요약할 수 있을 것이다. 하지만 '길, 노정, 일주운동으로서의 충동의 목적'에 관한 라캉의 논의에서 살펴보았듯이, 라캉에서 비록 완벽한 대상은 환상 속에만 존재할지라도, 충동의 목적, 즉 충동의 만족은 항상 실재적이다. 들뢰즈는 인간에게 충동의 (완벽한) 대상이 존재하지 않아도, 충동은 일주운동 그 자체에서 실재적 만족에 도달한다는 사

---

16) 들뢰즈/가타리, 2000, p.159.

실을 놓치고 있다. 그리고 오히려 환상 속에만 완벽한 대상이 존재하기 때문에 충동이 충동으로 작동할 수 있으며, 실재적 만족을 누릴수 있다는 중요한 사실을 이해하지 못하고 있다. 환상의 차원이 없다면 인간은 충동이 아닌 순수한 본능적 존재로만 남았을 것이다.

라캉은 이미 「팔루스의 의미작용」에서 성욕을 "박탈"의 관점에서파악해야 할 것을 제안한 바 있다.[17] 프로이트에 따르면 대상의 발견은 항상 '재발견'이다. 더 정확히 말하면 존재한 적이 없기 때문에, 잃어버린 적도 없지만, 언젠가 존재해서 완벽한 향유를 준다고 가정되는 이 박탈당한 대상을 찾기 위해 인간은 성행위를 반복한다. 주체가원하는 완전한 합일에는 도달할 수 없다. 라캉이 말했듯이 "성관계는존재하지 않는다." 성행위는 존재하지 않는 성관계, 그리고 상실한 대상을 '재발견'하기 위한 부단한 '반복 자체'(일주운동 그 자체)이다. 그리고 이를 통한 만족은 실재적이다.

(2) 대상 a

논의를 더 진행하기 전에 대상 a 개념에 대해 좀더 자세히 살펴보자. 대상 a는 주체의 욕망을 촉발시키는 원인이며, 미끼[18]이다. 우선여기에서 중요한 점은 대상 a는 현실적으로 존재하는 대상이 아니라는 것이다. 주체는 항상 무언가를 욕망하지만 욕망하는 이유가 무엇인지는 주체 자신도 알지 못한다. 우리는 사랑에 빠지고 누군가를 욕망하지만 우리의 욕망은 현실이 아니라 환상 속에만 존재하는 대상— 예를 들면 언젠가 나에게 완벽한 충족의 경험을 제공했던, 하지만영원히 상실한 대상, 어머니의 가슴— 에 의해 촉발된 것이다. 쉽게말하면 인간은 어렸을 때 자신을 잘 보살펴주던 어머니의 어떤 특성

---

17) J. Lacan, 1966, p.685 참조.
18) J. Lacan, 1964, p.169 참조.

을 닮은 사람을 욕망의 대상으로 선택한다. 그러므로 환상이란 현실적으로 존재하는 어떤 대상을 '모호한' 욕망의 대상으로 변형시키는 은밀한 장소인 것이다.

욕망의 대상은 현실적으로 존재하는 대상이 아니므로 우리는 이것이 무엇이었는지 분석을 통해 사후적으로 (재)구성할 수 있을 뿐이다. 이를 달리 표현하면 대상 a는 형식적·이론적 개념이라고 할 수 있다.

정확히 말하면, 욕망에는 욕망의 원인이 있을 뿐 대상은 존재하지 않으므로 욕망의 대상이라는 표현을 함부로 사용해서는 안 될 것이다. "욕망을 지지(유지)해 주는 것은 환상이지 대상이 아니다. 주체는, 항상 점점 더 복잡해지는 기표의 총체와 관련해 욕망하는 주체로 자신을 유지한다."19) "하지만 일반적 의미에서, 욕망의 대상은 욕망을 유지시켜 주는 환상, 혹은 미끼(leurre)"20)라고 말할 수 있을 것이다. 그리고 다른 곳에서 라캉은 보다 더 명시적으로 "욕망은 대상을 갖지 않는다. …"21)라고 말한 바 있다. 욕망의 대상은 궁극적으로 사물, 즉 무이기 때문이다.22)

대상 a는 부분 대상이다. 어떤 사람이 우리의 욕망을 자극할 때 우리의 욕망을 자극하는 것은 그(녀)의 어떤 부분적 특징이다. 그(녀)의 목소리, 시선, 손짓 등. 그 부분적·실제적 특성이 환상의 공간을 통해, 어느 곳에도 존재하지 않는 욕망의 대상으로 '승격'된다. 환상 개념을 달리 설명하면, 완전히 상실되어 사라진 전체적(절대적) 대상 — 어머니의 육체 — 을 부분적 대상으로 메우려는 시도라고 할 수 있다. 부분적 대상으로 주체의 결여를 메움으로써 주체는 전체적 대상, 그

---

19) *Ibid.*, p.168.
20) *Ibid.*, p.169.
21) J. Lacan, 1960, p.19.
22) *Ibid.* 참조.

리고 이것이 제공하는 완벽한 향유에 도달했다고 믿는다. 라캉은 환상의 공식을 $\cancel{S} \diamondsuit a$로 표현한다. 상징계 속에는 완전함, 전체, 총체성과 같은 것이 없다. 상징계 속에서는 모든 것이 조각나고 분열되어 파편으로만 존재한다. 그러므로 주체는 부분대상, 신체의 특정 부분, 즉 대상 a를 통해 자신의 결여를 메우려 한다. 라캉은 대상 a 예로 젖가슴, 시선, 목소리, 배설물을 든다. 『에크리』에서 라캉은 무(無), 그리고 부분대상으로서의 남근도 대상 a에 포함시킨다. 『세미나 제10권: 불안』에서 라캉이 말했듯이 $\diamondsuit$는 '합집합', '교집합', '~보다 크다', '~보다 작다'를 의미한다. 분열된 주체($\cancel{S}$)는 이 부분대상을 가지고 자신의 결여를 메워 전체가 되려고 하지만 이는 불가능하다. $\cancel{S}$와 대상 a를 연결시켜 주는 $\diamondsuit$의 관계가 이 불가능성, 즉 주체와 대상의 관계는 완전한 합일에 도달할 수 없음을 말하고 있다.

라캉이 대상 a의 예로서 어머니의 가슴, 시선, 목소리, 배설물을 제시한 까닭은 무엇일까? 이러한 대상은 인간이 처음으로 만나는 충동 — 구순기적 충동, 시각충동, 청각충동, 항문기적 충동 — 의 대상이기 때문이다. 욕망과 충동을 완전히 무관한 개념으로 보아서는 안 된다. 앞에서 말했듯이 라캉에서 욕망과 향유는 서로 연관되어 있으면서도 강조점을 달리한다. 욕망은 상징적 차원을, 향유는 충동의 만족을 강조하는 개념이다. 하지만 욕망과 충동을 서로 완전히 상충되는 개념으로 보아서는 안 될 것이다. 욕망의 충족은 반드시 충동의 만족을 수반한다. 그리고 '목표에 도달하지 못한 충동'이라는 프로이트의 표현에서 볼 수 있듯이 결여도 충동의 만족을 의미할 수 있다. 욕망은 궁극적으로 완전히 충족될 수 없다는 점에서 라캉은 대상 a를 환유적 대상이라고 부른다. 주체 속의 빈 공간을 채우는 원인 혹은 대상으로서 그것은 주체를 욕망의 장으로 유혹하는 일종의 미끼(leurre)이지만, 궁극적으로 아무런 내용도 갖지 않으며, 욕망의 완전한 충족은 이루어질 수 없다. 욕망의 대상-원인인 대상 a를 라캉은 또한 잉여향유

(plus-de-jouir)라고 부른다. 상징계 속에 거주하는 인간에게 충동의 완벽한 만족은 불가능하다. 그러므로 이제 인간은 거세당한 이후에 '여분', '나머지', '찌꺼기'로 남아 있는 향유로 만족할 수밖에 없다. 대상 a는 상징적으로 거세당함으로써 향유를 박탈당한 후에도 인간에게 여분으로 허락되어 있는 나머지 향유, 잉여향유이다. 잉여향유로서 대상 a는 충동이 응축되어 있는 대상, 충동의 대상이다. 인간은 대상 a에서 충동의 만족을 얻기 위해 끊임없이 방황한다. 충동의 대상 혹은 잉여향유라는 점에서 대상 a는 실재적 대상이다. 하지만 주체에게 상상적 만족을 준다는 의미에서 대상 a는 상상적 대상이기도 하며, 대상 a를 통해 충동의 만족이 일어난다는 점에서 그것은 또한 충동의 대상이기도 하다.

이제, 충동과 욕망, 혹은 충동의 대상과 욕망의 대상의 관계에 대해 더 논의해 보자. 앞에서 이미 언급했듯이 욕망이 작동할 때 충동의 만족을 배제하지 않는다. 욕망은 이렇듯 충동의 만족을 배제하지 않으면서도 이 충동의 만족이 상징적 차원을 전제하고 있다는 것을 강조하는 개념이다. 즉 욕망은 상징계의 빈 곳, 주체의 결여에 초점을 맞추고 있는 개념이다. 그리고 욕망이 없다면 충동도 존재하지 않으며 오직 생물학적 욕구만이 존재한다고 말할 수 있다. 반면 향유23)

---

23) 라캉은 『세미나 제20권: 앙코르』에서 향유를 법적 개념인 용익권과 연관시켜 설명한 적이 있다. 즉 향유란 사용할 수는 있으나 완전히 소비해서 없어버려서는 안 되는 것이다. 지금까지의 논의를 종합하면 jouissance의 번역어로 '향유'가 가장 적합하다고 본다. 국내에서 향락, 희열 등의 용어가 사용되고 있다. 그러나 향락, 희열은 성적 뉘앙스를 담아내는 장점은 있으나 jouissance를 법적 개념(용익권)과 비교하고 있다는 점이 잘 드러내지 못한다. 그리고 향락, 희열이라는 번역용어는 라캉에게 성적 오르가슴, 즉 팔루스적 향유를 넘어서는 다른 향유 혹은 여자의 향유라는 개념을 잘 담아내지 못하는 단점이 있다. 성적 오르가슴을 넘어서는 승화된 여성적 향유, 그리고 경우에 따라서는 신비적인 종교적 체험과 무관하지 않은 만

또는 충동은 상징계 속에 존재하는 육체, 실재, 정서(Affekt)의 측면을 강조하는 개념이다. 그러므로 이 둘을 완전히 분리해 생각하거나, 들뢰즈처럼 향유 혹은 충동 개념이 마치 욕망 개념보다 '우월한' 개념이라는 식으로 라캉 이론을 잘못 해석해서는 안 될 것이다.

라캉은 욕망에서의 대상(objet dans le désir)과 충동의 대상에 대해 다음과 같이 언급한다.

> "욕망은 충동의 대상에 매달린다고 할 수 없다. — 욕망은, 그것이 충동 속에서 촉발되는 한, 그것[충동의 대상 — 필자]의 둘레를 일주한다(fait le tour). 하지만 모든 욕망이 반드시 충동 속에서 촉발되는 것은 아니다. 예를 들면 사람들이 여러분에게 무언가를 금지했다는 사실 때문에 생기는, 빈 욕망(désirs vides), 그리고 미친 욕망(désirs fous)도 있다. 사람들이 여러분에게 그것을 금지했기 때문에 여러분은 잠시 동안 그것을 생각하는 것말고는 달리 행동할 수 없다. 그것도 역시 욕망이다. 그러나 여러분이 유익한 대상과 관련을 가질 때마다, 우리는 그것을 사랑의 대상 — 그것은 용어의 문제이다. 그러나 그것은 정당한 용어이다 — 이라고 부른다."[24]

욕망은 충동 속에서 촉발되었을 때, 충동의 대상 둘레를 일주한다. 여기에서 알 수 있듯이 욕망이 작동할 때 욕망만이 활동하는 것이 아니라 충동적 만족이 동시에 일어난다. 이 인용문에서 라캉이 충동을 설명할 때 사용한 것과 꼭 같은 이미지(일주운동)를 사용해 욕망에 대해 논의한 것은 결코 우연이 아니다. 하지만 충동의 만족이 동반되지 않는 "공허한 욕망", "미친 욕망"도 있다. 욕망이 충동의 만족을 동반하지 않다고 말할 수 있는 것은 이 경우에서이다.

족을 의미할 수도 있는 것을 향락으로 번역하는 것은 문제가 있다고 생각된다.

24) J. Lacan, 1964, p.220.

3) 왜 주체는 대상인가 — 무의식적 지향성

대상 a는 욕망의 원인 혹은 욕망에서의 대상이며, 동시에 충동의 대상, 그리고 향유의 응집체이다. 예를 들면 구순기 충동의 대상은 어머니의 가슴인데, 이때 어머니의 가슴으로서의 대상 a는 단순히 대상으로서의 어머니의 가슴뿐만 아니라 동시에 구순기적 충동 그 자체를 의미한다. 물론 라캉이 이 점을 명시적으로 말한 적은 없다. 하지만 필자는 라캉이 말한 것들을 종합적으로 면밀히 검토해 보면 이런 해석이 가능하다고 생각하며, 이를 통해 보다 더 정합적으로 라캉 정신분석학을 체계화할 수 있다고 생각한다.

라캉이 그렸던 다이어그램에서 알 수 있듯이, 대상 a는 주체와 타자에게 동시에 속한다.

대상 a의 차원에서는 주체와 타자의 구별이 사라진다는 것이다. 더 정확히 말하면 대상 a는 주체와 타자의 구별이 생겨나기 이전의 '미분화 상태'에서 주체와 타자를 완벽하게 연결시켜 주는 대상을 의미할 것이다. 그러한 의미에서도 대상 a는 환상 속에서만 존재하는 대상이며, 주체가 완전한 만족의 상태로 돌아가기 위해 환상 속에서 만들어내는 대상이다. 인간은 주체와 타자의 구분이 존재하지 않는 허구적 융합의 상태에서 완전한 만족을 경험하며, 이러한 상상적 만족 속에서 어머니의 가슴이 곧 자신에게 속하는 것이라고 생각한다. 허구적 합일의 상태에서는 주체와 객체의 구분이 사라지므로, 구순기적 충동을 만족시켜 주는 대상으로서의 어머니의 가슴은 주체의 충동의 만족과 동일한 것이다.[25] 이러한 의미에서 필자는 대상 a를 잉여향유로 재해석하는 후기 라캉의 이론에 착안해, 대상 a는 주체의 다양한

---

25) 하지만 대상 a는 언어가 도입하는 결여, 아이와 어머니 사이의 돌이킬 수 없는 간극을 메우는 '구실'로서 기능할 뿐이므로 궁극적으로 대상 a는 주체와 대상 사이의 분리는 회복할 수 없다는 것을 말하고 있다.

충동 그 자체를 의미하는 것으로 볼 수 있다고 생각한다. 적어도 주체와 대상(예를 들면 어머니의 가슴)이 분리되지 않았던 상태, 즉 결코 존재한 적이 없었던 '신화적 상태에서 충동과 충동의 대상은 하나였다는 의미에서, 대상으로서의 대상 a는 충동 그 자체이기도 하다는 것이다. 하지만 주체가 상징계에 진입함으로써 타자와의 분리가 발생하면 그때부터 대상 a는 충동 그 자체가 아니라 충동의 대상이 된다. 충동의 차원에 결여가 도입된다는 것이다. 하지만 대상 a는 여전히 주체에 속한다. 그러므로 주체는 곧 대상이기도 하다.

"분리되었지만, 주체에게 속하는 어떤 것에 대한 주체의 요구(revendication)가 어떤 것인지, 이 차원에서 충분히 지적했다."26)

"주체는 하나의 장치(appareil)이다. 그 장치는 공백을 가진 어떤 것이다. 그리고 주체는 이 공백 속에 상실한 대상으로서 어떤 대상의 기능을 설치한다. 이것이, 충동 속에 존재하는 것으로서 대상 a의 지위이다."27)

'신화적 상태'에서는 충동과 충동의 대상이 하나였으므로, '환상' 속에만 존재하는 대상 a는 따라서 충동 그 자체이다. 따라서 환상 속에서는 주체와 객체가 그 역할을 바꿀 수 있다.

"가슴은 또한 (그 위에 무언가를) 덧붙인(plaqué) 어떤 것이다. 누가 무엇을 빼는가?"28)

---

26) *Ibid.*, p.178, 또한 다음의 라캉의 언급을 참조하라. "그것[대상 a — 필자]은 전주체적(présubjectif) 혹은 주체의 동일화의 기초, 혹은 주체에 의해 부인된(dénieé) 동일화의 기초이다."(p.169)

27) *Ibid.*, p.168.

28) *Ibid.*, p.178.

프로이트가 『충동과 충동들의 운명』에서 상세히 서술한 바 있는 충동의 운동은 이러한 관점에서 잘 해석할 수 있다. 프로이트는 충동의 능동성과 수동성에 대해 설명하면서 충동의 대상이 주체의 역할을 수행할 경우 충동은 수동적 목적을 취하게 된다고 설명한다. 멜라니 클라인이 말하는 구순적 충동차원에서의 삼킴을 당하는 환상도, 정확히 주체의 입이 어머니의 가슴을 삼키는 환상이 수동적으로 변형된 것으로 설명할 수 있다. 충동과 충동의 대상은 '환상 속에서' 하나였으므로 환상, 혹은 환각 속에서 충동의 대상인 어머니의 가슴은 주체를 삼키는 주체로서 등장할 수 있다.

또한 필자는 충동과 충동의 대상의 원초적 합일이라는 논의를 무의식적 지향성이라는 개념으로 확대 해석할 수 있으리라고 생각한다. 라캉이 명시적으로 언급하고 있지는 않지만 의식의 지향성만을 인정했던 후설에 대해 라캉은 이러한 논의를 통해 후설의 지향성의 개념을 무의식의 영역으로까지 확대하는 시도를 하고 있다고 라캉 이론을 해석할 수 있다.[29]

3. 오디이푸스 콤플렉스와 거세 콤플렉스, 충동 발달 이론

1) 유아기 성욕과 충동 발달 이론에 대한 라캉의 해석

성욕(sexualité)이란 무엇인가? 프로이트에 따르면 성욕은 근본적으로 "다중도착적"(polymorph pervers)[30]이다. 이는 프로이트의 성욕 이론의 중요한 핵심 중의 하나로서, 성욕은 근본적으로 부분적이고 파

---

29) 이에 대한 논의로는 홍준기, 1999, p.180 참조.
30) S. Freud, 1905, p.96.

편적이며, 따라서 생식 혹은 재생산과 무관하다든 사실을 말하고 있다. 프로이트 이전에도 많은 성학자들이 인간의 성욕은 다중도착적이라는 사실을 알고 있었다. 하지만, 인간의 성욕은 사춘기가 지나서야 비로소 생기는 것이 아니라 유아기 때부터 이미 존재하며, 유아기 때부터 이미 존재하는 인간의 성욕은 근본적으로 다중도착적이라는 사실, 그리고 이러한 사실이 갖는 임상적·철학적 의미를 처음 발견하고 체계한 사람은 프로이트이다. 이에 대해 프로이트는 이렇게 말한다.

"이제 [인간의 ― 필자] 도착성향이 널리 퍼져 있다는 것이 인식되고 있다는 사실에 직면해, 우리에게 다음과 같은 관점이 강하게 제기된다. 도착적인 기질(Anlage zu Perversionen)은 인간의 성충동의 원초적이고 보편적인 기질이며, 이것으로부터 성숙 과정에서의 유기체적 변형과 **심리적 억제의 결과**로 정상적인 성적 행위가 발달한다."31)

프로이트의 이러한 주장은 다중도착적인 성욕이 사춘기를 지나 생식적 목적에 봉사하기 위해 페니스에서 통합된다는 당위론 내지는 생물학적 목적론에 근거한 전통적·이데올로기적 성욕이론을 극복하고 있다.32) 라캉은 다음과 같이 말한다.

"『성욕에 관한 세 논문』 이래로 프로이트는 성욕은 본질적으로 다중도착적이고, 비정상적(aberrant)이라는 것을 확립할 수 있었다. 유아는 [성적으로 ― 필자] 순진무구하다는 주장의 매력은 깨어졌다. … 성욕이라는 심급과 관련해 어린아이로부터 성인에 이르기까지

---

31) *Ibid.*, p.134, 강조는 필자.
32) 프로이트는 경우에 따라서는 부분충동들이 재생산의 기능들 담당하는 생식기에서 통합되는 것으로 서술하는 경우도 있다.

모든 주체는 같다. … 성욕은 그것들(충동들)이 부분충동인 한에서,
즉 성욕의 생물학적 목적성과 관련해 부분적인 충동들의 작용을 통
해서만 실현된다."33)

그러므로 라캉은 "… 생식기적 충동은 존재하지 않는다 …"34)고
단언한다. 물론 생식기적 성욕이 없다는 것이 아니라, 부분충동들을
목적론적으로 통합하는 '전체'라는 의미에서의 생식기적 충동은 없다
는 것이다. 그럼에도 불구하고 생식기적 충동이 형성되고 존재한다고
우리가 일반적으로 말할 수 있다면, 이것의 형성은 "대타자의 영역에
서"35) 이루어진다.

생식기적 충동은 존재하지 않지만 "문화의 영역에서" 문화적·이
데올로기적 혹은 상상적 목적을 위해 '부분충동들을 통합하는 성욕'
으로 구성되고 있다는 것이다.

"그렇다! 그것이 바로 분석 경험이 우리에게 가르쳐주는 것이다.
즉 생식기적 충동은 오이디푸스 콤플렉스의 순환에, 친족의 기본적
구조들, 그리고 다른 구조들에 종속한다. 그것은 사람들이 문화의
영역이라고 지칭하는 것이다. 하지만 이런 방식은 불충분하다.36) 왜
냐하면 그 영역은, 그(아무도 살지 않는 땅) 속에서 생식기적 성욕
그 자체가 존재하게 될 아무도 살지 않는 땅(no man's land)에 근거
하고 있는 것으로 가정되기 때문이다. 주체 속에서 총체적인 성적
추구(ganze Sexualstrebung)37)를 붙잡을 수 있는 곳은 아무데도 없으

---

33) J. Lacan, 1964, p.161.
34) *Ibid.*, p.173.
35) *Ibid.*, p.173.
36) 사실상 이런 방식으로 생식기적 충동의 존재를 사실상 가정하기 때문에 이
러한 설명은 옳지 못하다는 뜻임.
37) 부분 충동들을 종합한다고 '가정되는' 생식기적 충동을 지칭하기 위해 프로
이트가 사용한 용어.

므로 그것[생식기적 성욕 — 필자]은 사실상 용해되었으며, 집결될 수 없는데도 말이다."38)

또 라캉은 인간의 성욕이 근본적으로 다중도착적이라는 사실로부터, 소위 변태성욕자, 성도착자에 대한 개념을 재정의한다. 생식기 이외의 다른 성감대에서의 쾌락을 추구하는 사람을 흔히들 성도착자라고 말한다. 하지만 인간의 성이 근본적으로 다중도착적이라면, 단순히 생식기 이외의 성감대에서 쾌락을 추구하는 것만을 가지고 도착증(환자)의 기준으로 삼을 수는 없다. 라캉에 따르면 신경증과 다리 도착증은 주체가 대상의 자리에 있는 주체의 구조를 의미한다.39) "나는 충동이 도착(증)은 아니라는 것을 강조한다. … 반대로 도착(증)을 정의하는 것은 정확히, 주체가 거기(구조 — 필자)에 자신을 위치시키는 방식이다."40)

이제 라캉은 성욕과 부분충동들과의 관계에 대해 이렇게 말한다.

"성욕 그 자체는 부분충동들의 중재(intermédiaire)을 통해 활동을 재개하며 자신의 고유한 활동성(능동성, activité)을 행사한다."41)

짧막한 언급이지만 이것은 프로이트의 충동이론과 임상이론에 대한 탁월한 해석 방향을 제공해 준다. 무의식은 성적 현실이다. 무의식이 성적 현실로 성립하는 것은 부분충동의 매개를 통해서 이루어진다. 라캉의 이러한 언급을 출발로 삼아 프로이트의 충동이론과 이에 대한 라캉의 해석과 관련해 몇 가지 중요한 문제를 중요한 문제를 논

---

38) *Ibid.*, p.173, 강조 및 영어, 독어 표기는 원문.
39) *Ibid.*, p.165 참조.
40) *Ibid.*, p.165.
41) *Ibid.*, p.176.

의해 보자.

첫째, 성욕이 활동하기 시작하는 것은 부분충동들의 개입을 통해 자신의 고유한 활동성을 행사할 때이다. 여기에서 고유한 활동성이라는 라캉의 표현에 주목하자. 그렇다면 고유하지 않은 충동의 활동이란 것도 있는가? 여기에서 라캉은 자기보존충동을 염두에 두고 있다. 마찬가지로 하나의 충동이라고 할 수 있는 자기보존충동 고유한 의미의 충동은 아니다. 프로이트는 충동이원론을 유지하기 위해 자기보존충동과 성충동의 존재, 즉 충동이원론을 가정했다. 그렇다면 성충동과 자기보존충동은 어떻게 다른가? 성충동은 순수한 본능이 초월되는 지점, 즉 순수한 본능적 대상이 상실되는 곳, 자기보존충동의 대상이 상실되는 곳에서 시작된다.

둘째, 성욕의 작동을 위해서는 부분충동들의 중재가 필요하다. 즉 이는 성욕은 성충동에 의해서 작동된다는 것인데, 성충동을 매개로 성욕이 작동할 때 다양한 부분충동들이 동시에 작동하고 있다는 것이다.

라캉은 성욕은 원초적 억압이라는 한쪽 극단과 해석으로서의 욕망이라는 또 다른 극단의 사이에 위치한다고 말한다. 충동에 관한 일반적인 논의는 성욕에도 적용될 수 있다. 충동이 상실한 대상을 찾기 위한 끊임없는 일주운동이라면, 부분성욕들의 매개를 통해 작동하는 성욕도 그러하다. 원초적 억압이란 완전한 만족을 주던 대상을 영원히 상실한 것이다. 그리고 욕망은 상징적 차원에서 존재하며, 주체의 욕망은 일종의 해석이다. 예컨대 이해할 수 없는 타자의 말과 행동을 무의식적으로 해석하는 것이다. 이처럼 성욕은 충동처럼 원초적 억압, 즉 원초적 상실과 해석으로서의 욕망 사이에 위치한다.

그렇다면 다양한 부분충동들은 서로 어떤 관련을 갖고 있는가? 충동 자체는 서로 독립적이어서 내재적인 관계를 갖고 있지 않지만, 심리적 표상을 통해서 이들은 서로 관계를 맺는다. 서로 관련 없는 부분충동들이 개인의 역사 속에서, 즉 타자와의 만남 속에서 관계를 맺는다.

부분충동들 그 자체는 서로 독립적이므로, 자아심리학에서 암묵적으로 가정하듯이, 한 부분충동이 다른 부분충동에 대해 마치 발달의 원인이 되는 것처럼 생각해서는 안 된다. 어떤 순수한 생물학적 원리에 의해 한 개인에게서 충동이 직선적으로 발달하는 것은 아니다. 부분충동 그 자체는 서로 비연속적이라는 것이다. 프로이트에서 충동발달이론, 혹은 리비도 발달이론은 1915년에 도입되었다. 그러나 프로이트는 이것을 기계적인 발달이론으로 보아서는 안 된다는 것을 동시에 강조하고 있다. 그렇다면 어떤 관점에서 충동발달이론을 파악해야 할 것인가? 여기에서도 라캉은 공시적 고찰의 우선성을 말하고 있다. 개인적 차원에서 리비도 발달에 대한 해석은 (가독성은) 사후적으로 주어진다. 이미 상징적 차원에서 표상과 결합해 있는 한에서 리비도의 발달을 논할 수 있다는 것이다.

사후성에 근거해 충동의 발달을 재구성하는 것은 욕망의 차원을 강조하는 것이다. 그렇다면 '순수한 충동'의 관점에서는 어떻게 말할 수 있을까? 다양한(하지만 유한한[42]) 부분충동들은 이미 주어져 있다고 말할 수 있다. 이미 주어져 있지 않다면 어떻게 존재하지 않던 충동이 갑자기 생성될 수 있겠는가? 하지만 다른 한편으로는 이미 주어져 있는 충동들이 각기 발달하는 것은 순수하게 생물학적 원칙에 의해 설명될 수 없다. 라캉에 따르면 한 충동에서 다른 충동으로의 이행은 "타자의 요구"에 의해 이루어진다. 생물학적인 자연적인 혹은 연속적인 이행이 아니라는 것이다. 충동은 서로 내재적인 관계를 갖지 않으

---

42) 스피노자의 속성과 달리 충동의 수는 무한하지 않다. 그러므로 프로이트의 충동이론을 스피노자 철학에 의거해 해명하려는 시도는 프로이트적 의미의 충동이론을 왜곡할 우려가 있다. 세미나 11권에서 라캉이 스피노자와 거리를 취하는 또 하나의 이유이다.

므로 순수한 생물적 차원에서의 이행으로는 설명할 수 없다. "한 충동에서 다른 충동으로의 생산은 없다." 앞에서 말했듯이 이는 충동의 직선적 발달에 대한 자아심리학자들의 발달이론을 비판하는 의미가 있다.

요컨대 한편으로는 이미 주어져 있는 것으로 볼 수 있는 다양한 충동들이 타자의 요구와의 만남을 통해서만 인간적 의미의 충동으로 활동하기 시작한다는 것이다. 그런 의미에서 타자의 요구를 만나지 않은 충동은 충동으로서 아직 존재하지 않는 것이라고 할 수 있다. 부분충동들은 <이미 존재함>과 <아직 존재하지 않음>이라는 모순적 규정으로만 파악될 수 있다는 것이다.[43]

성 혹은 성충동과의 만남이 외상적인 까닭은 무엇인가? <아직 존재하지 않는> 충동이 <이미 존재했던> 충동으로 자신의 존재를 드러낼 때 타자의 요구라는 매개를 거치기 때문이다. 타자의 '엄한' 요구, 타자의 향유와 더불어 드러나는 성충동의 침입은 주체를 불안케 한다.

이러한 관점은 신경증의 원인으로 프로이트가 말한 바 있는 퇴행과 고착의 경계를 유동적으로 만든다. 프로이트는 리비도는 퇴행에 대해 말하며, 퇴행이 일어나는 이유는 리비도의 고착이 완전히 해소되지 않았기 때문이라고 말한다. 이러한 프로이트의 설명을 우리는 <아직 존재하지 않음>과 <이미 존재함>이라는 '충동의 모순적 논리'를 통해 다시 설명할 수 있지 않을까? 혹은 통시적 고찰은 공시적 고찰을 바탕으로 가능하다는 라캉의 언급을 만난다. 다양한 부분충동들은 처음부터 다중적으로 존재하며, 타자와의 만남을 통해 특정 부분충동이 혹은 다양한 부분충동들이 동시에 혹은 순차적으로 자신의 고유한 활동을 시작하게 된다.

---

43) M. Silvestre, 1993, p.47 이하 참조.

셋째, 성구분을 갖고 있지 않은 성욕이 언제 성차이, 즉 남녀의 구분을 알게 되는가? 심리 속에는 주체가 자신을 남자 혹은 여자로 위치시키는 것은 없다. 충동은 능동성과 수동성이라는 양극성을 통해 표상된다. 그러나 이것은 프로이트가 말했듯이 남녀에 대한 정의가 될 수 없다. 그렇다면 남녀 구분은 어디에서 생기는가? 라캉은 이렇게 말한다.

"그러한 분열[능동성과 수동성의 분열 — 필자]은 … 분석 경험에 의해 처음으로 밝혀진 것, 즉 다음과 같은 사실을 필수적인 것으로 만든다. 즉 남자 혹은 여자로서 무엇을 해야 하는가 하는 것은 타자의 영역에 위치하는 드라마에, 시나리오에 전적으로 맡겨져 있다. 이것이 정확한 의미에서의 오이디푸스이다."44)

그 자체로는 성구분을 갖지 않는 충동, 성욕이 타자의 영역에서, 즉 오이디푸스 콤플렉스와 거세 콤플렉스를 통해서 자신을 남자 혹은 여자로 위치시킨다는 것이다.

2) 오이디푸스 콤플렉스와 거세 콤플렉스, 그리고 여자의 성욕

(1) 프로이트와 라캉의 오이디푸스 콤플렉스 이론: 비대칭성

프로이트의 오이디푸스 콤플렉스 이론에 대한 통속적 해석에 따르면 오이디푸스 콤플렉스는 대칭적 성격을 갖는다. 남자아이는 어머니를, 여자아이는 아버지를 사랑하고, 반대의 성을 가진 부모는 이러한 근친상간적 욕망을 방해하는 경쟁자로 등장한다. 하지만 이것이 프로이트의 오이디푸스 콤플렉스 이론의 전부인가?

프로이트의 오이디푸스 콤플렉스 이론을 정확히 이해하기 위해서

---

44) J. Lacan, 1964, p.186.

는 프로이트의 이론은 처음부터 완성된 형태로 주어진 것이 아니라 끊임없이 변화했다는 사실을 잊지 말아야 할 것이다. 오이디푸스 콤플렉스 이론에 대한 프로이트 자신의 새로운 견해는 특히 「여자의 성욕에 관하여」(1931), 그리고 「여성성」(1933)에 집약되어 있다. 이 논문에서 개진된 견해에 대해 여기에서는 특히 오이디푸스 콤플렉스의 비대칭성에 대해 주목해 보자.

"여기에서 여자의 전오이디푸스적 단계는, 우리가 지금까지 그것에 귀속시키지 않았던 한 의미로 나아간다. 그것[전오이디프스적 단계]은 우리가 신경증의 성립의 원인으로 간주하는 모든 고착과 억압을 위한 자리를 갖고 있으므로,[45] 오이디푸스 콤플렉스는 신경증의 핵심이다라는 주장의 보편성을 취소할 것이 요구된다. 그러나 이러한 수정에 대해 반대하는 사람은 그렇게 할 필요가 없다. 한편으로 사람들은 오이디푸스 콤플렉스에, 그것[오이디푸스 콤플렉스]은 양부모에 대한 아이의 모든 관계를 포괄한다라는 더 많은 의미를 부여할 수 있다. 그리고 다른 한편으로는 새로운 경험을 또한 고려할 수 있다. 여자는 부정적 콤플렉스에 의해 지배되는 전사를 극복한 후에야 비로소 정상적인, 긍정적 오이디푸스 상황에 도달한다고 말함으로써 말이다. 실제로 이 단계 동안 아버지는 여자아이에 대해 귀찮은 경쟁자에 지나지 않는다. 아버지에 대한 적대감이 남자아이에서처럼 강하지는 않다고 하더라도 말이다. **남자와 여자의 성욕 발달 사이의 명확한 병행성(Pallelismus)에 대한 모든 기대를 우리는 오래 전에 포기했다.**"[46]

라캉은 오이디푸스 콤플렉스 개념을 구조적 관점에서 해석한다는 것은 널리 알려져 있다. 이것이 의미하는 것이 무엇인지 프로이트의

---

45) 이미 전오이디푸스 단계에 신경증의 원인인 고착과 억압이 존재할 수 있다는 뜻임.
46) S. Freud, 1931, p.276, 강조는 필자.

위의 언급과 관련해 살펴보자. 라캉은 프로이트가 말하는 전오이디푸스기는 사실상 전오이디푸스기가 아니라 오이디푸스기라고 해석한다. 이 점에서 라캉은 멜라니 클라인에 동의한다고 할 수 있다. 하지만 라캉은 멜라니 클라인은 초기 오이디푸스 콤플렉스를 말하면서도 아버지 없는 "여성적 위치"를 말한다는 모순을 범하고 있다고 멜라니 클라인의 정신분석학을 비판한다. 위의 프로이트의 언급에서 확인할 수 있듯이 남자아이든 여자아이든 최초의 사랑의 대상은 모두 어머니이고, 이 사랑을 방해하는 경쟁자는 아버지이다. 전오이디푸스기에도 이미 아버지라는 제3자가 존재한다는 의미에서 라캉은 전오이디푸스기를 오이디푸스기로 보아야 한다는 것이다. 그러므로 라캉은 이 시기와 관련해 프로이트와 달리 전오이디푸스기 대신 전생식기라는 표현을 사용한다. 물론 이때의 제3자는 생물학적 의미의 남자 혹은 아버지 일 필요가 없으며, 최초의 사랑의 대상도 반드시 생물학적 의미의 여자 혹은 어머니일 이유는 없다. 아이와 어머니와의 최초의 관계에도 제3자가 존재하며, 이 아버지는 남자아이, 여자아이 모두에게 아이와 어머니라는 이중 관계 속에도 반드시 결여가 존재한다는 것을 의미하는 구조적 사실이다. 지금까지의 논의를 바탕으로 프로이트와 라캉의 오이디푸스 콤플렉스와 거세 콤플렉스 개념을 정확히 정리해 보자.

첫째, 최초의 사랑의 대상은 남아, 여아 모두에게 어머니이며, 따라서 오이디푸스 콤플렉스는 남아, 여아에게 비대칭적이다. 즉 초기 오이디푸스기는 남자아이는 긍정적 오이디푸스 콤플렉스를, 여자아이는 부정적 오이디푸스 콤플렉스를 겪는다.

프로이트에 따르면 남자아이와 여자아이에게 거세 콤플렉스와 오이디푸스 콤플렉스의 관계 역시 비대칭적이다. 남자아이는 거세 불안 때문에 오이디푸스 콤플렉스를 벗어나게 되고, 여자아이는 거세 콤플렉스로 인해 남근을 선망하며 오이디푸스 콤플렉스로 들어간다. 비대칭성이 존재하는 이유는 남근의 존재, 그리고 거세의 발견은 남아, 여아 모두에게 남근기에 이루어지기 때문이다. 잘 알려져 있듯이 프로이트에 따르면 거세의 사실을 알기 전까지 남자아이와 여자아이는 모두 자신을 남근을 갖고 있는 존재라고 믿으며, 남자아이, 여자아이의 성적 활동은 모두 남성적이다. 이렇듯 프로이트는 남자아이, 여자아이의 비대칭적 관계를 남근일원론과 연관시킨다.

여기에서 남자아이 여자아이의 성적 활동이 모두 남성적이라는 것은 '여성의 가치를 비하한다는 의미가 아니라, 충동의 본성 그 자체와 관련되어 있는 주장이다. 앞에서 언급했듯이 충동의 활동은 본질적으로 능동적이다. 이러한 맥락에서 프로이트는 임상적 증거로서 '전오이디푸스기'의 여자아이의 매우 적극적이고 공격적인 클리토리스 활동을 지적한다. 그는 이렇게 말한다.

> "사람들은 남자아이에서와 똑같은 리비도의 힘이 [여자아이에서도] 작용하고 있다는 것을 발견했으며, 그것[리비도의 힘]은 일정시간 동안 남자아이와 여자아이 모두에게서 같은 길을 열어주고 같은 결과에 도달할 수 있다."[47]

둘째, 전오이디푸스기에 어머니와 아이의 사랑을 방해하는 제 3의 인물이 이미 존재한다는 것을 강조하면, 남자아이에게 전오이디푸스기는 긍정적 오이디푸스 콤플렉스를 의미하고, 여자아이에게 전오이디푸스기는 부정적 오이디푸스기를 의미한다. 그린 의미에서 전오이디푸스기는 존재하지 않는다고 할 수 있다. 그러므로 라캉은 전오이디푸스기가 아니라 전생식기기라는 표현을 사용한다. 이러한 논의는 역시, 충동의 본성에 대한 프로이트 자신의 견해로부터 자연스럽게 도출될 수 있는 결론이다.

---

47) S. Freud, 1931, p.289.

"이상하게 들릴지 모르겠지만 나는 사람들이, 성충동 그 자체의 본질에는 무언가 완전한 만족의 실현에 호의적이지 않은 어떤 것이 있다는 가능성을 우리는 고려해야만 한다고 믿는다."[48]

앞에서 논의했듯이 충동 그 자체가 상실한 대상을 중심으로 하는 일주운동이다. 전오이디푸스가 오이디푸스기라는 것은 충동의 이러한 본성을 바탕으로만 이해될 수 있는 논의이다. 전오이디푸스기에조차 이미 존재하는 제3자로 인해 충동은 대상을 영원히 상실했다. 대상을 상실하도록 만드는 제3의 심급이 바로 라캉이 말하는 금지(non)로서의 아버지의 이름(nom du père)이다. 본능이 상징계와 접함으로서 충동으로 변한다면, 충동은 그 정의상 필연적으로 제3의 심급, 즉 오이디푸스적 아버지 혹은 거세자로서의 아버지 혹은 '상징적 어머니'를 전제한다는 것이다. 물론 충동의 차원에 존재하는 이러한 상징적 거세를 완전히 배척하고, 충동의 완벽한 만족을 믿는 주체는 정신병적 주체이다.

셋째, 그러나 초기 유아기에서는 프로이트가 암시하듯이 남자아이는 여자아이 모두 어머니를 거세자[49]로서 경험한다. 이를 라캉적 관점에서 다시 표현하면 금지의 심급으로서의 아버지를 도입하는 사람은 어머니라고 할 수 있다. 어머니는 아이의 욕구 충족을 거절(Versagung)함으로써 아이의 무의식에 아버지의 이름을 도입한다. 프로이트는 멜라니 클라인의 견해와 다른 점이 있음에도 불구하고 적어도 이 점에서는 프로이트와 클라인의 견해가 일치한다고 할 수 있다. 젖떼기와 관련된 구순기의 좌절, 자위행위에 대한 금지, 그리고 아무리 어머니의 교육이 부드럽고 따뜻하다고 할지라도 강제적 측면을 피할 수 없고 아이에게 제한을 가하게 된다는 사실 등으로 인해 아이는

---

48) S. Freud, 1912, p.208.
49) 아이를 거세하는 어머니, 즉 거세의 수행자로서의 어머니라는 뜻임.

어머니에 대해 반항심과 공격적 성향을 갖게 된다.[50]

넷째, 그러나 일정 정도 시간이 경과하면 남아, 여아 모두는 어머니를 이제 거세된 어머니로 생각한다. 생물학적인 의미의 거세가 아니라 어머니 역시 결여를 가진 존재라는 것을 알게 된다는 것이다. 라캉에 따르면 생물학적 여자만이 거세된 것이 아니라 생물학적 남자도 역시 거세된 존재이다. 인간은 상징계 속에서 모두 상징적 거세를 경험하기 때문이다. 아이에게 좌절을 도입하는 어머니는 처음에는 거세되지 않은 어머니, 즉 팔루스를 가진 어머니(phallische Mutter)로 경험되지만, 이제 아이는 어머니 역시 결여된 존재로서 그 결여를 채워줄 팔루스를 욕망한다는 것을 알게 된다.

라캉은 어린아이의 성욕의 발달에 관한 논의에서 간과되어서는 안될, 위의 언급한 내용과 관련해 다음과 같이 말한 바 있다.

"오직 임상적 사실들 토대로만 토론이 생산적일 수 있다. 이것들 [임상적 사실들 — 필자]은 … 양성의 해부학적 차이와 관계없이 주체의 팔루스에 대한 관계가 성립된다는 것을 증명한다. 이 관계는 여자에게, 그리고 여자와 관련해 특히 까다로운(epineuse) 해석의 사실과 연관된다. 다음의 네 가지 항목과 관련해서.

1. 왜 어린 여자아이는 비록 일순간이기는 하지만 자신을, 거세되었다고, 즉 그것도, 우선은 자기의 어머니의 작용에 의해 — 이는 중요한 점이다 — 그리고 그 다음은 아버지에 의해 … 팔루스를 박탈당했다고 생각하는가?

2. 왜 어머니는 보다 원초적으로, 양성[모두 — 필자]에서 팔루스를 박탈당한 어머니로서, 팔루스를 가진 어머니로서 간주되는가?

3. 이와 관련된 문제로서, 왜 거세의 의미는 어머니의 거세를 발견하는 것으로부터 출발해서만, 증상의 형성과 관련해 (임상적으로 명백한) 그 사실로부터 그것[거세의 의미 — 필자]의 작용(효력, portée)

---

50) S. Freud, 1933(1932), p.553 이하 참조.

충동, 성, 오이디푸스 콤플렉스, 여성의 성욕 347

을 취하는가?

4. [이상이] 팔루스적 단계(phase phallique)의 근거에 관한 질문에서, 그리고 그것[팔루스적 단계 — 필자]의 발달에서 정점에 달하는 이 세 가지 문제들[이다]. …"51)

우리는 여기에서 라캉이 거세를 '생물학적 기관의 박탈'이 아니라 상징계가 도입한 '결여', 즉 상징적 거세를 의미하는 것으로 해석하고 있음을 본다. 라캉에게 팔루스는 생물학적 기관이 아니라, 부분충동들의 통합의 불가능성을 의미하는, 혹은 같은 말이지만 상징적 거세 혹은 결여 그 자체를 의미하는 상징이다. 팔루스는 기의를 갖지 않는 기표이다. 라캉이 '전오이디푸스기'이든 '오이디푸스기'이든 상관없이 팔루스라는 개념을 사용할 수 있었던 것은 바로 이러한 이론적 배경 하에서이다. '전오이디푸스기'에는 비록 '좁은 의미의' 생식기적 활동이 없다고 할지라도 '거세자로서의 어머니'가 도입하는 거절 (Versagung), 혹은 방해자인 아버지에 의해 도입되는 (상징적) 거세 (castration symbolique), 즉 결여가 존재하므로 '전오이디푸스기'도 결여로서의 팔루스를 중심으로 구조지어져 있는 '오이디푸스기'이다.

그렇다면 생물학적 기관으로서의 남근의 역할은 무엇인가? 남근에서는 상상적으로 부분충동들이 '전체'로 통합된다고 할 수 있다. 상상적 통합이 일어난다는 것이다. 그렇다면 생물학적 기관인 남근과 달리 기표로서의 팔루스는 궁극적으로 부분충동들의 통합의 불가능성을 의미한다. 남근으로 대표되는 성충동은 결코 부분충동들을 통합하지 않는다는 것이다. '다중도착적인' 부분충동들이 남근에서 통합된다는 견해는 가부장적인, 생물학적인 선입관에 근거한, 근거 없는 이론이다. 하지만 그럼에도 불구하고 부분충동들이 하나의 전체로 결합된다고 말할 수 있다면, 이는 오직 '남근'이라는 상상적 기관에 대한 '심

---

51) J. Lacan, 1966, p.686.

리적 표상'을 통해서일 뿐이다. 라캉은 여기에서 상상계의 작용을 본다. 반면 남근과 달리 팔루스는 이러한 결합의 불가능성을 보여주는, 기의 없는 기표 — 상징적 팔루스(Φ) — 일 뿐이다. 하지만 주체는 궁극적으로 무(無)에 불과한 남근을, 완벽한 만족을 매개하는 육체적 기관 — 상상적 팔루스(φ) — 로 승격시킴으로써 결여를 메우려고 하고 신경증 환자가 된다.

그렇다면 이제 라캉은 남녀를 어떤 관점에서 구분하는가? 그는 결여의 기표로서의 팔루스에 대해 주체가 갖는 입장 혹은 태도, 더 정확히 말하면 주체가 팔루스에 대해 갖는 구조적·논리적 위치의 관점에서 남녀를 구분한다. 라캉의 완성된 성구분 이론은 『세미나 20권: 앙코르』에서 읽을 수 있다.[52]

(2) 프로이트의 남근 일원론의 의의

1920년대와 1930년대에 몇몇 정신분석가들 — 존스, 클라인, 호니 등 — 은 프로이트의 '남근일원론'을 비판하고 이의 문제점을 극복하려고 노력했다. 여기에서 이 문제에 대해 상세히 논의할 수는 없지만 이러한 비판은 결국은 남녀가 처음부터 존재한다는 가정에 근거해 있다고 한마디로 요약할 수 있다. 구순기적 충동이 활동하기 시작하는 순간, 혹은 조금 지나서 여자아이는 이미 여자의 생식기, 즉 질(vagina)에 대한 무의식적 지식을 소유하고 있다. 하지만 오이디푸스적 불안으로 인해 여자아이는 자신의 생식기에 대한 '무의식적 지식'을 억압함으로써, 프로이트가 말하는 남근기가 형성된다는 것이다. 이들 정신분석가들은, 프로이트가 말하는 남근기는 '본래적 발달 단계'가 아니라, 여자 생식기에 대한 지식을 억압함으로써 생긴 '파생적 상태'라고 해석함으로써 프로이트의 남근일원론을 극복하려는 것이다.

---

52) 이에 대한 상세한 논의로는 홍준기, 2000 참조.

하지만 이러한 주장한 매우 혼란스럽다. '무의식적으로 알고 있는 생식기에 대한 지식'을 다시 억압한다는 것은 도대체 무엇을 의미하는가? 그러므로 여자아이가 갖고 있다고 주장하는 여성생식기에 대한 지식은 단순히 무의식적 지식은 아니라고 보아야 할 것이다. 하지만 이들 정신분석가들은 여자아이가 질에 대한 '전의식적' 지식을 갖고 있다고 주장할 수 있기 위해서 결국은 생물학적 관점으로 되돌아간다. 여자아이는 여자아이이므로, 비록 초기 오이디푸스 단계에서 다시 이를 망각 — 억압 — 하게 되지만, 그럼에도 불구하고 여성 생식기에 대한 지식을 이미 처음부터 갖고 있다.

클라인은 오이디푸스 콤플렉스의 시기를 시기적으로 앞당겼으며, 여기에 분석가로서의 클라인의 탁월한 공적이 있다. 하지만 클라인은 '아직 존재하지 않는' 성적 정체성이 '오이디푸스 콤플렉스, 그리고 거세 콤플렉스와 관련해 비로소 형성되기 시작한다'는 프로이트의 기본 사상을 잘 파악하지 못하고 있다.

프로이트에 따르면 아이의 성적 정체성은 어떻게 형성되는가? 알기 쉽게 발달적 관점에서 설명하면 다음과 같다. 아이는 자신이 남근을 갖고 있는가 그렇지 않은가라는 생물학적 사실을 알게 된 후, 이러한 사실을 바탕으로 자신을 남근을 가진 존재(아버지)와 동일화할 것인가 혹은 그렇지 않은 존재(어머니)와 동일화할 것인가라는 심리적 동일화과정을 경유함으로써 자신의 성적 정체성을 갖게 된다는 것이다. 물론 이 과정은 매우 커다란 심리적 갈등을 동반한다. 그리고 여기에서 결정적으로 중요한 역할을 하는 것은 생물학적 사실이 아니라 심리적 사실이다. 생물학적으로는 남자라 할지라도 심리적으로 자신을 여자로 느낀다면 우리는 이 사람을 여성적 성욕을 가진 주체로 인정해 주어야 함이 당연하지 않겠는가? 자신의 성적 정체성을 확립하는 과정에서 주체는 '우연히' 생물학적 성적 정체성과 심리적 성적 정체성을 일치시킬 수도 있고 그렇지 못할 수도 있다. 생물학적 성적 정체성과 심리적 성적 정체성의 일치는 자연스럽게 이루어지는 것이 아니고, 또 거꾸로 양자가 일치하지 않는 것이 그다지 부자연스러운 것도 아니라는 것이다.

프로이트에 따르면 남근의 존재 유무가 주체의 성적 정체성을 규정해주는 출발점을 이룬다. 남근의 존재, 혹은 '거세'에 대한 주체의 심리적 반응이 주체의 성적 정체성 확립의 근거이지 그 역은 아니라는 것이다. 바로 여기에 오이디푸스 콤플렉스와 거세 콤플렉스의 중요성이 있으며, 오이디푸스 콤플렉스와 거세 콤플렉스가 발생하는 시기가 다름 아닌 남근기이다. 그러므로 남근기는 남녀 모두에게 적용되는 보편적인 현상이다. 앞에서 논의했듯이 라캉은 거세를 생물학적 사실이 아니라 구조적 사실로 해석함으로써 프로이트 이론을 더욱 철저하게 '탈자연주의화'한다.

프로이트 이후의 몇 몇 정신분석가들이 오이디푸스 콤플렉스 시점을 앞당기기는 했으나, 시점을 앞당겼다는 것 이외에는 오이디푸스 콤플렉스에서 나타나는 기본 심리 역동에 대한 설명은 프로이트의 것과 '근본적으로' 다르지 않다. 존스, 클라인, 카렌 호니와 같은 분석가와 프로이트가 달라지는 점은 이들은 처음부터 남녀의 성적 정체성이 존재한다고 가정함으로써 '궁극적으로' 생물학적 관점으로 되돌아간다는 것이다.

라캉의 구조적 해석에서는, 생물학적 의미의 남근의 존재 및 거세의 사실을 언제 실제로 알게 되느냐라는 문제는 부차적인 문제가 된다. 중요한 것은 상징계 속에 살고 있는 사람이면 누구나 갖는 결여를 갖고 있으며, 이를 어떤 방식으로 메우려고 하는가 하는 것이다. 이로써 라캉은 남녀의 구분을 생물학적 사실과는 완전히 무관한 관점에서 재정의하고 있다. 알기 쉽게 말하면, 생물학적으로 여자이고, 심리적으로도 여성적 정체성을 갖고 있지만, 더 깊은 무의식적 차원에서 그녀가 히스테리 환자로서 '남자와 동일화'하고 있다면, 그는 '어떤 의미에서는' 남자라는 것이다. 팔루스를 통해 자신의 결여를 메우려 하는 '팔루스적 향유'를 추구한다는 점에서 그녀는 남자이다. "히스테리"는 "남자를 만든다."53)

그럼에도 불구하고 라캉의 이론을 프로이트의 이론과 다른 것으로 생각할 하등의 이유는 없다. 프로이트의 이론에서도 자신을 남자와 동일화하는 여자 히스테리 환자라는 논의는 전적으로 가능하고, 바로 그러한 점이 프로이트가 여자의 남근선망이라는 이론으로 설명하려고 했던 것이기 때문이다. 자신을 무의식적으로 남자와 동일화하는 여자 히스테리 환자는 자신을 남자로 만들지만, 그럼에도 불구하고 그 주체는 또한 여전히 여자이다!

지금까지의 논의를 요약해 보자. 생물학적 의미에서의 성구분은 (그 시점이 언제이든 간에) 남근의 유무에 대해 아이가 알게 되면 생겨난다. 여자아이의 질에 대한 지식이 '처음부터 존재하는 지식'이 아니라 언젠가 발견되어야 할 지식이라면, 그 이전까지는 남녀 모두에게 생물학적 의미의 성구분이 없다고 할 수 있다. 프로이트의 남근일원론이 의미를 갖는 것은 정확히 여기에서이다. 즉 남녀의 성적 정체성을 '생물학적으로 주어진 사실'로 설명해서는 안 된다는 것이다.

이제 남자아이와 여자아이가 남근과 질의 존재와 그것의 생물학적 의미54)를 알게 되면, 아이에게 생물학적 의미의 성구분이 생기기 시작한다. 생물학적 관점에서 말한다면, 남근의 유무를 파악하기 전에는 남녀의 구분이 생길 수 없다. 하지만 생물학적 기관으로서의 남근의 유무를 발견한 어린아이가 비록 생물학적 성적 정체성을 갖게 되

---

53) J. Lacan, 1972-73, p.79.

54) 하지만 오해를 피하기 위해, 순수한 생물학적 의미는 없다는 점을 여기에서 반드시 덧붙여야 할 것이다. 생물학적 의미에는 이미 문화적·심리적 의미가 이미 포함되어 있기 때문이다. 라캉의 구조적 관점이 강조하고자 하는 것도 바로 이러한 사실이다.

었지만, 이것만으로 아이의 성적 정체성이 결정되지 않는다. 여기에 심리적 요소가 결정적인 역할을 한다. 자신의 사랑의 대상으로 누구를 선택하느냐에 따라 그 아이는 이성애자가 될 수도 있고 동성애자가 될 수 있다는 것이다. 비록 아이는 생물학적으로는 남자이지만, 아니 정확히 생물학적으로 남자라는 이유로 인해 남자를 사랑의 대상으로 선택할 수 있다. 이러한 생식기적 나르시시즘으로 인해, 달리 말하면 심리적 이유로 인해 생물학적 남자가 남자를 사랑의 대상으로 선택할 수 있다. 하지만 이러한 선택이 일어나는 이유를 일의적으로 설명해서는 안 되며 주체의 구체적인 심리적·현실적 상황을 분석함으로써만 그가 동성애자가 된 원인을 규명할 수 있을 것이다. 주체의 성적 정체성은 다양한 상황이 동시에 작용함으로써 형성되기 때문이다. 필자는 편의상 생물학적 관점과 심리적 관점을 발달적으로 나누어 설명했지만, 이 두 관점도 사실은 동시에 작용하고 있다.

라캉이 성구분을 논리적 관점에서 파악한다는 것은 생물학적 구분 그 자체가 없다는 것을 의미하는 것은 아니다. 여러 가지 다양한 논의가 필요하겠지만, 여기에서는 성구분의 문제와 관련된 몇 가지 문제들을 간략히 언급함으로써 글을 마치고자 한다.

첫째, 라캉은 프로이트를 따라, 정신분석학이 말하고자 하는 것은 동성애자의 경우에 가장 확연히 드러나듯이, 해부학적으로 주어진 남녀의 구분이 자연스럽게 심리적 남녀의 구분과 일치하는 것이 아니라는 것을 드러내고자 했다. 프로이트가 「물신주의」(음란절편증)에서 논의했듯이 어머니의 거세를 부인하는 사람, 즉 팔루스를 가진 어머니에 고착된 주체는 성도착자가 된다. 인간에게 남녀의 구분, 성정체성은 궁극적으로 해부학적으로 주어지는 것이 아니다.

둘째, 동성애자와는 달리 히스테리환자는 심리적 성과 해부학적 성의 일치를 이루었지만 무의식적 욕망의 차원에서 남근 선망을 가지고 있다. 그는 여자이지만 그럼에도 불구하고 동시에 남자인 것이다. 리비에르(Rivière)의 「가면무도회」에서 리비에르는 히스테리 여성을 남성적 시각을 갖고 있는 사람으로 분석한다. 이와 관련해 라캉은 "히스테리는 남자를 만든다"고 말한다. 히스테리는 상징적 동일화를 통해 형성되며, 이러한 의미에서 라캉은 "여자는 존재하지 않는다"고 말한다. 상징적 질서를 남성적 질서라고 생각할 수 있다면 남녀 모두 상징적 동일화 속에서 살아가고 있다는 것이다. 히스테리는 자신의 존재 결여를 메우기 위해 '주인'에게 향하는 주체이다. 성구분은 상징적 차원에서 이루어지며, 여자도 상징적 질서와 동일화하는 한 여자도 남자의 역할을 할 수 있다. 여자의 '가면무도회'는 남성적 질서의 동일화가 발생하는 무의식적 무대이다. 상징적 질서에 자신을 동화하려고 노력하는 한, 달리 말하면 팔루스적 향유를 추구하는 모든 사람은 남자이다.

셋째, 앞에서 논의했던 의미에서 '보통'의 남녀는, 구조적 관점에서 본다면 대부분 남자이지만, 그럼에도 불구하고, 일상적 의미의 남녀의 성욕의 특징에 대해서 말할 수 있다. (생물학적 의미의) 남자는 자신을(생물학적 의미)의 남자로 만들어주는 가시적인 남근을 갖고 있으므로, 즉 남근이 제공해 주는 상상적 효과에 따라 남자는 여자보다 자신이 더 대단한 존재라고 생각한다. 또한 남자와 여자의 성적 욕망의 차이.

넷째, 구조적 차원에서 말한다면 남녀는 이미 '전오이디푸스기', 즉 남근기 이전에도 존재한다. 클라인이나 존스, 호니 같은 분석가들은 남근의 발견을 이른 시기로 소급한다. 하지만 라캉의 관점에 따르면 남근의 발견의 시점이 언제인가라는 것 그 자체가 중요한 것이 아니다. 더욱 중요한 것은 남근, 아니 더 정확히 말하면 팔루스가 주체의 (성적) 정체성 형성에 미치는 영향이다.

남녀는 '처음부터' 존재하는 것이 아니다. 존재하지 않던 성적 정체성은 남근의 존재 혹은 부재의 발견 ─ 그 발견이 이루어지는 시점이 언제이든 상관없이 — 에 따라 생겨난다. 즉 '팔루스의 의미작용'에 따라, 그리고 팔루스의 의미가 주체에게 미치는 영향과 관련해 주체는 자신을 남자 혹은 여자로 위치시킨다는 것이다. 라캉의 구조적 해석은 '이미 존재하는 남녀가 오이디푸스 콤플렉스로 들어간다는 것이 아니라, 오이디푸스 콤플렉스, 거세 콤플렉스를 통해서만 비로써 주체의 (성적) 정체성이 형성된다'는 사실을 말하고 있다.

그렇다면 정신분석은 '거세의 사실이 주체의 형성에 미치는 — 병리적 영향을 포함한 — 다양한 영향'에 대한 해명'이다. 라캉에 따르면 상징적 거세가 도입한 결여를 상상적으로 메우려는 모든 활동은 남성적이며 동시에 신경증적이다. 그리고 모든 '정상적인' 사람은 동시에 신경증 환자이므로, 거세 콤플렉스는 유한한 우리 인간에게는 완전히 제거될 수 없는 구조적 "암초"[55]이다.

"무의식적 거세 콤플렉스는 매듭의 기능을 갖고 있다는 것을 사람들은 알고 있다. … 주체 속에 무의식적 위치의 설정이 없다면, 그는 자신의 성(sexe)의 이상적 유형에 동일화할 수도 없으며, 큰 우연이 없다면 성 관계에서 자신의 파트너의 욕구에 응답할 수조차 없다. … 여기에 인간에 의한 자신의 성의 승천에 내재해 있는 이율배반이 있다. 왜 그는 위협, 즉 박탈(privation)의 관점 하에서만 속성들을 취할 수 있는가? 프로이트는『문명 속의 불만』에서 인간의 성욕(sexualité)은 우연적으로가 아니라 본질적으로 이탈(dérangement)되었다는 점을 암시하기에 이르렀으며, 그의 마지막 논문들 중의 하나는 남자의 무의식 속에서의 거세 콤플렉스와 여자의 무의식 속에서의 남근 선망으로부터 유래하는 결과들은 유한한 분석을 통해서는 제거될 수 없다는 주장으로 나아갔다."[56]

55) S. Freud, 1937, p.392.
56) J. Lacan, 1966, p.685.

참고문헌

Freud, Sigmund., 1900, *Der Traumdeutung*, *SA II*.

_____, 1905, Drei Abhandlung zur Sexualtheorie, in: *SA V*.

_____, 1908, Zur infantilen Sexualtheorien, in: *SA V*.

_____, 1911(1910), Psychoanalytische Bemerkung über einen autobiographisch beschriebenen Fall von Paranoia(Dementia Praecox), in: *SA VII*.

_____, 1912, Über die allgemeinste Erniedrigung des Liebeslebens, in: *SA V*.

_____, 1915, Trieb und Triebschicksale, in: *SA III*.

_____, 1923, Die infantile Genitalorganisation, in: *SA V*.

_____, 1924, Der Untergang des Ödipuskomplex, in: *SA V*.

_____, 1925, Einige psychische Folgen des anatomischen Geschlechtsunterschieds, in: *SA V*.

_____, 1926, Hemmung, Symptom und Angst, in: *SA VI*.

_____, 1931, Über die weibliche Sexualität, in: *SA V*.

_____, 1933(1932), Neue Folge der Vorlesungen zur Einführung in die Psychoanalyse, in: *SA I*.

_____, 1933, Die endliche und die unendliche Analyse, in: *SA Ergäzungsband*, Frankfurt am Main: Fischer, 1994.

Lacan, Jacques, 1960, Conférence à Bruxelles, in: *Quarto 50*, 1960.

_____, 1964, *Le Séminaire XI: Les quatre concepts fondamentaux de la psychanalyse*. Paris: Seuil, 1973.

_____, 1972-73, *Le Séminaire XX: Encore*, Paris: Seuil, 1975.

_____, 1966, *Écrits*, Paris: Seuil

_____, 1958, Signification du Phallus.

_____, 1960, Propos directifs pour un Congrès sur la sexualité féminine.

_____, 1966, Du sujet enfin en question.

Deleuze, Gilles/Guattari, Félix., 1977, *Anti-Oedipus*, Mineapolis: University of Minnesota Press.

Hamon, Marie-Christine., 1992, *Pourquoi les femmes aiment-elles les hommes?*, Paris: Seuil.

Horney, Karen., 1924, Zur Genese des weilblichen Kastrationskomplex, in: *Internationale Zeitschrift für Psychoanalyse*.

Jones, Ernest., 1927, The Early Development of Female Sexuality, in: *International Journal of Psychoanalysis*, Vol. VIII, 1927.

_____, 1933, The Phallic Phase, in: *International Journal of Psychoanalysis*, Vol. XIV, 1933.

_____, 1935, Early Female Sexuality, in: *International Journal of Psychoanalysis*, Vol. XVI, 1935.

Klein, Melanie., 1998(1975), *The Psycho-analysis of Children*, London: Karnac Books.

_____, *Contribution to the Child Analysis*, London: Horgath Press

Riviere, Joan., 1994(1929), Weiblichkeit als Maskerade, in: (Lilian Weissberg ed.) *Weiblichkeit als Maskerade*, Fischer: Frankfurt am Main, 1994.

Silvestre, Michel., 1986, *Demain la psychanalyse*, Paris: Seuil.

질 들뢰즈, 1993, 『대담 1972~1990』, 김종호 옮김, 솔.

질 들뢰즈/펠릭스 가타리, 2000, 『천의 고원』, 이진경·권혜원 외 옮김, 연구공간너머.

페터 비트머, 2000, 『욕망의 전복: 자크 라캉 또는 제 2의 정신분석학 혁명』, 홍준기·이승미 옮김, 한울.

홍준기, 1999, 『라캉과 현대철학』, 문학지성사.

_____, 2000, 「라캉의 성적 주체 개념: 『세미나 20권: 앙코르』를 중심으로」, 『현대비평과 이론』 제19호, 한신문화사 2000 봄·여름.

_____, 2002, 「자끄 라깡, 프로이트로의 복귀: 프로이트 · 라깡 정신분석학 ― 이론과 임상」, 김상환/홍준기 엮음, 『라깡의 재탄생』, 창작과비평사.

미셸 푸코를 통해 본 성과 권력

| 심 세 광 | 철학아카데미 |

1. 성은 억압되었는가?

1976년 푸코는『성의 역사』1권『앎의 의지』를 출간하고, 성과 권력 메커니즘 간의 관계에 문제제기를 한다. 이 책의 서두부터 푸코는 억압이 아니라 생산의 측면, 다시 말해서 점차적으로 복잡해지는 성 기제들의 발명에 입각해 성의 역사에 접근한다. 그의 논지는 언뜻 보기에 역설적이고 독자를 어리둥절하게 만든다. 그는 성이 억압장치 내에 통합되지 않는다고 단언한다. "따라서 근대 산업사회가 성에 대해 한층 더 억압적인 시대를 열었다는 가설은 분명히 포기되어야 한다."[1] 우리는 성을 점증하는 억압의 연대기로 해석하는 데 익숙해 있기 때문에 이는 철저한 역전이 아닐 수 없다. 17세기 초엽까지는 여

---

1) 미셸 푸코,『성의 역사 1권: 앎의 의지』, 나남, 1990, p.67.

전히 성에 대해 일종의 관용적 친숙성이 지배적이었으나, 19세기 빅토리아시대의 부르주아 계급은 성을 재생산으로 축소하고, 성을 억압했고, 당시에는 자손을 번식하는 부부의 규범이 지배했으며, 근대의 청교도주의가 성에 실존권 박탈 명령을 내렸다는 것이 일반적인 통념이다.

그러나 실제로 권력은 성을 침묵시키지 않았고, 성에 대한 끝없는 담론들을 발전시켰다. 특수한 미시권력 망이 18세기 이후로 주체들을 고해와 고백으로 내몰면서, 성의 진실을 담당하게 되었다는 것이 푸코의 주장이다.

> "고백은 서양에서 진실을 산출하는 데 가장 큰 가치가 있는 것으로 평가된 기법들의 하나가 되었다. 고백의 효력은 재판, 의학, 교육, 가족관계, 연인관계, 그리고 더 나아가 가장 일상적인 영역과 가장 엄숙한 의식 속으로 폭넓게 확산되었다. 사람들은 제각기 자신의 범죄, 자신의 과오, 자신의 생각과 욕망, 자신의 과거와 자신의 꿈, 자신의 유년기, 자신의 질병과 자신의 비참을 고백한다. 사람들은 가장 말하기 어려운 것을 최대로 정확하게 말하려 애쓰며, 자신의 부모, 선생, 의사 또는 사랑하는 이에게 공개적으로 또는 사적으로 고백을 한다. … 서양에서 사람은 고백의 동물이 되었다."[2]

억압적 가설이 가정한 것은 무엇인가? 탄압, 강압, 법으로 이해되며 권력의 <낡은 모델>로 대표되는 억압이다. 이런 맥락에서 권력은 무엇을 발화하는가? 권력은 만인이 복종해야 할 법을 공표하고, 일반적 복종의 형식을 부과한다. 요컨대, 권력은 군주의 지상권과 동일시된다. 이 군주의 지상권은 역사적으로 중세 말에서 기원하고, 왕은 유일한 지상권을 통해 자신의 권위에 복종하지 않는 백성들의 생사여탈

---

2) 미셸 푸코, 『성의 역사 1권: 앎의 의지』, pp.76-77.

권을 가지고 있었다. 이런 맥락에서 금지와 재가의 강력한 메커니즘이 작동한다. 대립과 분쟁을 해결할 목적으로 군주제가 법과 지상권의 형식 하에 설립되었기 때문에 이것은 정확한 분석일 수도 있다. 법률은 르네상스시대에 출현한 군주권력을 구축했고, 오늘날에도 우리의 권력표상에 친숙하게 따라다니고 있다. 법, 금기, 억압은 이 권력의 장을 구조화하였고, 그 모델은 법이었다. 예속, 복종, 법은 이 패러다임을 지배하는 세 요소다. 조절과 중재의 심급인 낡은 모델은 금기와 재가를 통해 작동한다.

"서양의 군주제가 법체계로 구축되었고, 법이론 전체에 반영되었으며, 법의 형태를 통해 자체의 권력 기제들을 기능하게 했다. … 욕망이 어떠하든 사람들은 계속 욕망을 언제나 법 및 담론으로 나타내는 권력 — 법의 언표행위에서 중심점을 발견하는 권력 — 과 관련하여 이해한다. 사람들은 법이론가들과 왕정제도가 가다듬은 권력-법, 권력-주권의 어떤 이미지에 매여 있다, 그런데 우리가 권력에 대한 분석을 권력의 운용방법들의 구체적이고 역사적인 얼거리 안에서 행하고자 한다면, 다름 아닌 이 이미지에서, 다시 말하자면 법과 주권이 갖는 이론적 특권에서 벗어나야 한다. 더 이상 법을 표본이나 준칙으로 간주하지 않을 권력 분석학 체계를 세워야 한다."[3]

그러나 <억압적 가설>은 17세기와 18세기에 형성된 근대의 권력을 고려하지 않고 고전적인 법률적 모델에 매여 있다.

고전적 권력에서 군주는 사실상 백성에 대한 삶과 죽음의 권리를 가지고 있다. 그러나 근대권력은 <죽게 하거나>(faire mourir) <살게 내버려두기>(laisser vivre), 즉 군주의 생사여탈권을 통해 표현될 수 있는 지상권이 아니다. 이와는 정반대로 근대의 <생체통제권력>(bio-

---

3) 미셸 푸코, 『성의 역사 1권: 앎의 의지』, pp.102, 104.

pouvoir)은 생명관리에 중점을 둔 권력이고, 다양한 장치들을 통해 생명관리를 수행한다. 검(劍)은 생명관리에 자리를 내주게 된다. <생체통제권력>의 한 축은 <개인>(l'individu)이며 이미 『감시와 처벌』에서 푸코가 보여주었듯이, 개인은 다양한 기제들을 통해 형성되었고, 행동의 감시와 조련을 확보하는 신체통제분석과 더불어 고안되었다. <생체통제권력>은 신체의 기술들과 훈육형식들에 촉각을 집중시킨다. 여기서 개인의 <신체>(le corps)는 순화되어야 하고, 총체적 가시성의 장소인 <판옵티콘>(Panopticon) 내에 통합되어야 한다. 학교, 병원, 병영 등과 같은 장소에서 개인의 신체는 엄격한 규율과 다양한 전략에 예속된다.

<생체통제권력>의 두 번째 축은 <인구>(population)이다. 여기서 개인이 아닌 주민의 통제는 결정적이다. 주민의 성장, 건강, 출생률, 성(性) 등은 무수한 장치들 내에 통합된다. 또 성은 체계적 연구대상이 되어버린다. 즉 성은 <생체통제권력>의 분석의 장에 위치하게 된다. 이제 권력은 <살게 하고>(**faire** vivre) <죽게 내버려두는>(**laisser** mourir) 권력이 된다. 이 표현의 배면에는 권력에 대한 두 개념이 감추어져 있다. 앙시앵 레짐의 권력은 부의 징수권을 갖고 있었고 군주가 자비심을 통해 백성에게 생명을 양도하는 차원에까지 이르는 백성에 대한 강력한 지배권으로 기능한다. 그러나 근대의 <생체통제권력>은 역으로 개인이나 국가 그 자체가 아니라 인구, 주민이라는 새로운 대상을 관리, 경영할 수 있는 능력으로 기능한다. <생체통제권력>은 생명의 잠재성을 가장 효율적으로 관리하기 위해 생명 자체에 관여한다. 그러나 다른 한편 <죽게 내버려두기>(**laisser** mourir)를 사회가 용인할 수 있도록 이론적 정당화를 구축하는 것이 중요하게 된다.

군주의 지상권으로부터 <생체통제권력>으로의 이행은 지식의 총괄적 재편성의 토대 위에서만 가능했다. 따라서 이 같은 재구성은 정치 분야에서 경제학적·통계학적 지식들, 다시 말해서 주민 및 인구 관

리에 필요한 데이터를 제공하는 계량학문들을 출현시키게 된다.

한편으로는 법, 금기, 지상권과 연관되고 다른 한편으로는 <생명관리>에 집중된 두 권력모델과 함께 푸코는 성(性)이 생명통제권력에 예속된다는 점을 강조한다. 푸코는 성에 관한 담론을 단일한 권력이나 <군주-법> 체계와 관련해 설정하지 않았고, 유동적이고 다수적인 권력관계의 장에 그것을 위치시킨다. 성에 대한 앎의 의지를 기초하는 권력의 전략들의 분석을 통해 푸코는 <성적 욕망의 장치>(le dispositif de sexualité)를 논의한다.

> "과거에는 매우 많은 행위들, 특히 성행위들이 있었다 그것들은 사유와 이해에서의 어떤 진전도 병행되지 않는 상태에서 지겹도록 단조롭게 반복되어 왔다. 지금 우리가 해야 할 일은 성적 욕망을 이해하는 것이다. 오늘날, 성본능에 대한 전적으로 의식적인 이해는 성행위 자체보다 더 중요하다."4)

『성의 역사 1권: 앎의 의지』에서 푸코는 역설적으로 성이 생명과학과 <생체통제권력>의 실천을 연결하는 <성적 욕망의 장치>를 통해, 다양한 권력의 전략들을 통해 형성된 관념에 지나지 않는다는 사실을 보여준다.

따라서 여기서 우리는 먼저, 성을 둘러싼 다양한 권력의 전략이 무엇인지를 파악해 보고, 이어서 이 전략들이 성현상과 맺는 관계를 분석하여 <성적 욕망의 장치>가 무엇인지를 파악해 봄으로써, 성과 권력이 맺는 관계를 정의한 후, 최종적으로 성과 관련한 진정한 해방이 어디에 있는지를 푸코의 동성애에 대한 문제제기를 중심으로 살펴보고자 한다.

---

4) 미셸 푸코,『성의 역사 1권: 앎의 의지』, pp.167-168.

2. 근대권력의 계보학

미셸 푸코는 주체의 철학자다. 즉 그는 자신의 저작을 통해 우선적으로 <자기실천>(la pratique de soi)을 이해해 보려고 시도했다.[5] "지금 우리는 누구인가?"라는 칸트의 문제를 재검토하며 푸코는 예속 효과를 발생시키는 주체화에 포로가 된 주체의 현 실태에 대해 문제를 제기한다. 그래서 푸코는 다음과 같은 문제들에 답하려고 시도한다. 즉 주체화 방식들은 무엇인가? 그것들은 어디서 기인하는가? 그것들은 어떻게 작동하는가? 그 효과는 무엇인가?

푸코는 이 주체화 방식이 본질적으로 주체를 인식의 대상으로 변형시키면서 주체가 자기 진실을 생산하도록 유도하는 <권력/지식>(pouvoir-savoir)의 치밀한 관계망을 통해 구축되었으며, 그 결과 자기 진실의 생산 행위가 주체의 정체성, 실천, 행동의 규격화로 귀결된다는 사실을 발견한다. 요컨대 근대의 주체는 고전주의시대에 시작된 생명에 대한 새로운 문제제기에 의해 시작된 긴 절차로부터 결과되는 규범화 장치에 예속되었다고 주장한다. 사실상 국가이성과 경찰의 출현에 힘입어 생명은 이 시기에 지속적인 정치적 관심의 대상이 되었

---

5) 미셸 푸코의 저작에서 정치적 요소들의 만족할 만한 통합, 즉 고전주의시대에 출현한 새로운 정치이론들과 생명에 대한 문제제기의 출현과 일치하는 정치적 발전들의 통합은 거의 발견되지 않는다. 우리는 이 같은 통합을 제공하는 것이 필요 불가결하다고 생각한다. 이러한 통합을 위해 우리는 여기서 『감시와 처벌』, 『성의 역사 1권: 앎의 의지』, "Omnes et singulatim: vers une critique de la Raison politique", in *Dits et Ecrits*, tome II, 1976-1988, ed. Gallimard, Quarto, 2001, "Deux essays sur le sujet et le pouvoir", in H. Dreyfus et P. Rabinow, *Michel Foucault. Un parcours philosophique*, Paris, Gallimard, NRF, 1984, pp.297-321, "L'Oeil du pouvoir", in Jermy Bentham, *Le Panoptique*, Paris, Belford, 1977, pp.11-31 을 중심으로 살펴보았다.

다. 즉 생명현상─종의 생명 절차, 그 실존의 조건들─은 국가가 관리해야 할 주요한 문제로 대두된다. 이러한 생명에 대한 정치적 문제화가 점차적으로 권력의 경제학의 변화를 야기하였고, 신체를 중심으로 한 새로운 통치체제를 발생시킨다.

바로 이때부터 군주권의 모델─여기서 권력은 법의 강제적 행사에 집중된다─을 벗어난 새로운 권력 및 통치 체제, 즉 <생체통제권력>의 시대가 시작된다. <생체통제권력>의 시대에는 무수한 권력의 장치들이 <성적 욕망>(la sexualité)의 통치에 관심을 집중하고, 그 결과 종의 생명절차와 신체의 주체성이 교차한다. 푸코는 어느 한도까지 이 권력의 장치들이 일상생활의 가장 내밀한 부분에, 신체의 경험과 자기 경험의 가장 내밀한 공간에 침투하게 되었는지를 기술한다. 이러한 권력의 체제는 우리 모두의 내면에 대부분 각인된다. 그것은 주체의 주변에서 조사, 기록, 감시를 목적으로 하는 일련의 테크놀로지들을 설치하는 방대한 앎의 의지를 내포하고 있다. 이 앎의 테크놀로지들은 주체로부터 객관적이고 중립적인 인식을 추출하려고 하지 않고, 즉 그의 본질을 추출하려 하지 않고, 오히려 한정된 어떤 순간의 통치체제의 요청에 따라 전략적으로 미리 구축된 진실을 주체가 자기 자신 안에서 확인하도록 유도한다. 권력은 전략적으로 구축된 진실을 주체가 인정하게 만들면서 주체의 실천과 행동의 훈육과 규격화 효과를 끌어낸다.

푸코는 *Omnes et singulatim*에서 오늘날 우리가 인식하는 정치적 이성에 대한 비판을 시도하며, 권력의 변화를 기술하고, 그것이 주체화 방식들과 맺는 관계에 대한 중요한 일화들을 제공한다. 그것은 16세기와 17세기에 새로이 출현한 정치철학, 즉 <국가이성>(raison d'Etat)인데, 푸코가 보기에 이것은 코페르니쿠스와 갈릴레이가 물리학 분야에서 발생시킨 혁명에 버금가는 중요성을 갖는 정치 분야에 있어서의 혁명적 사건이었다. 이때부터 정치적 사유는 기독교 형이상학이나 군주권의 법률적 모델로부터 차츰차츰 벗어나기 시작한다.

아리스토텔레스에서 성 토마스에 이르기까지 정치적 성찰과 실천 이성은 원칙적으로 완벽하게 우주의 운동에 질서를 부여하는 신의 섭리와 자연법을 발견하여 기술하는 데 집중되었다. 이들 사상가들은 속세의 통치자들이 신이 창조한 자연의 완벽한 행동을 모방토록 하기 위해 신이 명령한 규정들을 성찰과 관찰을 통해 도출해 내려고 시도했다. 인간의 통치는 소위 자연적이고 정의로운 신의 법을 모방함으로써 정의와 행복을 확보하는 이성의 통치가 되었다.

그러나 국가이성 독트린은 인간의 행동 상에서 또 다른 유형의 합리적 활동의 사용을 제안한다. 그러기 위해 우선 국가이성의 이론가들은 국가가 무엇인지를 이해하려고 시도한다. 국가이성 독트린이 설정한 궁극적 목표는 국력의 강화이고, 이것은 그 자체가 목적이 된다. 이 자목적성은 당대의 기독교 형이상학의 독트린과 대립할 뿐만 아니라, 군주의 국가 지배력 강화와 정치권력의 강화를 최우선으로 추구하는 마키아벨리의 주장과도 대립한다.

그렇다면 국가이성의 이론가들은 국가의 정의를 시도하면서 어떤 결론에 도달한 것일까? 그들에 따르면 국가의 생명을 특징짓는 바는, 제한된 지리학적 공간에 위치하며 계속적으로 싸움을 하면서 존속하는 국가들 간의 경쟁이다. 팽창의 의지, 경제적 변화(무역 네트워크의 발전), 인구의 변동(도시화)으로 특징지어지는 이 시대에, 힘을 강화하려는 국가의 입장에서 볼 때, 모든 분야에서 국가의 힘을 구성하는 모든 요소를 파악하는 것은 필요 불가결한 일이었다. 이를 파악하기 위해 기독교 형이상학의 지혜와 일반 원리로는 충분하지 않았다. 국가의 보전과 번영을 위해서는 이 힘에 대한 정확하고 구체적이며, 잘 계측된 지식이 요구된다.

그래서 정치적 통계와 계측이 발전한다. 그것들은 각 국가의 힘을 규정하고 측정하는 데 사용된다. 국가의 총체적 환경, 즉 통치를 받는 모든 것이 국력을 구성한다. 거기에는 국토지리, 천연자원의 목록, 기후의 연구가 포함된다. 하지만 <자연적 물리적 환경>과 같은 요소들만이 국력을 구성하는 것은 아니다. 인적 환경, 즉 국가가 통치하는 국토에 거주하는 사람들도 국력을 구성하는 중요한 요소이다. 출생률, 건강, 교육 수준, 인구학적 변동 등과 같은 요인들을 통해 한 국가의 인구는 다른 경쟁국들과 비교측정이 가능한 부를 형성한다. 따라서 적절한 출생률, 높은 건강 및 교육 수준, 잘 통제된 인구변동은 전쟁을 수행하고, 새로운 시장을 개척하고, 보다 더 풍요로운 농업생산을 위해 국가의 인구를 필요한 힘으로 변환시킨다. 이렇게 새롭게 변화된 맥락에서 국가이성의 이론가들은 국민을 더욱 강하게 만들고 국가의 힘을 강화하기 위해 국가가 생명운동과 주민 및 인구의 실존의 환경을 관리해야 한다고 주장한다. 국가는 자기 힘의 기초가 되는 구성성분을 잘 보존할 줄 알고 또 그것을 모두 잘 알고 있어야 한다는 말이다.

푸코에 따르면 역사상 처음으로 정치권력은 국민의 생명을 담당하기 시작했고, 국가이성의 이론가들의 이러한 논지들은 고전주의시대의 정치권력의 속성과 기능에 엄청난 변화를 야기하였다고 한다.

18세기까지 정치권력은 군주권의 모델에 입각해 작동했다. 마키아벨리의 글에서 규정된 권력은 근본적으로 군주의 형상과 군주권의 보호에 결부되었다. 권력은 법이라는 근본적인 수단에 의해 행사되었다. 법의 목표는 군주와 군주권과 관련된 권리들을 보호하는 것이었다. 이 법을 직접적으로 위협하는 자는 군주의 보복권으로 이루어진 사법에 의해 처벌을 받았다.

따라서 권력은 우선적으로 군주의 생명에 관심을 기울이고, 신민들이 군주의 생명과 주권을 위협하는 한에서만 간접적으로 신민들의 생명에 관심을 기울였다. 이 시대에 권력은 신민들의 생명을 제거하거나 아니면 그들의 생명을 필요시 동원, 징발하기 위해 군주의 보호체계 내에 편입시키거나 했다. 푸코의 관점에서 따르면 군주의 권력은 법, 금기, 살해, 징수에 입각해 억압적으로 작동하며, 군주의 권위의 보호가 권력의 핵심 문제였다.

이런 형태의 권력은 국력을 우선시하는 국가이성의 목표와 잘 부합되지 않는다. 국가이성의 이론가들은 국가의 지탱을 확고히 하기 위해서는 군주의 힘을 사용하기보다는, 신민들의 힘을 전략적으로 활용하는 게 더 중요하다는 것을 발견했다. 그래서 국가는 다른 국가들과의 경쟁 속에서 부단히 자국민의 힘을 배가하고, 강화하고, 활용하는 임무를 담당한다. 결과적으로 힘과 생명의 징수 주변에서 새로운 권력의 범주들이 생겨나고, 이는 국가가 신체에 관심을 갖는 방식과 포위하는 방식을 획기적으로 변형시킨다. 푸코는 이 현상을 다음과 같이 설명한다.

"서양에서는 고전주의시대 이래 권력의 기제가 매우 심하게 변모해 왔다. <징수>는 더 이상 주된 형태가 아니라, 권력 아래 놓이는 세력들에 대한 선동, 강화, 통제, 감시 그리고 최대의 활용 및 조직화의 기능을 하는 여러 가지 요소들 가운데 하나에 지나지 않는 경향이 있다. 다시 말해서 여러 세력들을 가로막고 오그라들게 하고 파괴하기에 열중하기보다는 오히려 그것들을 낳고 증대시키고 조직하는 데 몰두하는 권력이 나타난다."[6]

이 힘들을 조직하고 증대시키기 위해서는 무엇보다도 그것들을 잘 알아야 한다. 그것이 무엇인지를, 그것들이 무엇을 구축하는지를, 그것들에 해가 되는 것과 유용하고 필요 불가결한 것이 무엇인지를 잘 숙지해야 한다. 따라서 이제는 생명, 신체, 주체의 관계 내에서 권력은 비밀, 법, 금기, 의무, 질서, 칙령과 동의어가 될 수 없다. 권력은

---

6) 미셸 푸코, 『성의 역사 1권: 앎의 의지』, pp.146-147.

계속해서 자신이 알고 싶어하고, 증대시키려고 하는 바를 제거한다거나, 억압한다거나, 은폐할 수 없게 된다. 이제 권력은 실증적이고 긍정적이 되어야 한다.

따라서 권력은 징수와 제거의 의지로부터 벗어나 생명에 대한 앎의 의지를 선택해야만 했다. 즉 권력은 생명을 관리하고 증대시키기 위해, 또 생명의 힘을 배가하고, 질서화하고, 지휘하고 일정한 방향으로 유도하기 위해서는 생명을 알아야 한다. 정치권력은 이제 더 이상 비밀, 법, 금기, 칙령, 의무와 동의어가 아니다. 권력은 점차적으로 생명에 대한 앎이 되어가고, 생명 관리의 경험을 통해 집요하게 정의된 복잡하고 정밀한 규범에 따라 작동하고, 최적의 효과를 끌어내기 위해 그 효율성을 생명의 조절 속에서 구축하는 방법, 절차, 담론, 이론이 된다.

구체적으로 이러한 변화는 국가가 새로이 개입하는 개념과 영역, 즉 인구 개념이 출연했음을 의미한다. 인구 개념이 출현하는 것은 <경찰이론>(Polizeiwissenschaft) 내부에서이다. 경찰이론은 주권 이론과 단절된 국가 활동을 정의하는 것을 목표로 한다. 국가이성의 이론과 잘 부합하는 경찰이론은 신민들의 생명을 합리적으로 극대화하고 강화시키기를 갈망하며, 그것을 국가의 특권화된 개입 영역으로 만들어 버린다. 이 개입 영역은 출생률, 사망률, 건강, 수명과 이것들의 환경을 결정하는 주거, 노동, 섭생, 의학적 통제, 교육 등과 같은 생명의 메커니즘과 종의 생물학적 절차를 뒤섞는다. 그래서 <신체-종>(corps-espèce)에 대한 국가의 다양한 조절적 개입 형식들이 출현했다. 즉 그것은

"생명의 역학이 스며들고 생물학적 과정에서 디딤돌의 역할을 하는 육체를 중심으로 한다. 다시 말해서 증식, 출생률과 사망률, 건강의 수준, 수명, 장수, 그리고 이것들을 변화시킬 수 있는 제반 조건

들이 중심적인 문제인데, 일련의 개입 및 <조절하는 통제> 전체, 곧 <주민을 대상으로 한 생체통제정치학(bio-politique)>이 그것을 떠맡 는다."7)

이러한 조절행위는 점차적으로 총체화되어, 점점 더 광범위한 생명 의 영역들을 포괄하게 된다. 또한 그것들은 국가의 권력을 강화하려 는 목적을 갖는 방대한 정치적 장치 속에 이 조절적 실천들을 통합하 는 전체주의적인 권력을 탄생시킨다. 건강, 교육, 위생 정치의 범주 내에서 신체와 그 생명의 환경들에 적극적으로 개입하는 행정적 전략 에 있어서 신체와 생명의 환경들은 점차적으로 지식의 대상이 되어간 다.

바로 이런 이유 때문에 푸코는 <생체통제권력>을 논한다. 생명, 신 체, 그리고 그것들의 실존의 조건들은 징수의 강박 속에서만 권력과 대면하는 것이 아니다. 그것들은 이제 생사여탈권에 예속되어야 할 힘들이 더 이상 아니며, 덕의 지배와 내세의 복락을 허용하는 도덕 적·윤리적 명령들을 부과해야만 하는 위태로운 대상들도 아니다. 그 것들은 권력이 자기 힘을 구성하는 데 필요한 성분으로 간주되는 대 상들이다. 신체, 생명 그리고 그들의 실존의 조건들은 권력 밑에 있는 것이 아니라, 권력의 내부에 있다. 권력과 신체들은 동일한 쾌락을 함 께 나눈다.

이런 맥락에서 새로운 인간과학들이 출현한다. 신체의 힘의 증대와 활용에 참여한다는 조건으로 새로운 과학적 실천이 실제적으로 인간 실존의 전 영역에 걸쳐 고안되고, 인간 생명의 운동과 조직에 관한 유용한 데이터들을 체계화한다. 푸코가 여기서 염두에 두는 것은 인 구통계학, 경제학, 교육학, 공중보건학, 의학, 도시공학 등이다.

---

7) 미셸 푸코, 『성의 역사 1권: 앎의 의지』, p.149.

고전주의시대에 출현한 이러한 새로운 권력의 경제학은 총체화와 전체화만을 지향할 수는 없었다. 즉 권력이 신체와 멀어진 채로 전체에만 관심을 기울인다면 효율적으로 생명을 관리할 수 없다는 말이다. 권력은 각각의 신체에 접근할 수 있어야 그들의 힘을 배가시킬 수 있으며, 또 그들을 분리해야만 신체를 온순하고 유용하게 만들 수 있다. 그래서 근대권력의 두 번째 형상, 즉 개별화되고 개별화하는 권력의 발전이 시작된다.

그래서 국가이성 이론가들이 암시하듯이 생명관리는 거대한 전체의 법칙을 발견한 후에 이제 그 세부사항들에 관심을 기울인다. <인구>(population) 개념에 <개인>(l'individu)이라는 새로운 보충 개념이 첨가된다. 인간의 실존 조건들의 세부사항을 질서화함으로써만 인구의 대수학과 통계학이 가능하다.

두 딜레마가 당대의 이론가들에게 제기된다. 첫째는 인구가 급격하게 팽창하는 시대가 도래한 반면, 보건위생과 주거 경찰을 조직하는 데 겪는 어려움이고, 다음으로는 이렇게 인구의 폭발에 의해 배가된 힘들이 권력에 반기를 들지 않도록 안전장치를 마련하는 데 겪는 어려움이다. 결국 근대 사회는 더 많은 힘을 생산해 냄과 동시에, 생산된 힘이 정치적으로 생산적이어야 하는 문제를 안고 있었다.

푸코에 따르면 과거의 낡은 권력 조직 방식은 상기한 목표들을 달성하기에는 너무 결함이 많았다.

> "이러한 역할을 확보할 수 있었던 것은 봉건 군주 권력의 잔재와 같은 형태도 아니고, 그러한 것들이 뒤섞여 이루어진 불안정한 복합적 관계도 아니었다. 그러한 것들이 위의 역할을 담당하기 힘들었던 이유는, 그 연결망의 확장이 결함이 많고 불규칙적이었고, 그 운용에서 자주 충돌이 일어났기 때문이기도 하지만, 무엇보다도 거기서 행사되는 권력이 비용이 많이 들었기 때문이다."8)

요컨대, 과거의 봉건 군주 권력의 형식들은 많은 재원을 필요로 하였고, 인구적·산업적·정치적 성장의 역동성을 관리하기에는 지나치게 비생산적이고 많은 저항을 유발시켰다. 전통적 권력 형식은 신민을 가혹하게 다루고, 억압하며, 징발할 수는 있었지만, 신민들의 힘을 훈육시키거나 푸코적 의미에서 예속시킬 줄 몰랐다.

이 문제에 대한 해결책이 나온다. 대중의 힘들을 분리하고, 더 쉽게 통제가 가능하게 하며, 정치적 활용 이외의 누적효과를 발생시키지 않는 무수히 작은 고립된 힘들로 변환시킬 필요가 생긴다. 결국 해결책은 개별화와 예속으로부터 나온다. 국가가 개입함으로써 극대화된 힘들은 사용 가능한 힘이어야 한다. 결국 국가는 힘들을 강화함과 동시에 그 질을 떨어트림이 없이 그것들을 어떤 정치적 목적에 예속시킬 필요가 생긴다.

예속은 지배나 착취와 구분된다. 통제와 감시의 비용이 과도하지 않기 위해, 즉 국가가 사용한 지출이 획득된 결과를 초과하지 않도록 하기 위해 권력은 은밀한 절차들을 이용한다.

따라서 자체로 기능하고, 적용 대상이 되는 사람들에 의해 더 잘 동작하는 권력의 역학이 나타난다. 이 권력은 보이지 않는 권력이다. 이 권력은 신체의 내부로, 개인의 주체성의 심장부로 침투한다. 권력은 담론의 형식으로 발효된 규범을 통해 작동하며, 이 규범을 각 개인의 주체성 내부에 통합시킨다. 따라서 푸코에 있어서 신체, 주체성, 근대 권력의 관계는 억압적 관계가 아니라 훈육적 규범화의 시도라고 말할 수 있다.

총체화함과 동시에 개별화하는 근대의 권력은 신체들의 표면과 내부에 자리잡고, 힘들이 권력을 배반하지 않게 만들면서 그것들을 배가해야 한다. 이를 달성하기 위해 정치 경제학상의 또 다른 두 변형

---

8) 미셸 푸코, 『감시와 처벌』, 나남, p.319.

이 구체화되어야 했다. 즉 한편으로 권력은 그 낡은 형식인 사제 권력을 포섭해 통합하여 호의적 이미지를 갖추어야 했고, 다른 한편으로는 사회 조직의 사진을 고도의 해상도로 찍을 수 있는 능력을 배가했고, 이를 새로운 건축적 형상, <판옵티크>를 이용해 수행했다.

일반적으로 <사제권력>(le pastorat)은, 어떤 특정한 개인들은 <군주>, <법관>, <선지자>, <예언가>, <교육자>의 자격으로 다른 개인들에게 봉사할 수 있다고 가정하는 권력관계를 일컫는다. 여기서 문제시되는 것은 그리스, 히브리, 기독교의 정치 사상을 거치며 완전히 변모한 특수한 형태의 권력관계이다.

우선 그리스인들에게 있어서 <사제권력>의 테마는 거의 논의가 되지 않았다고 푸코는 주장한다. 오직 플라톤만이 <사제권력>을 『국가론』과 같은 저작들의 중심 테마로 설정한 것 같다. 이 저서에서 플라톤은 왕, 법관이 사제의 직분을 수행할 수 있는지를 결정하려면 목동에 귀속된 전통적인 임무들에 비추어 그들이 하는 일을 점검할 필요가 있다고 주장한다.

> "먼저 목동은 가축의 선두에 있는 유일한 사람이다. 둘째로, 그의 일은 가축들의 먹이를 지키고, 그들이 아프면 치료하고, 그들을 모으기 위해 음악을 연주하고, 그들을 인도하고, 동일한 자손들을 얻으려는 배려 속에서 그들의 재생산을 조직하는 일이다."9)

그러나 플라톤은 이 임무들이 왕의 소관이 아니라고 생각했다. 즉, 치료의 임무는 의사의 소관이고, 양식을 공급하는 임무는 농부의 소관이고, 교육의 임무는 교육자의 소관이다. 따라서 사제의 직분을 담당하는 사람들은 정치적 임무를 수행하지 않는 개인들이다. 인간들

---

9) Michel Foucault, *Omnes et singulatim* in *Dits et Ecrits*, tome II, 1976-1988, Ed. Gallimard, Quarto, 2001, p.961.

간의 관계 확정과 도시국가 내부에서 그들의 연합에 사용되는 정체를 규정하는 것만이 정치인의 소관이었다. 그래서 정치권력과 <사제권력>은 실제로 분리되어 있다. 결국 정치인이 구성원을 개별적으로 돌보면서 도시국가의 관계를 유지시키는 임무를 잘 수행할 수 있으리라고 기대하는 것은 무리였다.

푸코에 따르면 히브리 사람들이 <사제권력>의 테마를 폭넓게 확대시켰다고 한다. 히브리 사람들의 사유에서 신(여호와)과 절대왕정의 창시자 다윗은 유일하게 사제 칭호를 부여받는다. 오늘날 우리는 어떤 유형의 사제를 가질 권리가 있는가? 우선 사제는 가축 위에 군림한다. 그는 자신의 현존과 행위를 통해 양들을 모이게 하고 단합시킨다. 그는 또한 항구적이고 개별화된 호혜를 통해 가축의 안녕을 보장해 줄 의무가 있다. 히브리 사람들은 신에게 매일매일 그들의 굶주림과 갈증을 해소해 주고, 위험이 닥쳤을 때 그들을 구해 주고, 그들을 풍요로운 방목장으로 안전하게 인도해 줄 것을 요청했다. 히브리 사람들이 신에게 부여한 사제의 임무는 헌신의 한 형식으로 보인다. 이러한 헌신의 형식 속에서 신-사제는 양들 각자가 필요한 것을 알고, 그것을 만족시키며, 그들의 안녕을 보장하기 위해 각각의 양들에게 세심한 개별적 주의를 기울인다.

따라서 히브리 신들은 그리스 신들보다 훨씬 더 많은 책임을 떠맡는다. 이 임무의 범위는 다르지만, 여기서 특이한 것은 양들 각자와 신-사제를 결합시키는 관계가 개인적·개별적이라는 사실이다. 그리고 정치인 — 이 경우에는 다윗 왕 — 은 이 역할들을 중임해야 한다는 관념이 싹트기 시작한다. 히브리인들에 의해 시작된 <사제권력>의 형식은 기독교를 통해 강화되고, 기독교는 <사제권력>을 사회 전체에 확산시킨다. 푸코는 기독교가 세 가지 중요한 점에서 히브리적인 <사제권력>의 테마를 확장, 변형했다고 주장한다.

첫 번째 변형은 양들에 대한 목자의 책임 수준과 관련된다. 목자와 양들을 잇는 도덕적 관계의 강화와 복잡화가 발생한다. 기독교와 더불어 사제는 양들 각자들의 안녕뿐만 아니라 좋건 싫건 간에 양들의 일거수일투족의 직접적인 책임자가 된다. 양들이 저지르는 각각의 죄와 과오는 사제의 책임이 되고, 그들의 개인적인 안녕의 가능성에 영향을 미친다.

두 번째 변형은 복종의 원칙과 관련이 있다. 기독교적인 사유에서 목자와 양 간의 관계는 개인적인 복종관계이다. 상급자들의 의지는 그 자체가 목적이고, 이 의지들은 우회 없이 즉각적으로 완수되어야 한다. 하위의 수도사는 자신의 의지를 포기하고 스스로 자기의 구원을 결정할 수 있는 자발적 결정능력을 포기해야 한다.

세 번째 변형은 아마도 가장 중요한 것일 수 있다. 즉 기독교의 <사제권력>은 양들 각자에 대한 개인적인 지식을 사제가 갖출 필요성을 광범위하게 확장시켰고, 이로 인해 이 목적을 달성하는 데 필요한 메커니즘과 테크닉의 발전이 있었다.

> "목자는 가축 무리를 구성하는 모든 구성원이 물질적으로 필요로 하는 것을 알아야 하고, 필요한 경우에는 그것을 조달해야 한다. 그는 가축들 사이에서 일어나는 일과 그들 각자가 하는 일 ― 그들의 공적인 죄들 ― 을 알아야 한다. <마지막으로 중요한 것은> 목자가 양들 각자의 영혼 속에서 일어나는 일을 알고, 숨겨진 죄들과 그것이 신성의 방향으로 진척되는 과정을 낱낱이 알아야 한다는 사실이다."10)

위와 같이 양들에 대한 개별적이고 세심한 지식의 획득에 도달하기 위해서 기독교는 헬레니즘 시대의 <자기 인식>(la connaissance de

---

10) Michel Foucault, *Omnes et singulatim* in *Dits et Ecrits*, tome II, 1976-1988, Ed. Gallimard, Quarto, 2001, p.965.

soi)의 두 주요 테크닉인 <의식점검>(l'examen de conscience)과 <의식지도>(la direction de conscience)를 재활용, 통합한다. 하지만 기독교는 이 기술들의 용례를 폭넓게 변형시켜 거기에 권력의 테크닉으로서의 엄청난 잠재력을 부여한다. 그래서 의식점검은 의식의 지도를 위해 사용된다. 그리스인들에게 의식의 지도자는 사람들이 자신에게 복종하는 것을 기대하지 않고 조언만을 했던 반면, 기독교인들에 있어서 의식의 지도자는 자신의 양들을 구원의 길로 인도하기 위해 그들이 전적으로 마음의 문을 열기를 기대한다.

결국 이렇게 지식과 권력 간에 밀접한 관계가 설정된다. <사제권력>과 관련하여 기독교 신학은 양들의 구원을 확보하는 목자의 권력은 아무리 사소하다 해도 모든 영역에서 양들 각자의 행동과 생각에 대해 목자가 알고 있는 지식에 의존한다고 가르치고 있다. 그리고 목자는 양들의 구원을 확보하려고 노력하는 자비로운 목자의 눈과 귀와 의지에 그들의 모습을 드러내고 마음의 문을 활짝 열어야 한다고 가르친다. 양들의 의식과 행동의 지배로 귀착되는 이 지식/권력은 생명 전체와 동일한 외연을 갖게 된다. 사제권력은 의식지도와 자기 인식과 같은 통치 테크놀로지들과 더불어 일상생활 속으로 침투한다. 국가이성의 이론가들이 공표한 정치계획의 도래 이후로 극히 사소한 부분에 있어서까지 생명의 관리를 자신의 목적으로 설정한 오늘날의 근대국가들은 이러한 <사제권력>을 모를 리 없었고, 생명관리라는 막대한 과업을 위해 <사제권력>을 변형하여 사용했다.

푸코는 <생체통제권력>이라는 새로운 통치체제가 인간의 신체, 영혼, 행위의 조정 상에서 이러한 유효적절한 방식을 간과하지 않았다는 사실을 증명한다. <사제권력>은 18세기부터 시작된 교권의 약화와 더불어 사라진 것이 아니다. 정반대로 <사제권력>은 무수히 많은 제도들에 확산되었고, 특히 감옥, 학교, 정신병원, 병원 그리고 이러한 제도들에 인본주의적인 형상을 부여한 국가에 확산된다.[11] 주민

생명의 조절자의 자격으로 발전하는 이 거대한 관료주의 국가는 자신이 설정한 목적 — 생명의 힘을 극대화하여 그것을 가장 유용하게 만들기 — 을 위해 기독교의 <사제권력>이 고안한 개인 예속의 테크놀로지들을 자기 것으로 만든다. 그래서 <생체통제권력>은 내세의 복락이 아니라 속세 개인들의 복락 확보라는 자혜로운 슬로건을 내걸며 저항을 약화시키고 또 그 비용도 절감하게 된다.

근대의 <사제권력>은 기독교의 <사제권력>의 수준을 넘어서서 더욱 지속적인 방식으로 생의 모든 영역을 포위한다. 공중위생, 주거, 섭생, 교통수단 등의 습관들을 한정하기 위해 근대의 권력은 생명의 수준을 측정하는 데 관심을 기울이고, 또 실업, 질병, 노화 등과 같은 생명의 돌발 사건들에 대처하고, 속세의 생명을 위협하는 모든 것을 예방하는 다양한 보호 장치들을 이용해 주민들의 안전을 도모하며 <공공질서>를 유지하려고 노력한다. 속세의 생명을 보호하고 강화하는 것은 내세를 위해 영혼을 구원하는 것보다는 훨씬 복잡하고 분산된 권력을 전제로 한다. 새로운 생명보호 영역들이 출현하면서 새로운 권력의 공간들이 출현하고 권력, 신체, 주체성 간의 관계가 계속해서 확대된다.

근대의 <생체통제권력>은 두 축을 갖는 건축물이다. 그 첫 번째 축은 인구, 주민들의 생명 과정에 대한 조절적 통제를 담당한다. 두 번째 축은 개인의 실존에 대한 관리를 담당한다. 이 점에서 볼 때 근대권력은 <사제권력>의 테크놀로지들을 자기화했고 학교, 병원, 병영, 교도소 등 권력이 행사되는 다양한 공간에 정착한다. 이러한 무수한 중개 및 매개와 더불어 근대권력은 개인성에 대한 정합적이고 치밀한 통치를 시행한다. 근대권력은 일상생활의 기본단위를 떠나지 않으면

---

11) 푸코가 보기에 제도들의 인본화는 저항을 거의 유발시키지 않고 피지배자들 자신이 권력을 작동시키게 만드는 <생체통제권력>의 핵심적인 요소들 가운데 하나다.

서 유연하고 경제적이기 위해서 어떻게 구체적으로 이 권력의 테크놀로지들을 배열하고 작동시키는 것일까?

그것은 우선적으로 주민들과 개인들을 훈육하는 권력의 가시성의 체제를 전복시키면서 행해진다. 푸코에 따르면 오랫동안 권력의 본질은 스스로를 드러내 보이고, 그것도 현란하게 드러내 보이며, 역으로 자신이 지배하는 모든 것들을 어둠 속에 던져버렸었다. 현시의 휘광 속에서 권력의 힘이 측정되었기 때문에, 모든 것은 권력을 현시하기 위한 구실들이었다. 호사스러운 권력의 예식과 고전주의시대까지 유행하던 건축양식과 또 범죄에 대한 처벌 방식을 주제하던 권력의 경제학 내에서 이러한 가시성의 체제가 지배적이었다. 이 같은 맥락에서 소시민들의 일상생활과 생활방식은 암흑 속에 가려져 있었다. 그것들은 거의 가시적이지 않았고 권력은 거기에 관심을 거의 기울이지 않았다. 요컨대 정치권력은 신민들의 생활방식과 전술적 관계를 맺고 있지 않았다.

그러나 차츰차츰 권력과 가시성과의 관계는 변모한다. 권력은 점차적으로 어둠 속으로 들어가 비가시적이고 익명적으로 변모한다. 반대로 일상생활의 사소한 세부사항, 각 개인들의 형상, 생활방식, 섭생방식, 주거방식, 재생산 방식은 현란한 빛 속에 적나라하게 노출되기 시작한다. 이제 빛은 더 이상 권력의 스펙터클을 연출하는 데 사용되지 않고, 백일하에 주민과 개인의 생활방식을 노출시키는 데 쓰인다. 이제 어둠은 더 이상 일반 대중들의 지루한 일상생활을 무관심과 망각 속에 던져버리는 데 사용되지 않는다. 어둠은 이제 비가시성을 이용해 개인들을 항구적인 감시체제 속에 억류하며 그들의 일상생활의 틈을 비집고 들어가는 권력의 익명성을 확보하기 위해 사용된다.

이와 같은 가시성 체제의 역전은 푸코가 설명하는 새로운 건축형식으로 구체적으로 해석될 수 있다. 18세기 말에 영국의 제레미 벤담이 고안한 <판옵티크>라는 이름의 아주 특수한 건축 설계도를 통해, 빛의 새로운 활용법을 통해 우리는 정치권력이 훈육으로 어떻게 작동하게 되는지를 명확히 파악할 수 있다.

애초에 <판옵티크>는 감옥 건축을 위해 고안되었다. 그러나 푸코는 <판옵티크>가 감옥에만 한정되는 것이 아니라 학교, 병원, 정신병동, 공장, 병영, 즉 개인들의 감시와 이와 관련된 조직의 문제를 전제하는 모든 기관들의 구축에도 확대 적용되었다는 점을 지적한다.

푸코가 기술하는 벤담의 <판옵티크>를 살펴보자.

"주위는 원형의 건물에 에워싸여 있고, 그 중앙에는 탑이 하나 있다. 탑에는 원형 건물의 안쪽으로 향해 있는 여러 개의 큰 창문들이 뚫려 있다. 주위의 건물은 독방들로 나누어져 있고, 독방 하나하나는 건물의 앞면에서부터 뒷면까지 내부공간을 모두 차지한다. 독방에는 두 개의 창문이 있는데, 하나는 안쪽을 향하여 탑의 창문에 대응하는 위치에 나 있고, 다른 하나는 바깥쪽에 면해 있어서 이를 통하여 빛이 독방을 구석구석 스며들어 갈 수 있다. 따라서 중앙의 탑속에는 감시인을 한 명 배치하고, 각 독방 안에는 광인이나 병자, 죄수, 노동자, 학생 등 누구든지 한 사람씩 감금할 수 있게 되어 있다. 역광선의 효과를 이용하여 주위건물의 독방 안에 감금된 사람의 윤곽이 정확하게 빛 속에 떠오르는 모습을 탑에서 파악할 수 있는 것이다. 그것은 바로 완전히 개체화되고, 항상 밖의 시선에 노출되어 있는 한 사람의 배우가 연기하고 있는 수많은 작은 무대들이자 수많은 감방들이다. 일망 원형 감시의 이 장치는 끊임없이 대상을 바라볼 수 있고, 즉각적으로 판별될 수 있는, 그러한 공간적 단위들을 구획 정리한다. 요컨대 이곳에서는 지하감옥의 원리가 전도되었다. 아니 오히려 지하감옥의 세 가지 기능 — 감금하고, 빛을 차단하고, 숨겨두는 — 중에서 첫 번째 것만 남겨놓고 뒤의 두 가지를 없애버린 형태이다. 충분한 빛과 감시의 시선이, 결국 보호의 구실을 하던 어둠의 상태보다 훨씬 수월하게 상대를 포착할 수 있다. 가시성의 상태가 바로 함정인 것이다."[12]

이러한 감시형식은 권력으로 하여금 놀라운 훈육효과를 가져다준다고 푸코는 지적한다. 우선, 이러한 감시방식은 개인들을 서로 분리시키고, 폭동과 공모를 할 수 있는 대중들이 수반하는 잠재적 위험의 부정적인 효과를 억제한다. 감시는 우글거리고 익명적인 대중들로부터, 과거에는 뒤죽박죽 무분별한 상태에 있었지만 이제는 계측이 가능하고, 검증이 가능하며, 더 쉽게 통제가 가능한 개인, 수감자, 학생을 추출해 낼 수 있게 해준다. 대중들은 빛 속에서 감시받는 고립된 개인으로 분해된다. 결국 효율적 개인화와 감시의 역학이 발전한다. <판옵티크>는 학생, 수감자, 병자, 광인에게 눈앞에 보이는 것은 감시탑밖에는 없지만 빛 속에서 항시 그들을 염탐하는 감시인들이 있어 잠재적으로 그들을 감시하고 있다는 느낌을 심어준다. 사실상 감시당하는 자는 누군가가 일정한 시간에 자신을 감시하는지를 모른다. 그는 탑의 내부를 볼 수 없다. 하지만 그는 매 순간 자신이 감시당할 수 있음을 확신한다. 결국 이 느낌은 그로 하여금 자기 자신을 감시하도록 유도한다. 따라서 <판옵티크>는 권력의 자동적·연속적 작동을 허용하는 건축물이라고 할 수 있다. 또 그것은 이러한 권력의 작동 속에서 감시인을 대신하고 필요한 경우에는 감시인을 제거해 버리기까지 한다. 또 감시인은 동시에 다수의 개인들을 감시할 수 있다. 요컨대 여기서는 어떤 개인들에 의해 행사되지 않으면서도 항구적으로 유지되는 권력의 상황이 발생한다. 즉 항구적인 권력관계가 중단 없이 작동한다. 이것은 마치 효과를 극대화하고, 노력을 최소화하며, 기계를 작동시키기 위해 매 순간 누군가의 현존을 요구하지 않으면서도 풍부한 정보들을 순환시키는 자동기계와 같다.

이러한 가시성의 체제 하에서 매 순간 감시받는다는 것을 자각하는 개인은 자기 자신에게 주의를 기울일 수밖에 없다. 그는 자기 자신을

---

12) 미셸 푸코, 『감시와 처벌』, p.295.

감시하고 억압한다. 무력, 사슬, 철창을 이용한 격리에 호소할 필요도 없고, 물리적 에너지를 불필요하게 낭비하지 않고서도 가시적이지만 확인이 불가능한 이 감시권력은 개인이 자신과 맺는 관계 속에서 효력을 발휘한다. 개인은 자기 자신에게 이 감시를 반복하여 유혹을 억제하고 회피한다. 개인은 매 순간 감시자가 자신을 발견하지나 않을까 노심초사하며, 어둠 속으로 숨을 수 없음을 숙명적으로 체험하며 자기 자신을 권력에 예속시킨다.

푸코에게 있어서 <판옵티크>는 근대권력의 경제학의 우의적 표현이다. 즉 그것은 현시와 스펙터클의 무게로부터 해방된 권력 행사이다. 군중들의 소란과 비명으로부터 멀어지면서 체형을 당하는 자의 신체에 영원히 지울 수 없는 낙인을 찍지 않고서도, 근대의 권력은 권력을 행사하는 지배자와 피지배자들에 의해 중계되면서 유연하고 조용하고 감지 불가능하게 작동하는 권력이 된다.

이 훈육의 세계에서 법은 권력 행사의 중추인 규범으로 대체된다. 주민들에 대한 거대한 조절적 통제 속에서, 공중보건, 출생률, 도시화 정책들 속에서 규범은 이중적 전략을 갖는 감시체제를 통해 부과된다. 먼저, 이 감시는 인간 생활의 극히 사소한 세부사항들의 대상화를 가능하게 했고, 그것을 규범 공표를 위한 지식으로 변환시킨다. 다음으로 감시는 이 공표된 규범들이 진실 효과를 갖게 만든다. 즉 감시는 규범들이 예속화 기제들을 통해 행동들을 산출할 수 있게 해준다.

이 같은 가시성의 역전은 또 다른 전략, 즉 과거의 낡은 권력의 형상 뒤로 숨는 근대권력의 전략을 탄생시킨다. 예를 들면『성의 역사 1권: 앎의 의지』에서 푸코가 설명하듯이, 더 엄격한 성도덕을 위해 반복된 담론들은 개인들로 하여금 그들의 성적 욕망을 고백하게 하고, 그것에 극도의 주의를 기울이도록 유도함으로써 권력이 그것들을 수집하여 성의 규격화 전략을 고안하는 데 사용하기 위한 전략이다. 푸코에 따르면, 고전주의시대 이후의 성의 역사는 성에 대한 억압의 역사가 아니라 반대로 성의 분산의 역사, 즉 성적 욕망 <장치>의 핵심인 <성도착의 수립>의 역사이다.

그래서 규범적 전략과 전술로 구성된 일련의 장치를 통해 고안된 인자한 형상과 유연하고 효율적 작동 방식을 갖춘 근대의 권력은, 인간 생활의 전 영역과 동일한 외연을 갖게 되었고, 그 결과 인간의 행동을 변형시키기 위해 영혼과 육체 속으로 침투한다. 우회 불가능한 <권력의 눈>의 현전은 생명을 가두거나, 제거하거나, 억압하거나, 숙청하지 않고서도 개인의 신체와 행동에 훈육효과를 발생시킨다. 규범은 개인에게까지 미치고 개인을 관통하여 명령, 질서, 담론, 권력의 의지가 순환하기 위한 수단을 구축한다.

3. <생체통제권력>과 <성적 욕망의 장치>

우리 사회에서 침묵의 강요와는 거리가 먼 성적 욕망은 개인의 규격화를 부단히 조직하는 무수한 담론과 장치들의 대상이 되었다. 필두에서 말했듯이, 『성의 역사 1권: 앎의 의지』에서 푸코는 우리 사회에서 성은 금기의 대상이 되었다는 주장을 반박한다. 푸코는 우리가 왜 성과 관련하여 억압을 받는다고 주장하게 되었는지를 <억압적 가설>과 관련된 세 가지 주요 사항들을 중심으로 논박한다. 첫째로, 푸코는 성의 억압이 역사적으로 자명한 것이 아니며, 둘째로 권력의 역학은 본질적으로 억압의 질서에 속하지 않으며, 셋째로 억압을 주장하는 담론은 그 자체로서 성행위의 규격화에 참여한다는 주장을 한다.

성과 관련한 예방의 논쟁이 늘 사회관계의 표상, 성적 욕망에 관한 담론, 또 예방의 동인들이 담당하고 있는 역할로 우리를 회부하는 상황에서, 오늘날 이 주제들을 재검토하는 것은 유용하리라고 생각한다.

외관상 "성을 억압하는 듯한" — 예를 들면 동성애 혐오증 — 담론들을 넘어서 성과 관련하여 언급된 터부의 제거는 신문이나 텔레비전 등 도처에서 계속해서 회자되는 테마이다. 관련 당사자들, 전문가들의 증언들은 성에 대한 담론을 폭발적으로 증가시켰다. 제도상에서도 성에 대한 고백의 선동은 공공연히 진행되었다. 이러한 현실은 일시적인 것도 우연적인 것도 아니다. 16세기 이후로, 특히 18세기 이후로 성은 지속적인 담론의 대상이 되어왔다.

여기서 문제가 되는 것은 성에 대해 모든 것을 낱낱이 말하는 것이고, 또 각자의 욕망을 담론으로 변형시키는 행위이다. 푸코는 이것을 <성고백의 법정명령>이라고 불렀다. 성에 대해 고백해야 하는 거대한 예속으로부터 사람들은 욕망 자체의 변화와 변형을, 다시 말해서 일련의 표상과 행동의 변형을 기대한다. 사람들은 성을 항구적인 대립체계 내에서 합법적인 것과 비합법적인 것을 고정시키는 담론으로 간주하기보다는 유용성의 체계 속에 삽입한다. 즉 성은 공권력에 귀속되고, 그래서 국가와 개인 간에 설정되는 관계의 핵심적 관건, 즉 권력의 관건이 되어버렸다.

푸코는 『성의 역사 1권: 앎의 의지』에서 어떤 방식으로 학교의 규율을 통해 유아의 성이 차츰차츰 권력의 대상이 되었는지를 예증한다. 소견과 관찰에 할애된 담론과 수많은 제도적 장치들이 유아의 성에 할애되었다. 의심할 여지없이 최근 수십 년 동안 이러한 역사적 경향들은 확증되었을 뿐만 아니라 또 유아의 성과 그 위험을 다루는 모든 연구, 관찰, 검증의 테크닉의 발전과 그것들을 담당하는 장치와 조직들의 발전에 힘입어 확대일로에 있다. 이러한 주제의 광범위한 미디어화와 또 이와 병행한 기술적 진보는 이 변혁을 더욱 가속화시켰다. 여기서 우리가 유념해야 할 바는, 우리가 성을 터부 혹은 비밀로서 논의한다 해도 성은 우리 사회에서 결코 어둠 속에 방치된 것이 아니라는 단순한 사실이다.

그렇다면 사람들은 어떻게 성을 논의하는가? 푸코는 성에 대한 담론이 전적으로 이성애의 부부에, 재생산에, 국가의 노동력 재생산에, 결과적으로 기성의 사회관계의 재생산에 국한된다고 주장하는 <억압적 가설>을 단호하게 거부한다. 푸코는 성에 대한 권력이 이성애자의 일부일처제를 보호하고, 그 이외의 모든 성관계를 금지하는 데 있는 것이 아니라고 주장한다. 이와는 반대로 최근 수세기 동안에 <더 많은 묵비권>을 행사했으며, 사람들은 유아의 성에 대해, 범죄자와 광인의 성에 대해 더 세심히 논의하기 시작했다고 푸코는 주장한다. 사회는 주변부적인 성적 욕망들을 전례 없이 세밀하게 기술, 분석하기 시작했다. 즉 주변부적인 성적 욕망들은 통제와 감시의 대상이 되었고, 거기서 의료의 보급은 중요한 역할을 담당하게 된다. 하지만 여기서 이러한 주변부적인 성적 욕망의 범주들을 배제하는 것이 지배적이었던 것이 아니라, 그것들의 특수화와 견고화가 문제시된다. 다시 말해서 사회의 한정된 자리에 이 범주를 구축하는 것이 우선시되었다.

이렇게 해서 주변부적인 성적 욕망은 공공의 장소에 출현하게 되었다. 즉 푸코는 권력의 확장을 통한 성적 욕망들의 증식과 성적 욕망들의 증식을 통한 권력의 발전이라는 이중적 역학을 논한다. 푸코는 실제로 또 직접적으로 변태적인 사회를 논한다. 근대 사회는 실제로 변태적이다. 그 이유는 신체와 그 쾌락에 개입하는 일정한 권력이 행한 추론의 실제적 산물이 바로 주변부적인 성적 욕망들이기 때문이며, 또 이러한 주변부적인 성적 욕망들이 성과 권력이 맺는 관계들을 발전시켰기 때문이다.

전승된 이러한 역사적 절차에서 의학적 담론은 중요한 역할을 담당하고 있다. 여기서 의학적 담론은 생물학적 재생산에 기초한 과학적 담론을 지칭하는 것이 아니라, <성의 진실>을 생산하는 기제로서의 성과학을 일컫는다. 푸코는 이것을 <scientia sexualis>라고 명명했고, 이 성과학은 성의 진실을 생산하는 고백의 방식으로 기능한다. 우리는 우리의 주변에서 항시 고백의 방식으로 존재하는 성에 대한 담론들의 무수한 증언과 작동을 목격한다. 오늘날 동성애자는 우선 자신의 동성애를 감추는 자인가 아니면 숨기는 자인가? 동일한 방식으로 자신의 동성애를 위험을 무릅쓰고 고백하는 <커밍아웃> 현상과 함께 작동하는 것도 역시 고백의 메커니즘이다. 커밍아웃을 둘러싼 대립은 풍자적으로 보일 수 있다. 즉 만약 동성애자가 자신의 동성애를 고백한다면, 사람들은 우선 그가 자신의 동성애를 숨겼다고 생각한다. 이러한 관념을 거부할 필요가 있다. 요컨대 고백은 말하도록 강요하는 권력의 결과이지 침묵하도록 강요하는 권력의 결과가 아니다. 성의 영역에서 행사되는 권력은 말을 금지하는 권력이 아니라 말하도록 명령하는 권력이다.

성에 대한 수많은 담론들이 고백의 메커니즘에 기초하고 있다는 것을 인정하는 것은 상당히 쉬운 일이다. 물론 고백이 단일한 의미를 갖지 않는다는 것을 인정할 필요가 있다. 고백은 죄를 제3자에게 인정하는 행위일 뿐만 아니라 면죄, 심판, 징벌, 용서 등과 같이 제3자가 권력을 행사하는 방식이기도 하다.

푸코의 관점에서 보면 정신분석학은 여기서 기술된 이러한 역사적 절차에 참여한다. 성은 고갈 불가능한 다 형태의 인과적 권력을 갖는다 — "모든 것이 성적이다" — 는 관념을 가정하는 것은 과학적으로 용인할 수 있는 관찰의 장을 만들기 위해 필요한 조건들 가운데 하나다. 우리는 여기서 성은 불법적이라는 관념과 그 작동방식이 모호하다는 관념의 상투적인 혼동을 확인할 수 있다. 여기서도 고백의 절차는 문제를 발생시킨다. 즉 성적 욕망은 잠재적이고 숨겨진 것이라면 그것을 고백하게 만들어야 한다는 말이다. 이것을 밝혀내기 위한 방법들 가운데 하나가 해석이다. 해석에서 듣는 사람은 진실의 주인, 즉 과학적 담론의 발화자이다. 이와 병행해서 고백은 정상과 비정상의 경계선의 발달과 더불어 의료화된다. 푸코는 정신분석의 기여를 인정하면서도 정신분석의 중요한 윤리적 가치들을 인정하면서도, 임상적 청취방식에 근거한 성에 대한 고백의 명령을 정신분석학에서 확인한다. 여기로부터 성적 욕망이 탄생한다. 정신분석학 이전에 성의 진실에 대한 탐구는 고백을 거쳤다. 정신분석학과 함께 성의 진실에 관한 탐구는 억압 제거의 명령을 거친다.

이처럼 정신분석학이 탄생하는 사회적·문화적 환경들 — 간략히 부르주아지의 환경이라 말할 수 있다 — 내에서 우리는 성에 대해 모든 것을 알려는 의지와 연관된 권력의 전략들의 발전을 확인할 수 있다. 오해를 피하기 위해서 이러한 절차들을 조직하기 위한 정신분석과 권력의 어떤 공모나 음모가 존재하지 않았다는 점을 분명히 밝혀두고자 한다. 성 권력에 대해 대체적으로 일상적 담론은 법, 금기, 검열, 복종 등을 통한 거부, 배제, 억압 등과 같은 부정적 관계에 기초하고 있다. 누차 언급했듯이 푸코는 이러한 관점에 동의하지 않는다. 푸코는 권력의 속성과 관련하여, 법이 권력을 작동시키는 유일한 동인이 아니며, 오늘날 우리의 정치체계 내에는 새로운 권력 메커니즘이 침투했다고 생각한다. 이 메커니즘은 살아 있는 신체로서의 인간들과 관련이 있다. 이 메커니즘들은 법을 규범으로 대체시키는 경향이 있고, 징벌을 사회적 통제로 대체시키는 경향이 있다. 섹스는 이러한 근본적 변혁의 밖이 아니라 안에 위치하지 않는다. 따라서 문제는 만약 법이 아니라면 어떤 방식으로 권력이 성에 접근하는가를 아는 일이다. 요컨대 어떤 전술적 수단을 통해서 권력은 성에 접근하는가? 또 예를 들어 에이즈와 같은 모든 질병을 예방하기 위해 <행동들의 지배>가 문제시될 때 우리는 이 지배의 버팀대를 푸코의 가설에 입각해 연구해 볼 필요가 있다.

푸코에 따르면, 우선 "권력은 도처에 존재한다."[13) 권력이 도처에

---

13) 미셸 푸코, 『성의 역사 1권: 앎의 의지』, p.107.

있다는 것은 권력이 도처에서 기인하고, 사회적 관계 내부의 다양한 지점에서 행사되고, 또 지배가 행해지는 곳에서 권력은 저항에 부딪친다는 것을 의미한다. 푸코는 "이렇게 점차적으로 권력의 이론을 구축하면서 권력의 실존은 힘의 관계의 실존이라는 관념을 유지한다." 즉 푸코는 무수한 힘의 관계에 상응하는 유동적인 다수의 권력이 있다고 주장한다. 이 힘들의 관계는 변형의 모체이고, 또 이 관계는 독자적임과 동시에 총괄적인 지배 효과들과 연관되어 있다.

권력과 성의 관계는 근본적으로 억압에 기초하며, 성은 재생산의 기능으로 축소된다고 생각하는 것은 옳지 않다. 보수주의자들이 성을 불평등하게 기성의 사회를 재생산할 수 있는 유일한 모델인 이성의 부부에 국한시키려 한다고 진보주의자들은 종종 주장한다. 하지만 18세기부터 부부관계를 넘어서고, 이성애자들의 범주를 벗어나는 인물들이 만들어진다. 그것은 히스테리에 걸린 여성, 수음하는 유아, 맬서스주의 부부, 성도착증에 걸린 성인 혹은 동성애자였다. 이 각각의 인물들은 담론 기술의 발전을 필요로 했다. 즉 히스테리에 걸린 여성은 의학 권력에 의해 분석되었고, 여기서 이 여자는 어머니의 역할 수행 여부의 견지에서 고찰된다. 수음하는 유아는 유아의 성교육을 구체화한다. 맬서스주의에 입각한 부부는 의학적·사회적·경제적 차원에서 사회적 담론의 대상이 된다. 마지막으로 사람들은 도착적 성인들의 비정상성을 확증하고 그것을 수정할 수단을 강구했다. 이 인물들은 성적 욕망에 대항한 투쟁을 촉구한 게 아니라, 이들을 통제하기 위한 지식과 권력을 출현시켰다.

역사적 견지에서 낡은 <혼인장치>(dispositif d'alliance) — 결혼제도, 가족관계의 고정과 발전 체계, 성씨와 재산의 상속체계 — 는 차츰차츰 <성적 욕망의 장치>(dispositif de sexualité)로 대체된다. 인척체계는 허용된 것과 금지된 것, 합법적인 것과 비합법적인 것을 대립시키는 규칙들에 따라 기능한다. 그러나 <성적 욕망의 장치>는 권력의 유동적·다형태적·경제적 테크닉들에 따라 기능한다. 전자는 사회적 관계의 놀이를 재생산하고 법을 유지하는 역할을 담당하며, 후자는 통제의 영역과 형식들을 확장시킨다.

<혼인장치>에서는 사람들의 신분이 중요하다. <성적 욕망의 장치> 내에서는 신체의 감각, 쾌락의 질, 느낌의 속성이 중요하다. 결론적으로 전자의 경우 경제적 차원이 중추적인데, 그 이유는 부의 상속에서 경제적 차원은 결정적 역할을 하기 때문이다. 반면에 후자에 있어서는 신체가 핵심적인 가교 역할을 한다. 이미 설정된 관계의 유지에 기초하고, 법과 재생산을 통해 권력의 표현을 특권화하는 사회적 기능은 장시간을 거쳐 신체를 억압하고, 많은 방법과 장치들을 통해 주민을 통제하는 사회적 기능으로 변화한다. 우리는 성적 욕망이 영원한 진실이 아니라 17세기부터 확장되어 온 새로운 권력장치와 연결되어 있고, 또 성적 욕망은 재생산의 배려에 기초하고 있지 않으며, 지식과 권력의 대상의 자격으로 신체를 평가하는 데 기초하고 있음을 유념해야 한다.

이러한 관점에 입각해 우리는 가족이 성적 욕망의 검열의 심급이 아니라, 성적 욕망의 항구적인 근간을 구축한다는 관념을 끌어낼 수 있다. 약화일로에 있는 <혼인장치>와 발전일로에 있는 <성적 욕망의 장치>의 공존을 확인함으로써 우리는 새로운 방식으로 미묘한 몇몇 테마들에 접근할 수 있다. 예를 들자면, 근친상간은 항시 모든 사회에 있어서 근본적인 금기일까? 그래서 성은 법의 지배 하에서만 기능할 수밖에 없다는 관념을 기초하는 것일까? 근친상간이 혼인장치에 입각해 작동하는 사회의 핵심적 규칙이라면 성의 장치에 기초한 사회의 사정은 어떠한가? 푸코에 따르면 이 성의 장치 내에서,

　　"근친상간은 강박관념과 유혹의 대상, 두려운 비밀, 그리고 불가결한 중추로서 끊임없이 부추겨지고 거부된다. 가족이 혼인장치로

작용하는 한 그것은 가족 안에서 엄하게 금지된 것으로 나타나며, 그뿐만 아니라 가정이 정말로 성적 욕망에 대한 영속적인 자극의 중심이게 하기 위해 부단히 요구되는 것이기도 하다."[14]

여기서 문제가 되는 바는 무엇인가? 사실상 그것은 사회에 근친상간이 만연시키는 위험에 관한 담론의 증가가 성적 욕망의 장치의 출현에 대한 혼인장치의 강력한 저항에 속하는 것이지, 정신분석학이 밝혀낸 근친상간의 욕망에 대한 투쟁에 속하지 않는다는 사실이다. 근친상간의 만연을 견디며 살아남을 수 없는 혼인장치가 지배하는 사회에서 근친상간의 금지는 <자연스러운> 것이었다. 성욕의 장치는 <법적인> 금지를 강요하는 대신에 <가족공간의 애정적 강화>의 조건을 만들어낸다. 억압적 가설 혹은 성적 욕망의 통제 가설에 대한 성찰은 죽음에 대한 권리와 생에 대한 권리에 대한 성찰과 비슷하다. 로마법에서 상부 권력은 죽일 권리가 있었다. 후에 군주는 자기 신하들의 생명을 위험에 노출시킬 수 있는 권리가 있었고, 그들을 죽게 만들거나 살려둘 수 있는 권리가 있었다. 이제 권력은 긍정적으로 생명에 행사되며, 그것을 관리하고, 그것을 전체적으로 통제하고 조절하려고 시도한다. 바로 이러한 관념에 입각해 푸코는 근대의 민족학살이 개인을 죽일 수 있는 낡은 권리의 회귀가 아니라, 조절해야 할 인구들에 행사되는 권력이라고 설명한다. 전술을 지탱하던 "살아남기 위해서는 죽일 수 있어야 한다"는 원리가 국가들간의 전략이 되어버린다. 권력이 생명을 관리하는 기능을 갖는 이러한 체제 내에서는 사형이 설자리는 없다.

"오늘날의 핵무기 상황은 이 과정의 귀착점이다. 다시 말해서 주민 전체를 죽음에 직면케 하는 권력은 또 다른 주민에게는 생존의

---

14) 미셸 푸코, 『성의 역사 1권: 앎의 의지』, p.122.

유지를 보증하는 권력의 이면이다. 소규모 전투의 전술을 뒷받침하던 원리, 곧 살아남기 위해서는 죽일 수 있어야 한다는 원리가 국가간의 전략의 원리로 변했다. 그렇기는 하지만 문제의 존재는 더 이상 군주권이라는 법적인 존재가 아니라 주민이라는 생물학적 존재이다. 민족말살이 정말로 근대적 권력의 꿈이라면, 그것은 낡은 죽일 권리가 오늘날 재래하고 있기 때문이 아니라 권력이 삶, 인류, 민족, 그리고 대규모적인 인구현상의 위상에 자리잡고 행사되기 때문이다."15)

<성적 욕망의 장치>는 한편으로는 훈육해야 하고, 능력을 배가시킬 필요가 있는 기계로서 간주되는 신체라는 관념에 입각해 발전되고, 다른 한편으로는 <종으로서의 신체>, 주민의 생명을 관리하는 권력 — 출생률, 사망률, 건강상태, 수명 등에 대한 담론 — 을 통해 발전한다. 따라서 오늘날 신체의 훈육과 인구의 조절은 생명에 대해 행사되는 권력의 핵심 토대이다. 생명과 역사가 맺는 관계는 이제 더이상 죽음에 기초하지 않고 생명에 토대를 둔다. 그래서 죽음에 대한 위협보다는 생명의 부양을 통해 권력은 신체에 접근한다. 신체와 인구가 만나는 지점에서 성은 생명을 관리하려는 권력의 중심적인 타깃이 된다.

<생체통제권력>은 법 — 그 최후의 무기는 죽음이다 — 에 의해 발전되기보다는 연속적이고, 조절적이고, 집단적인 메커니즘을 확보하는 규범과 규칙들의 증식을 통해 발전한다. 오늘날 우리 사회에는 법과 코드의 범람이 있다는 것을 유념하면서 그것들은 본질적으로 규범권력을 우리로 하여금 자명한 것으로 수용하게 만드는 데 사용된다는 것을 잊어서는 안 된다.

그렇다면 생명의 통제에 저항하려는 입장을 취하는 사람들의 <운

---

15) 미셀 푸코, 『성의 역사 1권: 앎의 의지』, pp.147-148.

명>은 어떠할 것인가? 그들의 목표는 분명히 <생명>, 즉 생명을 지배하려고 하는 체제와 장치들에 반기를 드는 각자의 완성임이 틀림없을 것이다. 푸코에 따르면,

"정치적 투쟁이 법의 확립을 가로질러 표명된다 할지라도, 그러한 투쟁의 쟁점이 된 것은 법이라기보다는 삶이다. 삶, 육체, 건강, 행복, 그리고 욕구의 만족에 대한 <권리>, 모든 탄압이나 <소외>를 넘어 인간의 참모습과 모든 가능성을 되찾을 권리, 고전적인 법률체계로서는 그토록 이해할 수 없는 이 <권리>는 그 모든 새로운 권력절차들 — 이것들 또한 주권이라는 전통적 권리에서 유래한 것이 아니다 — 에 대한 정치적 반응이었다."16)

정신분석학은 탄생할 때부터 신경정신병리학과 단절하였고, 성적 욕망을 통제하고 조절하려는 권력 메커니즘의 범람을 경계하였다. 요컨대 정신분석학은 성적 욕망과 성에 관한 담론화 절차의 시조가 아니다. 정신분석학은 <성적 욕망의 장치>와 생물학적 인종주의에 힘입은 피의 테마와 전적으로 결별하고, 성의 질서를 혼인, 금지된 근친혼, 아버지-군주의 법을 통해 고찰한다. 하지만 정신분석학은 권력의 옛 질서들을 모조리 동원하지만 자신과 동시대의 권력의 테크닉들에 입각해 <성적 욕망의 장치>를 고찰할 수 없었다. 정신분석학은 성적 욕망의 자질을 갖는 메커니즘들을 개인의 수준에서 포착했다. 하지만 <성>은 성적 욕망을 둘러싸고 새로이 출현하는 담론과 그 담론화 절차의 한 요소임이 틀림없다. 정신분석학은

"해부학적 요소, 생물학적 기능, 행동, 감각, 쾌락을 인위적인 통일 원리에 따라 재편성하게 해주었으며, 그 허구의 통일 원리를 인

---

16) 미셸 푸코, 『성의 역사 1권: 앎의 의지』, pp.155-156.

과관계의 원칙, 보편적으로 존재하는 의미, 도처에서 발견되는 비밀로서 기능하게 하는 것을 가능하게 했다. 따라서 성은 유일한 <기표>(signifiant) 겸 보편적인 <기의>(signifié)로서 기능할 수 있었다. 게다가 해부학적 실체 겸 결여, 기능 및 잠재성, 본능 겸 의미로서 일원론적 양태처럼 제시됨으로써 성은 인간의 성적 욕망에 관한 앎과 생식에 관한 생물학적 지식 사이의 접촉선을 표시할 수 있었다. 그리하여 전자는 몇몇 불확실한 유추와 몇 가지 이전된 개념들을 제외하면 실제로 후자에게서 어떤 것도 차용하지 않고도 인접해 있다는 특전에 힘입어 준과학성의 보증을 받게 되었다."17)

푸코에 있어서 <성>은 역사적으로 <성적 욕망>에 의존한다. 이러한 관계 하에서 사람들은 자기 자신의 신체와 정체성을 총체적으로 이해하기 위해서 필연적으로 성을 거쳐야만 하는 것으로 생각한다. 하지만 성을 긍정하는 것이 권력을 거부하는 것으로 착각해서는 안 된다. 반대로 <성적 욕망의 장치>에 저항하는 <반격>의 근거지는 성-욕망이어서는 안 되고 신체, 쾌락이어야 한다. 결론적으로 성의 담론화는 해방이 아니다. 오히려 성의 담론화는 명령이고, <준엄한 성의 절대군주제>이다. 성과 쾌락의 또 다른 경제학을 상상할 필요가 있다.

4. 동성애와 실존의 미학

성욕과 성행위에 대한 도덕적·사회적·법률적 금기의 설정이 주변부적인 성의 억압과 정확히 일치하지는 않는다. 우리가 이미 살펴보았듯이 성의 역사는 주변부적인 성행위에 대한 점증하는 억압의 역사가 아니다. 푸코는 어떤 행동들과 실천들이 한 사회 내에서 담론화

---

17) 미셸 푸코, 『성의 역사 1권: 앎의 의지』, pp.164-165.

된 이유와 그것들이 갑자기 의사, 법률가, 철학자, 예술가, 사회학자의 관심의 대상이 된 이유를 따져 묻고 이해하려고 시도했다. 이러한 행동과 실천은 담론의 대상이기 때문에 문제가 된다. 무엇에 대해 말한다는 것은 그것이 중요성이 있거나 그것이 사회 내에서 관심의 대상이 된다는 것을 의미한다. 그러나 성행위와 실천의 경우, 그것들이 왜 배려의 대상이 되었는지를 아는 것이 중요하기보다는, 왜 19세기부터 어떤 성적인 행동들이 의료계, 특히 정신병리학계의 관심을 끌었는지를 이해하는 것이리라. 달리 말해서 무엇 때문에 이 행위와 실천이 갑자기 17세기와 18세기 이후로 성행해 온 도덕적 징벌과는 판이하게 다른 함의를 갖게 된 것인지, 그 이유를 밝히는 것이 중요하다는 말이다.

동성애를 비롯한 주변부적인 성행위가 의학과, 특히 정신병리학의 대상이 된 이유는 잘 알려진 사실이다. 사람들은 무질서한 성적 욕망의 위험한 효과들로부터 개인을 보호하기 위함이었다고 흔히들 말한다. 개인을 보호한다는 것은 곧 사회를 보호하는 것이었다. 왜냐하면 이 같은 도착적 행동들이 다른 시민들을 위협할 수 있었기 때문이다. 그러나 이런 종류의 설명은 반론에 부딪힌다. 먼저, 어떤 성적인 실천들이 도착적으로 간주된다 할지라도, 그 모든 행동들이 동성애와 관련된 것이 아니라는 입장이 첫 번째 반론이다. 애초에 자위행위 방지 캠페인은 동성애자들을 타깃으로 겨냥하지 않았었다.

더 이론적인 두 번째 반론은 동성애자들에 대해 취해진 담론 자체의 속성으로부터 기인한다. 즉 성행위와 실천의 징벌을 통해 공격의 대상이 된 것은 생활방식이라는 것이다. 어떤 생활방식과 양태가 징벌을 받았는지를 정확히 밝히는 것은 쉽지 않다. 하지만 오스카 와일드의 재판에서 그 윤곽을 일별할 수는 있다. 몽고메리 하이드의 전기[18])에 따르면, 오스카 와일드의 첫 재판의 원인은 그와 젊은 알프레드 더글라스 공과의 우정과 관련이 있다. 이 우정은 성적인 것이 있다는 의혹을 샀기 때문에 문제가 되었다. 마지막 두 재판에서 오스카 와일드는 추악한 외설죄로 기소되었고, 여기서 문제가 된 것은 소년들과 와일드와의 관계의 속성 그들의 나이 차이, 나이와 관련해 와일드가 하는 말이었다. 그가 사용하는 표현들 — 예를 들면 Sweet youth, My own boy — 은 모호하며, 처벌을 받아 마땅할 남자들간의 실천과 특히 감정을 노출했다. 여기서 우려스러운 것은 자유분방한 성이라기보다는 동성애가 이의를 제기하는 사회적 관계이다.

푸코에게 있어서 동성애는 성행위와 관련이 있다기보다는 오히려 경험의 형식과 밀접히 연관되어 있다. 경험의 형식은 이중적으로 구조화된다. 즉 경험은 남성들이 맺는 다양한 관계에 근거하며, 이 관계들은 다른 모든 유형의 관계들 — 예를 들면 이성애자들의 관계 — 과 마찬가지로 성행위에 국한되지 않는다. 우리는 이성애자를 성행위에 국한시켜 한정할 수 없고, 또 이성애자라는 말은 이 말이 갖는 성적인 함의 때문에 사람들이 자주 사용하지 않았다. 성행위에 자신을 동일시하는 이성애자는 거의 없을 것이다. 푸코는 동성애에 대해서도 동일한 태도를 취할 것을 제언한다. 동성애는 고정된 것도 아니며, 애초부터 본질도 실체도 아니다. 푸코는 『성의 역사』를 통해 이 정체성을 밝혀내려 한 것이 아니라, 한 사회 내에서 어떻게 사람들은 어떤 성적인 실천을 문제화 — 동성애 — 했으며, 또 어떻게 개인들에게 사랑하는 방식에 입각해 정체성을 부여하기에 이르렀는지를 이해하려고 시도했다.

동성애는 <자기 실천>(pratique de soi)에 속하며, 그것은 자기가 자기에 가하는 작업을 통해 구축된다. 그렇기 때문에 동성애는 경험의 형식이다. 달리 말해서 욕망과 성적인 선택으로서의 성은 애초부터

---

18) H. M. Hyde, *The Trials of Oscar Wilde*, New York, Dover Publications, Inc, 1973.

고착된 무엇이 아니라 그 위에 자신의 실존을 구축해야 하는 재료이다. 그렇기 때문에 푸코는 "이 성적인 선택들이 동시에 생활의 방식들을 창조하는 것이어야 한다"[19]고 주장한다.

이 같은 동성애의 경험은 우리 사회에서 <우정>(amitié)이라는 특수한 형식 하에서 항시 존재해 왔다. 그러나 모든 형태의 우정이 동성애로 귀결되는 것은 아니다. 푸코는 남성들의 우정은 애정으로 점철된 사회관계들의 특수한 한 방식임을 주장한다. 오랫동안 이러한 유형의 관계들은 사회적·경제적 의무를 수반했고 사회 전체에 문제를 발생시키지 않았다.[20] 사실상 그 누구도 남성들간에 있을 수 있는 관계에 문제를 제기하지 않았다. 왜냐하면 그것들은 의혹의 여지가 없었기 때문이다. 결국 우정은 용인된 것이었다.

그러나 푸코에 따르면 종종 강도 있는 남성들간의 애정관계는 17세기와 18세기부터 변하기 시작했다고 한다. 푸코는 "새로운 정치 구조의 정착은 우정이 본래 가지고 있던 사회적·정치적 기능의 지속을 방해했고, 정치 제도의 발전은 귀족 사회에서 가능했던 우정관계를 중단시켰다"[21]고 주장한다. 우정은 경찰, 사법체계, 학교 등과 같은 제도들과 충돌하며 문제를 발생시켰다. 남성들간에 수용 가능했던 사회적 관계의 유형인 우정이 변형되고 문제화되면서 사람들은 일정한 성행위에 의문을 제기하며 그러한 행위를 하는 사람들을 동성애자라고 지칭하기 시작했다는 말이다.

우정을 문제시하면서 <생체통제권력>은 동성애와 동성애자의 출현을 야기했다. 먼저 주변부적인 성에 문제제기를 하면서, 다시 말해서 규칙을 어기며 부부관계의 목적을 존중하지 않는 성행위에 <생체통

19) Michel Foucault, *Masques*, 13 septembre, 1982, pp.14-24.

20) Michel Foucault, *Nouvel Observateur*, no 1098, 22-28 novembre, 1985, pp. 74-75

21) Michel Foucault, *Masques*, 13 septembre, 1982, p.18

제권력>은 문제제기를 하면서 동성애와 동성애자를 출현시킨다. 그러나 여기서 중요한 것은 징벌이 아니라 앎의 의지이다. 의학계는 이 주변부적 성행위들 — 유아의 성, 수음, 동성에 대한 사랑 — 을 먼저 해독하고, 명명하며, 또 그것이 개인 혹은 개인과 환경이 맺는 관계에 병적인 효과를 발생시키는지를 알려고 시도했다. 여기서 사회적 관계로서의 우정은 사라진 것이 아니라, 형식을 바꾸었다고 말할 수 있다. 그리고 나서 이 성생활에 대한 지식은 간섭과 통제 권력에 알리바이를 제공한다. 의학적 앎은 단순히 지식만을 생산하는 것이 아니라, 정상적인 성의 규범을 규정하고 설정한다. 결국 의학적 지식은 성행위를 규정하고, 의학의 개입을 사전에 정당화하고 합법화시키는 도착의 세계를 규정한다. 병든 개인들을 치료해야 한다. 결국 주변부적인 성은 억압 속에서 탄생한 것이 아니다. 푸코는 성행위의 엄청난 가시성을 인정해야 한다고 주장한다.

"이 권력은 당연하게도 법규의 형태도 금기의 효과도 지니고 있지 않다. 반대로 그것은 특이한 성적 욕망들의 세분화를 통해 일을 진행시킨다. 그것은 성적 욕망의 한계를 정하지 않으며, 성적 욕망의 다양한 형태들을 확장시키면서 무한한 침투선을 따라 그 형태를 뒤쫓는다. 그것은 성적 욕망을 배제하는 것이 아니라 개인들에 대한 특성별 분류의 방식으로 육체 속에 포함시키고, 성적 욕망을 피하려고 애쓰는 것이 아니라 쾌락과 권력이 서로를 보강하는 나선을 통해 여러 가지 성적 욕망의 변종들을 끌어들이며, 차단벽을 세우는 것이 아니라 최대로 포화된 장소를 마련한다. 그것은 성의 모자이크를 만들어 고착시킨다. 근대 사회는 청교도주의에도 불구하고 또는 위선의 여파 같은 것을 받아서 성적으로 비뚤어져 있는 것이 아니라, 현실적으로 그리고 직접적으로 비뚤어져 있다."[22]

---

22) 미셸 푸코, 『성의 역사 1권: 앎의 의지』, p.65.

이와 같은 성과 성적 욕망에 대한 앎의 의지 내에서 우정은 사회적 애정관계의 합법적 위상을 상실한다. 성욕과 애정의 표현 방식과 형식에 대한 지식의 심문 때문에, 그리고 이와 같은 유형의 특수한 사회적 관계가 대표할 수 있는 알려지지 않은 속성 때문에 우정은 전통적 방식으로— 17세기 이전의 형태로— 더 이상 나타나지 않는다. 결국 이 문제는 생명 현상 전반에 관심을 갖는 권력-지식 장치로부터 기인한다.

『성의 역사』와 관련한 푸코의 문제제기는 또한 정치사에 속한다. 하지만 푸코는 억압이나 해방을 언급하지 않는다. 그 이유는 간단하다. 즉 그것은 더 많은 성적 자유를 위한 투쟁, 상이한 성적 시나리오들에 대한 관용을 위한 투쟁이 차이성을 관리, 조절하는 정치적 합리성을 답습하는 것이기 때문이다. 동성애자들의 권리투쟁에 반대하지 않으면서도 푸코는 또 다른 수준에서의 투쟁을 제안한다.

푸코에게 있어서 동성애는 이상한 성행위로 요약될 수 없는 생의 스타일을 의미한다. 여기서 중요한 것은 성이 중요한 역할을 담당하는 복잡한 사회적 관계이다. 달리 말하면 동성애자는 자신의 생에서 성이 담당하는 역할을 인정하고, 성이 자신의 생 전반에 중요한 영향을 미치도록 하기 위해 노력한다. 그 이유는 바로 성이 우리의 행동에 속하며 우리의 자유의 중요한 한 부분이기 때문이다.[23] 푸코는 해방과 자유의 실천을 구분한다. 해방이 해방해야 할 억압된 인간성의 테마와 관련된다면, 자유의 실천은 자기의 자유를 구체적으로 실천하는 것과 관련된다. 달리 말해서 개인을 억압하는 바로부터 개인을 해방시키기 위한 투쟁이 문제가 아니라, 우리의 성과 같은 일정한 자유를, 윤리 즉 우리가 우리의 실존에 특수한 스타일을 부여하기 위해

---

23) Michel Foucault, *Nouvel Observateur*, no 1098, 22-28 novembre, 1985, p.74

자기에게 가하는 작업 — 자기를 자율과 쾌락의 원천으로 변형시키기 위한 작업 — 의 조건으로 만드는 것이 관건이라는 말이다. 푸코는 이 작업을 <고행>(askesis)이라 불렀고 이를 "자기가 자기 자신에게 가하는 훈련"으로 정의하고 "이를 통해 우리는 우리 자신을 고안하고, 변형시켜 어떤 존재의 양태에 도달하고자 시도할 수 있다"[24]고 단언한다.

따라서 푸코가 주장하듯이 동성애는 새로운 사회적 관계들을 창조하는 한 방식이다. 그렇기 때문에 푸코는 게이 문화의 창조를 외친다. 푸코는 이 말을 통해 새로운 삶의 방식의 창조를 지시한다. 달리 말해서 푸코는 동성애를 창조적 힘으로 변형시킬 것을 제안한다. 그래서 성이 억압의 형식들로부터 해방되기만 하면 동성애자 혹은 게이에 자기 자신을 동일시할 필요가 없다는 주장은 타당하지 않다. 성이 가지고 있는 엄청난 잠재력을 활용해 타인과 새로운 형태의 사회관계와 애정관계를 창조할 필요가 있고, 또 성이 갖는 이 자유를 그것들을 창조하기 위해 실천해야 할 필요가 있다고 푸코는 주장한다. 이처럼 자기 배려의 윤리는 자기 창조의 미학이다. 결국 중요한 것은 한없는 운동임을 알면서도 항시 자기 자신의 최전방에 위치해야 한다는 관념과, 그것을 자신을 위해 실천해야 할 필요성의 자각과 그 실험이리라.

---

24) Michel Foucault, "L'éthique du souci de soi comme pratique de la liberté", in *Dits et Ecrits*, tome II, 1976-1988, ed. Gallimard, Quarto, 2001, p.1528

"성리학의 '섹슈얼리티' 구성방식에 나타난 성별정체성"에 대한 논평

이   권 | 충북대 인문학연구소 |

김미영 교수는 송대 이후 등장한 성리학적 이념체계에 아래에서 여성이 구성되는 방식과 성적인 욕망체계가 처리되는 방식을 통해서, 성통제 방식이 친족체계나 성별정체성 형성에 영향을 미치는 방식을 논의하고 있다.

필자에 따르면 먼저, 성리학에서는 성역할 개념의 습득을 위한 장치를 덕성배양이라는 측면에서 좀더 엄밀하게 규정하면서 '가족'이라는 장을 강화시킴으로써 여성은 대를 이어주고 가족을 일구어나가는 존재로 정의되므로 여성은 가족 안에서만 의미화된다. 다음으로, 성리학적 이념 하에 다스려지던 사회에서 여성의 섹슈얼리티는 가족의 범위 내로 엄격히 제한되어 철저히 통제되며, 이를 상실하였을 경우 사회구성원으로서의 자격까지 상실하게 된다. 따라서 여성의 섹슈얼리티 통제방식에서는 성적 욕망이 주된 주제가 아니고 한 남자의 부인으로서 지켜야 하는 정절이데올로기에 의존해서 논의가 이루어진다. 즉 항상 여성 자신의 몸에 대한 통제와 몸에 드러내야 할 덕목을 여덕(女德)으로 묘사하며 나타난다. 따라서 여성은 자신의 덕을 표현하고 구현하는 장소가 항상 가족질서 내에 한정되며 가족을 넘어선 공간에서 자신의 덕을 표현할 수 있는 여지가 없게 된다. 반면 남성의 경우에는 자신의 뜻을 펴게 되는 장인 정치 사회의 공간 속에서 능력을 펼치는데 장애가 되지 않아야 한다는 맥락에서 제기된다. 성적욕망을 다룰 때 남성에게 제시되는 논의들은 여색에 대한 조절을 통해서 자신의 덕목을 국가, 천하, 전 우주적 영역으로 확장해 나가는 충서의 도를 강조하게 된다.

필자의 논점은 분명하다. 즉 성리학의 이념이 지배하던 송대 사회에서 여성의 섹슈얼리티는 가족 안에서만 의미가 있었고, 여성은 일부종사와 정절이데올로기라는 족쇄를 차고 있었다는 것이다.

그런데 필자의 논지가 분명한 만큼 필자가 그려낸 여성의 모습이 당시 사회 속에서의 여성과 일치하는가라는 의문 또한 자연스럽게 떠오른다. 좀더 구체적으로 송대 이후 유교사회의 가족 안에서 여성, 특히 아내의 지위 또는 권리가 남편이나 아들에 비해 그토록 미미했는가? 일부종사와 정절이데올로기가 여성의 섹슈얼리티를 엄격하게 제한하고 철저히 통제하는 기제로만 작동했는가?

꼬리를 물고 일어나는 물음들을 다음의 몇 가지로 간추려 보았다.

첫째, 필자의 글을 다 읽고 나면 해묵은, 그러나 여전히 의미심장한 물음에 도달하게 된다. 송대 이후 유교사회에서 여성의 성정체성이 그렇게 보잘것없었다면 현대인의 입장은 결국 유교적 전통에 대한 부정으로 귀결될 수밖에 없지 않은가? 유교사회에서의 성역할은 비판하면서 유교이데올로기를 부정하지 않을 수는 없을 듯이 보인다. 그 사회에서 성역할은 유교이데올로기에 의해 자리매김되었기 때문이다. 그렇다면 필자의 대안은 무엇인가?

둘째, 만약 유교전통을 부정한다면 짧아도 5백 년, 길게는 7, 8백 년이라는 기간 동안 과거 동아시아의 여성들의 삶은 어떻게 해석해야 하는가? 그들이 정말로 『인형의 집』에 나오는 노라처럼 가부장제적인 사회의 부속품이었는가? 이 점을 해명하려면 더 다양한 측면에서 당시 여성들의 삶을 조망해 보아야 하지 않을까? 이은선 교수는 유교 전통을 부정하는 관점에 대해 다음과 같이 평가한다.

"지금까지 한국의 페미니즘이 왜곡된 실체화된 예에 대한 반발로 유교전통의 시기를 송두리째 부정하고 간과하는 태도는 현명해 보이지 않는다. 왜냐하면 … 당시 거기서 그녀들에게 주어진 예를 통해서 한 도덕적인 주체로 살았던 여성들의 역사까지도 무시해 버리는 것이 되기 때문이다."[1]

도덕적 주체성이라는 것은 특정 사회를 지배했던 강자의 이데올로기라는 점에서 볼 때 옹호할 것이 아니라 오히려 비판되어야 한다. 하지만 이교수는 중요한 지점을 가리키고 있다. 하나의 주장을 위해 현실을 단편적으로 정리해 버리는 방식은 삶을 다루는 태도로는 적절하지 못하다는 것이다. 어떤 것도 삶의 실상에 앞설 수 없다. 그것이 아무리 중요한 담론이라고 할지라도 말이다. 평자가 보기에 가치론적이 아니라 구체적이고 현실적인, 예컨대 경제적·사회적 주체로서 존재했었느냐와 같은 물음이 제기되어야 한다. 사회경제적인 해법만으로 여성의 문제를 풀리는 것은 아니지만 이 점에 대한 고려가 빠져서도 안될 것이다. 물질적 토대와 그 안에서 차지하는 여성의 자리에 대한 이해 없이는 특정 시대와 지역에 살았던 여성의 모습과 처지를 제대로 그려낼 수 없기 때문이며, 그런 밑그림이 없는 어떤 대안도 해결책과는 거리가 먼, 또 하나의 왜곡된 삶을 만들어낼 위험이 있기 때문이다.

셋째, 보다 구체적으로 당시 여성들의 사회경제적인 상황을 알려주는 다음과 같은 연구성과들은 어떻게 해석해야 하는가?

---

1) 이은선, 「유교적 몸의 수행과 페미니즘」, 『유교와 페미니즘』, 서울: 철학과 현실사, 2001, 58-59쪽.

1) 禮制에 대한 보다 전문적이고 구체적인 연구에 따르면 송대 이후 여성의 지위는 그 이전보다 강화되는 것으로 나타난다. 예컨대 장동우 교수는 『朱子家禮』를 분석하는 가운데 다음과 같이 정리하고 있다: "『朱子家禮』에 반영된 時王之制는 몇 가지 특징을 보여준다. 첫째, 어머니에 대한 服이 아버지의 생존여부에 관계없이 齊衰 3년으로 강화되는 당송시대의 변화를 반영하고 있다.2) 둘째, 시부모에 대한 며느리의 服과 반대로 며느리에 대한 시부모의 服이 강화되었다. 셋째, 嫂叔間의 服이 無服에서 緦麻로 규정되었다. 넷째, 외가 쪽 친족에 대한 服이 새롭게 규정되거나 강화되고 있다는 것이다. 이는 한마디로 모계에 관련된 服制가 새롭게 규정되거나 강화되었다는 것으로 정리할 수 있다. 즉 가부장 중심의 종법제가 그 토대에서부터 흔들리는 변화가 이루어졌고 그것이 服制에 민감하게 반영되고 있다는 것이다."3)

2) 일본인 학자 滋賀秀三은 재산권의 행사라는 측면에서 법률적으로 당송 이후는 부부가 일체인 관계로 정리하면서 다음과 같이 설명한다: 남편이 사망해서 아내가 과부가 되었을 때, 아내는 남편의 지위를 대신해서 원래 남편에게 속했던 것들을 계속 지니게 되므로 아내라는 존재가 지닌 극히 중요한 의미가 드러난다. 唐戶令應分條에서는 "寡妻妾無男者, 承夫分"(『唐律』)라고 규정하고 있고, 明淸時代의 입법규정에서는 "婦人夫亡無子守志者, 合承夫分, 須憑族長擇昭穆相當之人繼嗣"(『淸明集』)라고 하고 있으며, 속어에서는 "子承夫業, 婦承夫

---

2) 唐 上元 元年에 則天武后는 아버지 생존 중에 돌아가신 어머니에 대한 服을 3년으로 높이자고 주청하고, 결국 자신의 주장을 관철시킨다. 측천무후 이후로 이 복제는 중국에서 변함 없이 견지된다.

3) 張東宇, 「『朱子家禮』成服章의 淵源에 대한 고찰 ―『開元禮』·『書儀』와의 비교를 중심으로」, 『東方學志』 제116집, 연세대학교 국학연구원, 2002. 6.

財"라고 한다. 이처럼 남편이 죽고 자식이 없다면 남편에게 속한 것은 어떤 것을 막론하고 모두 아내의 수중으로 넘어간다. 이 점은 어떤 시대 어떤 지역에서도 통용된 중국인의 보편적인 법의식이었다. 형제가 동거했던 가정에서 아들 없이 남편이 죽은 경우에도 지분권은 원칙적으로 아내의 수중으로 이양된다. 즉 과부와 남편의 형제는 집안 재산을 공유하는 관계가 된다. 역대에 입법된 "應承夫之分"이라는 말에 근거해서 가산을 분할할 때 과부는 지분권을 갖는다. 직접적인 예를 『中國農村慣行調査·Ⅲ』, 87쪽(岩波, 1952-1958 출간)에서 찾을 수 있다. "在家長死亡, 只留下長男夫妻與次男的太太(次男死), 三男的場合, 祖業如何分割? ＝ 平分." "卽使次男的太太無子也均碼? ＝ 因'婦承夫分', 故也平分."4)

3) 여성의 재혼문제 또한 滋賀秀三의 정리에 따르면, 일반적으로 반드시 과부 본인의 의사에 따라 진행되어야 하는 것으로 여겨졌다. 이것은 이미 예로부터의 법이자 관습이었다. 역대의 법률은 모두 특별히 강제로 과부를 개가시키는 것을 처벌하는 조항을 두었다. 남편과 同族인 사람이 남편의 유산에 대한 지분을 갖고있는 과부를 장애로 여겨 억지로 과부를 개가시키려는 경우가 있을 수 있다. 그 결과 과부는 자살로 저항함으로써 중대한 형사사건이 발생하는 경우가 적지 않았다. 과부의 수절은 도덕적 각도에서 높이 평가되었지만, 다른 측면, 즉 여성의 지위를 보장한다는 점에서 보면 확실히 침범할 수 없는 여성의 권리였다.5)

---

4) 滋賀秀三 著, 張建國·李力 譯, 『中國家族法原理』, 北京: 法律出版社, 2003, 336-338쪽 참조.
5) 같은 책, 342쪽 참조.

"성애의 현상학"에 대한 논평

| 신 인 섭 | 천안대 기독교학부 |

이종관 선생(이하 필자)의 성애의 현상학은 에로틱이란 결국 하나의 형이상학적 차원을 지닌다는 명제를 상호신체적 구도 속에서 육화된 지향성의 실마리로 재구성한 신체 해석학이라 보아도 무방하다. 필자는 생리학적 성(性)과학이나 기호학적 학문 성과들에 내재한 선입관과는 변별적인 신체의 상호표현 곧 살의 대화라는 현상학의 역동적인 기술 방식으로 몸의 드라마를 전개시킨다. 논평자는 필자의 현란하고 세련된 성애 해부학을 다시 요해, 채색한 뒤 두 가지 질문을 하고자 한다.

필자는 먼저 후설의 논리를 도입한 후, 메를로-퐁티의 지각의 현상학 이론을 따라 신체가 그 자체로 지향성의 육화라고 보고, 주체인 동시에 대상이 되는 이 육화된 지향성의 이중적 존재 방식이 이미 의식 지향성의 한계를 해소하고 있다고 논의를 전개한다. 만약 몸 스스로가 사태를 구조화하는 살아 있는 지향성이라면 몸짓에서 기표와 기의는 분리되지 않는 것이다. 더 나아가 메를로-퐁티에게 몸이 둔탁한 단백질 덩어리가 아니라 의미가 창출되고 있는 예술작품 자체라면, 이는 자연과 문화의 변증법이 살아 숨쉬는 의미 덩어리가 되는 것이다. 물론 여기서의 몸이란 개념은 고전적 편견을 담지한 전통적 구분의 대상이 아니라, 살아 있는 신체 곧 육화된 의식이라는 차원이므로, 몸과 맘이 지양된 거듭난 개념이 된다. 이러한 진리는 성애의 차원에서 더욱 선명히 드러나는데 두 신체 극은 생리적 메커니즘이 말하는 자극 반응의 관계가 아니다. 개체로서의 몸이 자신의 아담과 이브를 만날 때 육화된 지향성으로서의 몸[1]은 꿈틀거리기 시작하여 살의 냄새를 풍기게 된다. 이러한 사실은 슈나이더의 예증을 통해서도 잘 설명되었는데 메를로-퐁티는, 성적(性的) 자동현상과 지성주의적 표상(représentation)을 분리할 수 없으며 그들 사이에는 성애의 가능성이 생성되는 생명지대(zone vitale)가 존재한다는 사실을 밝혀 주고 있다. 그것은 마치 지각·운동감각적 가능성과 지성적 가능성 사이에 제3의 가공지대가 존재하고 있음과 같은 이치가 된다. 결국 우리가 성애의 기능에 대해 말하고자 한다면, 그것은 단순 메커니즘이 아니라 실존양식을 통해 총체적 인격 속에서 진행되는 성욕의 역동적 전개로 이해하여야 한다.

요컨대, 성적인 흥분은 '항상 이미' 육화된 지향성으로 살아가는 몸에서 발현된 '섹스-스케마'를 통해 분출된다. 따라서 뇌가 손상된 슈나이더는 성적 세계를 기투하고 자신을 거기에 등장시키는 능력을 상실한 것이다. 정상인은 타자의 몸을 객관적 대상으로 표상하기 전에 이미 그것을 살아있는 지향성을 통해 어떤 '분위기'로 끌어들인다. 이곳은 성(性)의 아우라(aura sexuelle)로서 어떤 신비한 체험의 장소요, 실존적 구조화 자체이다. 이렇듯 에로틱 지향성이 유도한 성적 도식(性的 圖式)은 국소적이 아니라 몸 전체로 퍼지고 급기야는 상호신체적인 관능의 자기장을 형성하고야 만다. 저러한 제3의 현장에서 남자의 상징은 그 늠름한 위용을 갖추기 시작하며 여성의 심연은 이를

---

1) 몸보다는 살이란 말이 지향성을 더욱 생생하게 드러내주고 있다.

환영하는 작업에 젖어든다. 이렇게 볼 때 성욕이 실존의 한 영역이라 해서 단순한 부대현상(épiphénomène)이 아니라 실존이 상징화되는 가장 선차적이고 절박한 영역인 것이다. 이때 몸은 도구성에서 실존성의 살로 거듭나므로 스스로 의미 창출지가 된다. 성애의 탐사를 통해 논자는 신체 고고학에서 살의 미학을 완성시키고 있다. 그러므로, 밋밋한 생리도구로서의 저 신체 부위는 생생한 성기가 되어 급기야 '표현성'의 차원을 형성하게 된다.

이제 지향성은 자연스레 상호신체성(intercorporéité)으로 넘어가고 있다. 즉 육화된 지향성은 **항상 이미** 자신을 넘어서 타자와 서로 섞인다. 말하자면, 나의 감각들은 내 신체자체 내에서 그들끼리 교류될 뿐만 아니라 타 신체의 감각들과도 교차 소통작업을 이미 이루고 있으므로 서로는 서로 속으로 침투되어(interpénétré) 교호적 신체성을 이루게 된다. 나는 타자 속에, 타자는 내 안에, 이것이 메를로-퐁티가 애용하는 독일어 *In-ein-ander*를 극명하게 보여주는 실존현장이다. 마치 원래는 한 몸이었다가 제우스의 저주로 나누어진 두 몸뚱이가 다시 만나는 그리스 고전을 보는 듯하다.

이상과 같은 필자의 섬세한 붓 터치에 찬사를 보내는 동시에 논평자는 두 가지 사항에 대해 질문하고자 한다.

첫째, 필자는 후설과 메를로-퐁티의 이론을 특별한 연결고리 없이 병치시켜 설명한 뒤, 맺음말에 가서 성애과정에서의 그들의 상호보완성을 끌어내고 있다. 그 근거로서 성애 초기 단계가 상당 시간은 고도의 '의식적' 집중력을 필요로 하고 있으며, 자신의 의식을 상대방의 살 속에 침투시키려는 의식적 지향성을 역설하고 있다. 말하자면 성애 차원에서도 감정이입이 여전히 요청된다는 것이다. 그리하여 필자는 후설의 성애에서는 '보다 더 승화된' 탈중심적 의식활동을 통해서만 그 절정에 도달할 수 있다고 한다. 그러나 육화된 지향성이 유도한 에로틱 스케마, 곧 주체이자 동시에 대상이 되는 지각 차원의 성적(性的) 분위기(aura)의 형성 없이 과연 진정한 탈중심화가 가능할지가 의문이다. 왜냐하면 지각주체는 의식주체 곧 외부의 주체가 아니라 내부에서 '보고 보이는' 애매성의 조건적 자유이기 때문이다. 그것이 불가능하다면 타자의 신음소리 곧 쾌락의 진정한 주체는 여전히 자리 이동했을 뿐인 자아가 아닐는지 ···. 말하자면, 논평자는 메를로-퐁티의 '우리'의 쾌감과 후설의 '자아'의 희열이 여전히 구분된다고 보고 있는 셈이다. 게다가 성애 시초, 애무의 단계에 우리는 상대방의 몸 어디를 만져 그(그녀)를 기쁘게 할 것인가를 고민하거나, 세심하게 '의식'하며 살을 갖다대지 않는다. 물론 혈기에 지배되는 섹스의 생리적 세대차가 있다면 연령에 따른 접근 형태가 다층적일 수는 있다고 본다. 그러나 대개 나의 오른손은 사고하기 이전에 그녀의 허리를 감고 있었으며, 나의 왼손은 에로틱 스케마를 따라 의식과 상관없이 그녀의 유두를 노크해 버렸던 것이다. 말하자면 성애 차원에서 의식은 처음부터 육화된 의식이었으며 지향성은 애당초 신체적 지향성이었다는 것이다. 필자는 메를로-퐁티를 설명할 때 후설을 극복하고 있다는 느낌을 주다가 결론에 가서는 병치와 조화 그리고 보완의 차원으로 조율하고 마는데, 논평자의 시각에서 볼 때, 성욕의 현상학적 메커니즘에서는 그들의 양자택일은 피할 수 없지 않느냐는 것이다.

만일 필자가, 후설의 상호주관성 이론이 성애의 현상학을 주제화하기 위한 실마리로서 논의할 가치가 충분히 있다고 본다면, 그렇게 읽혀질 수 있는 가능성을 보다 더 구체적으로 제시하는 것이 바람직하다. 후설의 이론이 결국, 주체가 타자의 존재를 하나의 '노에마적 의미'로 구성해 내는 주체-중심적 패러다임을 벗어나지 못한다면, 성애의 현상학을 정당화하기 위한 전략으로서는 타당성을 갖지 못하는 것이다. 주체의 의미지향에 의해 구성된 '의미체'로서의 타자의 존재는 결국 주체에 의한 대상의 구성이라는 낡은 인식론적 도식을 극복하지 못한다. 이러한 도식 하에서의 성행위는 결국 주체가 타자의 성을 자신의 만족을 위한 하나의 수단으로서 취급하는 주체-중심의 퍼포먼스에 지나지 않는다.

만약 후설의 지향성이 작용-지향성(Akt-intentionalität)의 수준을 넘어서지 못한다면, 신체가 '기능하는' 지향성(fungierende Intentionalität)의 축으로 읽혀지기에는 아직 거리가 있다. 즉 후설의 상호주관성 이론을 토대 지우는 '탈중심화'가 진정한 의미에서의 공동주체의 패러다임으로 읽혀지기에는 아직 한계가 있다는 말이 된다. 후설에게 신체가 문제된다고 하더라도 어디까지나 의식주관의 신체인 한에서, 신체는 의식의 의도를 전달하는 채널에 불과하다. 이러한 사실은 후설의 상호주관성 이론이 메를로-퐁티의 상호신체성과 타협할 수 있는 가능성을 더욱 희미하게 만들고 있다.

이상과 같은 비판과 의문에 응하기 위해서, 필자는 후설의 상호주관성 이론을 상호신체성 이론으로 읽어낼 수 있기 위한 예비작업을 제시해야 한다. 예컨대, 후설의 미출간 원고에서 나타나고 있는 성애의 현상학을 위한 전거, 특히 C와 E원고 등에서 발견되는 본능이나 호기심의 지향성에 대한 내용들이 좀더 제시되었으면 한다. 모든 주관을 포괄하는 성적 충동, 혹은 이성(異性)에의 충동이 가지는 지향성 곧, 의식의 지향성에 앞서 수동적 차원에서 이루어지는 상호주관적 충동인 원-지향성(Ur-intentionalität)에 대한 적극적 논의가 필요하다. 이 근원적인 성적 충동의 지향성 속에서만 남편과 아내라는 두 고유성의 통일이 가능해진다. 그리고 성적 충동의 지향성을 넘어 사랑을 통해 완전한 인격적 결합이 이루어지는 단계로까지 지향성의 외연이 확장되어 가는 과정에 대한 논의도 아쉬운데 이 점은 논평 막바지에서 다시 언급할 작정이다.

그러므로 후설의 미발간 원고들을 중심으로 전개되는 상호신체성의 논의들에 초점을 맞춘다면, 필자의 말처럼, 후설에서 은은하게 주제화되고 있는 성애의 본질이 좀더 명확하게 드러날 수 있을 것이며,

이러한 토대 위에서, 메를로-퐁티의 신체적 지향성을 후설에게서 미리 읽어낼 수 있는 가능성이 마련된다. 이러한 적극적인 예비작업이 충분히 이루어지지 않은 상황에서, 메를로-퐁티의 성애의 현상학으로 성급하게 옮겨가려는 필자의 전략은 논증적 엄밀성을 담보해 주지 못한다는 느낌을 갖는다. 필자는 이러한 의혹을 불식시켜 줌으로써, '성애의 현상학'이라는 참신하고 독창적인 주제 하에서 후설과 메를로-퐁티를 만나게 할 지평을 확보할 수 있을 것이다.

마지막으로 한 가지 더 짚어볼 문제는, 저 살의 감성론과 함께 필연적으로 요청되는 살의 윤리학과의 연계문제가 빠져 있다는 점이다. 이를 위해 논평자는 타자성(altérité)의 차원으로 잠시 주의를 돌리고자 한다. 성애 차원에서 생기는 불가피한 문제는, 성욕의 현상학적 메커니즘이란 파트너에 따른 가동의 난이도가 발생한다는 점이다. 여기서 인격적 상대를 위한 살의 윤리학이 대두되는 것이다. 만약 상대가 자신의 배우자라면 권태기가 옴에 따라 에로틱 지향성이 무력해질 가능성이 높다는 점인데, 그 이유는 간단하다. 성적 쾌락의 진원지란 타자성의 보존이기 때문이다. 타자성이 강렬할수록 쾌감도 커지며, 관능의 자기장은 긴장이 지속되지만, 시간이 지남에 따라 배우자의 타자성은 옅어지다가 필경 상실의 위기로까지 진행된다. 그(그녀)의 살은 거의 내 살이 되다시피, 에로스(愛)는 멀어지고 필리아(情)의 세계가 그들 사이에 펼쳐지게 된다. 그러므로 살의 현상학은 외도를 도덕적으로 정당화할 수는 없지만, 지향성의 생리학적 근거를 통해, 그것을 이해할 수 있게는 된다. 궁극적으로, 타자성이 유지되면 소위 금슬지락(琴瑟之樂)의 부부가 되지만, 살의 익숙한 만남으로 타자성이 상실되는 경우, 고독한 실존은 쉽사리 자유에의 유혹에 노출되며, 심지어는 범성욕주의자의 무절제한 체인징-파트너 현상조차 일어날 수도 있다. 필자의 논의가 살의 미학을 위한 현상학적 메커니즘에만 집중될 경우, 에로틱 지향성을 넘어서는 배우자 사이의 온전한 인격적 사랑은 요원해지고, 여러 상대에 대한 공시적 충실 곧 폴리-피델러티 (*poly*-fidelity)의 가능성마저 열리게 되어 그 파급 효과는 심각할 것으로 보인다. 결국 살의 현상학은 그 자체로 일부일처제(monogamy)에 대해 재질문하고 있는 셈이며, 이에 대한 우리의 논의는 후일로 미루어야 할 것으로 보인다. 요컨대, 인간에 대한 새로운 이해 가능성과 욕망의 조율을 위한 시각을 가지고 있는 현상학적 살의 윤리학은 살의 미학이 자체 메커니즘에 몰입하여 간과한 에로스의 사회 윤리적 지평을 열어줌으로써, 돈 후앙에게 면죄부를 발행하는 빌미를 제공해서도 안 될 뿐더러, 비너스가 되지 않기 위해 순결과 정조의 강박관념에 사로잡힌 마리아에게 현상학적 엑소더스 역시 선사해야 한다.

끝으로, 현상학이 가져다줄 수 있는 최상의 우리말 표현, 곧 '넘실대는 두 몸이 하나의 살로 승화'되는 절정의 순간을 지면 카메라로 잡아낸 필자의 독창적이고 구체적인 논문이, 성애에 대한 고전적 편견을 들추어내면서 생동감 있는 살의 미학을 구축함으로써 향후 학계의 논의 전개에 기폭제 역할을 할 것으로 확신하면서 이 글을 맺고자 한다.

"성욕동 '발달'과 문화적 성숙 사이의 관계"에 대한 논평

| 조 두 영 | 서울대 의대 |

　광운대학교의 이창재 교수(이하 필자)가 프로이트의 논문을 위시한 여러 알찬 문헌들을 섭렵한 후 성욕동 발달과 문화적 성숙 사이의 관계를 명쾌하게 정리해 주시는 모습에 크게 감명을 받았다. 특히 정신분석에서 말하는 성(性, sex)이 어른들의 성생활과 성교를 의미하는 것으로 잘못 이해한 사람들이 프로이트를 성의 화신이나 성의 전도사로 여겨 웃음거리로 만드는 것을 안타까워하는 모습에 공감이 갔다.

　프로이트는 처음 신경생리학 소장학자로 출발했다. 당시인 19세기 후반은 인체 신경계의 해부학적 구조가 처음으로 밝혀지는 시기였다. 뇌의 몇몇 분야가 인체 감각기능 가운데 시청각과 촉각을 중앙관장한다거나 어느 굵기의 신경줄이 심장이나 위 같은 기관으로 가며, 어느 굵기는 팔다리 말단의 어디로 뻗어간다는 것이 현미경과 실험 등으로 알려지는 시기였다. 따라서 신체와 정신은 서로 연관이 되었다는 생각에 따라 프로이트는 이미 많이 규명되고 또 앞으로 급속도로 더 규명이 될 신경계와 정신계를 연결시키려면 정신계도 무엇이 서로 맞는 코드인지를 알아야겠다는 생각을 하였다. 그래서 그는 중추신경계와 말단신경계를 세분하듯이 정신계도 세분하려고 시도한 것이다.

그러니 자세히 정신을 분석해 보는 것이 먼저 할 일로 생각되었던 것이다. 그리하여 서로 세분된 신경계와 정신계를 코드 맞는 것끼리 배합을 시키면 인간심리의 비밀이 과학적으로 규명이 된다는 엄청난 욕심을 낸 것이다. 그러나 그는 이 두 분야의 연결은커녕 정신세계의 분류에 허덕이다가 인생을 끝내게 된 것이다.

필자가 이야기하지 못한 것의 하나가 성(性)이라는 용어이다. 프로이트에게 성이란 '불쾌(displeasure)의 반대개념'이다. 프로이트가 쓴 독일어의 Trieb란 용어는 영어로 본능욕동(instinctual drive)으로 번역되어 쓰이고 있다.

이는 인간의 마음을 움직이는 힘, 또는 인간의 마음이라는 기계를 움직이는 동력(動力)을 그런 용어를 써서 표현한 것이다. 그는 대략 이렇게 말했다.

인간이라는 생명유기체는 언제나 편안함을 추구한다. 그런데 인간은 몸 안팎에서 자극(stimuli)을 받으니 그때는 유기체가 긴장을 느끼게 되고, 이 긴장이 오래 가거나 심해지면 유기체가 불편해지면서 불쾌감이 온다. 그래서 이 유기체는 자극을 밖에서 받지 않으려 한다. 그러나 그것은 불가능할 때가 많다. 하물며 감각적 자극(sensory stimuli)이 자기 몸 속에서 올 때는 막을 도리가 없다. 예컨대 추위나 배고픔 같은 몸 속의 자극은 피할 길이 없다. 따라서 유기체 내의 불쾌감은 시간이 감에 따라 점점 더해간다. 이 불쾌한 심정이 축적되어 어느 점을 넘으면 인간마음이 도저히 견디지를 못한다. 인간은 이때 몸을 움직여 보는 것(동작, motor action)으로 긴장을 푼다. 예컨대 나를 골탕먹이는 상대방을 참다 참다가 발로 걷어차면 후련하다. 즉 불쾌감이 삽시간에 사라지고 시원하다는 쾌감이 온다. 그러나 이 쾌감은 잠시일 뿐 좀 지나면 다시 자극이 쌓이고 그리고 참다가 다시 한번 동작을 해서 긴장을 푼다. 인간이란 유기체는 이렇듯 언제나 같은 짓을 반복하는데 이를 학술용어로 정리하면 '인간은 무슨 대가를 치르더라도 심한 불쾌감에서 벗어나려 하고, 이럴 때 그 방법이 신체동작을 취하는 것이다'라고 할 수 있다. 즉 인간의 본 능욕동의 하나가 '불쾌에서의 해방'이고, 이를 약간 달리 표현하자면 '쾌감추구'가 뒤따른다 할 수 있다. 이렇게 설명하기 좋은 예가 극단 적인 인간남녀간의 성교와 오르가슴이다.

이것이 프로이트가 설명한 말이다. 즉 우리가 미국을 상징하는 만 화를 그릴 때 별 무늬 실크햇에 주걱턱, 튀어나온 코를 그리는 것처 럼 인간의 '불쾌를 피하자'는 본능욕동의 하나를 누구나 알기 쉽게 별 명을 붙여 '성욕동'이라 부르기로 하자는 것이 그의 말이었다. 이 글 을 읽지 못한 사람들이 두고두고 그의 '성'이라는 개념을 오해해 오고 있다.

프로이트는 평생을 두고 자기가 편 이론을 수정하고 또 수정했다. 그 중 하나가 본능욕동의 종류이다. 프로이트는 이에 대해 세 번 말 을 바꾸었다. 즉 처음 1900년대에는 성욕동이 유일한 것처럼 이야기 했고, 다음 1910년대에는 성욕동 외에 '자기 보존의 본능'을 추가해서 말했으며, 정신구조론(structual theory of the mind)을 발표한 다음인 1920년대 중반부터는 전에 말한 말에서 모순을 발견하고 다시 '성욕 동' 하나만을 들었다. 그리고 마지막으로 1930년대에는 '죽음의 본 능'(death instinct)을 들어 인간에게는 성욕동과 죽음의 욕동 둘이 있 다 하였다. 그러나 후학들은 죽음의 욕동에는 찬성하지 않으며, 대세 는 이를 대치해 '공격욕동'(aggressive drive)을 드는 쪽이다.

한편, 프로이트의 '노이로제 원인론'의 변천에 대해 살펴보면 다음 과 같다. 프로이트는 처음 1885-1897년에는 '외상설'(外傷說, trauma theory)을 주장했다. 특히 그는 어버이들이 아동기 자식들에게 범한 성폭행(sexual molestation)을 그 중요한 인자로 보았다. 그런데 프로 이트의 여동생 로사가 노이로제에 걸렸고, 그 자신도 기차여행할 때

승차 직전에 엄습하는 죽음의 공포, 어머니가 지어 준 밥만 먹으면 걸리는 신경성 소화불량이 있음을 발견하였다. 곰곰이 생각해 보아도 자기 아버지나 어머니가 그럴 분들이 아니었기에 그는 이론을 수정했다. 즉 1897-1907년에는 노이로제의 원인을 자기 부모가 어려서 자기에게 성폭행을 하였다는 '환상'(fantasy)에서 찾았다.

후학들은 이를 '환상설'로 부른다. 즉 '사실'에서 '환상'으로 바뀐 것이다. 그러나 노이로제는 처음 생각했던 것처럼 히스테리와 강박증만이 있는 것이 아니라 불안노이로제나 신경쇠약도 있다는 것이 발견되어 프로이트는 다시 말을 추가하였다. 즉 성욕동을 일으키는 물질이 인간 신체 내에 있는데, 정상 성생활을 정상 빈도로 하지를 않으면 그 물질이 몸 안에 쌓여 독(毒)이 되어 마음을 불안케 만들어 불안노이로제가 되며, 성생활을 너무 많이 하면 그 물질이 쉽게 몸 밖으로 빠져나가 신경쇠약을 만든다 하였다. 이 시기가 1907-1910년 즈음이고, 이를 우리는 '독성설'(毒性說, toxin theory)이라 부른다. 그러다가 프로이트는 1936년에 '불안설'(不安說, anxiety theory)을 최후로 내세웠고, 오늘날에도 후학들의 인정을 받아 실제 환자진료에 적용되고 있다. 이는 정신기구 내의 갈등(intrapsychic conflict), 예컨대 초자아와 이드 사이의 갈등, 또는 초자아 자체 내의 두 조류의 갈등은 물론 자아(ego)와 외부현실 사이의 갈등이 해결되지 않으면 조만간에 불안이 오고, 이 불안이 결국 노이로제의 원인이 된다는 이론이다.

이렇게 노이로제의 원인은 외상설, 환상설, 독성설, 불안설로 프로이트의 인생체험이 늘면서 바뀌었다.

필자의 글은 주로 프로이트의 초기(初期)이론을 토대로 문화와 문화적 성숙을 논하였다고 본다. 그러나 성발달(sexual development)만은 프로이트도 뒤로 가도 초기이론에서 크게 벗어난 바가 없어 필자가 프로이트의 '문화와 불만'과 이를 연결시켜 해석한 것은 올바른 것이었다고 생각한다. 돌이켜 보건대 20세기에는 국가의 제도변화에 따라 대다수 개개인이 본능욕동을 거의 강제적으로 크게 억압당하는 일이 러시아와 중국에서 벌어졌다. 즉 개개인의 초자아를 인위적·제도적·강제적으로 확대시키고 이드의 힘을 줄이려 하던 시절이 있었으나 결국은 80년을 못 버티고 실패하고 말았다. 초자아가 강제로 너무 강해져도 사회와 문화는 퇴보한다는 것을 실증해 보인 두 나라였다.

필자는 아동기 성발달이 어른이 된 후의 성격구조에 절대적인 영향을 끼치는 것을 너무 강조한 감이 없지 않다. 정신분석 초창기에는 인간수명이 평균 40-50세에 지나지 않아 아동기 뒤에 오는 인생이 길지 않게 보였지만 평균수명이 지금은 70세를 넘고 있어 성인기가 길다. 정신분석의 현금 추세는 성격은 청년기와 중년기에 들어서도 조금씩조금씩 변하는 것으로 여기며, 따라서 아동기 성발달이 왜곡되었다 할지라도 뒤에 스스로 바로잡아갈 수 있다는 것이 수많은 치료사례에서 증명되고 있다. 심지어는 노년에도 사람은 변한다는 것이다. 즉 인간은 평생을 두고 변한다는 것이 현대정신분석의 입장이어서 반세기 전이라면 치료가 불가능하다고 퇴짜 놓던 노인을 분석환자로 많이 받고 있다.

"충동, 성, 오이디푸스 콤플렉스, 여성의 성욕"에 대한 논평

| 신 명 아 | 한국비평이론학회 |

우선 필자의 논문은 기존의 성차와 성욕성에 대한 프로이트, 라캉의 견해에 대한 연구에서 발견되지 못한, 특히 라캉의 난해한 이론을 이해가능한 차원으로 설명하였으며, 지젝도 인용하지 않은 라캉의 사고들을 직접 인용문으로 참신하게 많이 열거하고 있다는 점에서 연구 깊이를 알려주는 훌륭한 논문임을 치하하고 싶다. 특히 라캉 전문가에게도 어려운 '욕망(desire)의 대상'과 '충동(욕동: drive)의 대상'의 개념적 차이를 상세히 설명하고, 상징계의 개입으로 인해 야기된 욕망이 언어를 사용하는 인류의 제 문화 활동, 특히 성차의 구분에 직결된다는 설득력 있는 견해가 이 논문의 큰 업적으로 느껴졌다.

이 논문은 성차에 대한 생각을 라캉적 시각을 드러내고 있다. 다시 말해, 프레데릭 제임슨이 진(authentic)/위(inauthentic)의 실존주의 모델을 비롯하여, 표층/심층의 이분구조에 의존해 있는 프로이트의 정신분석적 모델까지도 근대주의적 모델이라고 지칭한 반면, 필자는 [생물학적] '성관계는 없다'고 주장한 후기구조주의적인 라캉처럼, 프로이트도 이미 성차와 정체성이 사회적으로 구조된 결과물이라고 본다는 것을 전적으로 지지하는 참신한 입장을 보이고 있음이 돋보인다. 하지만 이런 필자의 입장은 젠더 이슈에 있어서만큼은 프로이트가 라캉에 미치지 못한다고 생각하는 논평자의 입장과 차이를 보이고 있다. 이 논평은 이런 차이의 시각을 강조하는 데 바쳐질 것이다.

라캉의 견해에 대해서는 이 논문에 전개된 논의를 읽으면서 논평자는 아무 이의가 없었고 모든 점에서 지지하고 동의하는 바였기 때문에 논평자의 자격이 있나를 의심할 정도였지만, 프로이트의 논의에 와서는 많은 이견을 가졌다. 이 점은 아이러니컬하게도 필자와 논평자가 남/녀 라는 생물학적 성차는 아니더라도 적어도 사회적으로 젠더와 연루된 사회적 편견을 경험한 사람이냐, 아니냐의 차이 때문이 아닐까 생각하였다.

필자가 프로이트의 성차이론을 오해하고 성차의 논의를 여성성의 억압이라는 생물학적 차원으로 환원시킨 무리라고 규정한, 어네스트 존스(Ernest Jones), 카렌 호나이(Karen Horney)의 논의를 페미니스트의 입장에서 프로이트의 한계를 지적하는 논문을 쓴 경력이 있던 논평자로서, 즉 필자의 표현에 의하면, 프로이트의 이론을 오해한 무리의 한 사람으로서 나는 다음의 두 핵심적 상황을 질문하고 싶다. 첫째, 사회적 구성물로서의 성차를 논의한 혁신적인 라캉의 이론의 토대가 되는 프로이트 역시 성욕성이 원래 다형태적(polymorphous)이며 양성적이라는 점, 1930년대 후기단계에는 성차의 비대칭성을 논의한 혁신적 면모를 가진 사상가임을 인정하지만, 필자는 진정으로 프로이트가 라캉에 못지 않게 성차에 있어서 혁신적이라고 생각하는지 묻고 싶다.

예를 들어, 페미니스트들에 의해 '프로이트의 딸'이라고 비난받을 정도로 프로이트를 옹호한 줄리엣 미첼도 프로이트 이론에 드러난 가부장적 속성을 이것이 프로이트의 직접적 견해이고 '처방적(prescriptive) 견해'가 아니라, 당시 빅토리아시대 사회의 속성을 '기술하는'(descriptive) 차원이었다고 옹호해야 했다. 이런 가부장적 속성의 견해들의 예를 들면, 프로이트는 여성은 거세될 남근이 없어서 남성들보다 덜 도덕심을 개발한다고 하였고, 여성의 수치심이 깊은 이유는 바로 남근 부재에서 오는 원초적 수치심의 결과이며, 남근 선망이 변형되어 여성의 강한 질투심이 나타나며, 여성은 질투에만 사로잡혀 질투의 승화된 형태인 정의감이 부족하게 되었다는 등의 가부장적 개념들을 언급하였다. 필자는 이런 프로이트의 시각에 대해서 어떻게 생각하고 있는지 궁금하다.

논평자는 리비도가 어떤 장애를 무릅쓰고 목표를 향해 원점으로 돌아오더라도 향해 가는 역동성, 공격성의 면모를 가진 점을 인정하는데, 이 속성의 규명을 남성적으로 이야기하는 것은 사회적 담론의 재기입, 재반복이라는 점에서 불만이었다. 이 속성을 다른 용어로, 즉 젠더-중립적 표현으로 하였다면, 젠더의 이분화로 고생하는 사람들에게 좀더 해방적이었을 것 같다.

이 논의는 이제 라캉에게 적용할 수 있을 것이다. 논평자가 10년 전 라캉과 페미니즘의 이슈로 논문을 쓸 때는 프로이트처럼 라캉을 젠더 면에서 불만을 야기하는 사고가로 오해하였다. 그 동안의 연구에서 모름지기 라캉이 젠더 해체적임을 감사하게 생각하고 존경하는 자세로 바뀌었다. 그럼에도 불구하고 여전히 아쉬운 점은 성별 구분의 무위성 뿐만 아니라 인간의 존재론적 결여를 지시해 주기 위해 설정한 "기의 없는 '무'로서의 기표"가 왜 여전히 팰러스로 명명되어야 하는지이다. 역시 이 젠더 중립적 기표를 팰러스가 아닌 진정으로 젠더 중립적 명칭을 사용하였으면, 여러 오해가 불식되었을 것이다.

이 점을 역으로 표현하면, 없는 팰러스를 상상적으로 가진 것으로 착각하는 구조, 혹은 완벽한 향유를 상상적으로 소유하려는 시도를 '남성적 향유'로 명명한 것도 원래 그런 유형의 시도를 하지 않는 남성에게는 불리한 젠더에 기초한 규명이다. 물론 라캉의 팰러스나, 남성적 향유에서 남성 기표에 의거한 것은 기존 사회의 상징계적 용어를 사용하여 실재의 개념을 부각하려는 메타포적 수사의 차원에서 설명되겠지만, 그럼에도 불구하고 이런 남성적 기표에의 의존은 오히려 '여성은 없다'라는 사실을 규명하려는 라캉 자신의 원래의 목적에 도움이 되지 않는 것으로 생각된다.

[더불어서, 결여를 인정하는 '여성적 항유'의 논리도 여성이라는 열리고 낭만적인 속성을 대변하는 기존의 개념을 영속화시키는 것 같아 아쉽다.]

사족으로, 문화적 담론에 의거해 그 실재적 속성을 표현하고자 한 것이라면, 왜 남성, 여성에게 최초의 사랑의 대상으로서 각인되는 어머니의 '젖가슴'과 관련된 용어를 '무'로서의 기표에 사용할 수 없었는지 아쉽다.

또한, 라캉의 열린 논리는 실재와 상징계[문화, 사회]의 이분법에 의거해 있다는 일반적 비난에 대하여, 이런 이분법적 논리에 의거하지 않거나 단자론적인 일원론적인 의거하지 않고 우리 인간의 사고는 전개되지 못하는 것인지 철학자의 견해를 듣고 싶다.

"미셸 푸코를 통해 본 성과 권력"에 대한 논평

| 윤 평 중 | 한신대 철학과 |

1.

미셸 푸코는 스스로의 지적 일생을, '지식, 권력, 윤리의 축'을 중심으로 한 여정이었다고 요약한 바 있다. 그리고 이 세 중심 축을 관류하는 철학적 문제설정의 핵심이 바로 주체이며, 주체의 형성사를 발굴하고 재구성하는 자신의 작업을 그는 '역사적 존재론'이라고 부르는 것이다. 푸코의 역사적 존재론은 '지식을 가진 주체로서 우리가 어떻게 구성되는가'를 다루는 고고학과, '권력관계를 행사하기도 하고 그 앞에 복종하기도 한 주체인 우리가 어떻게 형성되는가'를 보여주는 계보학, 그리고 '행위의 도덕적 주체로서 우리가 어떻게 구성되는가'를 탐색하는 계보학으로 이루어진다.

논문은 『성의 역사』 1권을 주요 전거로 삼아, 성과 권력이 매개되고 접합되는 과정과 역학을 상세히 분석한다. 예컨대 널리 퍼져 있는 성에 대한 억압가설은, 권력을 금지와 억압의 과정으로 보는 전통적 주류 권력관의 반영에 지나지 않는다는 사실이 입증된다. 그러나 우리들의 삶을 선동, 조율, 유포, 관리하는 생체권력의 작동 방식은 훨씬 전방위적이며, 섬세하고 입체적이며 능동적이다. 생체권력은 몸 또는 성과 관련해서 무엇을 금지하고 부정하며 억누르는 권력이 아니라, 오히려 다독거리면서 생산하고 확장시키는 권력이다.

성과 권력의 역사 전체가 이런 생체 권력의 구도 위에서 다시 쓰여져야 하는 것은 이 때문이다. 예컨대 성담론의 물꼬를 튼 계기로 간주되었던 정신분석학의 출현은, 결코 오랜 억압으로부터의 성해방을 예비한 복음서가 아니다. 오히려 정신분석학은 생체권력과 연결된 성장치와 성의 과학화의 소산이기 때문에 그 자체가 푸코적인 성담론의 역사 속에 재배치되고 상대화되어야만 하는 것이다.

논문은 푸코의 고고학과 계보학의 맥락 속에서 성과 권력 담론을 충실하게 재구성한다. 이는 잘 알려져 있는 계보학자 푸코의 한 얼굴이다. 그러나 푸코는 또 다른 얼굴을 가지고 있는데, 이는 계보학적 문제설정의 두 번째 지평이라고 할 수 있을 것이다. 여기서 푸코는 '존재미학'이라 명명한 윤리학을 개진하고 있다. 존재의 미학은 우리가 도덕적 행위주체로서 스스로와 관계 맺으면서 자신을 윤리적 주체로 형성해 가는 동학(動學)에 집중적으로 주목하는데, 이는『성의 역사』 2-3권에서 집중적으로 다루어지는 것이다.

2.

『성의 역사』 1권은 권력-지식 연계론의 연장선상에 놓여 있다. 그러나『성의 역사』 2권부터서는 비록 같은 주 제목을 달고 있는 연작 형태를 취하고는 있지만, 의미심장한 관점 이동이 발견된다. 이런 변화는, 주체를 정상화시키고 신민화(주체화)시키는 생체권력의 측면을 넘어서는 주체의 문제설정에 푸코가 착목한 사실로부터 비롯된 것이다. 바꿔 말하면 푸코는 이제 담론적 실천의 산물로서 주체를 객관화시키는 힘인 생체권력의 차원 외에, '인간이 스스로를 주체로 변화시

논 평 421

키게 만드는' 주관화하는 권력에 주의를 기울이기 시작한다. 즉 주체의 계보학과 관련해서 푸코의 권력관에는, 지배의 기술과 윤리적 자아형성의 기술이 병존한다는 것이다. 따라서 지배의 기술을 분석하는 푸코의 얼굴에만 주목하면 그의 또 다른 얼굴인 윤리적 자아의 측면을 놓치게 되는데, 전체적으로 논문은 바로 그 함정에 빠져 있다.

물론 필자는 이런 공백을 의식하고 있는 것처럼 보인다. 결론 부분에 가서 게이로서의 푸코가 자신의 성 정체성을 존재 미학의 탐구와 연결시키는 대목에 대해 최소한의 서술을 시도하고 있기 때문이다. 그러나 푸코에 있어서의 성과 권력이라는 논제를 포괄적으로 다루기 위해서는 객관화·정상화하는 권력과, 주관화·개체화하는 권력 사이의 단층과 균열에 대한 입체적 고려가 필수적이다. 나아가 성장치의 일환인 성담론과, 미학적 주체로서 자신을 창조하는 성적 실천사이의 긴장과 모순에 관한 인식이 부가되어야 하는 것이다.

결국 『쾌락의 활용』과 『자기에의 배려』에서 집중적으로 그 얼굴을 드러내는 주체의 윤리학자 푸코는, 고대 그리스와 그리스-로마 사회에서 인간이 스스로를 성적 주체로서 인식하는 과정을 섬세하게 재구성하면서 성과 개인 사이의 관계를 핵심 논제로 삼는다. '성이라는 주제가, 자유를 실천하고 권력을 행사하는 데 있어 행동을 정교화하고 양식화하는' 의미로 이해되는 과정 속에서 개인들이 스스로를 윤리적 주체로 승화시키는 데 주목하는 것이다. 이런 자기형성의 역동적 과정을 푸코는 '존재의 미학'이라 명명한다. 바꿔 말하면, 절제와 능동성, 극기와 훈련, 그리고 사려 깊음 등이 종합적으로 체현되는 주체형성의 역동적 과정은 한마디로 '우리의 삶을 하나의 예술작품'으로 승화시키는 시도인 것이다.[1]

---

1) 존재 미학의 실천철학적 함축에 대한 분석과 평가로는 졸고, 「푸코의 "존재의 미학"의 실천철학」, 『비평』(한국비평이론학회) 제11집(생각의 나무, 2003년 6월) 참고.

계몽의 에토스를 둘러싼 푸코와 비판이론가(하버마스) 사이의 논쟁의 핵심에 자리하고 있는 것도 바로 이런 존재미학의 동학이다. 칸트가 적시한 계몽의 참된 정신과, 이성·성숙성·비판 사이의 불가분리성에 대한 독해를 둘러싸고 푸코와 하버마스가 날카롭게 부딪히는 대목이 바로 이 부분이다. 즉 비판을, 보편적으로 정식화된 규범이나 합리성에 의해 근거 지우려는 칸트/하버마스의 시도에 동의하지 않는 푸코는 역사적이고 맥락 의존적인 방식으로(계보학적 형태로) 비판을 실천하고 있는 것이다.

이런 관점에서 푸코는 '계몽은 우리가 속한 역사적 시대에 대한 끝없는 비판을 지속적으로 재활성화 시키는 태도'에 다름 아니라고 역설한다. 자기 시대의 역사적 경험을 항상적으로 비판하는 태도야말로 윤리적 주체 형성의 요체이기도 한 것이다. 따라서 끊임없이 '한계를 넘어서려는 태도'와 주체 형성의 역학은 푸코에게서 정확히 동행하는 실천철학적 강령이라 할 수 있다.

3.

결론적으로 얘기하자면, 푸코는 정합성과 일관성을 담보한 주체의 일반 이론을 수립하지 못했다.[2] 혹은 그는 그것을 원하지 않았을지도 모른다. 바꿔 말하면, 권력-지식 연계론에 의해 포착되는 주체와, 존재 미학이 형성하는 주체 사이에는 넘기 어려운 간극이 있는 것이다. 그는 주체의 고고학/계보학과, 주체의 윤리학 사이에 엄존해 있는 이런 내재적 긴장 관계를 명징하게 인식하지도 않았고 시인하려 하지도 않았던 것처럼 보인다.

---

2) 졸고, 「미셸 푸코의 윤리학」, 『담론이론의 사회철학』(문예출판사, 1998), 258쪽을 참조하라.

그러나 이런 내재적 긴장은 푸코의 권력론 자체를 근원적 차원에서 균열시킨다. 이런 균열은 판옵티콘에 의해 관리되는 주체와, 예술작품으로서 스스로를 승격시키는 주체의 그림 사이의 근본적 부조화에서부터 비롯된다. 그 결과 성 장치의 산물로서의 성(性)과, 미학적 주체로서 자신을 양식화시키는 주요 계기로서의 성 사이에서도 파열음이 생기는 것은 불가피하다. 주체의 철학자 푸코는 이 문제를 해소하지 않은 채 영구히 자신의 몸을 떠났다. 계보학의 거대한 균열 앞에서 곤혹스러워하는 후세의 수많은 '푸코주의자들과 푸코 주석가들'에게 회색의 웃음을 흘리면서 푸코는 이렇게 말한다. '내가 누구인지 묻지 말라'고.

필자 · 논평자 약력

(가나다 순)

- **필 자**

김미영   현재 서울시립대학교 철학과 교수. 이화여자대학교 교육학과와 고려대학교 철학과를 졸업하고, 고려대 대학원에서 석사·박사학위를 받았다. 주요 논문으로는 『주희의 불교비판과 공부론 연구』(박사학위논문), 「'陰'에 부과된 사적 특성에 대한 여성주의적 접근 — 주자학의 가족윤리를 중심으로」, 「'人心道心說'을 통해 본 성리학의 몸담론 — 주희와 이율곡의 논의를 중심으로」, 「선종과 주자학의 계보학에 나타난 공부론의 경계」 등이 있고, 역서로 『대학·중용』 등이 있다.

김혜련   현재 연세대학교, 서울대학교, 이화여자대학교 강사. 연세대 철학과를 졸업하고 서울대 미학과 석사과정에서 수학한 뒤, 미국 뉴욕주립대학교(버팔로 소재) 연극과에서 석사학위를, 철학과에서 박사학위를 받았다. 주요 논문으로는 *Aesthetic Supervenience and the Ontology of Art*(『미적 수반과 예술 존재론』: 박사학위논문), 「미적 수반이론의 가능성」, 「실용주의와 환경미학의 문제」, 「여성적 숭고의 가능성」 등이 있다.

김 혜 숙　현재 이화여자대학교 철학과 교수. 이화여대 영어영문학과를 졸업
한 뒤 동대학원 기독교학과에서 철학 전공으로 석사학위를 받고,
미국 시카고대학에서 박사학위를 받았다. 주요 저서로는『포스트모
더니즘과 철학』(편저),『예술과 사상』(공저) 등이 있으며, 논문으로
「문화, 언어, 실재」,「미국철학의 지식 연원」,「음양적 사유와 인과
적 사유」,「유가적 관계중심성과 자아의 분열」등이 있다.

신 옥 희　현재 한국여성철학회 회장, 이화여자대학교 명예교수. 이화여대 영
어영문학과를 졸업하고 동대학원 기독교학과에서 종교철학을 전공
하여 석사학위를 받았다. 캐나다 토론토대학교에서 철학 전공으로
석사학위를 받고, 스위스 바젤대학교 신학부에서 신학박사학위를
받았다. 이화여대 기독교학과 교수와 철학과 교수를 역임하였다.
주요 저서로는『실존, 윤리, 신앙』,『일심과 실존』,『철학하는 방
법』(공저) 등이 있고, 역서로『이성의 한계 안에서의 종교』,『철학
적 신앙』등이 있다.

심 세 광　현재 성균관대학교, 철학아카데미 강사. 성균관대 불어불문학과를
졸업하고 동대학원에서 석사학위를 받은 뒤, 프랑스 파리 10대학에
서『미셸 푸코에 있어서 역사·담론·문학』이라는 논문으로 박사
학위를 받았다. 주요 저서로는『주체의 해석학』(근간),『이성의 한
역사』(근간), 역서로『미셸 푸코, 철학의 자유』등이 있으며, 논문
으로는「푸코와 문학」,「미셸 푸코에 있어서 역사·진실·픽션」,
「디지털시대에 있어서 가상과 현실」,「푸코의『주체의 해석학』」
등이 있다.

윤 혜 린　현재 이화여자대학교 한국여성연구원 학술연구교수. 이화여대 대학
원에서 철학박사학위를 받았다.

이종관   현재 성균관대학교 교수. 성균관대 철학과를 졸업하고 동대학원에서 석사학위를 받은 뒤, 독일 뷔르츠부르크대학에서 공부하고 트리어대학에서 철학박사학위를 받았다. 춘천교육대학 교수를 역임하였다. 주요 저서 및 역서로는『세계와 경험』,『자연에 대한 철학적 성찰』,『소설로 읽는 현대 철학: 소피아를 사랑한 스파이』등이 있고, 주요 논문으로는「과학, 현상학, 그리고 세계」,「환경윤리학과 인간중심주의」,「가상현실의 형이상학과 윤리학」등이 있다.

이창재   현재 광운대학교 강사. 연세대학교에서 철학박사학위를 받았고, 미국 시카고대학에서 정신분석학을 공부하였다(97 학진 박사후 연수과정). 현재 철학과 정신분석학 강의를 하고 있다. 주요 저서로는『니체와 프로이트』등이 있고, 논문으로「정신질환의 원인론과 극복론: 사후작용」(현상학회지, 2001) 등이 있다.

이한구   현재 성균관대학교 철학전공 교수. 서울대학교에서 철학박사학위를 받고 뮌헨대학, 도쿄여자대학, 브라운대학, 위스콘신대학의 연구교수를 역임하였다. 주요 저서로『역사주의와 역사철학』,『사회과학의 철학』(공저),『현대사회와 철학』(공저),『사회변혁과 철학』(공저) 등이 있고, 역서로는『열린 사회와 그 적들』(칼 포퍼 저),『추측과 논박』(칼 포퍼 저),『칸트의 역사철학』(칸트 저) 등이 있다.

최영진   현재 성균관대학교 유학·동양학부 교수. 성균관대 유학과를 졸업하고 동대학원 동양철학과에서 철학박사학위를 받았다.『주역』과 조선조 유학사상사를 전공하였다. 주요 저서로는『주역의 현대적 조명』,『조선조 유학 사상의 탐구』,『윤리 질서의 융합』,『현대인의 유교 읽기』등이 있다.

최재천   현재 서울대학교 생명과학부 교수. 서울대 동물학과를 졸업하고 미국 하버드대학에서 생물학 박사학위를 받았다. 하버드대학과 미시간대학 교수를 역임하였다. 주요 저서로는 *The Evolution of Social Behavior in Insects and Arachnids*, *The Evolution of Mating Systems in Insects and Arachnids*, 『개미제국의 발견』, 『생명이 있는 것은 다 아름답다』, 『알이 닭을 낳는다』 등이 있다.

홍준기   정신분석가. 현재 서울대학교, 연세대학교 강사. 서울대 법대를 졸업하고 총신대 신학대학원을 졸업하였다. 브레멘대학, 파리 10대학에서 수학하였고, 브레멘대학에서 철학박사학위를 받았다. 주요 저서로 『라캉과 현대철학』, 『프로이트, 라캉 정신분석학 (1): 정신병』, 『라캉의 재탄생』(편저) 등이 있고 역서로 『에크리』(공역), 『욕망의 전복: 자크 라캉 또는 제 2의 정신분석학 혁명』(공역) 등이 있다.

▪ 논평자

김선희   현재 서강대학교, 이화여자대학교, 세종대학교 강사. 이화여대 법학과를 졸업하고 동대학원 철학과에서 석사학위를 받았다. 서강대 대학원 철학과에서 박사학위를 받았으며, 현재 심리철학과 철학적 인간학 분야에 관심을 가지고 연구 중이다. 주요 저서로는 『자아와 행위: 관계적 자아의 자율성』 등이 있고, 논문으로는 『인간 행위의 인과성과 합리성의 조화가능성 논의』(박사학위논문) 등이 있다.

신명아   현재 한국비평이론학회 편집이사. 미국 플로리다대학(University of Florida)에서 영문학 박사학위를 받았고, 한국 영미문학 페미니즘학회 이사를 역임하였다. 주요 저서로는 『라캉의 재탄생』(공저), 『페미니즘의 어제와 오늘』(공저), 등이 있고 역서로 『포스트모더니즘과 사회』 등이 있다.

신 인 섭   현재 천안대학교 기독교학부 전임강사. 경북대학교 철학과와 총신
대 신학대학원을 졸업하고, 스위스 로잔대학교에서 *Merleau-Ponty*
et la question d'autrui(메를로-퐁티와 타자 질문)이라는 논문으로
철학박사학위를 받았다. 주요 논문으로는 「메를로-퐁티의 타자경험
에 대한 레비나스와 리쾨르의 논쟁」, 「메를로-퐁티와 역사변증법으
로서의 제 3의 길」, "Merleau-Ponty devant l'histoire de son temps"
(in *Revue de théologie et de philosophie*, 2000/III) 등이 있다.

윤 평 중   현재 한신대학교 철학과 교수. 고려대학교 철학과를 졸업하고 미국
남일리노이 주립대학에서 철학박사학위를 받았다. 버클리대학과
미시간 주립대학의 연구교수를 역임하였다. 주요 저서로는 『푸코와
하버마스를 넘어서』, 『담론이론의 사회철학』, 『논쟁과 담론』 등이
있다.

이   권   현재 충북대학교 인문학연구소 전임연구원. 연세대학교 철학과에서
석사·박사학위를 받았다. 주요 논문으로는 「노자에 있어서의 여
성성」, 「도가 자연관의 환경철학적 의의」, 「곽점본 노자의 유무관」
등이 있다.

이 정 은   현재 연세대학교, 경희대학교, 한양대학교 강사. 연세대학교를 졸업
하고(학사·석사·박사), 명지대학교에서 박사후과정(post-doc)을
이수하였다. 주요 논문으로는 『헤겔 대논리학의 자기의식이론』(박
사학위논문), 「청년기 헤겔의 환상종교」, 「헤겔 법철학에서 시민사
회와 국가의 매개체」, 「철학과 예술의 관계: 현대를 가르는 벤야민
과 헤겔의 예술철학적 통찰을 통해」, 「성애론에 관한 철학적 고찰」
등이 있다.

이 주 향   현재 수원대학교 인문대 철학과 교수. 이화여자대학교 법학과를 졸
                업하고 동대학원 철학과에서 박사학위를 받았다. 주요 저서로『나
                는 길들여지지 않는다』,『나는 만화에서 철학을 본다』 등이 있다.

임 일 환   현재 한국외국어대학교 철학과 교수 및 인문과학연구소장. 서울대
                학교 자연대학을 졸업하고 동대학원 미학과에서 석사학위(MA)를
                받은 후, 미국 브라운대학에서 철학박사학위를 받았다. 주요 논문
                으로는「진리론의 윤곽」,「감정과 정서의 이해」,「토대론의 논리적
                형식」 등이 있다.

장 대 익   현재 서울대학교 과학사 및 과학철학 협동과정 연구원(박사수료).
                한국과학기술원(KAIST) 기계공학과를 졸업하고, 서울대 과학사 및
                과학철학 협동과정을 졸업하였다(석사). 주요 논문으로는「유전자
                에 관한 진실을 찾아서: 이기적 유전자 이론에서 발생계 이론까지」
                등이 있고 역서로『유전자와 생명의 역사』,『게놈 비즈니스』 등이
                있다.

조 두 영   현재 서울대학교 의과대학 정신과 교수. 서울대 의대를 졸업하고
                동대학원에서 석사·박사학위를 받았다. 미국 코넬대학병원 정신
                과 전공의, 뉴욕시립병원 정신과 병동장을 역임하였다. 주요 저서
                및 논문으로는『임상행동과학』,『정신분석과 한국문학』,『행동과
                학』,「공자의 효에 대한 정신분석적 고찰」 등이 있다.

성과 철학

．

2003년 11월 15일 1판 1쇄 인쇄
2003년 11월 20일 1판 1쇄 발행

엮은이 / 철학연구회
발행인 / 전 춘 호
발행처 / 철학과현실사
서울시 서초구 양재동 338-10
TEL 579-5908 · 5909
등록 / 1987.12.15.제1-583호

ISBN 89-7775-461-5 03190
값 15,000원